phäensammler Klein und fein Ein
er Erster Grand-Prix-Sieg Noble Gr
Acht Sportsgeist zweifarbig Spars
Luxus Moderne Linie Reisegleiter
che Eleganz Kleiner Ho
Rasse Amerikanische
mik Schnittige Sache Stromlinie
-Legende Aerodynamischer Reko
er Trophäensammler Klein und f
Erster Grand-Prix-Sieg N

Edition **Audi Tradition**

Audi Ikonen

Faszinierende Automobile einer bewegten Geschichte

Matthias Kaluza

DELIUS KLASING VERLAG

Inhalt

1904 – 1932

1932 – 1964

4 Ikonen – Bilder oder Vorbilder?

10 Aufstieg und Überleben
    Die vier Ursprungsmarken 1904 – 1932

18 Zuverlässiger – betriebssicherer
    Horch 18 – 22 PS Limousine

28 Trophäensammler
    Audi 14/35 PS Typ C Phaeton

36 Klein und fein
    Wanderer 5/12 PS W 3 Zweisitzer

40 Eine Marke – ein Modell
    Horch 10/35 PS Phaeton

46 Innovationsträger
    Audi 18/70 PS Typ M Pullman-Limousine

52 Erster Grand-Prix-Sieg
    NSU 6/60 PS Kompressor-Rennwagen

58 Noble Größe
    Audi 19/100 PS Typ R Imperator Phaeton

64 Sprung nach oben
    Wanderer 10/50 PS W 11 Limousine

70 Premium mit Acht
    Horch 16/80 PS Typ 350 Pullman-Limousine

78 Sportsgeist zweifarbig
    DKW PS 600 Sportwagen

84 Sparsam sachlich
    Horch 430 Limousine

90 Genial einfach
    DKW Front F 1 Cabrio-Limousine

96 Hightech-Luxus
    Horch 670 Sportcabriolet

102 Vier Ringe – Vier Marken – Ein Unternehmen
     Die Auto Union AG 1932 – 1948

108 Neubeginn in Ingolstadt
     Die Auto Union GmbH 1949 – 1964

112 Moderne Linie
     Wanderer W 22 Schiebedach-Limousine

118 Reisegleiter mit Prestige
     Horch 850/851 Pullman-Limousine

126 Zweitaktsportler
     DKW F 5 Front Luxus-Zweisitzer offen

132 Sportliche Eleganz
     Horch 853 Sportcabriolet

142 Kleiner Horch
     DKW F 5 Front Luxus-Cabriolet

148 Sportlich frisch
     Audi Front 225 Roadster

154 Offene Faszination
     Horch 855 Special-Roadster

160 Sportliche Rasse
     Wanderer W 25 K Cabriolet

168 Amerikanische Anleihen
     Wanderer W 52 Cabriolet

174 Langstreckenluxuscabriolet
     Horch 951 A Sedan-Cabriolet

182 Solide Dynamik
     Audi 920 Cabriolet

188 Schnittige Sache
     Horch 930 V Roadster

1965 – 2010

196 Stromlinie de Luxe
Horch 930 S Limousine

204 Erste Weltrekorde
Auto Union Grand-Prix-Rennwagen Typ A

210 Grand-Prix-Legende
Auto Union Grand-Prix-Rennwagen Typ C

216 Aerodynamischer Rekordjäger
Auto Union Stromlinienwagen Typ C

222 Letzter Sieg
Auto Union Grand-Prix-Rennwagen Typ D

232 Moderner Lastenesel
DKW Schnelllaster F 89 L Kastenwagen
DKW F 800/3 Luxusbus

242 Die neue Meisterklasse
DKW Meisterklasse F 89 P Limousine
DKW Meisterklasse F 89 S Universal

248 Der große DKW
DKW 3 = 6 Sonderklasse F 93 Cabriolet
DKW 3 = 6 Sonderklasse F 94 Limousine

258 Rassige Extravaganz
DKW 3 = 6 Monza Sportcoupé

262 Sputnik auf Rädern
Auto Union 1000 Sp Coupé und Roadster

268 Besserer Familieneinstieg
DKW Junior de Luxe Limousine

274 Offenes Vergnügen
DKW F 12 Roadster

280 Aufbruch, Durchbruch, Vorsprung
Von Auto Union zu Audi 1965 – 2010

288 Nur drehend statt stampfend
NSU Wankel Spider

296 Endlich vier Takte
Audi 72 Limousine und Audi 80 Variant

302 Kraftzwerg
NSU TT Tourenwagen »Jägermeister«

308 Zukunft war Gegenwart
NSU Ro 80 Limousine

316 Italienisches Flair
Audi 100 Coupé S

322 Traktion auf allen Vieren
Audi quattro

330 Auf den Schotterpisten der Welt
Audi Rallye quattro A2

336 Extremer Charakter
Audi Sport quattro Rallye

344 Schritt nach oben
Audi V8 Limousine

348 Rennlimousine
Audi V8 DTM

352 Imageträger für den Leichtbau
Audi quattro Spyder Sportwagenstudie

358 Glanzstück in Design und Technik
Audi Avus quattro

364 Premiere in der Luxusklasse
Audi A8 Limousine

370 Wolf im Schafspelz
Audi RS2 Avant

374 Designkult
Audi TT Coupé und Roadster

382 Champion mit Ganzkörpertattoo
Audi R8 Le Mans »Krokodil«

388 Light Weight Design
Audi A2 Kompaktlimousine

394 Eine Klasse für sich
Audi A7 Sportback 3.0 TDI quattro

Anhang

406 Quellenverzeichnis

407 Personenregister

407 Ortsregister

408 Danksagung

Ikonen – Bilder oder Vorbilder?

Das Wort »Ikone«, griechisch »eikóna«, stand ursprünglich als Bezeichnung für eine Abbildung. Als es etwa im sechsten Jahrhundert vom orthodoxen Christentum und der sakralen Kunst übernommen wurde, vollzog sich ein Wandel in der Bedeutung des Wortes. Es fand zunehmend Verwendung als Bezeichnung für auf Holz gemalte Bilder, die eine ganz besondere Ausstrahlung auf die Betrachter ausübten – sogenannte Kultbilder, auf denen Heilige dargestellt waren. Diese Bilder wurden verehrt, angebetet und geküsst. Dabei war die Deutung, die Aussage des Bildes entscheidend, nicht seine Herstellungsweise oder etwa das Material.

Heute ist diese enge Bedeutung im Sprachgebrauch aufgebrochen. Im übertragenen Sinne stehen Ikonen als Ausdruck für den Kultstatus, die Verehrung des Besonderen, für das Ungewöhnliche, eine große Popularität – genauso wie für Langzeiterfolg, für unschlagbare Einfachheit und Kontinuität. Dabei wird der Begriff ebenso für Erzeugnisse handwerklicher oder industrieller Fertigung angewandt wie für Produkte aus Medien und Kunst – oder auch für weltliche Personen. Der Kultstatus steht im Vordergrund. Musiker, Schauspieler oder Schriftsteller mit übergroßer Medienpräsenz und hohem Bekanntheitsgrad erfahren durch ihre überall präsenten Abbilder eine Bedeutung, die der althergebrachten Ikonenverehrung sehr nahe kommt, und nehmen die Rolle von Idolen oder Vorbildern ein.

Bei technischen Erzeugnissen wird der Ikonen-Charakter durch die Vollkommenheit ihrer Funktion und besonders durch ihr äußeres Erscheinungsbild bestimmt. Gestaltung ist dabei, ob unbewusst aus der Konstruktion entstanden oder bewusst eingesetzt, einer der wichtigsten Faktoren.

Angesichts immer schnellerer technischer Veränderungen gewinnt auch die Zeit als Ikonen-Kriterium an Bedeutung. Bei Automobilen gilt das ganz besonders. Eine lange Fertigungszeit spricht für die zeitlose Gültigkeit eines technischen Konzepts. Schon bei ihrer Premiere hoben sich solche Fahrzeuge deutlich von ihrem Umfeld ab; nicht selten waren sie ihrer Zeit voraus. Heute wird der Begriff »Ikone« beinahe inflationär gebraucht. Reizüberflutung führt zu dem Drang, durch immer häufigere Verwendung von Superlativen Aufmerksamkeit zu erzielen. Gegenwärtig werden solche Einstufungen sowohl von Historikern als auch beispielsweise von Journalisten oder Werbeagenturen nach eigenen Kriterien vorgenommen. So nutzt die Werbefachsprache den Begriff der »Design-Ikone« bereits für aktuelle, noch auf dem Markt befindliche Produkte. Der Status einer Ikone hat sich hier nicht aus seiner Nutzung und einer historisch reflektierten

Einordnung entwickelt, sondern wird als Marketinginstrument eingesetzt. Die rasante Verbreitung über heutige mediale Netzwerke manifestiert solche Zuordnungen recht schnell.

Die Ansätze zur Einstufung als Kultobjekt, als Ikone, sind vielfältig. Aus diesem Grund konnte eine gewisse subjektive Sichtweise auch bei diesem Projekt nicht ausgeschlossen bleiben. Emotion und Ratio sollten sich nicht ausschließen. Aus intensiver Beschäftigung mit der Materie, aus jahrelanger Beobachtung, aus Gesprächen mit Historikern und aus der Überzeugung des Autors heraus ist die in diesem Buch erfolgte Auswahl von Automobilen der Audi Historie erfolgt. Die Auslese aktueller Modelle, die in Zukunft den Status einer Ikone erreichen könnten, erfolgte ganz im Sinne gegenwärtiger Auffassungen aus der Fachpresse, den Medien und der Rücksprache mit Fachleuten.

Die vier vor der Gründung der Auto Union unabhängig voneinander agierenden Marken Audi, DKW, Horch und Wanderer haben jede für sich eine ganz eigene Entwicklung in der Produktphilosophie aufzuweisen. Allein daraus ergab sich mit Gründung der Auto Union AG eine Angebotsbreite, die kaum ein anderer deutscher Hersteller bieten konnte. Zwei der Marken – Horch und Audi – wurden von August Horch, einem der Pioniere des Automobilbaus, im ersten Jahrzehnt des 20. Jahrhunderts gegründet.
DKW Automobile gaben erst viel später, im Jahre 1928, ihren Einstand. Dem Unternehmer Jörgen Skafte Rasmussen gelang es mit seinen Zweitaktmotorrädern, zum weltweit erfolgreichsten Hersteller motorisierter Zweiräder aufzusteigen. Entsprechend leistungsfähige Motorradmotoren beflügelten seine Vorstellung von einem »Volksauto«.
Bei Wanderer hatte die Motorisierung ebenfalls mit dem Bau von Motorrädern begonnen. Die nächste Stufe bildete der als »Puppchen« bekannte Kleinwagen, woran sich Mitte der 1920er-Jahre der Aufstieg in die Mittelklasse anschloss. Kerngeschäft des Chemnitzer Konzerns war allerdings die Büro- und Werkzeugmaschinenfertigung.

Die genannten vier Unternehmen hatten anfänglich nur eine Gemeinsamkeit: Sie lagen geografisch nahe beisammen. Wagen der Marken Horch, Audi und DKW wurden bis zum Ende des Zweiten Weltkrieges in Zwickau produziert, einem der wichtigsten deutschen Automobilbaustandorte. Wanderer war im knapp 40 km entfernten Chemnitz beheimatet. Das dicht besiedelte sächsische Industrierevier Zwickau-Chemnitz hatte seine Wurzeln im Steinkohlebergbau, im Maschinenbau und der Textilbranche. Der Automobilindustrie stand damit ein großes, qualifiziertes Arbeitskräftepotenzial zur Verfügung.

Mit der Gründung der Auto Union AG entstand 1932 der an den Zulassungszahlen gemessen zweitgrößte deutsche Automobilkonzern, der die in ihm vereinten vier Marken weiterführte und bis zum Zweiten Weltkrieg mit einem breiten Produktprogramm alle Automobil- und Motorradklassen abdeckte.

Die 1949 in Ingolstadt neu gegründete Auto Union GmbH führte den Namen und das Markenzeichen der Vier Ringe weiter. Ihr Neuanfang erfolgte unter denkbar schwierigen Bedingungen. Die Auto Union Automobilfertigung in Westdeutschland begann im Jahre 1949 mit einem Lieferwagen; ab 1950 wurden wieder Personenwagen gebaut. Die technischen Wurzeln beider Produkte stammten aus den DKW Wagen der späten 1930er-Jahre.
Im Jahre 1969 kam durch Fusion die Neckarsulmer Marke NSU dazu, die besonders durch die Antriebstechnik mit Kreiskolbenmotoren von sich Reden machte. Eine wechselvolle Geschichte nahm ihren Lauf, die heute in einem der führenden Hersteller von Personenkraftwagen mündet, der mit dem Markennamen Audi und den Vier Ringen als Signet zur Weltspitze gehört.

Aus dieser Geschichte wurden Meilensteine ausgewählt, die die Entwicklung der Marken der Vier Ringe in technischer, gestalterischer und wirtschaftlicher Hinsicht bestimmten. Sie spielten herausragende Rollen, unabhängig von hergestellter Stückzahl oder Kaufpreis. Neben Serienmodellen fanden auch Einzelstücke oder Prototypen Eingang in dieses Buch.

Horch 853 Sportcabriolet, 1937

Wanderer W 25 K Cabriolet, 1938

Aufstieg und Überleben
Die vier Ursprungsmarken 1904–1932

A Fahrgestellmontage bei Horch in Zwickau, 1908.
B Moderner Entwurf einer Tourenwagen-Karosserie (Phaeton) mit zweitem Windlauf hinter den Vordersitzen und eingebauten Zusatzlaternen von Golde/Gera-Neuss, 1911.
C Ein vom Chassishersteller unabhängiger Entwurf einer Phaeton-Karosserie von Gläser/Dresden um 1905.
D Entwurf von Gläser/Dresden um 1910. Der Windlauf wurde an die Spritzwand angepasst und der Wagenkasten glattflächig angelegt.

Gleich zwei Ursprungsfirmen der Audi Geschichte brachten den Automobilbau in einer frühen Phase nach Zwickau: Horch ab 1904 und Audi ab 1909. Wie bei den meisten Motorwagenherstellern dieser Zeit haben keine kompletten Automobile deren Fabrikhallen verlassen. Die Herstellung teilte sich in zwei Zyklen. Die den Markennamen tragende Firma lieferte nur fahrbereite Chassis aus, Karosseriebaufirmen fertigten dazu die Aufbauten und setzten sie auf die Fahrgestelle. Der Käufer konnte meistens aus einer größeren Anzahl von Aufbauvarianten verschiedener Karosseriehersteller wählen.

Kutschenbauer, die sich dem Automobilbau öffneten, bestimmten durch ihre Konstruktionsauffassungen und Technologien im Wesentlichen das äußere Erscheinungsbild. Zum größten Teil wurde ihnen auch der Entwurf überlassen, weshalb frühe Formen vieler Motorwagen denen von Kutschen entsprachen. Die Aufbauten erhielten Namen wie Phaeton, Landaulet, Coupé oder Spider und bewegten sich auf Holzspeichenrädern. Holz bestimmte als bevorzugtes Material die Bauweise, die zugunsten hoher Stabilität recht massiv ausfiel. Der Motor war versteckt platziert; entweder unter dem Aufbau oder – meistens – hinten. Es gab eben keine Vorbilder.

Die zweite Entwicklungsrichtung zum Automobil entstammte dem Fahrradbau. Davon inspirierte Fahrzeuge fielen leichter und filigraner aus, sie bedienten sich typischer Konstruktionsformen wie aus gemufften und verlöteten Stahlrohren bestehenden Rahmen, Vorderradgabeln und Metallspeichenrädern. Ihre Namensherkunft leitete sich vom Velociped ab, der frühen Bezeichnung des Fahrrades, und lautete unter anderem Voiturette oder Cycle-Car.

Die an den Benz Patent-Motorwagen in fahrradtypischer Bauart und die pferdelose Daimler Motorkutsche 1886 anschließende Entwicklungsperiode kennzeichnete das Suchen und Finden einer den Anforderungen gerecht werdenden Konstruktionsweise sowie einer günstigen, funktionalen Anordnung der Baugruppen. Diese Phase hielt etwa 20 Jahre an.

Ein Automobil mit erstmals vorn angeordnetem Motor wurde 1891 von Panhard & Levassor vorgestellt. Es folgte weiterhin dem Leitbild der Kutsche, hatte Holzspeichenräder mit Hartgummibereifung, wie im Kutschenbau üblich ungleich große Räder und einen hohen Schwerpunkt. Bis etwa 1906 hatte sich die Grundform des Automobils, basierend auf einem Chassis aus Stahlblechträgern und der Motoranordnung einschließlich des Frontkühlers sowie der Motorhaube vorn, gefestigt. Einen starken Einfluss auf dieses Grundprinzip des Motorwagens, das sich deutlich von der kutschenartigen Erscheinung entfernte, übte beispielsweise das Konzept des ersten »Mercedes« von Daimler 1901 aus. Er hatte luftbereifte Räder gleich großer Dimension. Durch den kleineren Raddurchmesser verringerte sich der Abstand des Rahmens zur Fahrbahn, damit verlagerte sich der Schwerpunkt nach unten und der Aufbau fiel insgesamt niedriger aus. Die altmodischen Aufbauformen des Pferdegespanns wurden danach immer mehr verdrängt. Die meisten Wagen erhielten vier Sitze, seitlich Türen und der Radform angepasste Kotflügel. Damit erhielt das Automobil seine charakteristischen Merkmale. Erhebliche Auswirkungen auf die Auslegung, die Nutzbarkeit und die Gestalt von Automobilen hatten auch die frühen, großen internationalen Langstreckenwettbewerbe nach festgeschriebenen Regeln, wie die Gordon-Benett-Rennen von 1900 bis 1905, in Deutschland die Herkomer-Konkurrenzen von 1905 bis 1907, später auch die Prinz-Heinrich-Fahrten von 1908 bis 1910 oder die Internationalen Österreichischen Alpenfahrten ab 1910. Die daran geknüpften Bestimmungen und Prüfungen waren Anreiz für die Konstrukteure, neue technische Wege zu beschreiten und Dauerleistung sowie Zuverlässigkeit zu erhöhen. Kreative Lösungen und Ideen, die sich unter den harten Anforderungen bewährt hatten, fanden daraufhin Anwendung bei der Fertigung von Gebrauchsautomobilen.

Das äußere Erscheinungsbild des Automobils bestimmte sein Aufbau, und den lieferte nicht

A

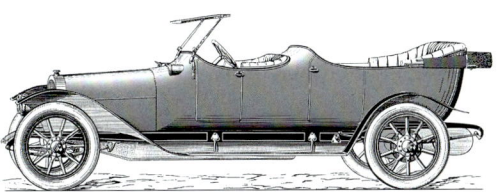

B

C

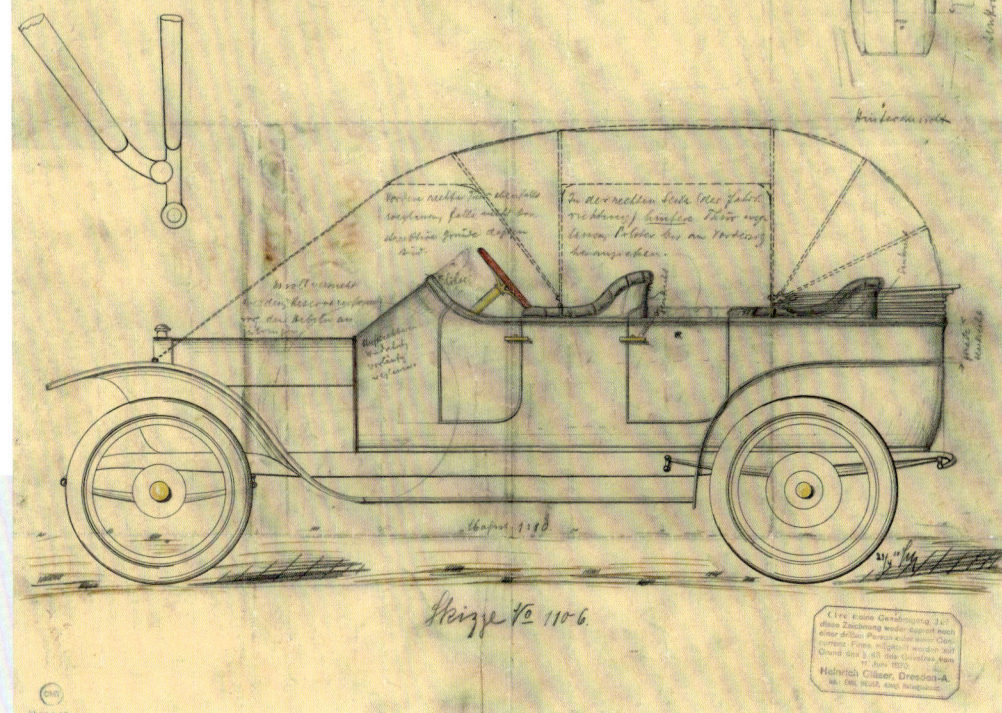

D

der Finalist, sondern der Karossier – und zwar an mehrere Fahrzeughersteller. Deshalb gab es kaum eine spezifische, Markenidentität verleihende Formgestaltung. Nicht selten entsprach der Herstellungsprozess einer Einzelanfertigung. Fabriziert wurden die Aufbauten auf Kundenwunsch in jeder herstellbaren Ausführung. Eventuell ließ die Handschrift des Karosseriebauers Rückschlüsse auf die Marke zu, doch meist folgten die Aufbauten zur Erhöhung des Käuferinteresses allgemein Gewohntem oder modischen Erscheinungen. Damit kam es schon früh zu einer gewissen Uniformität. Nur anhand von Details war äußerlich eine Identifikation des Chassisherstellers möglich. Meistens wies ihn nur ein Schriftzug oder ein Zeichen auf der Kühlerfront aus. Das »Darunter« ließ die Herkunft eindeutiger erkennen. Für Außenstehende jedoch waren die Fahrzeugmarken kaum zu unterscheiden. Auch die Wagen von Horch und Audi unterschieden sich äußerlich nur unwesentlich voneinander.

Neben sehr wenigen geschlossenen oder halbgeschlossenen Karosserieformen überwogen nach 1900 die offenen Motorwagen mit leichtem Verdeck im von Fußgängern, Fahrradfahrern und Pferdefuhrwerken beherrschten Straßenbild. Der Phaeton-Aufbau, auch Tourenwagen genannt, war bevorzugt angeboten worden, weil mit dem günstigeren Verhältnis von Leistung zu Gesamtmasse der Nachteil der noch nicht so starken Motoren besser ausgeglichen werden konnte. Als amerikanische Modeerscheinung übernommen, passte das Klappverdeck als leichter Wetterschutz zu dieser offenen Linie. Außerdem waren die geschlossenen, sehr luxuriös ausgestatteten Karosserien weitaus kostspieliger.

Die im Laufe der beiden ersten Jahrzehnte des 20. Jahrhunderts vom Ingenieurduo August Horch und Hermann Lange konstruierten Horch und Audi Automobile prägte eine Entwicklungstendenz zu größeren, leistungsstarken Wagen aus bestem Material. Das entsprach der Philosophie Horchs. Die damaligen Fahrzeugprogramme beider Marken staffelten sich in mehrere Typen unterschiedlicher Leistungsstufen. Karosserieaufbauten dafür waren aber oft sehr ähnlich oder gar identisch – auch mit denen anderer Automobilhersteller.

Das erste Wanderer Serienautomobil kam rund neun Jahre nach den 1904 erschienenen ersten Vierzylinderwagen von August Horch auf den Markt. Im Gegensatz zu den aufgefächerten Angeboten von Horch und Audi hatte die Beschränkung auf einen einzigen Kleinwagentyp unter dem Aspekt einer möglichst rationellen Herstellung sowie einer hohen konstruktiven Reife Erfolg. In der Karosseriegestaltung entsprach das Auto den allgemeinen Erwartungen und war eine ziemlich leichte Konstruktion. Als Anregung fungierten ausländische Fabrikate.

Charakterisierende Unterschiede zwischen Audi, Horch und Wanderer lagen in der Technik sowie im Materialeinsatz. Ein konstruktivkonzeptioneller Schwerpunkt war bei allen drei sächsischen Herstellern bis zu Beginn des Ersten Weltkrieges festzustellen: Zu den Grundanliegen gehörten in erster Linie die Erhöhung der Betriebssicherheit und der Zuverlässigkeit sowie die einfachere Bedienbarkeit. Das ist als wichtiger Schritt auf dem Weg zur Alltagstauglichkeit erkannt worden.

Auch kurz nach der Wende zum 20. Jahrhundert war eine Dauerfahrzeit von etwa einer Stunde bei Gebrauchsautomobilen eine Spitzenleistung und noch keine Selbstverständlichkeit. Beispielsweise gab es unter Alltagsbedingungen erhebliche Probleme mit unausgereiften Zündungsmechanismen, unzureichender Kühlung, mangels Erfahrung falsch dimensionierten Konstruktionselementen, unzählige Reifenpannen und Motorschäden. So schrieb ein Zeitzeuge: »Da halte ich mir nun tausend widrigen Umständen zum Trotz seit zwei Monaten solch ein neumodisches Gasolin-Vehikel. Bin nicht unzufrieden, verbringe indes meine Zeit nur zum Teil in der Karosserie, zum größeren Teil aber darunter ... Und gar meine Hände, sie gleichen schwarzen Tatzen.« Wartungs- und Reparaturarbeiten durch die Besitzer gehörten zur Regel. Infolge der beschwerlichen Bedingungen und des Wandels der Mobilitätsform wurde häufig aus dem Kutscher der Chauffeur, der gleichzeitig zum Mechaniker avancierte.

Für eine Steigerung der Verkaufszahlen und die weitere Erschließung von Kundenkreisen erwies sich im Laufe der ersten beiden Jahrzehnte nach 1900 die Zuverlässigkeit der Motorfahrzeuge als eines der wichtigsten Argumente. Deshalb hatten bei den Automobilherstellern durch wettbewerbsorientierte Zuverlässigkeitsfahrten erbrachte Beweise dafür einen sehr hohen Stellenwert. Sie halfen den Bekanntheitsgrad zu erhöhen und den Absatz zu fördern – insbesondere auch bei Horch und Audi.

A Unverspielte und formschlüssige Karosseriegestaltung von Ernst Neumann-Neander, 1913.
B Karosserie in Bootsform von Seegers/Leipzig auf Presto-Chassis 10/30 PS, 1922.
C Von Kathe & Sohn in Halle/Saale in Torpedoform hergestelltes »Zigarrenauto« Horch 23/40 PS für die Prinz-Heinrich-Fahrt 1908.
D Wettbewerbswagen Horch 13/35 PS mit einer der Luftströmung angepassten Karosserie für das schwedische Eisrennen 1911.
E Mit diesem Horch 13/35 PS errang die Marke den 1. Preis beim schwedischen Eisrennen 1913.
F Barocke Innenausstattung einer Limousine Horch 18/50 PS, ebenfalls von 1913.
G Damals moderne Innenausstattung einer Limousine von der Delmenhorster Wagenfabrik nach einem Entwurf von H. Stoffregen, 1913.

Erste als autotypisch zu betrachtende Gestaltungen tauchten nach 1906 in der Spätzeit des Jugendstils (bis etwa 1914) auf. Neu gegründete Karosseriebaufirmen, die nicht direkt aus dem Kutschenbau hervorgingen, betrieben Produktentwicklungen weniger traditionsbehaftet. Durch weiterentwickelte oder neue Fertigungsmethoden gingen sie experimentierfreudiger mit dem Erscheinungsbild des Automobils um. Besonders in dieser Zeit des künstlerischen Aufbruchs zur Überwindung des damals vorherrschenden Historismus, der fast alle Kunstgattungen erfasst hatte, spiegelten sich andersartige Ideen auch bei Industrieprodukten wider. Das traditionelle Handwerk verlor zunehmend seine Vorherrschaft. Im Rahmen der rasanten Industrialisierung hatte die preiswertere maschinelle Herstellung von Gebrauchsgütern in großen Stückzahlen Änderungen in der Gestaltungsauffassung nach sich gezogen. Neue, moderne Technologien beflügelten Ingenieure, Architekten und Künstler, die Funktion als Gestaltungskriterium in den Vordergrund zu stellen. Produkte wurden aber nicht nur als rein funktionales Industriegut betrachtet, sondern als Gesamtwerk mit einer ästhetischen Ausstrahlung. In dieser Periode nahm die dekorative Ornamentik einen hohen Stellenwert ein. Dabei lassen sich zwei Hauptrichtungen erkennen: die mit geschwungenen Linien floral bestimmte und die geometrisch-abstrakte Anschauung. Auch im Automobilbau sind in dieser Zeit Stilelemente daraus zu finden. Die Orientierung an geschmeidigen Linienführungen und weichen Kurvenverläufen, z. B. beim Übergang des Fahrzeugvorbaus im Bereich des Windlaufs und in die Karosserieseitenwand oder bei lang schwingenden Kotflügeln mit angesetztem Trittbrett, sind ein Indiz dafür. Maritime Applikationen sowie Accessoires aus dem damals als futuristisch angesehenen Schiffsbau ließen die Bootsform auf der Straße Einzug halten. Die auch als »Skiff« bezeichneten Karosserien interpretierten sie. Dabei sind schmale, offene Tourenwagen auch in Edelholz ausgeführt oder beplankt worden. Das Heck war spitz auslaufend gestaltet, ähnlich einem Schiffsbug. Kombiniert wurde diese Wagenform später auch mit dem in Mode kommenden Spitzkühler und der Keilform bei Frontscheibe sowie Vorderkotflügeln.

Einer der Wegbereiter der damals progressiven und schicken, neuen Stilistik war der Grafiker und Designer Ernst Neumann-Neander. Er entwarf in seinen »Ateliers Ernst Neumann für moderne Reklame« ab 1908 in Berlin für viele bedeutende Automobilhersteller Werbemotive, aber auch zahlreiche Automobilkarosserien. Später bewies er auch als Techniker und Konstrukteur von Motorradentwürfen und den Neander-Fahrmaschinen seine genialen Fähigkeiten.

Weitere Wegbereiter neuer Denkweisen waren in Deutschland u. a. der als erster freiberuflicher Entwurfskünstler für Automobile angesehene Otto Kuhler oder der für den Deutschen Werkbund tätige Gestalter und Architekt Walter Gropius, der nach dem Ersten Weltkrieg das »Staatliche Bauhaus in Weimar« gründete.

Parallel fand um die Jahrhundertwende bis etwa 1910 innerhalb kurzer Zeit eine rasante Entwicklung in der Luftfahrt statt. Luftschiffe und Motorflugzeuge ließen ein neues »Faszinosum« entstehen. Schauflüge wie die von Wilbur Wright 1908 und der Kanalflug von Louis Blériot 1909 bedeuteten Meilensteine. Sie förderten den Traum vom Fliegen und, besonders in Europa, die Begeisterung für die Idee völliger Ungebundenheit. Zudem übte das Flugzeug mit dem Reiz höherer Geschwindigkeit eine enorme Anziehungskraft aus.

Die Aeronautik – damals vorherrschende Bezeichnung für die Luftfahrt – und insbesondere das »Aeronautik-Jahr 1909« beeindruckte viele Sportfahrer und ließ sie vom langsamen Auto zu schnellen Flugobjekten wechseln. Sie wollten sich den noch größeren Herausforderungen von Geschwindigkeit und Technik sowie einem hohen Risiko stellen.

Offensichtlich übte die Luftfahrttechnik auf die Form von Automobilen ebenfalls Einfluss aus. Frühere Rennsport-Erfahrungen mit ersten zur Erzielung höherer Endgeschwindigkeiten luftwiderstandsarmen Karosserien wurden durch Erfolge in der Luftfahrt bestätigt. Spezialkarosserien für Sporteinsätze mündeten dann noch konsequenter in flugobjektartigen Torpedo- und Keilformen, aber auch in Kuriositäten.

In den ersten Jahrzehnten konnten nur Vermögende sich Automobile leisten. Der Motorwagen war Abenteuerspielzeug, Sportgerät und durch seinen hohen Preis Statussymbol. Die funktionale Bedeutung als neuartiges

A B

C D E

Transportmittel zur individuellen und schnelleren Überwindung von Entfernungen trat in den Hintergrund. Rasch entdeckten die Käufer, dass sie gegenüber Fußgängern, Radfahrern und Fuhrwerken ihre Überlegenheit demonstrieren konnten. Der Reiz höherer Geschwindigkeit einerseits und des Extravaganten andererseits ermöglichte dem vermögenden Besitzer eines Automobils, seinen Reichtum oder auch die soziale Besserstellung auf neue Art zu zeigen. Obwohl die Technik noch unvollkommen und nicht ausgereift war, nahm das Auto die Stellung eines Luxusobjekts ein. Die Hersteller nutzten die Bedürfnisse der wohlhabenden Klientel nach Exklusivität, um mit äußerlichen Attributen des Luxus auch die technische Entwicklung, die häufig unter völliger Kostenignoranz stattfand, zu refinanzieren und gleichzeitig den Absatz zu fördern – nach dem Motto: Was teuer ist, muss auch gut sein.

Nicht allein aus Technik und Herstellung formte sich die Gestalt der Automobile. Ihre Entwicklung war Ergebnis technosozialer Wirkmechanismen, ein Zusammenspiel von Bedürfnissen der Käufer, von Erfahrungen in ihrer Nutzung und vom Angebot der Produzenten. Beispielsweise wurde die Teilung der Kutsche in zwei Funktionsbereiche bei geschlossenen Karosserieaufbauten beibehalten. Das Abteil, in dem der Chauffeur seine Arbeit verrichtete, war lange Zeit offen, mit strapazierfähigen Materialien ausgestattet und von Bedienelementen bestimmt. Er versah seine Arbeit fast vollständig im Freien oder bei nur geringem Wetterschutz durch eine freistehende Windschutzscheibe. Im günstigsten Fall hatte der Fahrer noch ein Dach über dem Kopf. Weil er zugleich als Mechaniker den Fahrbetrieb durch ankurbeln starten, schnell diverse Einstellvorgänge vornehmen und für einen einigermaßen konstanten Motorlauf sorgen musste, war ein häufiges Ein- und Aussteigen unumgänglich. Ebenso sollten Reparaturen schnell erledigt oder einfach nur die Änderung der Fahrtrichtung manuell angezeigt werden, weshalb es anfangs oft keine Türen oder Seitenscheiben an seinem Arbeitsplatz gab. Im Fahrgastabteil hingegen herrschte die diskrete Atmosphäre des bürgerlichen Salons.

Im Laufe der Emanzipierung des Automobils von den Zugtier-Gespannen bildete sich ein weiterer wichtiger gesellschaftlicher Einflussfaktor heraus: Seine Rolle als Imageträger des technischen Fortschritts nahm eine stetig wachsende Bedeutung ein. Nachdem Sporteinsätze und Zuverlässigkeitsfahrten dazu beigetragen hatten und sich das Standardkonzept der Baugruppenanordnung etablierte, erfolgte die Konzipierung neuer Automobilentwicklungen mehr und mehr systematisch und nach technischen Grundsätzen. Das beschleunigte den technischen Reifeprozess. Mit verfeinerten Fertigungsmethoden und wachsender technischer Reife stieg auch die Faszination in der Bevölkerung.
In Deutschland blieben die Produktionszahlen von Automobilen bis zum Beginn des Ersten Weltkrieges 1914 auf bescheidenem Niveau.

F

G

Zu jener Zeit war hierzulande ein Fertigungsausstoß eines Typs jenseits von 1000 Stück schon viel und nur über eine mehrjährige Bauzeit zu erreichen. Im Vergleich dazu setzte sich im Nachbarland Frankreich die Akzeptanz und Vermarktung von Automobilen im größeren Stil bereits vor der Jahrhundertwende durch. Der französische Markt zeigte sich viel aufnahmefähiger als der deutsche. Die »Voiturette« von De Dion-Bouton beispielsweise wurde von 1895 bis 1901 schon etwa 15 000-mal verkauft.

Von einer Massenmotorisierung war Deutschland noch weit entfernt. Im internationalen Vergleich stellte sich der Gesamtbestand an Automobilen 1914 etwa wie folgt dar: Deutschland 64 000, Frankreich 100 000, Großbritannien 178 000 und USA 1,711 Mio. Stück. Das Bild veränderte sich mit dem Ersten Weltkrieg und dem Einsatz von Motorfahrzeugen für militärische Zwecke. Die Produktionszahlen von Kraftfahrzeugen eines Typs übertrafen die bisherigen nun bei Weitem. Beispielsweise wurde der Horch Lkw 25/42 PS Typ KL mit 2073 Stück, Bauzeit 1916 – 1922, der bis dahin meistgebaute Horch Wagen.

Während des Ersten Weltkrieges wurden in Deutschland etwa 70 000 Motorfahrzeuge hergestellt. Auch wenn es im internationalen Vergleich gesehen eine ziemlich geringe Menge war – in den USA verkaufte allein Ford 1914 schon 308 000 Wagen –, vollzog sich ein gesellschaftlicher Wandel in der Akzeptanz des Automobils. Seine Bedeutung bekam in Deutschland einen Schub. Was um 1910 beispielsweise bei Horch mit ersten Automobilen zur kommerziellen Nutzung begann, entwickelte sich zur echten Alternative gegenüber Eisenbahn und Pferdefuhrwerk. Als Transportmittel für Munition, Kriegsgerät und Soldaten erwies es sich als flexibler und günstiger. In der Kriegsführung stellte sich das Automobil bald als unverzichtbar heraus. Damit waren auf unbefestigten Fahrwegen und den wenigen richtigen Straßen Motorfahrzeuge keine Ausnahme mehr. Während des Krieges sowie danach gehörten kleine und große Lastkraftwagen, Busse, Taxis oder Ambulanzen eher schon zum gewohnten Bild. Zudem hatten unter der kriegsbedingten Beanspruchung mit Verbrennungsmotor angetriebene Fahrzeuge den Beweis ihrer Alltagstauglichkeit endgültig erbracht.

Die Fahrzeugindustrie in Deutschland konnte aus den Erfahrungen mit der umfangreicheren seriellen Herstellung nach dem Ersten Weltkrieg dennoch keinen Weg zur Massenfertigung von preiswerten Automobilen finden. Reparationsforderungen der Alliierten, Beseitigung von Kriegsfolgen sowie ganz profane Dinge wie der Mangel an Material und Treibstoffen erschwerten die tägliche Arbeit. Zunächst lief die Herstellung ziviler Fahrzeuge bei Horch und Audi mit renovierten Vorkriegstypen wieder an, die mehrere Jahre im Modellprogramm verblieben. Die während der Kriegszeit unterbrochene Entwicklungstätigkeit zugunsten militärisch nutzbarer Produkte resultierte in einem technischen Rückstand gegenüber ausländischen Konkurrenten. Auch verharrte die Fertigung bei den aufwendigen Methoden der Vorkriegszeit.

Bedingt durch den Versailler Vertrag mit hohen Reparationsleistungen und im Rahmen des Umbaus des föderalen Finanzsystems erfolgte 1919/1920 die Reichsfinanzreform. Sie führte allerdings bis 1923 zu einer massiven Geldentwertung in Deutschland.

Die ab 1920 stetig zunehmende Inflation führte zur Flucht in Sachwerte. Dazu gehörten auch Automobile. Mit dem Verkauf der teuren Wagen stellte sich wirtschaftlicher Erfolg ein, denn durch die Produktion in nach wie vor geringen Stückzahlen florierte der Absatz. Damit konnte der begrenzte Bedarf gedeckt werden. Bis gegen Ende 1923 schien es mit der deutschen Automobilindustrie aufwärts zu gehen. Allerdings verpassten die Hersteller, zeitig konstruktiv moderne und wirtschaftlich günstiger herstellbare – vernünftige und volkstümliche – Automobile zu entwickeln. Bald kristallisierte sich die fehlende Kaufkraft der Interessenten heraus. Um preiswerte Produkte für breitere Käuferschichten anbieten zu können, wurde die Rationalisierung der Fertigung zur unumgänglichen Zwangslage.

Erste Nachkriegs-Neuentwicklungen gingen bei Audi ab 1921 und bei Horch ab 1922 in Serie. Diese Automobilkonstruktionen zielten auf sehr wohlhabende Käuferschichten. Allerdings fanden sich zu wenige Käufer. Zudem begannen nach der Währungsstabilisierung 1924 ausländische Marken den deutschen Markt mit preiswerten Produkten zu erobern. Ab 1925 wurde der Druck auf die deutschen Hersteller vor allem durch vergleichsweise günstige amerikanische Importe, die durch die dort etablierte Großserienfertigung nach den Prinzipien von Henry Ford und Alfred P. Sloan möglich wurden, immer stärker. Den Zwangsweg der Rationalisierung suchten die Deutschen in der Verbindung zweier Systeme zu gehen: Verknüpfung von Prinzipien der Massenfertigung bei möglichst hohem Rationalisierungsgrad mit dem Anspruch deutscher Qualitätsarbeit. Dabei blieb Amerika aber immer Leitbild.

Infolgedessen wirkte ab Mitte der 1920er-Jahre die amerikanische Automobilgestaltung zunehmend auf die Fahrzeugentwicklung in Europa ein. Der Großserienbau in den USA mit großen, im Pressverfahren ausgeformten Stahlblechteilen veränderte immer stärker auch die automobile Formensprache in Deutschland. Über lange Zeit eckig und streng aussehende Karosserien erhielten an den Kanten größere Radien sowie bei geschlossenen Aufbauten stärker gewölbte Dachflächen und Heckbereiche. So ist es kaum verwunderlich, dass deutsche Karosserien amerikanischen Vorbildern ähnelten, um sich dem internationalen Geschmack anzupassen.

Bei Audi, Horch und Wanderer lassen sich erste Ansätze zu markenspezifischen Designs frühestens gegen Ende der 1920er-Jahre durch eine stärker differenzierte Formensprache erkennen. Bis dahin blieb ihr Erscheinungsbild altmodisch. Die Konstruktionen und die Technik waren amerikanischen Wagen gegenüber meist moderner und solider, als es das Äußere vermuten ließ. Mit Neid blickten die deutsche Automobilhersteller lange auf amerikanische Marken. Bis gegen Ende der 1920er-Jahre

A Horch 10/50 PS Pullman-Limousine um 1925. Der eckige Karosserieaufbau war zu dieser Zeit schon altmodisch geworden.
B Horch 350 Pullman-Limousine von 1928 in neuer, amerikanisch beeinflusster Linienführung.

A, B

gelang es ihnen nicht, die richtige Balance zwischen Konstruktion, Herstellung und Produktgestalt zu finden, um das Automobil vom Luxusgut mit geringen Fertigungszahlen zum massenhaften Gebrauchsgut zu entwickeln. Die Suche nach der Positionierung zog sich bei fast allen namhaften deutschen Herstellern durch das gesamte Jahrzehnt. Die Grundfrage blieb: Autos für Wenige oder Autos für Viele? Hier übte jedoch das Motorrad als erschwinglich werdendes, individuelles Verkehrsmittel inzwischen eine Beispielwirkung aus. Insbesondere die DKW Motorräder aus Zschopau mit ihrer einfachen, robusten Zweitakttechnik zeigten den Weg zur Großserienfertigung und zum täglich nutzbaren Gebrauchsfahrzeug auf. Die Motorisierung größerer Bevölkerungskreise fand also zunächst auf zwei Rädern statt. Deutschland wurde dabei das Motorradland schlechthin. Der Schritt zum Automobil für breite Bevölkerungsschichten war erst Anfang der 1930er-Jahre bei einer der späteren Vier Ringe Marken durch die Erfahrungen und Ideen im Zusammenhang mit der Motorradtechnologie möglich geworden – DKW. Diese Marke übernahm bei der Motorisierung Deutschlands eine führende Rolle.

Die 1920er-Jahre zeigten gesellschafts- und wirtschaftspolitisch starke Gegensätze – auch im Automobilsektor und bei den Marken, die später zu den Vier Ringen gehören sollten. Um Automobile für einen breiten Markt entwickeln und anbieten zu können, gab es etliche Versuche deutscher Hersteller. Zahlreiche Klein- und Kleinstwagen tauchten nun in der Zeitungsreklame und im öffentlichen Verkehrsraum auf. Allerdings blieben die Anschaffungskosten für Normalverdiener in utopischen Regionen. Zwar konnten sich arrivierte Kunden wie Anwälte, Ärzte, wenige Akademiker oder Firmen Klein- und Mittelklassewagen zunehmend leisten, für die breiteste Käuferschicht – den Mittelstand – aber blieben die deutschen Hersteller dennoch zu teuer. Trotz wirtschaftlicher Stabilisierung ab 1924 plagten Verunsicherung, Verarmung, schlechte Wohnverhältnisse und geringe Entlohnung die Mehrheit. Dagegen schwang sich die Produktqualität im Oberklasse- und Luxussegment zu hohem Niveau auf. Es begann die Glanzzeit der – heute so bezeichneten – klassischen Automobile. Horch war dafür ein gutes Beispiel. Gleichwohl gab es viele in- und ausländische Hersteller, die sich nach ganz oben orientierten. Sie lieferten sich um die Gunst der kleinen, luxusverwöhnten Käuferkreise ein hartes Gefecht.

In der Automobilwerbung vollzog sich um 1925 eine Trendwende von sportlicher, archaischer, vorwiegend männlich geprägter Symbolik hin zur Kultur des Dahingleitens, des Reisens, des Flanierens. Genuss verdrängte Geschwindigkeit. Was eignete sich in der bildhaften Werbung besser als die Dame aus besserem Hause in der Pose der Fahrerin? Damit wurde eine neuer Kundenkreis oder zumindest ein Katalysator geschaffen. Elegante, charmante Weiblichkeit in Verbindung mit der technischen, idealisierten Ausstrahlung eines Automobils. Die Botschaft: Das Automobil erfordert kein Spezialistentum mehr, es ist einfach beherrschbar und gehört wie adrette Kleidung dazu – Mode und Auto. Mit der gezielten Einbeziehung der Bekleidungsmode rückte das Automobil in die Rolle des Konsumgutes. Schöne Damen im Umfeld von hochglanzlackierten Karosserien mit symbolhaften Kühlerfiguren, strahlenden Chromrahmen und Zierelementen beförderten das Auto zum wertvollen Objekt der Begierde für das Volk.

A Neueste Mode für die selbstfahrende Dame und den Herren und dazu ein eleganter Wagen: Horch Anzeigenwerbung von 1925.
B Die Dame entspannt am Steuer eines zügig durch die Landschaft fahrenden Wanderer W 10/IV, 1931.
C Für das offene Fahren in einem Wanderer W 11 trug diese Frau am Steuer die passende Mode: Mantel mit Pelzbesatz an Ärmeln und Kragen, dazu eine fest sitzende Kappe, 1928.
D Das Automobil ist für die Damenwelt einfach bedien- und beherrschbar geworden, Motiv von 1929.

Die damalige Werbegrafik, nicht selten von hoher künstlerischer Qualität, und auch die Werbefotografie spiegelten aber keinesfalls die Realität. Mit Phantasie wurden Leitbilder und Wunschvorstellungen inszeniert. Für die große Mehrheit sah vieles völlig anders aus – besonders nach dem 25. Oktober 1929, dem »Schwarzen Freitag« als Auslöser der nachfolgenden Weltwirtschaftskrise, der das Ende der »Goldenen Zwanziger« markierte.

Rückblickend betrachtet, entwickelten sich in den ersten drei Jahrzehnten des 20. Jahrhunderts Personenwagen immer mehr zu bewunderten ästhetischen Symbolen, zu Designobjekten. Auch wenn sie für viele nie erschwinglich waren und nur das Fahrrad der hart ersparte erste Schritt zur individuellen Mobilität werden konnte, übten Automobile auf die Mehrheit eine ungeheure Faszination aus. Sie erzeugten Sehnsüchte nach Freiheit, Individualität und Privatheit.

Horch Automobile behaupteten sich bekanntlich besonders in der zweiten Hälfte der 1920er-Jahre in der Oberklasse und erschlossen international qualitätsbewußte und anspruchsvolle Käuferkreise. Dr. Moritz Straus, geschäftsführender Hauptaktionär der Horch Werke ab 1920, erkannte gleich, dass im riesi-

A

B

C D

gen Meer der Vierzylinder-Antriebstechnik eine unüberschaubare in- und ausländische Konkurrenzsituation drohte. Die von ihm eingeleitete Flucht nach vorn in die Achtzylinderfertigung – in das Premiumsegment – mit der Konsequenz, die Herausforderungen in der Fertigungstechnologie bewältigen und beherrschen lernen zu müssen, bescherten Horch ein Alleinstellungsmerkmal: Der Horch 8 war 1926 das erste deutsche großseriengefertigte Automobil mit Achtzylindermotor. In den Folgejahren entwickelten sich die Horch Werke zum Kompetenzzentrum für Achtzylindermotoren, zuerst in Reihen-, später auch in V-Bauweise. Mit dem Schritt, Fahrzeuge von künstlerisch kompetenten Partnern gestalten zu lassen, gelang es der Marke, sich ab 1928 auch international im Luxussegment zu etablieren. Persönlichkeiten wie Professor O. W. H. Hadank und Hermann Ahrens standen der »Neuen Sachlichkeit« nahe. Sie übten ihre gestalterische Tätigkeit bei Horch unter dem Einfluss der Bauhausbewegung, die eine Symbiose von industrieller Produktion und ästhetisch-funktionaler Gestaltung als ihr Ziel formulierte, aus. Hadank nahm sich auch amerikanisches Automobildesign zum Vorbild, das sich erstmals unter Harley Earl bei General Motors in einer eigenen Abteilung, der »Art and Color Section«, ausschließlich der Fahrzeuggestaltung im unmittelbaren industriellen Kontext widmete. Der von Earl 1926 entworfene LaSalle gilt heute als erstes amerikanisches Großserienauto, das nach Entwurf eines Designers konstruiert wurde. Bisher lag dies in den Händen von Ingenieuren und Technikern.

Ab dieser Zeit veränderte sich auch in Deutschland die Arbeitsteilung bei der Erstellung des Karosserieentwurfs. Die Karosseriers wurden nun seltener mit der Gestaltung beauftragt, und die bedeutenden Automobilhersteller nahmen die Geschicke selbst in die Hand. Sie verpflichteten unter eigener Regie freiberufliche Gestalter oder ließen im Werk angestellte, gestalterisch talentierte Ingenieure Designlösungen erarbeiten. Den letzteren Weg schlugen ab 1928 auch die Horch Werke mit Hermann Ahrens ein, der zuvor für Edmund Rumpler Karosserien konstruiert hatte und bei Horch bis 1932 Leiter des Karosserieentwurfs war. Ahrens wurde Wegbereiter des deutschen Automobildesigns und verband bis ins hohe Alter seine gestalterischen und konstruktiven Fähigkeiten in einer eindrucksvollen beruflichen Laufbahn.

Audi, ideenreich und technisch innovativ, sah sich ebenfalls im Luxussegment an der richtigen Stelle. Dementsprechend fielen die Wagentypen groß und aufwendig aus. Schon der erste Audi Sechszylinder Typ M besaß stattliche Ausmaße. Der folgende Audi Achtzylinder sollte erst recht beeindrucken. Nicht umsonst erhielt er dazu noch den Beinamen »Imperator«. Technik und Karosserie waren von höchster Qualität; die Verkaufspreise auch. Technisch häufig in der Vorreiterrolle, reichte das Potenzial gegen Ende der 1920er-Jahre dennoch nicht aus, um in der Oberklasse richtig erfolgreich zu sein.

Wanderer, im Kleinwagenbereich 1913 vielversprechend gestartet, begann sich ab 1925 in der Mittelklasse zu etablieren. Die Automobile mit dem W auf dem Kühler eroberten sich den Ruf hoher Zuverlässigkeit und Solidität. Unauffällig in der Gestaltung, polarisierten sie die Automobilisten nicht. Sie waren Geschmackskonform und leisteten treue Dienste. Der Versuch, im letzten Drittel der 1920er-Jahre Marktanteile auch im Luxussegment zu erobern, schlug fehl. Trotz moderner Fertigungsanlagen und aufwendiger Werbestrategien wirkte sich die Weltwirtschaftskrise nach 1929 negativ aus. Eine Zusammenarbeit mit dem Konstruktionsbüro Porsche ab 1930 versprach neue Impulse.

Nach ersten 1916 unbefriedigend endenden Experimenten mit einem Dampfkraftwagen begann DKW 1927 als Automobilproduzent die Herstellung von elektrisch angetriebenen Fahrzeugen unter der Produktmarke »DEW« (Der Elektro-Wagen), die gemeinsam mit AEG entwickelt wurden. Ein DKW Automobil mit Verbrennungsmotor ging erstmals 1928 in Serie. Ausgestattet mit Heckantrieb und Zweizylinder-Zweitakt-Reihenmotor, war der als Typ P 15 bezeichnete Wagen der unteren Mittelklasse zuzuordnen. Mit dem zu dieser Zeit im Automobilbau ungewöhnlichen Einsatz des Zweitaktmotors und einer Holzkarosserie mit Kunstlederüberzug nahm eine Erfolgsgeschichte ihren Lauf, die in den 1930er-Jahren den Weg des Kleinwagens zum Massenprodukt ebnete. 1928 erlangte DKW als Teil der »Zschopauer Motorenwerke J. S. Rasmussen AG« als weltgrößter Motorradhersteller Berühmtheit.

NSU stand bis Ende der 1960er-Jahre in keiner Verbindung zu den Marken, die später die Vier Ringe bilden sollten. In deren Unternehmensgeschichte ging NSU erst durch die Übernahme 1969 unter der Regie von Volkswagen ein. Mit dem Automobilbau machten die Neckarsulmer erste Erfahrungen bereits 1888/1889 als Zulieferer von Fahrgestellen für den Daimler Stahlradwagen. Der Weg vom Fahrrad- und Motorradproduzenten führte ab 1906 zum Automobil, dessen Herstellung jedoch 1929 zunächst wirtschaftlich bedingt wieder aufgegeben werden musste.

Die im ersten Teil des Buches getroffene Ikonen-Auswahl spiegelt die Entwicklung der später zum Verbund der Vier Ringe gehörenden sächsischen Automobilmarken und eines Neckarsulmer Fabrikates in den Baujahren von 1905 bis 1931 wieder. Diese Hersteller, die die Geschichte der Vier Ringe so facettenreich gestalteten, waren sehr unterschiedlich erfolgreich. Als genauso verschieden erwies sich ihre Kraft, wirtschaftlich schwierige Phasen zu überstehen. Die Konsequenzen des Ersten Weltkriegs und besonders der ersten großen Finanz- und Weltwirtschaftskrise ließen zum Überleben nur eine Konsolidierung in größerem Stil zu. Das bedeutete für die vier Fahrzeughersteller eine Konzentration und Bündelung ihrer Ressourcen mithilfe der Sächsischen Staatsbank, die letztlich im Zusammenschluss mit dem Symbol der vier ineinander verschlungenen Ringe eine neue Entwicklungsetappe einläutete.

B

Zuverlässiger – betriebssicherer
Horch 18 – 22 PS Limousine

August Horch hatte, wie alle anderen Automobilpioniere, aus Kostengründen und wegen der besseren Handhabbarkeit mit kleinen Wagen seine Versuche begonnen. Dabei kam er zu der Erkenntnis, dass vor allem zweierlei nötig war: Die Motoren mussten unbedingt leistungsstärker und außerdem zuverlässiger werden. Erst dann würde es möglich sein, Wagen anzubieten, die nicht mehr klein und unbequem waren. Bestätigt durch seine Erfahrungen mit Ein- und Zweizylinder-Motorwagen steuerte er zielbewusst auf Vierzylinderautomobile zu, die er ab 1904 in den »Horch & Cie. Motorwagenwerken« in Zwickau ausschließlich herstellte.

Die erste umfangreichere Fertigung von Horch Wagen hatte bereits 1902 im sächsischen Reichenbach begonnen. Fehlende Erweiterungsmöglichkeiten des Reichenbacher Fabrikgeländes führten 1904 zur Umsiedlung des Unternehmens ins benachbarte Zwickau. Allerdings war Horch zunächst in dem Irrtum befangen, eine Angebotspalette für alle Ansprüche entwickeln zu müssen. So bestimmten drei Varianten das anfängliche Zwickauer Programm: ein 14 – 17, ein 18 – 22 und ein 22 – 25 PS leistender Motor. Dabei wiesen die beiden Kleineren die gleichen Zylindergehäuse sowie den gleichen Hubraum von rund 2,7 Litern auf. Der stärkste Motor schöpfte seine Leistung aus 3,6 Litern Hubraum. Ein typisches Merkmal aller waren die gegossenen Sackzylinder, in denen jeweils zwei Kolben ihre Arbeit verrichteten.

A Als »A. Horch & Cie. Motorwagenwerke AG« firmierend, begann Horch die Herstellung von Vierzylinderwagen in Zwickau im Spätsommer 1904.

B Eine Ansammlung von Armaturen war innen an der Spritzwand befestigt (v.l.n.r.): Handluftpumpe für Benzintankdruck, Tankdruck-Manometer, Zeituhr, Tropföler für Zylinderschmierung und das Benzinreservoir.

A, B

A Den Horch 18 – 22 PS gab es mit drei Radständen: normaler Radstand 2780 mm, Landaulet 2930 mm und Landaulet 3330 mm.
B Eine Landaulet-Aufbau auf Chassis Horch 11/22 PS mit mittlerem Radstand, 1906.
C Automobilbau von 1905 – der gegenwärtig weltweit einzig bekannte Horch 18 – 22 PS.

Über längere Zeit hielt sich aber nur ein einziger Typ: Der 18 – 22 PS befand sich von 1904 bis 1909 im Fertigungsprogramm und überlebte die beiden anderen Konstruktionen um vier Jahre. In diesem Zeitraum waren Horch Wagen mit diesem Aggregat die meistverkauften Modelle. Eine geschickte Kombination bekannter Konstruktionslösungen, einige innovative Ideen und der Einsatz neuer Materialien ergaben ein in sich stimmiges Produkt.

A Typisch für die frühen Horch Motoren waren die paarweise gegossenen Sackzylinder und die
Wechselsteuerung mit hängenden Einlass- und stehenden Auslassventilen.
B In einem Holzkasten auf dem Trittbrett wurde Acetylengas aus Karbid und Wasser für die Beleuchtung erzeugt. Das Rundinstrument informierte über die Füllmenge.
C Horch Getriebe zeichneten sich durch das Leichtmetallgehäuse und Zahnräder aus hochfestem Chrom-Nickel-Stahl aus.

A

B, C

Beispielsweise war das Kurbelgehäuse aus Leichtmetall gegossen. Ausgeformt wie eine geschlossene Wanne, war es so breit ausgelegt, dass es zwischen den Rahmenlängsträgern kraftschlüssig befestigt werden konnte. Dabei übernahm die Kurbelgehäusewanne neben dem Schutz des Motors vor Verschmutzung und Steinschlag von unten auch eine statische Funktion zur Stabilisierung des Rahmens. Das Kurbelgehäuse konnte zu Reparaturzwecken von unten geöffnet werden, ohne dass die Zylinderblöcke oberhalb demontiert werden mussten. Weiterhin war dieser Horch Typ mit einem neuen, ebenfalls aus Leichtmetall gefertigten Vierganggetriebe ausgestattet, bei dem erstmals hochfester Chrom-Nickel-Stahl für die Zahnräder eingesetzt wurde. Ein wichtiger Beitrag zur wesentlichen Erhöhung der Dauerfestigkeit, der nicht nur ausschlaggebend für die Horch Wagen war, sondern auch den gesamten Automobilbau beeinflusst hat.

A Dr. Rudolf Stöß gewann auf diesem Horch 18 – 22 PS Phaeton die Herkomer-Konkurrenz 1906.
B Der Horch mit schräg gestellter Lenksäule und Trommelbremse an den Hinterrädern hatte für Gepäck eine umklappbare Kofferbank und den Dachgepäckträger.

A

Belebend auf die Verkaufszahlen wirkten damals vor allem Erfolge im Motorsport. Horch hatte erkannt, dass Pressenachrichten für das Produktimage außerordentlich wichtig waren. Kurz nach der Jahrhundertwende begann sich der Motorsport als eine der aufsehenerregendsten Sportarten zu etablieren. Große Langstreckenprüfungen hatten den Siegermarken volle Auftragsbücher beschert. Zeitungsberichte über solche Wettbewerbe wurden den Verkäufern aus den Händen gerissen. Begeisterte Journalisten und Berichterstatter zeigten sich als geradezu explosive Multiplikatoren; sie wirkten besser als jede Reklame. Deshalb beteiligten sich die noch jungen Horch Werke 1906 an der »Zweiten Herkomer Konkurrenz«, dem damals größten internationalen Langstrecken-Wettbewerb für Tourenwagen. Sie galt als Zuverlässigkeitsnachweis, bei der die Motorwagen bis an die Grenze ihrer Belastbarkeit getrieben wurden. Der Wettbewerb bestand aus drei Teilen: der Bewertung von Schönheit und Komfort, einer Bergprüfung und einer Tourenfahrt über 1640 km. Die Strecke führte von Frankfurt am Main durch die Alpen nach Klagenfurt, weiter über Wien und Salzburg bis nach München. Horch als noch relativ unbekannter Marke gelang mit dem Sieg im Gesamtklassement auf einem Typ 18 – 22 PS ein Paukenschlag. »Die Leistung des kleinen 18 PS Horchwagens des Siegers Dr. Stöß bedarf eigentlich keiner weiteren Illustration mehr. Der kleine Wagen hat so Vorzügliches geleistet, dass man kaum noch etwas darüber sagen kann. Der Ruf der Horchwagen ist ja auch derart, dass es Eulen nach Athen tragen hieße, über den Wagen noch mehr zu sagen«, lobte anschließend ein Bericht in der »Allgemeinen Automobil Zeitung« Nr. 9/1906.

Zu dieser Zeit standen aber nicht nur die Zuverlässigkeit und Betriebssicherheit der Antriebselemente im Vordergrund. Auch eine bessere, leichtere Bedienbarkeit nahm einen immer höheren Stellenwert ein. Die Schrägstellung der Lenksäule und eine zweckmäßigere Anordnung der Bedienelemente erlaubten dem Fahrer eine ergonomisch günstigere Sitzposition. Die Karosserieaufbauten um 1905/1906, noch stark dem Kutschenbau verhaftet, lassen drei Hauptarten erkennen: den offenen Tourenwagen, meist als Phaeton bezeichnet, den halb zu öffnenden Aufbau des Landaulets und die geschlossene Bauweise der Limousine. Der Karosseriebau und die Innenausstattung trugen kunsthandwerklichen Charakter.

A Herrschaftlicher Innenraum mit vielen Details. Das Fenster konnte versenkt und durch das gewebte Halteband in drei Positionen arretiert werden.
B Die Verständigung mit dem Chauffeur erfolgte aus dem Fond über ein flexibles Sprachrohr. Durch den Trichter wurden die Anweisungen für den Fahrer verstärkt.
C Innenverriegelung der Seitentür.
D Das gewebte Halteband übernahm Scharnierfunktion.

Typisch war bei Landaulet und Limousine die klare Trennung des Chauffeurplatzes vom Fahrgastbereich. Besonders die Innenausstattung des Fonds entsprach den Erwartungen der vermögenden Käufer an eine »gute Stube« – das fahrende Wohnzimmer wurde Realität.

Die abgebildete Horch Limousine aus dem Jahre 1905 ist der weltweit einzige bekannte fahrbereite Typ 18 – 22 PS. Er ist weitestgehend im Originalzustand und befindet sich seit seinem Erwerb vor über einem Jahrhundert im Familienbesitz in Schweden.

Ausführung:	Limousine sechssitzig, Karosserie Nylunds Hofvagnfabrik, Stockholm
Antrieb:	Vierzylinder-Viertakt-Reihenmotor, längs eingebaut
Leistung:	22 PS bei 1400 min^{-1}
Hubraum:	2722 cm^3
Radstand:	1330 mm
Gesamtlänge:	2930 mm
Höchstgeschwindigkeit:	70 km/h
Kraftstoffverbrauch:	nicht bekannt
Gesamtproduktion:	54 Stück (1904 – 1905), 307 Stück (1906 – 1909)
Bauzeit:	1904 – 1905 (Horch 18 – 22 PS), ab 1906 (Horch 11/22 PS)
Modellbaujahr:	1905

Trophäensammler
Audi 14/35 PS Typ C Phaeton

Der Audi Typ C zählte zu den zuverlässigsten und ausgereiftesten deutschen Automobilkonstruktionen vor dem Ersten Weltkrieg. August Horch hatte 1909 nach seinem Ausscheiden aus der Horch AG – und dem folgenden Verlust der Markenrechte an seinem eigenen Namen – ein neues Automobilwerk in Zwickau gegründet, das seit 1910 als »Audi Automobil-Werke mbH« firmierte. Gemeinsam mit Konstrukteur Hermann Lange entwarf er dafür ein ebenfalls neues Auto, das technisch-nüchtern als Typ A bezeichnet wurde. Bereits ein Jahr später folgten ihm die Typen B und C, die für einige Jahre parallel hergestellt worden sind. Letzterer blieb anderthalb Jahrzehnte in der Fertigung und war in der ersten Phase der Marke einer der erfolgreichsten Audi Typen.

Horch folgte stets seiner besonderen Begabung als nach Effizienz strebender Betriebsingenieur. Er sah weitgehende Baugleichheit bei verschiedenen Motorleistungen vor. Damit schuf er eine gewisse Baugruppen-Systematik, und die von ihm und Hermann Lange entworfenen Audi Konstruktionen zeigten bei wichtigen Baugruppen bereits Ansätze von Standardisierung. Die Chassis bauten auf gleichen Radständen, Spurmaßen und Breiten auf. Wie schon bei den letzten von ihm entwickelten Horch Wagen bestand das zweiteilige Kurbelgehäuse aus Leichtmetall, bei dem das Oberteil wannenartig ausgelegt eine breite Brücke zwischen den Rahmenlängsträgern bildete. Der Schutz des darüber sitzenden Motors vor den Gefahren der überwiegend unbefestigten Wege war eine wichtige Maßnahme zur Verhinderung frühzeitiger Defekte. Oft kämpften die Automobilisten mit zentimeterdickem Staub, der sich bei Regen in zähflüssigen Schlamm verwandelte, sowie mit losem, umher fliegendem Gestein. Diese Risiken konnten bei der darüber hinaus noch sehr offenliegenden Antriebstechnik schnell zum Totalausfall führen.

Den Audi Motor kennzeichnen die paarweise gegossenen Zylinderblöcke, die in Hub und Bohrung unterschiedlich ausgeführt werden konnten. Die Vierzylinder wiesen eine Leistungsstaffelung von 28, 35, 45 und 55 PS auf, bezeichnet als Typ B, C, D und E.

A Der Kühler lag bei den damaligen Wagen auf der Mittellinie der Vorderachse.
B Auf der etwas schräg nach unten zeigenden Kühlerplakette war Audi in kleinen Schreibschrift-Buchstaben geprägt.
C Die Kulissenschaltung zur Gangwahl und die Handbremse lagen außerhalb der Karosserie.

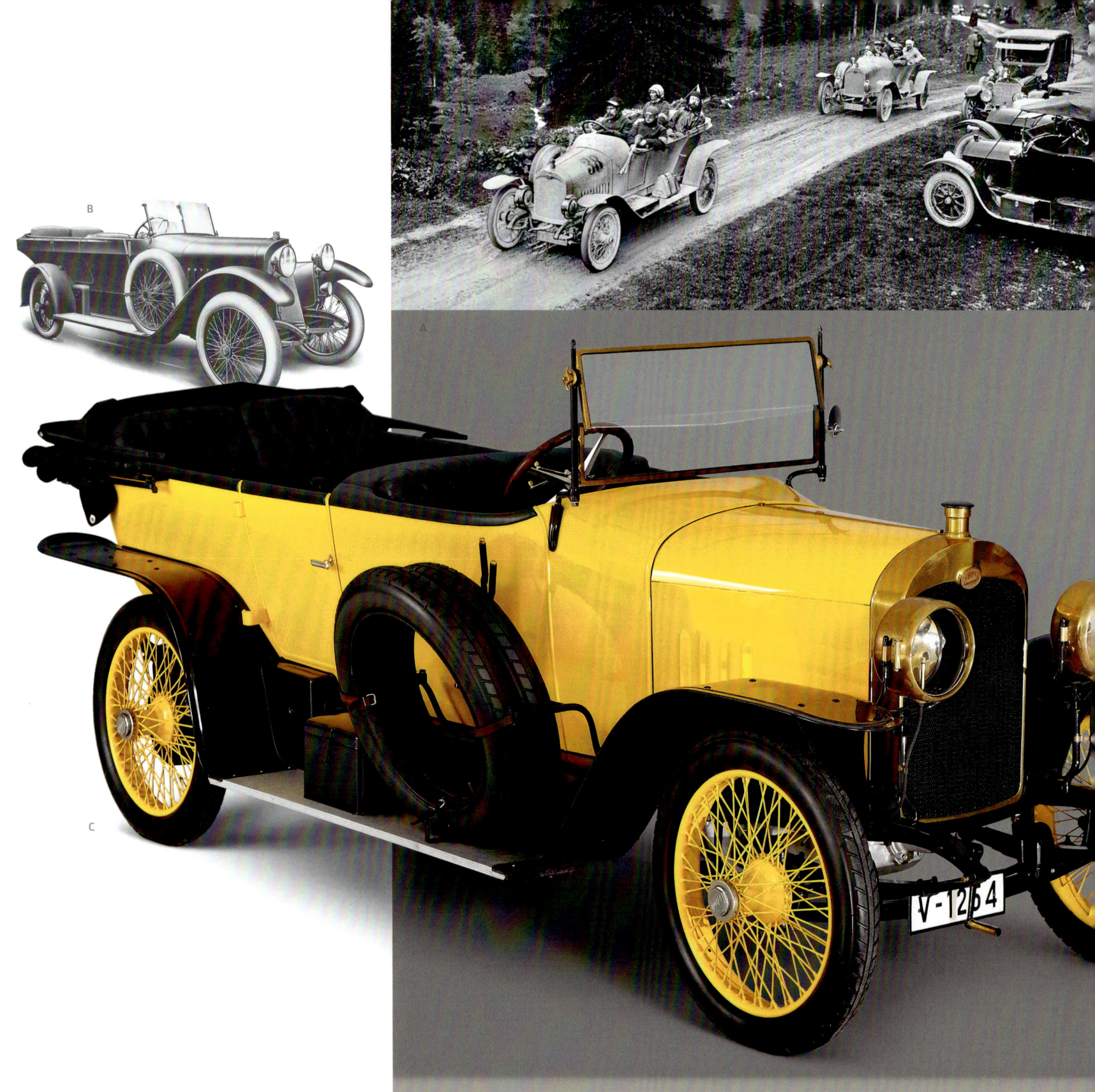

Im Oktober 1911 erstmals präsentiert, erlangte der Typ C bereits kurz darauf besondere Aufmerksamkeit. August Horch hatte wieder auf sportliche Wettbewerbe als Marketinginstrument gesetzt, um der neuen Automobilmarke schnell Bekanntheit zu sichern. Erfolge bei Automobilkonkurrenzen waren genau die richtige Maßnahme dafür. Nichts sorgte schneller für die Bekanntheit einer Marke als Presseberichte, in denen ihre Autos rühmend bewertet wurden. Besonders boten sich dafür die schwersten Langstreckenprüfungen an, die Internationalen Österreichischen Alpenfahrten, die über 2000 km und nahezu sämtliche Alpenpässe führten.

Schon bei der ersten Teilnahme 1911 errang Horch mit seinem Audi einen ersten Preis und erntete entsprechende Anerkennung. Als das aus fünf Mannschaften bestehende Audi Team diese Fahrt 1912, 1913 und – ganz besonders beeindruckend – 1914 gewann, ja sogar dominierte, fand die junge Marke international

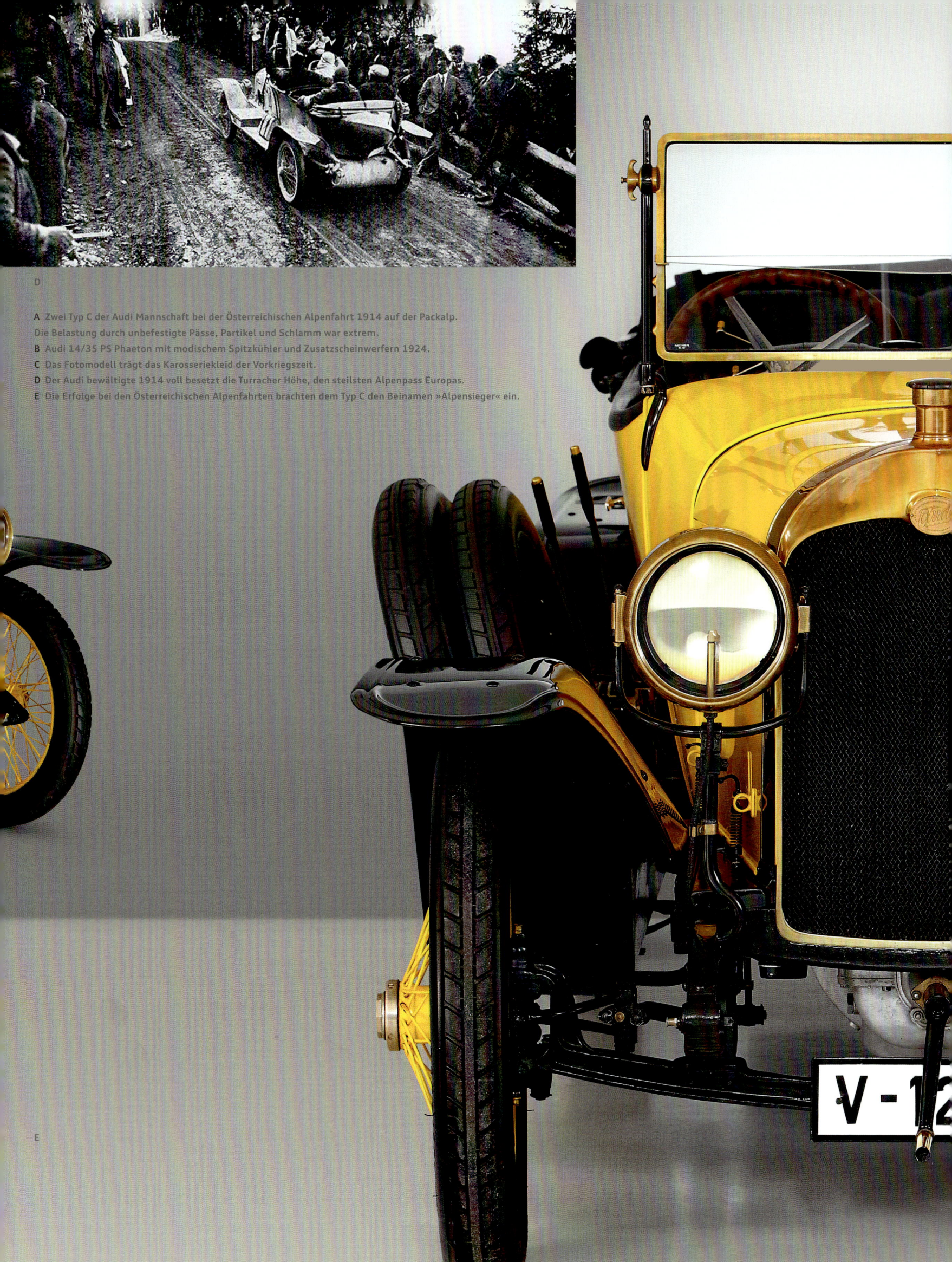

D

A Zwei Typ C der Audi Mannschaft bei der Österreichischen Alpenfahrt 1914 auf der Packalp.
Die Belastung durch unbefestigte Pässe, Partikel und Schlamm war extrem.
B Audi 14/35 PS Phaeton mit modischem Spitzkühler und Zusatzscheinwerfern 1924.
C Das Fotomodell trägt das Karosseriekleid der Vorkriegszeit.
D Der Audi bewältigte 1914 voll besetzt die Turracher Höhe, den steilsten Alpenpass Europas.
E Die Erfolge bei den Österreichischen Alpenfahrten brachten dem Typ C den Beinamen »Alpensieger« ein.

E

A Über die Bedienhebel am Lenkrad konnten die Zündung und die Leerlaufdrehzahl des Motors reguliert werden.
B Durch einen Schlauch erreichte das Acetylengas die Scheinwerfer.
C Die Kurbel ersetzte früher quasi den heutigen Zündschlüssel.
D Ansicht des Motors von der Auspuffseite. Die Ventilbetätigung des wechselgesteuerten Vierzylinders war nun in zwei Gehäusen schmutzgeschützt untergebracht und über abnehmbare Deckel zugänglich (rechts offen).
E Das obere Segment der längsgeteilten Frontscheibe konnte über zwei Flügelmuttern in der Neigung verstellt werden.

D

Beachtung. Im letzten Jahr erreichten alle fünf Audi Typ C strafpunktfrei das Ziel und erkämpften den großen Alpenwanderpreis. Diese brillanten Leistungen brachten dem Auto den Beinamen »Alpensieger« ein. Gleichzeitig galten sie als Beweis für die Robustheit der Konstruktion sowie für eine hohe Dauerleistung – beste Voraussetzungen für hohe Alltagstauglichkeit.
Wie viele Automobilhersteller dieser Zeit, lieferte Audi nur komplette Fahrgestelle. Einen werkseigenen Karosseriebau gab es nicht. Diesen Part übernahmen je nach Kundenwunsch verschiedene Karosseriehersteller, wie Schumann in Zwickau, Hornig in Meerane und Golde in Gera. Eine der häufigsten Aufbauten war die offene, mehrsitzige Tourenwagenkarosserie mit einfachem Faltverdeck (Phaeton).
Der Beginn des Ersten Weltkriegs verhinderte eine Produktion in großen Stückzahlen, und wie die meisten anderen Hersteller begann auch Audi nach 1918 zunächst wieder mit Vorkriegsmodellen. So überspannte der Produktionszeitraum des Typ C die Jahre von 1911 bis 1925 – und noch in den Zwanzigern wurde mit den Alpenfahrttriumphen der Vorkriegszeit geworben.

A B C

Karosserie:	offener Tourenwagen viersitzig, Karosserieentwurf Winter, Zittau, rekonstruiert
Antrieb:	Vierzylinder-Viertakt-Reihenmotor, längs eingebaut
Leistung:	35 PS bei 1800 min^{-1}
Hubraum:	3562 cm^3
Radstand:	2900 mm
Gesamtlänge:	4280 mm
Höchstgeschwindigkeit:	80 km/h
Kraftstoffverbrauch:	ca. 16 l/100 km
Gesamtproduktion:	1116 Stück
Bauzeit:	1911 – 1925
Modellbaujahr:	1919

Der Audi 14/35 PS Typ C gehörte seinerzeit zu den leistungsfähigsten und zuverlässigsten deutschen Wagen.

Klein und fein
Wanderer 5/12 PS W 3 Zweisitzer

Versuche zum Bau eines Wanderer Automobils gehen bis auf das Jahr 1903 zurück. Im September 1906 gelang die Fertigstellung des ersten Prototyps mit Zweizylindermotor, der ein Einzelstück blieb. Er erhielt später die Bezeichnung Nr. 1. Die Werksleitung wollte nicht zu leichtfertig in die risikoreiche Automobilherstellung einsteigen und die Produktion erst mit einem ausgereiften, dem Markt entsprechenden Modell in Gang setzen. So wurde auch der Prototyp Nr. 2 nicht weiter entwickelt. Erst das Wagenprojekt Nr. 3 sollte sich nach gründlicher Entwicklungs- und Erprobungsarbeit als serientauglich erweisen. Mit Inbetriebnahme einer neuen Fabrik in Chemnitz-Schönau startete im März 1913 die Fertigung des ersten Wanderer Serienautomobils mit der Typenbezeichnung 5/12 PS W 3. Auffällig für diesen leichten, kleinen und schmalen Wagen war die Anordnung der Sitze hintereinander, die sogenannte Tandemanordnung. Er bekam die Modellbezeichnung H. Schon im September 1913 führte Wanderer eine erste grundlegende Überarbeitung in die Serie ein, in deren Folge nun auch eine zweite Karosserievariante als Modell N mit nebeneinander positionierten Sitzen angeboten wurde. Ein stärkerer Motor ging ab Juni 1914 in Serie. Seine Leistung betrug 15 PS, der Hubraum 1222 cm³ (vorher 1147 cm³).

Die Bilder zeigen das Modell N. Die Karosserie ist in damals üblicher Gemischtbauweise – Holzskelett mit Stahlblechverkleidung – gefertigt worden. Sie entstand im Wanderer Karosseriebau in Chemnitz-Schönau. Mit einem Gesamtgewicht von 500 kg zählt der W 3 zu den damals leichtesten Kleinwagen. Die Gesamtlänge von 3250 mm fällt beim Modell N um noch einmal 250 mm kürzer aus als bei der Tandemausführung.

A Der Fahrzeuglenker musste sich mit einem sehr spartanisch bestücktem Armaturenbrett begnügen. Es gab nur ein Ölmanometer und ein Zündschloss.
B Scheibenwischen war nur im Handbetrieb möglich.
C Das Fahrwerk des kleinen Wanderer war vorn mit Halbelliptik- und hinten mit Dreiviertelelliptik-Blattfedern ausgestattet. Die Lenkung der Vorderräder erfolgte mittels einer Lenkstange über den am Ende befindlichen Lenkhebel zum rechten Rad und über die Spurstange zum linken Rad.

»Wir hatten einen ganz niedlichen, kleinen Wagen im Auge, kleiner als alle bisher gebauten Wagen, niedrig im Anschaffungspreis, sparsam im Benzin-, Gummi- und Ölverbrauch, anspruchslos im Platzbedarf, aber großen Wagen gleich an Schnelligkeit und im Nehmen von Steigungen.«

Johann B. Winkelhofer
Mitbegründer der Wanderer-Fahrradwerke und Mitglied des Aufsichtsrates von 1902 bis 1929.

IA-2

A

B

Stilistisch prägnant war das Heck. Der kastenförmig angesetzte Stauraum stand im Widerspruch zu den Rundungen des davorliegenden Karosseriekörpers. Da alle Karosserievarianten auf gleichem Fahrgestell mit identischem Radstand aufgesetzt wurden, hätte der Heckabschluss des Modells N noch vor dem Hinterrad gelegen. Um eine optische Verlängerung der Seitenansicht sowie eine Überdeckung des Fahrgestellrahmens bis zu den hinteren Dreiviertel-Elliptikfedern zu erreichen, fügte Wanderer den Aufsatz an die Karosserierückwand an.

Ein Verdeck war serienmäßig nicht vorgesehen, es konnte jedoch als Sonderausstattung ein mit leichtem Segeltuch überspanntes Klappverdeck mit Rückfenster aus Cellophan für 80 Mark geordert werden. Die Windschutzscheibe war nach vorn umklappbar.
Der Wanderer Kleinwagen erhielt durch einen – nach heutigem Verständnis als »product placement« zu bezeichnenden – Marketing-Coup einen Beinamen, der ihn berühmt machte: »Puppchen«. Am 19. Dezember 1912 wurde am Thalia Theater in Berlin die gleichnamige

C

D

A Mit dem kleinen Vierzylindermotor konnten über 70 km/h erreicht werden.
B Durch Öffnen der Dekompressionsventile ließ sich der Motor mit der Handkurbel besser anlassen.
C Viele Kundenanfragen führten zur Produktionsaufnahme der Ausführung N ab Herbst 1913. Sie bot zwei Sitzplätze nebeneinander.
D Die zierlichen Karosserievarianten konstruierte der aus Lindau stammende Otto Thiele.

musikalische Posse von Jean Gilbert uraufgeführt. Bei dem Lied »Puppchen, du bist mein Augenstern« gehörte zum Szenenbild ein auf die Bühne rollendes Automobil. Als das Stück wenig später auch in Chemnitz inszeniert wurde, nutzten die Wanderer Werke die Gelegenheit und stellten dem Theater ihren Kleinwagen zur Verfügung. So hat sich umgangssprachlich bis heute der Begriff »Puppchen« für den Wanderer W 3 und seinen Nachfolger W 8 festgesetzt. Das Lied und auch der Wanderer Wagen wurden zum Schlager.

Über 14 Jahre lief die Produktion des Kleinwagens aus Chemnitz, der sich gegen Ende seiner Produktionszeit zu einem Viersitzer mit 20 PS gemausert hatte.

Ausführung:	Zweisitzer offen, Karosserie Wanderer Werke, Chemnitz
Antrieb:	Vierzylinder-Viertakt-Reihenmotor, längs eingebaut
Leistung:	12 PS bei 1800 min^{-1}
Hubraum:	1147 cm³
Radstand:	2350 mm
Gesamtlänge:	3300 mm
Höchstgeschwindigkeit:	75 km/h
Kraftstoffverbrauch:	ca. 10 l/100 km
Gesamtproduktion:	ca. 750 Stück (5/12 PS), ca. 3300 Stück (5/15 PS)
Bauzeit:	1913 – 1914 (5/12 PS), 1914 – 1921 (5/15 PS)
Modellbaujahr:	1914

E Anfänglich gab es den W 3 nur in der Ausführung H: zwei hintereinander angeordnete Sitze.
F Die dreisitzige Ausführung Nv: Sitze nebeneinander und versetzt.
G Am Lenkrad konnte mit dem Handgashebel die Drehzahl des Leerlaufs reguliert werden. Innen rechts neben dem Fahrer befand sich der Getriebeschalthebel, auf der Außenseite rechts der Handbremshebel.

Eine Marke – ein Modell
Horch 10/35 PS Phaeton

Im Jahre 1920 übernahm Dr. Moritz Straus die Mehrheit der Horch Aktien. Er brachte umfangreiche Erfahrungen aus der Tätigkeit als Geschäftsführer der Berliner Argus Flugmotorenwerke mit, die sich infolge des Konversionsgebotes der Alliierten um neue Geschäftsfelder bemühen mussten. Wie alle seine Konkurrenten, begann Straus die Nachkriegsfertigung dort, wo Horch vor dem Krieg aufgehört hatte. Er übernahm sieben Typen von einst in die Fertigung. Gleichzeitig aber ließ er vom Schweizer Konstrukteur Arnold Zoller völlig neue Motoren entwickeln. Die Wahl fiel auf eine Vierzylinderkonstruktion, die als Typ 10/35 PS in Zukunft die Herstellung allein prägen sollte. Mit dem Ende des Inflationsgeschäftes nahm Straus die Vorkriegstypen aus dem Programm und strukturierte die Horch Automobilproduktion auf einen einzigen Mittelklassetyp um, der jedoch in zahlreichen Modellvarianten aufwartete. Gleichzeitig leitete er mit einer Konzentration auf das Außergewöhnliche gezielt eine Veränderung des Images der Marke Horch ein.

Straus setzte mit der auf nur ein Produkt orientierten Fertigungspolitik auf eine straffe Rationalisierung. Diese begann er ab 1924 konsequent durchzusetzen. Bereits im Entwicklungsstadium des Typs 10/35 PS waren entsprechende Voraussetzungen dafür geschaffen worden: Motor, Getriebe, Kupplung, Lenkung und Armaturen einschließlich der Spritzwand wurden so konstruiert, dass sie als eine komplett montierte Baugruppe – moderner: »Modul« – zur Endmontage bereitstanden. Bis Dezember 1924 bestimmte der Horch 10/35 PS, auch als 10 M 20 bezeichnet, als einziger Typ das Fertigungsprogramm.

A Auch bei Horch – Lenkrad mit Holzkranz und zwei Bedienhebeln für Zündung und Leerlaufdrehzahl.
B Wie auch beim Wanderer W 3 war am Horch das Wischen der Frontscheibe nur partiell und im Handbetrieb möglich.
C Am modischen Spitzkühler waren oben rechts und links des Mittelknicks zwei emaillierte, ovale Querplaketten mit dem Horch Schriftzug in Schreibschrift platziert.

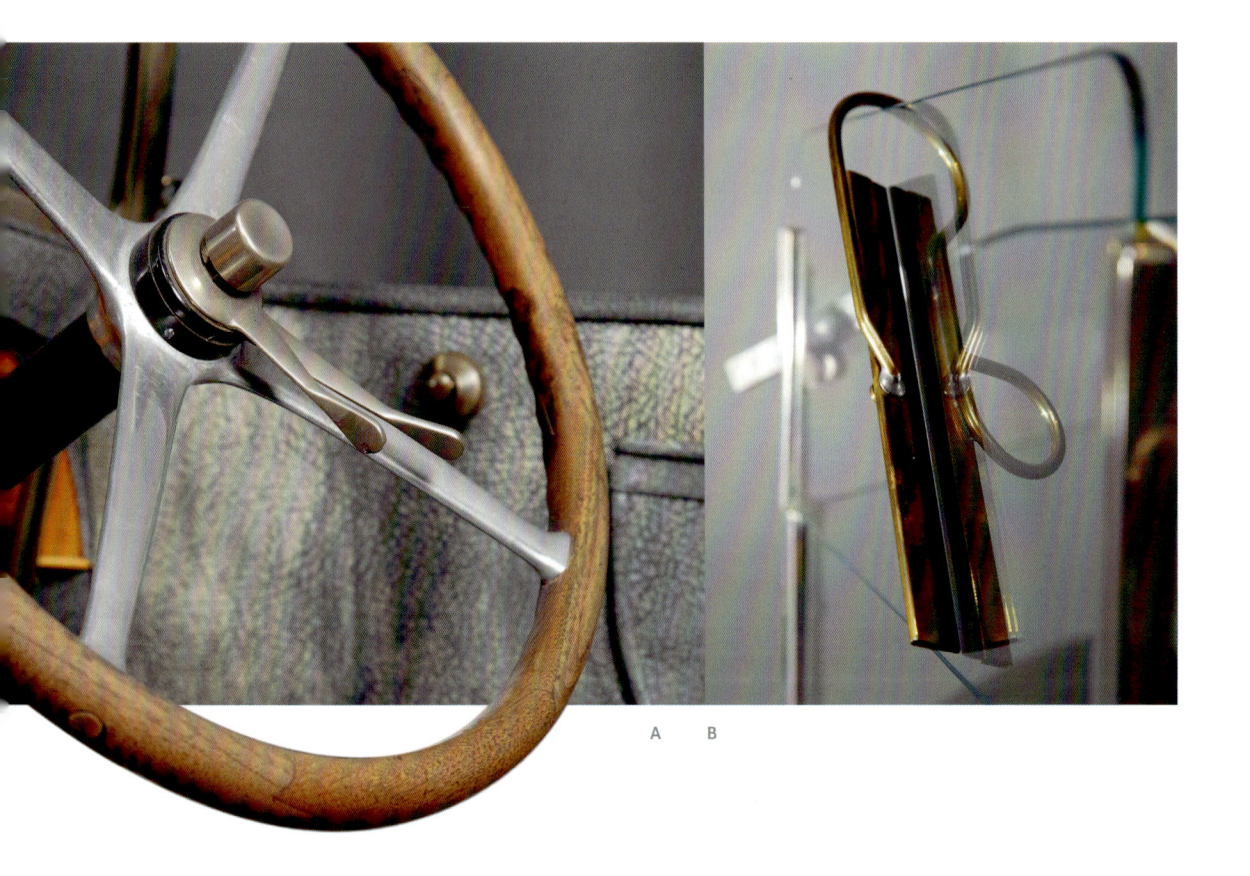

A   B

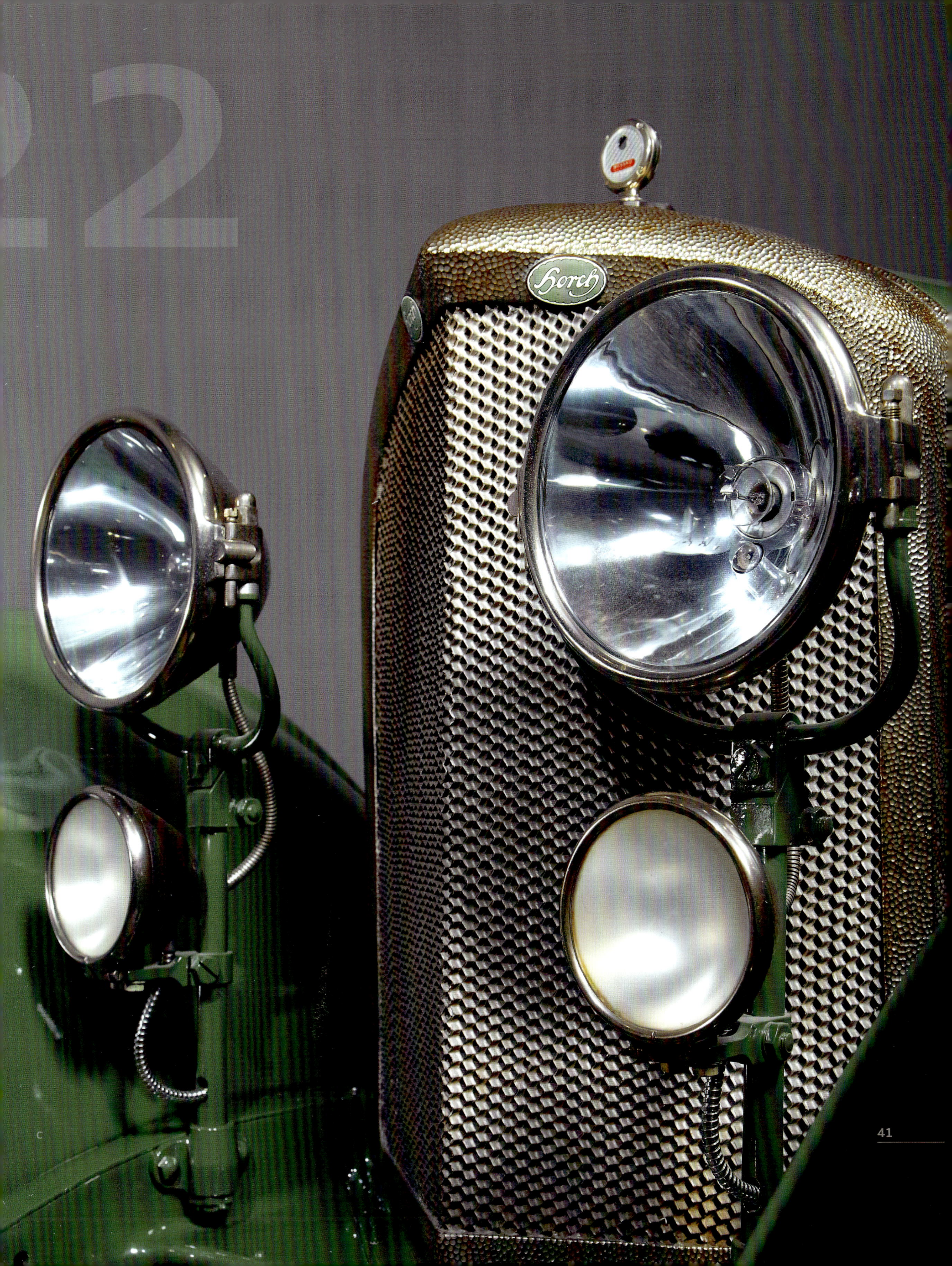
22
Horch

A Aus der Rahmenverkleidung vor dem hinteren Kotflügel konnte ein Waschbecken herausgeklappt werden.
B Auch im Horch 10/35 PS gab es nur wenige Bedienelemente auf dem Armaturenbrett.
C Das Trennelement zwischen Vordersitzen und Fond war aus Edelholz furniert und mit aufwendigen Intarsien geschmückt.
D Stolze Besitzer eines Horch 10/35 PS Phaeton präsentierten sich der Kamera.
E Die Karosserie wurde von Voll & Ruhrbeck entworfen und hergestellt.

B, C

A

Am 1. Juli 1922 trat Paul Daimler die Nachfolge von Arnold Zoller an. Zu allererst sollte er den Horch 10/35 PS mit dem Ziel einer Leistungssteigerung überarbeiten. Daimler entschied sich für die Verwendung des gleichen Zylinderblocks, allerdings nun mit einem OHC-Zylinderkopf. Im Verbund mit anderen Detailverbesserungen leistete der Motor nun 50 PS. Dieser Horch 10/50 PS wurde von Dezember 1924 bis Dezember 1926 insgesamt 2330-mal gefertigt.

Der hier abgebildete Horch 10/35 PS ist durch eine Phaeton-Karosserie der Firma Voll & Ruhrbeck aus Berlin komplettiert worden. Er wurde als Jagdwagen, einer Art vornehmer Geländewagen, für das schwedische Königshaus konzipiert. Eine kurze Getriebeübersetzung erhöhte die Steigfähigkeit in unwegsamem Gelände. Dem Modetrend der Zeit folgend, stellt der Horch noch einen Spitzkühler zur Schau. Der Keil als formprägendes Element findet seine Wiederholung im Ansatz der vorderen Kotflügel und in der abgewinkelten Frontscheibe. Der seitliche Besatz der Motorhaube mit Nickelblech in Hammerschlagstruktur sowie geschwungenen Kühlrippenelementen bildet einen besonderen Schmuck. Ein praktisches Detail für die Jagd ist das ausklappbare Waschbecken mit Seifenmulde und Handtuchbehälter. Das Interieur wurde mit robustem Leder allwettertauglich ausgestattet. Die aufwendigen Intarsienarbeiten im Armaturenbrett und im oberen Segment der Trennwand sind eher als Statussymbole zu sehen und nicht einem funktionellen Nutzen zuzuordnen. Sie waren ausschließlich in Handarbeit hergestellt worden – und die war in Zeiten der Inflation besonders preiswert!

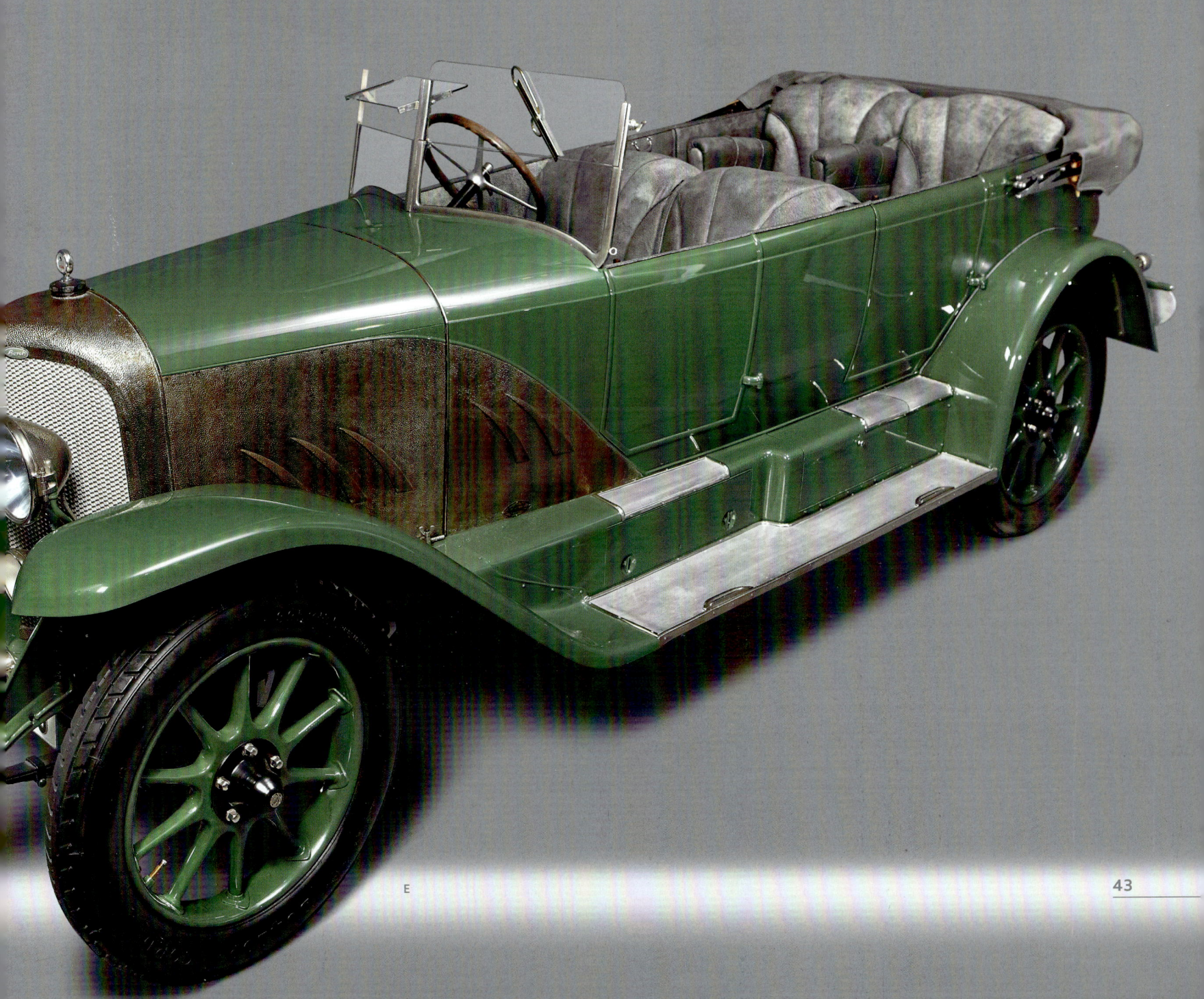

A Komfortable und strapazierfähige Innenausstattung aus damals als exklusiv geltendem, grob strukturiertem Leder.
B Rationell – komplett vormontiertes Antriebsmodul einschließlich Gangschaltung, Handbremse, Pedalerie, Lenkstock mit Lenkrad und Armaturentafel.
C Der von Arnold Zoller konstruierte Horch Vierzylindermotor.

Ausführung:	offener Tourenwagen (Jagdwagen)
	viersitzig, Karosserie Voll & Ruhrbeck, Berlin
Antrieb:	Vierzylinder-Viertakt-Reihenmotor,
	längs eingebaut
Leistung:	35 PS bei 2000 min^{-1}
Hubraum:	2612 cm^3
Radstand:	3450 mm
Gesamtlänge:	5000 mm
Höchstgeschwindigkeit:	80 km/h
Kraftstoffverbrauch:	ca. 15 l/100 km
Gesamtproduktion:	930 Stück
Bauzeit:	1922 – 1924
Modellbaujahr:	1923

46

Audi 18/70 PS Typ M Pullman-Limousine

Die bei Audi maßgebenden Mehrheitsaktionäre stammten aus dem Druckerei- und Verlagswesen. Sie hatten im Aufsichtsrat die künftige Strategie für das Unternehmen durchgesetzt: vollendet – bestens – erstklassig. Praktisch bedeutete das eine Orientierung an Nobelautomobilen aus dem Höchstpreisbereich für finanzstarke Käufer mit elitärem Selbstverständnis. August Horch, seit 1920 in Berlin lebend und mit nur noch geringem Einfluss auf die Konstruktionen, und Hermann Lange, schwer krank im Februar 1922 verstorben, hatten in Erich Horn ihren Nachfolger als Audi Chefkonstrukteur gefunden. Auch er setzte auf technische Neuerungen, mit denen Audi seinen Konkurrenten voraus war. Sie sollten die Produkte dieser Marke als hochwertige, langlebige und sehr zuverlässige Wagen kennzeichnen. In seiner Verantwortung entstand der erste Audi Sechszylinder. Er trug als sinnfälligen Ausdruck des Markenanspruchs erstmals in der Audi Geschichte die »1« auf dem Kühler.

Dieser Typ M zeichnete sich durch mehrere wichtige innovative Lösungen aus. Nicht nur sein Kurbelgehäuse, sondern auch der Motorblock bestand aus Leichtmetall. Nur die Zylinderlaufbuchsen waren aus Grauguss und darin eingezogen. Die Steuerung der Ventile erfolgte über eine oben liegende Nockenwelle, die wie bei anderen Edelfabrikaten und bei den späteren Horch Motoren über eine Königswelle angetrieben wurde. Nach außen zeigte sich der Motorblock sehr glattflächig und modern geformt.

Eine der wichtigsten Detaillösungen zur Erhöhung der Laufleistung des Motors bestand in der Reinigung der angesaugten Außenluft. Zur Entfernung von Staub- und Steinpartikeln wurde die Ansaugluft erstmals über einen ölbenetzten Luftfilter, der im Bereich der Kurbelgehäusewanne saß, zum Vergaser geführt. Damit gelangte nur ein gereinigtes Kraftstoff-Luftgemisch in die Brennräume der Zylinder. Daraus resultierend verlängerte sich die Lebensdauer der Zündkerzen und der Zylinderoberflächen erheblich. Gleichzeitig konnte die Ansaugluft durch die Nutzung der Abwärme des Auspuffs vorgewärmt und weitgehend von Wirbeln befreit werden.

Zwei weitere bedeutende Innovationen sollen nicht unerwähnt bleiben: die serienmäßige Linkslenkung, von Audi erstmals beim Vorgänger Typ K im Jahre 1921 in Serie eingeführt, und die mit hydraulischem Ausgleich ausgerüstete Vierrad-Bremsanlage. Diese war nicht nur eine äußerst aufwendige, sondern auch einzigartige Konstruktion. Auch sonst besaß der Audi Typ M alles, was gut und teuer war: Kraftübertragung mit zusätzlicher Kardan-Zwischenwelle, Fußhilfsbremse für Rückwärtsfahrt, hydraulische Schwingungsdämpfer, in Rollen geführter Schalthebel und vieles mehr. Die Fachpresse feierte diesen Audi Wagen als »beste automobile Ingenieurskunst«. Er war ein Luxustyp, modern, repräsentativ – aber auch teuer und schwer. Seine riesigen Dimensionen verbreiteten vornehm Ehrfurcht. Zuerst als hochwertigeres Parallelangebot zum kleineren Typ K gedacht, wurde er ab 1926 dessen alleiniger Nachfolger. In der Zwischenzeit befand sich ein Audi Achtzylindermodell im fortgeschrittenen Entwicklungsstadium, weshalb die Stückzahl des Typs M gering blieb. Nur 228 Serienmodelle erblickten das Licht der Welt.

A Die Scheinwerferreihe an der Pullman-Limousine Audi Typ M wirkte beeindruckend.
B Die ovale Kühlerplakette mit dem ab 1920 verwendeten Audi-Schriftzug, entworfen von Grafiker und Architekt Lucian Bernhard.
C An den Hebeln konnten Zündung, Kraftstoffgemisch und Drosselklappe eingestellt werden: Multifunktionslenkrad anno 1924.

48

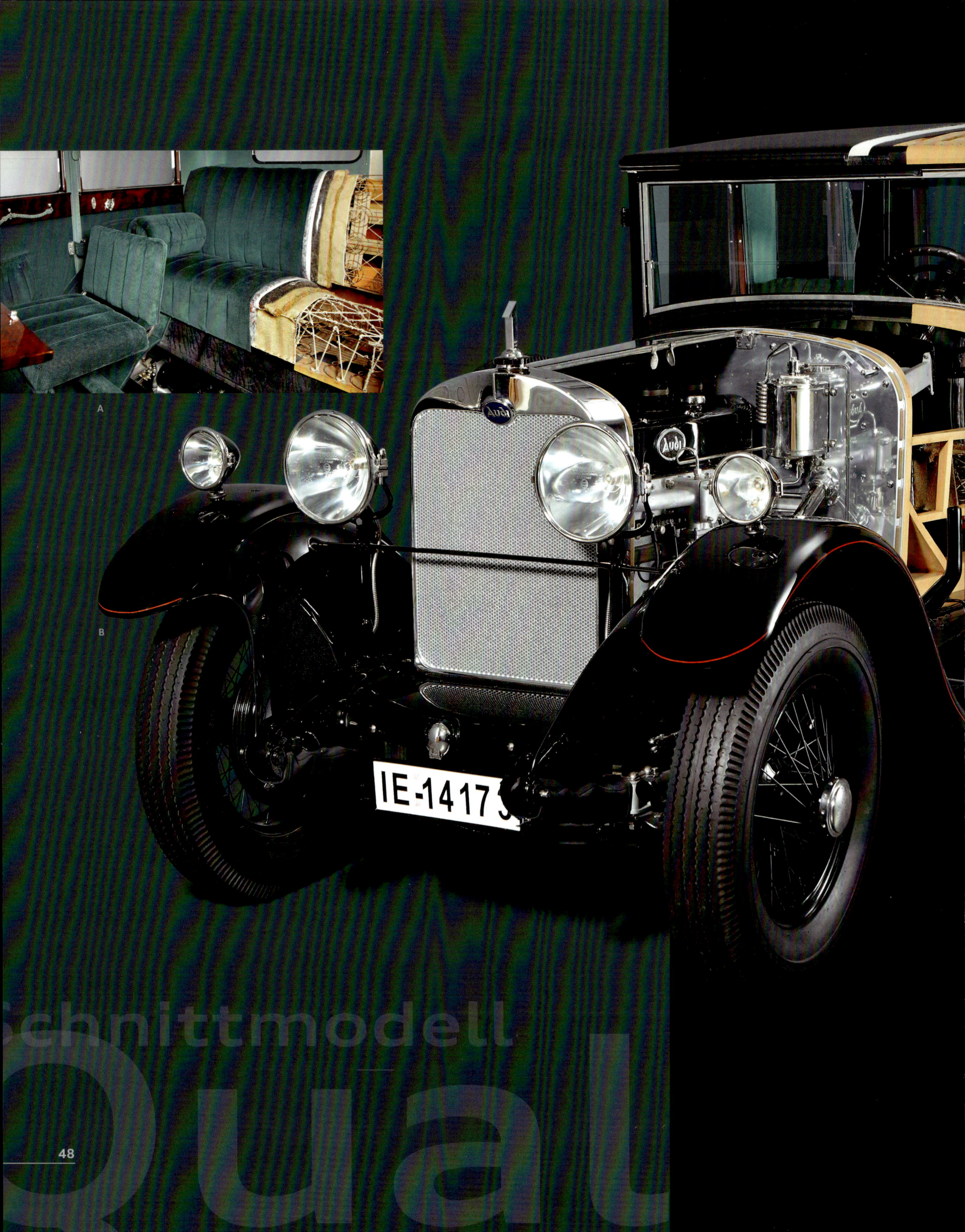

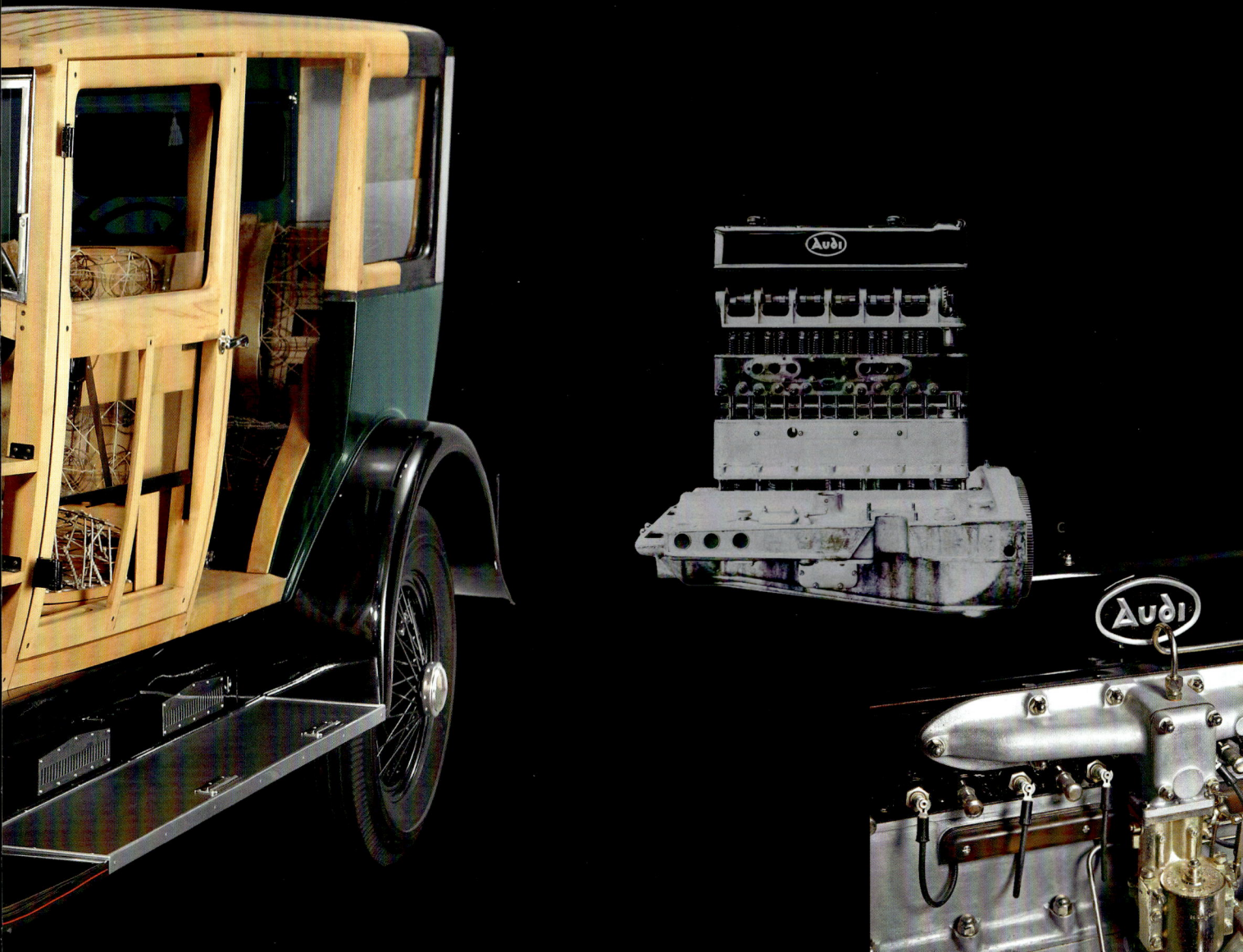

Eines von nur noch vier existierenden Fahrzeugen weltweit wurde im Auftrag der Audi Tradition zu einem Schnittmodell rekonstruiert. Es zeigt typische Materialien, Aufbauten und technische Prinzipien aus den 1920er-Jahren. An der Karosserie ist die Holz-Metall-Gemischtbauweise dargestellt. Sie verkörpert aufwendige Stellmacherarbeiten des Karosserieskeletts, kombiniert mit der Blechaußenhaut, die in einem mehrstufigen Prozess lackiert wurde. Das Holzdach trägt eine Kunstlederbespannung. Auch das Interieur gibt den zeitgenössischen Automobilbau wieder; den Aufbau der Sitze mit Taschenfederkernen ebenso wie die in ihren einzelnen Schichten sichtbare Innenverkleidung – selbstverständlich alles wie in dieser Ära üblich in Handarbeit ausgeführt. Die Herstellung hatte mit geringer Stückzahl und hohen Preisen bei Audi noch lange Manufakturcharakter. Der Typ M galt als »einer der teuersten Wagen in Europa«. Noch teurer war nur Maybach …

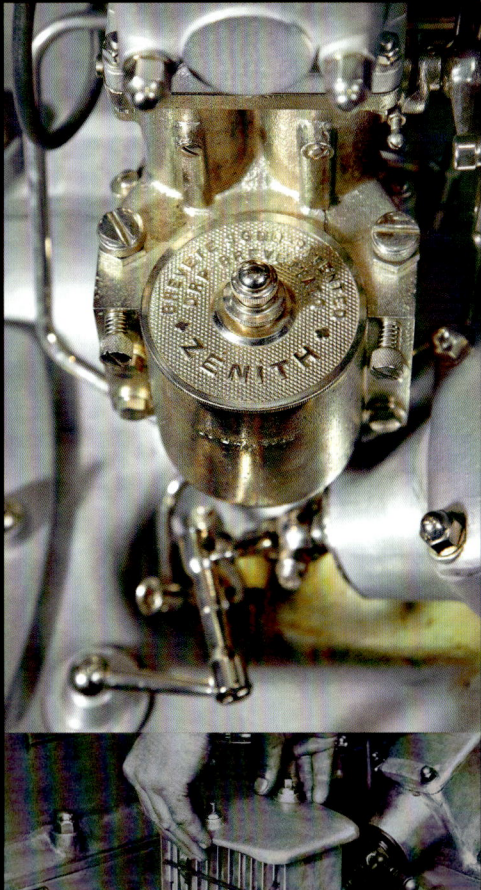

A Aufwendige Verarbeitung bei der Innenausstattung, sichtbar gemacht durch die Offenlegung der Materialschichten und Baustrukturen.
B Dieser Typ M zeigt die typische Gemischtbauweise mit Holz, Metall und partieller Kunstlederbespannung.
C Motorenbaukunst 1924 – der Sechszylindermotor bestand vollständig aus Leichtmetall.
D Durch den ölbenetzten Luftfilter in der Kurbelgehäusewanne wurde nur saubere Außenluft vom Zenit-Vergaser mit Kraftstoff gemischt.

A

B

A Die stattliche Reihung von Anzeige- und Bedienelementen wurde nachts durch zwei stabförmige Leuchten erhellt. Dazu gehörten (v.l.n.r.) die Öldruckanzeige, der Bosch-Zündlichtschalter, der Deuta-Tachometer sowie eine Nivex-Benzin- und Zeituhr.
B Variabler Audi Typ M – der Landaulet-Aufbau verwandelte sich durch Abnehmen des festen Mittelteils in ein Phaeton.
C Die Seitenansicht der Pullman-Limousine verdeutlicht die sehr lange, fast bis zur Wagenmitte reichende Motorhaube.

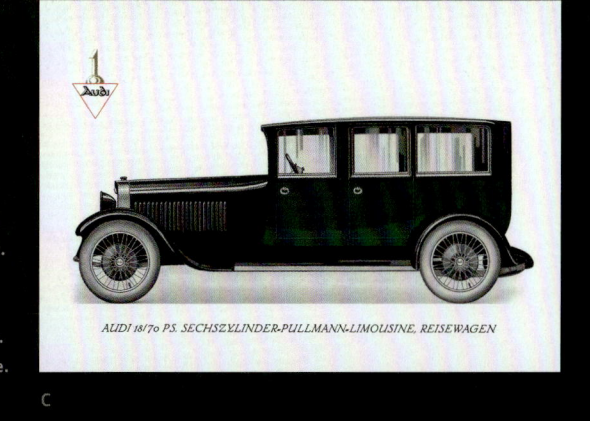

C

Ausführung:	Pullman-Limousine sechssitzig, Schnittmodell, Karosserie Winter, Zittau
Antrieb:	Sechszylinder-Viertakt-Reihenmotor, längs eingebaut
Leistung:	70 PS bei 2500 min^{-1}
Hubraum:	4660 cm^3
Radstand:	3750 mm
Gesamtlänge:	5000 mm
Höchstgeschwindigkeit:	120 km/h
Kraftstoffverbrauch:	ca. 24 l/100 km
Gesamtproduktion:	228 Stück
Bauzeit:	1924 – 1928
Modellbaujahr:	1925

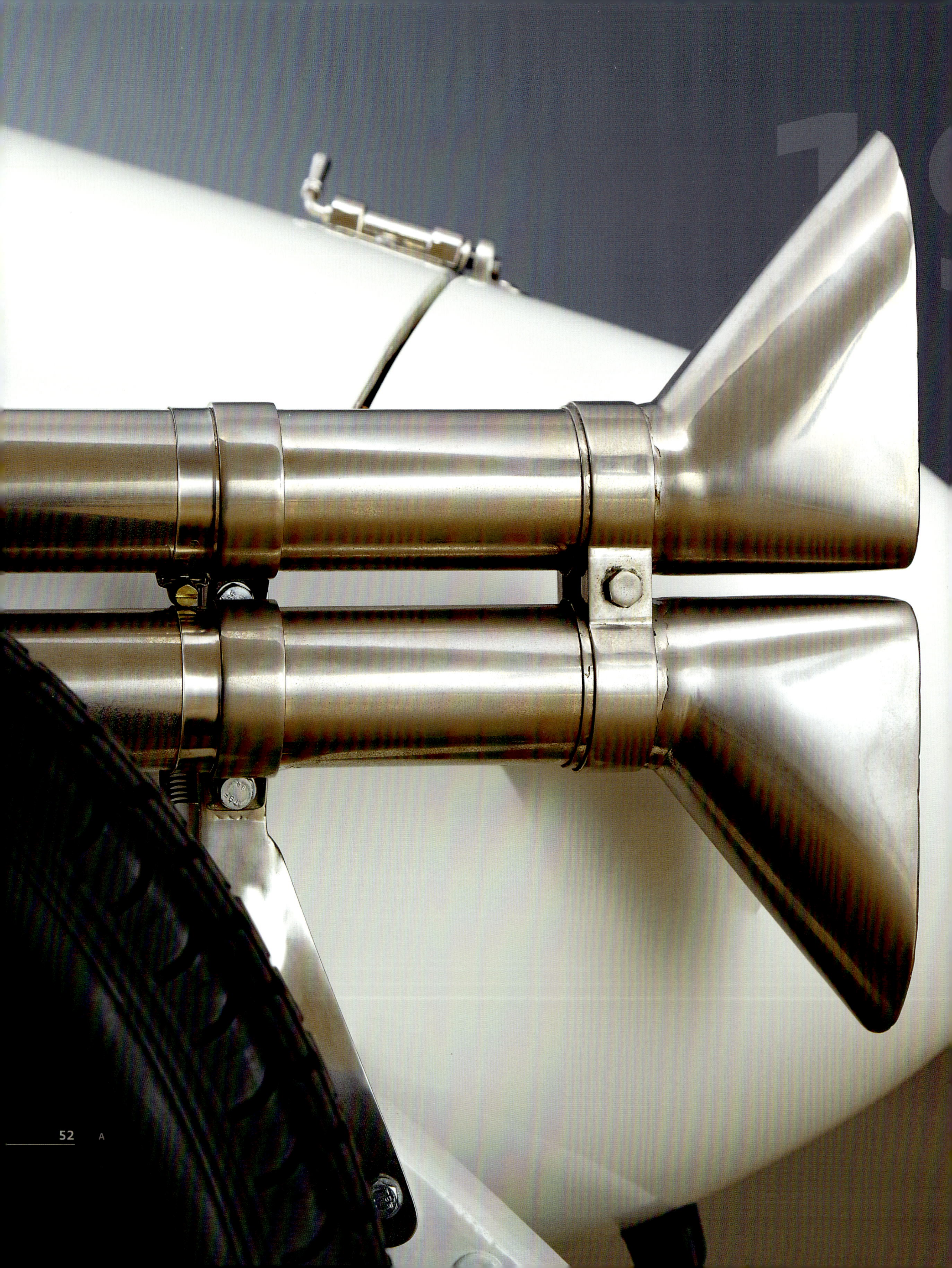

Erster Grand-Prix-Sieg
NSU 6/60 PS Kompressor-Rennwagen

Nach dem Ersten Weltkrieg durften in Deutschland aufgrund des Versailler Vertrages mehrere Jahre lang keine internationalen Autorennen veranstaltet werden. Erst am 23. August 1925 fand der erste derart ausgeschriebene Nachkriegswettbewerb statt. NSU war gleich dabei, obwohl die wirtschaftliche Lage in Neckarsulm sehr ernst aussah. 1926, in Vorbereitung auf den Großen Preis von Deutschland auf der AVUS in Berlin, stellte NSU einen Rennwagen nach den neuen Grand-Prix-Regeln – maximal 1500 cm³ Hubraum, mindestens 600 kg schwer – auf die Räder. Dabei bildeten die erfolgreichen Taunus-Rennwagen des Vorjahres die Basis. Der Motor wurde auf höchstmögliche Standfestigkeit ausgelegt. Zuverlässigkeit war gefordert.

Zur maximalen Leistungsausbeute wurde das Sechszylinderaggregat über einen Zenith-Vergaser in Kombination mit einem Roots-Kompressor »befeuert«. Damit konnte bei 3800 min^{-1} eine Leistung von 60 PS freigesetzt werden. Die erste Bewährungsprobe fand beim Eifelrennen am 13. Juni 1926 statt. Zwei Wochen später starteten fünf NSU Kompressor-Rennwagen mit den Nummern 28, 29, 32, 37 und 43 auf der Berliner AVUS. Mit weißer Lackierung – das war die festgelegte deutsche Rennwagenfarbe – und schwarzer Banderole um den Vorderwagen als Kennzeichnung der 1,5-Liter-Klasse, traten sie beeindruckend in Erscheinung. Es war ein schwieriges Rennen mit mehreren Unfällen und Dauerregen in den letzten Runden. Am Ende fielen in der Klasse F (bis 1500 cm³) die ersten vier Plätze an NSU. Mit einem Durchschnitt von über 127 km/h kam Georg Klöble als erster NSU Fahrer an fünfter Position im Gesamtklassement ins Ziel. Die vorderen vier Plätze wurden durch höhere Leistungsklassen besetzt.

Rennsport galt nach wie vor als wichtige Marketingmaßnahme. Das Interesse des Publikums war ungebrochen groß und die Presse berichtete intensiv. Die Veranstaltung auf der AVUS 1927 zählte rund 250 000 Besucher.

Der NSU Rennwagen wies einige erwähnenswerte Besonderheiten auf. Sicherlich aus Platz- und Gewichtsgründen wurde auf eine Spritzwand zur Abgrenzung des Motorraums vom Fahrgastraum verzichtet. Der Beifahrer hatte kaum eine Fußabstellmöglichkeit. Lediglich auf die Kühlrippen des Kompressorgehäuses konnten die Füße aufgesetzt werden – bei spürbarer Wärmeentwicklung. Für den Fahrer gab es zum Aufsetzen der Fersen nur ein schmales Blech unterhalb der Pedale.

A Diese trichterförmigen Endstücke der beiden Abgasrohre lassen einen kernigen Klang vermuten.
B Frei aufgehängte Anzeigeinstrumente im Rennwagen-Cockpit.
C Zwei Abgasrohre wurde ohne Schalldämpfung außen an der Karosserie entlanggeführt.

Der Aufbau zeigt typische Karosseriebaumerkmale dieser Ära, beispielsweise die Gemischtbauweise von Holzskelett mit Stahlblechbeplankung. Das torpedoförmige Heck bot sogar Stauraum, der durch eine Klappe zugänglich war.
Die NSU Rennwagenkonstruktion war auf Dauerleistung ausgelegt. Rückschlüsse aus den Erfahrungen mit der Technik bei Sporteinsätzen fanden durchaus Einzug in die Entwicklung von Serienprodukten. In die Serienfahrzeuge des Typs 6/60 PS wurde der Motor ohne Kompressor eingebaut: Die Leistung reduzierte sich auf 30 PS.

Der abgebildete NSU Kompressor-Rennwagen ist der älteste noch fahrfähige Grand-Prix-Rennwagen aus der Audi Geschichte.

A Auf der AVUS in Berlin erreichten die NSU Rennwagen 1926 mehr als 175 km/h Spitzengeschwindigkeit. Der Durchschnitt des Siegers Georg Klöble lag bei 125,8 km/h.
B Kurz nach dem Start der 20 Teilnehmer in der 1,5-Liter-Klasse auf der Berliner AVUS zum Großen Preis von Deutschland 1926.
C Bei einem Boxenstopp waren Jakob Scholl die Strapazen während des Rennens anzusehen.
D Ankunft der Rennwagenmannschaft in den Neckarsulmer Fahrzeugwerken (v.l.n.r.): Georg Klöble, Jakob Scholl, Ernst Islinger und Josef Müller.

Antrieb:	Sechszylinder-Viertakt-Reihenmotor, Roots-Kompressor, längs eingebaut
Leistung:	60 PS bei 3800 min^{-1}
Hubraum:	1476 cm^3
Radstand:	2850 mm
Gesamtlänge:	4000 mm
Leergewicht:	830 kg
Höchstgeschwindigkeit:	175 km/h
Bauzeit:	1926
Modellbaujahr:	1926

A Ungewöhnlich – ein »Gepäckraum« im torpedoförmigen Rennwagenheck.
B Freier Durchblick bis zum Motor – Fahrer und Beifahrer hatten fast keine Fußauflagen.
C Jeweils drei Zylinder mündeten in einen Abgasstrang.
D Die Vorderachse wurde durch mechanische Reibungsdämpfer und eine Halbelliptik-Blattfeder mit dem Rahmen verbunden.

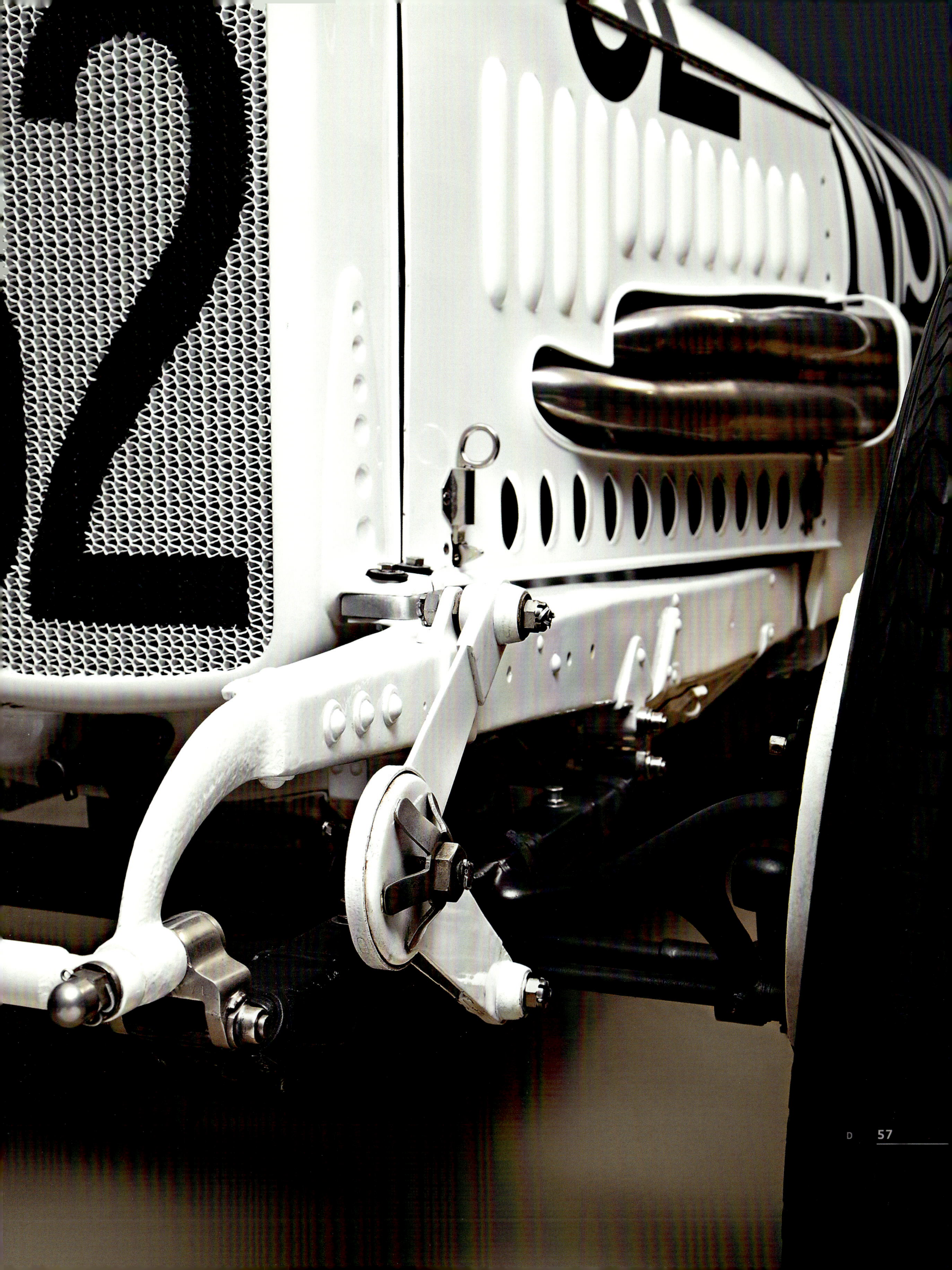

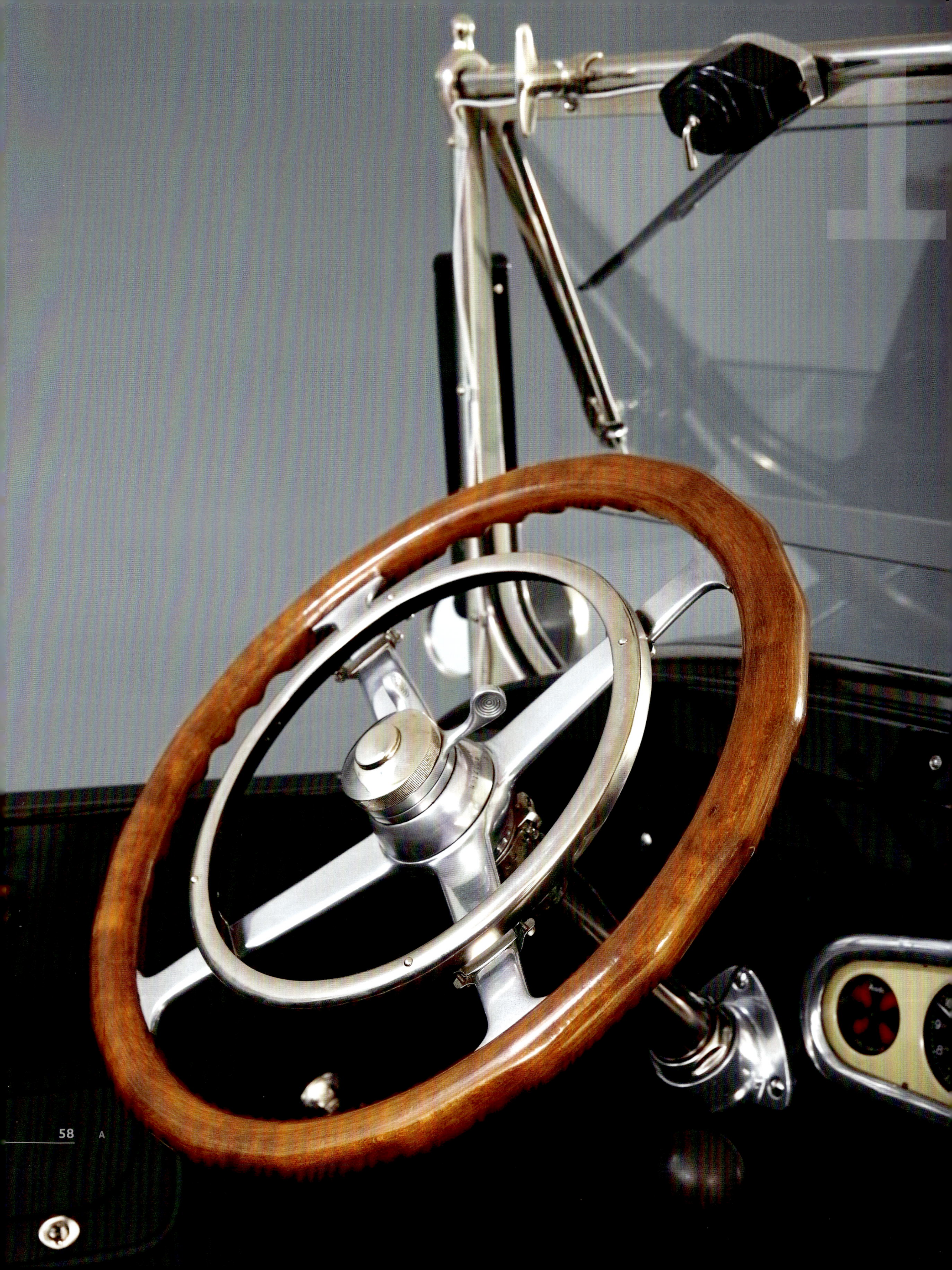

Noble Größe
Audi 19/100 PS Typ R Imperator Phaeton

Im Jahre 1927 erschien der erste Audi Achtzylinder in der Öffentlichkeit. Im Jahr davor ging Erich Horn in den Ruhestand und Heinrich Schuh, seit 1920 bei Audi, wurde auf die Position des Chefkonstrukteurs berufen. Er hatte sich unmittelbar mit einer Neukonstruktion zu befassen, die den Eliteanspruch von Audi ausbauen sollte. Gleichzeitig aber musste sie erheblich kostengünstiger sein, um durch attraktivere Preise wieder mehr Käufer anziehen zu können. Es hieß: Noch größer und stattlicher werden und noch mehr Leistung entfachen, um sich im Luxussegment zu behaupten, aber auch: Runter mit den Herstellungskosten!

Der Audi Typ R erhielt nicht umsonst von Anfang an den Beinamen »Imperator«. Gegenüber dem Typ M sollte damit seine majestätische Größe sowie seine noch kraftvollere Präsenz und noch komfortablere Ausstattung symbolisiert werden. In ihm schlug ein Achtzylinderherz, das erste der Marke Audi. Mit einer Gesamtlänge von bis zu 5200 und einem Radstand von 3620 mm gehörte der Imperator zu den wirklich großen Personenwagen um 1927. Gleichzeitig aber hatte Chefkonstrukteur Heinrich Schuh das Kunststück vollbracht, den Fertigungsaufwand erheblich zu reduzieren. Im Vergleich zum Typ M konnte der Audi 19/100 PS Typ R für nahezu die Hälfte der Kosten hergestellt werden.

A Griffig geformter Lenkradkranz aus Edelholz mit Fingermulden und Abflachungen außen.
B Die »8« vor der Kühlerjalousie symbolisiert Prestige.
C Zwei Ersatzräder gehörten zur Grundausstattung des 100 PS starken Audi.

A Der sogenannte »Haxenabkratzer« zum Säubern der Schuhsohlen (von Schmutz entfernen).
B Tankverschlussdeckel des hinten im Fahrwerksrahmen liegenden Kraftstoffbehälters.
C Ausklappbare Sitze im Fond erhöhten die Fahrgastanzahl auf bis zu sieben.
D Der Imperator war der größte Audi Wagen in den 1920er-Jahren.
E Die rechte Seite des Achtzylindermotors mit Anlasser, Magnetzünder und Lichtmaschine.
F Getriebe mit integrierter Reifenluftpumpe.

Nach wie vor übergab Audi lediglich die Fahrgestelle an verschiedene Karossiers. Aufbauten wurden durch sie in den drei Standardkategorien Cabriolet, Limousine und offener Tourenwagen angeboten. Am kostengünstigsten war natürlich Letzterer.
Diese Variante ist auch hier abgebildet: Auf dem einzig bekannten Fahrgestell eines Audi Typ R ließ die AUDI AG im Jahre 2003 einen Tourenwagen aufbauen, der mit zwei ausklappbaren Notsitzen ausgestattet wurde und sieben Personen Platz bietet. Technisch besonders erwähnenswert ist der Reihen-Achtzylindermotor, der eine erstaunliche Elastizität aufwies. Er erreichte sein günstigstes Drehmoment bereits bei 1100 min^{-1}. Damit ließ sich der Wagen von Schrittgeschwindigkeit bis zur Maximalgeschwindigkeit von 110 km/h in einem Gang fahren. Während der Motorblock nicht mehr wie beim Vorgängertyp M aus Leichtmetall, sondern wieder aus Grauguss bestand, blieb das Kurbelgehäuse aus Leichtmetall. Die sehr rationale, auf effektive Anordnung der Zusatzaggregate orientierte Motorkonstruktion erlaubte es, die magische Leistungslinie von 100 PS zu erreichen.

E, F

Der Imperator zählte zu den sehr teuren Automobilen. Nicht selten mussten Käufer für ihn mehr bezahlen als für einen Horch, was sie allerdings nicht unbedingt als Vorzug betrachteten ...

A, B

A Der erste Audi Achtzylinderwagen zielte auf sehr wohlhabende Käufer.
B Audi Typ R Imperator als Cabriolimousine, 1927.
C Die Fahrtrichtung wurde per beleuchtetem Winker über einen im Armaturenbrett befindlichen Umschalter mit Mittelstellung angezeigt.

C

Ausführung:	offener Tourenwagen siebensitzig, Karosserie rekonstruiert
Antrieb:	Achtzylinder-Viertakt-Reihenmotor, längs eingebaut
Leistung:	100 PS bei 3300 min^{-1}
Hubraum:	4872 cm^3
Radstand:	3620 mm
Gesamtlänge:	5160 mm
Höchstgeschwindigkeit:	120 km/h
Kraftstoffverbrauch:	ca. 24 l/100 km
Gesamtproduktion:	145 Stück
Bauzeit:	1927 – 1929
Modellbaujahr:	1929

63

Sprung nach oben
Wanderer 10/50 PS W 11 Limousine

A Mittelschaltung mit gedrechseltem Schaltknauf.
B Das seit 1914 bei dem W 3 auf der Kühlermaske eingesetzte Firmenzeichen wurde ab 1929 durch das Flügel-W auf dem Kühlerverschluss ergänzt.

Ab Mitte der 1920er-Jahre veränderte sich durch die Stabilisierung der deutschen Automobilindustrie und durch amerikanische Fahrzeugimporte das Bild der deutschen Straßen. Bei Personenkraftwagen ging der Trend zu mehr Größe und Leistung. Vor allem amerikanische Sechs- und Achtzylindermodelle wurden zu immer günstigeren Preisen verkauft.
Die deutschen Hersteller mussten mit Rationalisierungen reagieren, um ihrerseits Preissenkungen möglich zu machen und ihre Marktanteile zu verteidigen. Auch die Wanderer Werke verfolgten diese Strategie und waren gut für jene Entwicklung gerüstet. Durch die Gewinne der Werkzeug- und Büromaschinensparten bestand eine gesunde finanzielle Grundlage. Außerdem lief der Aufbau eines Automobilwerkes nach neuesten Erkenntnissen rationeller Fließbandfertigung bereits auf Hochtouren.
Die Verantwortlichen beschlossen deshalb im Sommer 1927, einen größeren Wagen mit Sechszylindermotor zu entwickeln. Er sollte ähnliche Eigenschaften wie die amerikanischen Konkurrenten vorweisen: kräftige Fahrleistungen, angenehmen Komfort und eine elastische Maschine für schaltarmes Fahren. Mit dieser Entwicklung beschritt Wanderer erstmals den Weg vom Kleinwagen oder Gebrauchsmobil zum gehobenen Mittelklassewagen.

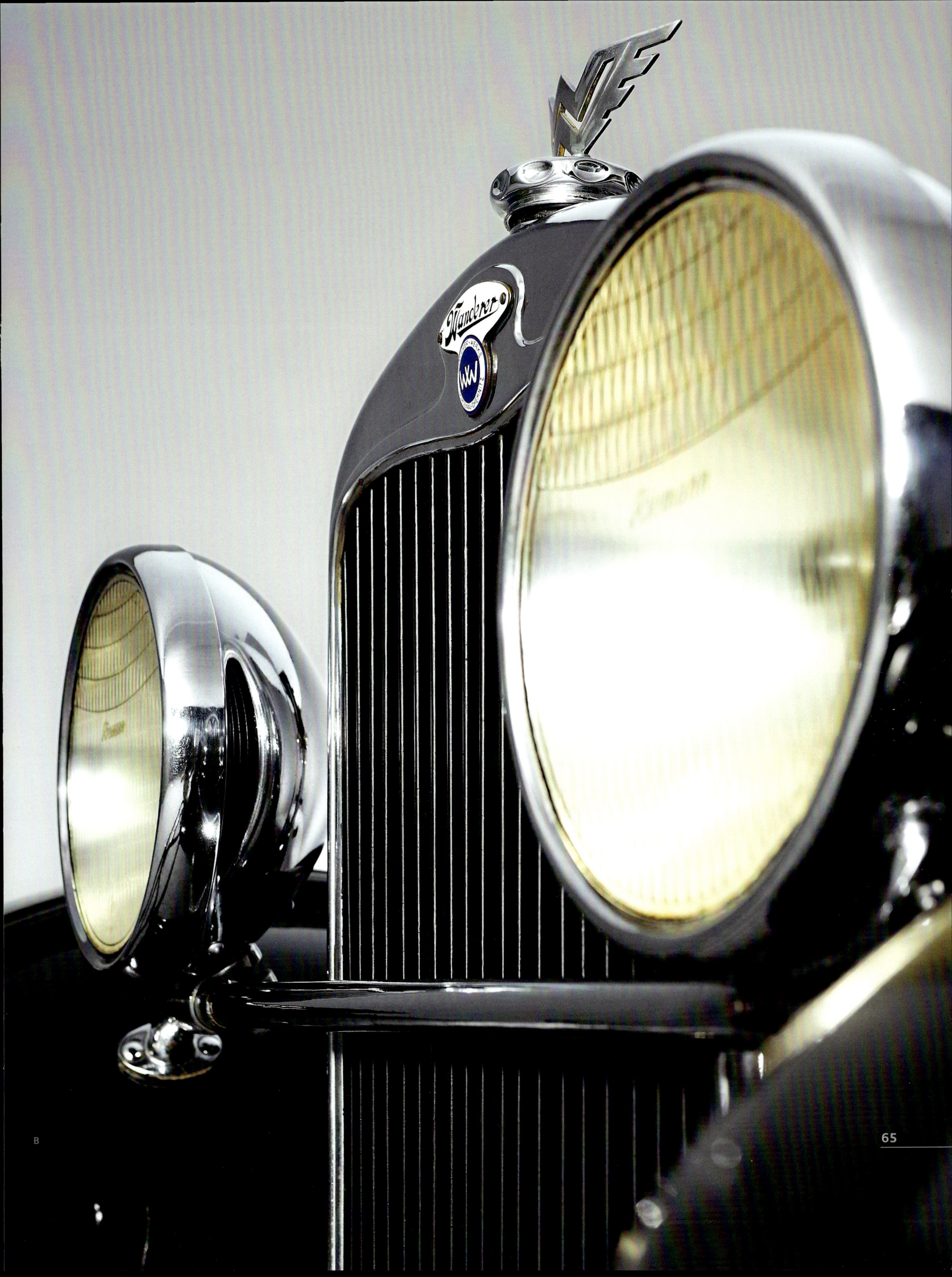

B

Das Sechszylindertriebwerk war eng mit dem 30 PS starken 1,5-Liter-Vierzylindermotor aus dem Typ W 10 verwandt. Um zwei Zylinder erweitert und im Hubraum auf 2,5 Liter vergrößert, erreichte es bei 3000 min^{-1} eine Leistung von 50 PS.

Das Fahrwerk des Wanderer W 11 war von Serienbeginn an vorn und hinten mit Bandstoßdämpfern ausgestattet und verfügte über eine hydraulische Vierrad-Bremsanlage. Ab Anfang 1931 erfolgte die Umstellung auf ebenfalls hydraulisch unterstützte Hebelstoßdämpfer. Wanderer war damit auf fortschrittlichen Pfaden unterwegs und im oberen Fahrzeugsegment angekommen. Einzig die Karosserie blieb zu Serienbeginn auf dem Niveau des konservativen Vorgängers. Erst die grundlegende Überarbeitung für den Modelljahrgang 1929 zeigte den Weg zu neuen Horizonten auf. Die modernisierte Variante offenbart deutlich amerikanische Designmerkmale; insbesondere fallen die verchromte, schwungvolle Kühlermaske mit vor dem Kühler montierten, breiten senkrechten Lamellen als verstellbare Kühlerjalousie und die verchromten zweigliedrigen Stoßstangen auf.

A Der Kofferkasten war hier auf Kundenwunsch am Heck montiert worden.
B Ein Ausflug mit diesem offenen W 11 Phaeton und schönen Damen machte sicherlich viel Freude.
C Mit dem Sechszylinder-Wanderer sollten mondäne Kundenkreise erobert werden.

Im neuen Werk in Chemnitz-Siegmar lief die Serienfertigung im Oktober 1928 an. Drei Karosserieausführungen standen anfänglich zur Wahl: eine Phaeton-Karosserie, eine Sechsfenster-Limousine und ein Roadster-Cabriolet mit Notsitz im Heck.
Im November 1928 stellten die Wanderer Werke den Typ W 11 auf der Internationalen Automobil- und Motorrad-Ausstellung in Berlin der breiten Öffentlichkeit vor.
Bis 1932 wuchs die Karosseriepalette auf 13 Ausführungen von 15 Lieferanten an. Nur die Tourenwagen-Karosserien fertigte Wanderer selbst. Aufgrund zu hoher Kosten wurde schließlich im März 1930 der werkseigene Karosseriebau eingestellt.

Der fotografierte Wanderer W 11 ist in unrestauriertem Originalzustand erhalten geblieben.

Ausführung:	Limousine fünfsitzig, Karosserie Reutter, Stuttgart
Antrieb:	Sechszylinder-Viertakt-Reihenmotor, längs eingebaut
Leistung:	50 PS bei 3000 min^{-1}
Hubraum:	2540 cm³
Radstand:	3000 mm
Gesamtlänge:	4500 mm
Höchstgeschwindigkeit:	100 km/h
Kraftstoffverbrauch:	ca. 15 l/100 km
Gesamtproduktion:	5070 Stück
Bauzeit:	1928 – 1932
Modellbaujahr:	1930

69

19

Premium mit Acht
Horch 16/80 PS Typ 350 Pullman-Limousine

Im Nachhinein betrachtet, nahmen die Typen 10/35 PS und 10/50 PS von Horch die Rolle von Übergangslösungen ein. Sowohl Straus als auch Daimler strebten zielgerichtet auf die absolute Oberklasse zu – den Achtzylinder. Dabei war ihnen klar, dass der Horch 8 der einzige Serientyp im Angebot der Zwickauer sein würde. Es gab in Europa keinen Wettbewerber, der Ähnliches im Sinn hatte.
Der von Paul Daimler konstruierte Motor – erstmals mit dem Chassis des Typ 303 auf der Internationalen Automobil- und Motorrad-Ausstellung Berlin im Dezember 1926 vorgestellt – markierte einen Meilenstein in der deutschen Automobiltechnik: Zum ersten Mal ging ein Reihenachtzylinder in Großserie. Bei ihm war es Daimler offensichtlich nicht in erster Linie auf hohe Leistung, sondern auf große Laufkultur angekommen. Dementsprechend wurden die Ventile über zwei oben liegende Nockenwellen – angetrieben über eine Königswelle mit Gleason-Spiralverzahnung – gesteuert. Diese Bauweise garantierte extreme Laufruhe. Der Antrieb aller Nebenaggregate erfolgte nur über Zahnräder und Wellen.

Die Serienfertigung begann am 2. Januar 1927, und als im Dezember 1931 der letzte Horch DOHC-Motor Daimler'scher Konstruktion die Endmontage in Zwickau verließ, waren rund 8500 Exemplare davon hergestellt worden. Ursprünglich mit einer Leistung von 60 PS bei einem Hubraum von drei Litern ausgestattet, konnten mit dem Typ 350 durch zahlreiche Verbesserungen 80 PS aus dem nun vier Liter großen Triebwerk erzielt werden.

B   C

A Der von Prof. Hadank entworfene geflügelte Pfeil gab ab 1928 bei Horch die Richtung vor.
B Die »8« im Kreis zwischen den großen Zeiss-Scheinwerfern wies auf das exklusive Triebwerk hin.
C Hochwertiger Karosseriebau bis in die Details.

72 Als Klassiker seiner Zeit würde dieser Horch 350 heute noch einen Schönheitswettbewerb gewinnen.

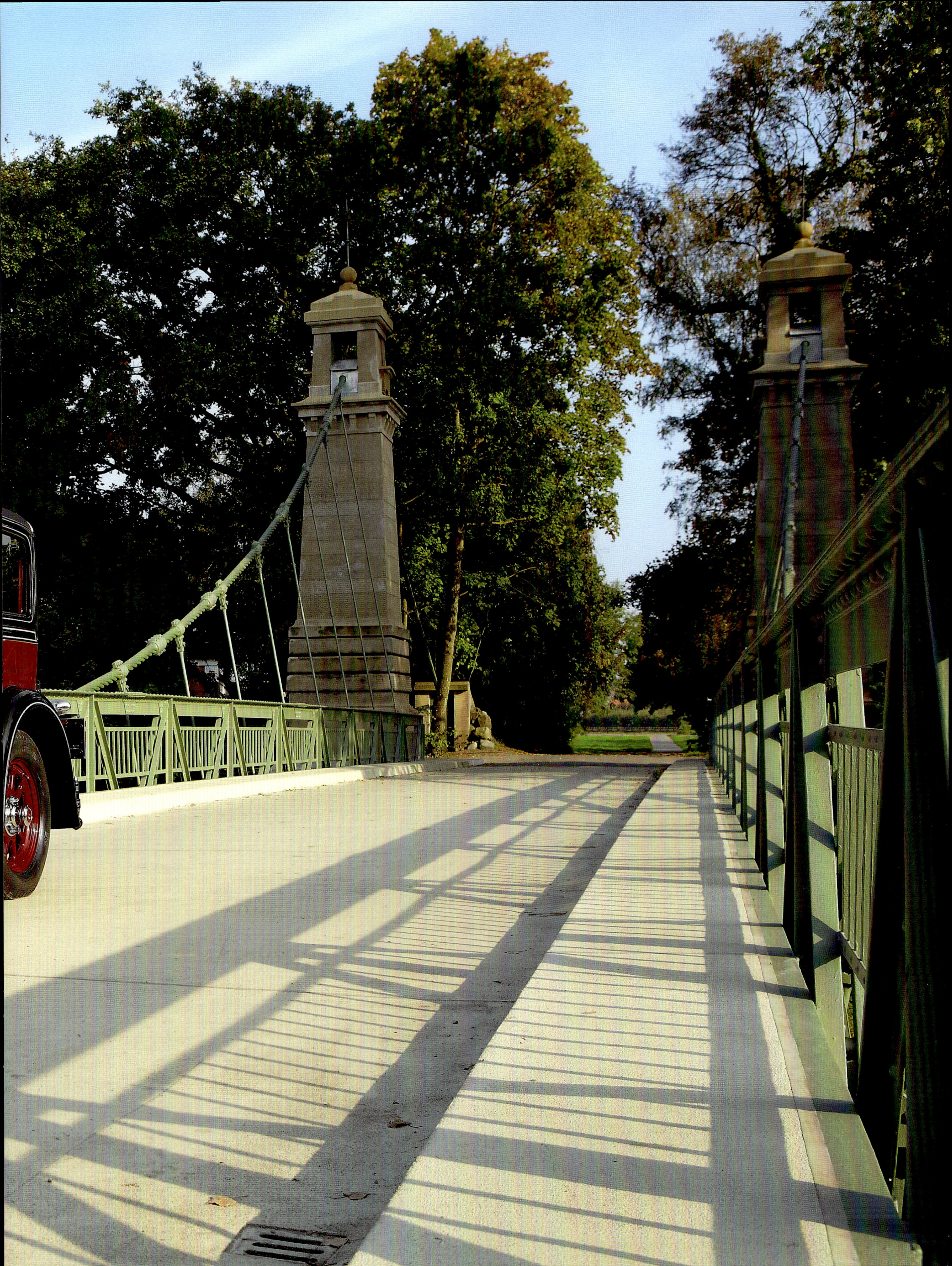

A Das Chauffeurabteil war durch zweckmäßiges Leder geprägt.
B Armaturen und Bedienelemente wurden in einer zentral angeordneten, elliptischen Einheit zusammengefasst.
C Herrschaftliches Fond in Rot – so ließ es sich fürstlich Reisen.

Der Horch Typ 350 ist 1928 auf den bedeutendsten Automobilausstellungen der Welt präsentiert worden. Er fiel vor allem wegen seines eleganten Designs auf. Bis dahin sahen Horch Wagen recht bieder aus. Unverkleidete Kühlerfront, fehlende Stoßstangen und die kantige Linienführung der Karosserien sorgten für ein altmodisches Erscheinungsbild. Straus hatte erkannt, dass nicht nur die Technik, sondern auch Form und Farbe der Wagen maßgeblich ihr Image prägten. Daraufhin engagierte er mit O. H. W. Hadank, Professor an der Berliner Staatsschule für Freie und Angewandte Kunst, Hermann Ahrens von den Deutschen Werken in Berlin und Albert Locke von der Karosseriefabrik Kathe in Halle absolute Spitzenkräfte in Karosserieformgebung für die Horch Werke. Äußere Form und technisches Innenleben bildeten fortan eine elegante Symbiose. Hadank orientierte sich am amerikanischen Stil und nahm sich den von General Motors 1927 vorgestellten LaSalle für den neuen Horch Typ 350 zur Inspiration. Signifikant waren die großen Zeiss-Scheinwerfer mit der Acht im Kreis dazwischen, die Kühlermaske mit dem geflügelten Pfeil auf dem Kühlerverschluss und die in Wagenfarbe lackierten, verstellbaren Lamellen vor dem Kühler. Die modernere Gesamterscheinung der Karosserie ist ebenso durch stärkere Wölbungen der

75

A

B

Dach- und Heckkontur, elegant geschwungene Vorderkotflügel und die zweifarbige Außenlackierung geprägt worden.

Der hier vorgestellte Horch Typ 350 befindet sich in Privatbesitz. 1928 als Pullman-Limousine verkauft, kam er während der Kriegszeit zur Dresdner Feuerwehr und wurde zum Pumpen- und Mannschaftswagen umgebaut. Bis zu seiner Ausmusterung 1952 blieb er dort im Einsatz. Nach einer langen Schlummerphase ist der Horch 350 in zehnjähriger, akribischer Restaurationsarbeit wieder in seinen Ursprungszustand versetzt worden.

Ausführung:	Pullman-Limousine sechssitzig, Karosserie Horch, Zwickau
Antrieb:	Achtzylinder-Viertakt-Reihenmotor, längs eingebaut
Leistung:	80 PS bei 3200 min^{-1}
Hubraum:	3949 cm^3
Radstand:	3450 mm
Gesamtlänge:	5000 mm
Höchstgeschwindigkeit:	100 km/h
Kraftstoffverbrauch:	ca. 19 l/100 km
Gesamtproduktion:	2855 Stück
Bauzeit:	1928 – 1932
Modellbaujahr:	1928

C D

A Das Ausstellungs-Schnittmodell des im Herbst 1926 von Horch erstmals präsentierten Achtzylinder-Reihenmotors.
B Der Achtzylindermotor war eine Konstruktion von Paul Daimler.
C Der Dienstwagen Horch 350 Sedan-Cabriolet von Paul Daimler, der sich davor mit seiner Gattin fotografieren ließ.
D Bei Schönheitswettbewerben belegten Wagen auf Horch Achtzylinderchassis besonders in Begleitung von Damen oft vorderste Plätze.
E Die perfekt restaurierte Pullman-Limousine sorgte mit ihrem sonoren Achtzylinderklang überall für Aufsehen.

Sportsgeist zweifarbig
DKW PS 600 Sportwagen

DKW – diese drei Buchstaben standen in den 1920er-Jahren als Inbegriff für Rennsporterfolge bei Motorrädern. Die Siegeslisten lasen sich wie ein Veranstaltungskalender. Bis 1928 entwickelte sich das Zschopauer DKW Werk zum größten Motorradhersteller der Welt. Inmitten dieser erstaunlichen Erfolgswelle seiner Zweiräder überlegte DKW Gründer Jörgen Skafte Rasmussen, wie komfortable und preisgünstige Mobilität auf vier Rädern gewährleistet werden könnte. Er war schon länger vom Verkaufspotenzial eines für größere Bevölkerungskreise erschwinglichen und zuverlässigen Kleinwagens überzeugt.

Im März 1928 kam schließlich der erste serienmäßige DKW Kleinwagen mit Heckantrieb und wassergekühltem Zweizylinder-Zweitaktmotor unter der Bezeichnung DKW P 15 auf den Markt. Er machte den drei Hauptanbietern in diesem Segment, Opel, Dixi und Hanomag, Konkurrenz. Als nach und nach unterschiedliche Karosserievarianten angeboten werden konnten, war es nur eine Frage der Zeit, bis erste DKW Automobile im Motorsport auftauchen würden. Im Januar 1929 war es soweit: Ein P15 Cabriolet nahm an der Rallye Monte Carlo teil.

Auf Anregung des Ingenieurs Gerhard Macher, Vertriebsleiter einer DKW Vertretung in Berlin, erschien im Sommer 1929 ein zweisitziger P15 Sportwagen. Mit langem, spitzem Bootsheck, Speichenrädern und Einzelkotflügeln fiel der Wagen ungemein auf. Bei einem Gesamtgewicht von 450 kg und unter Einsatz eines speziellen 500-cm^3-Ladepumpenmotors aus dem Motorrad-Rennsport erreichte der knapp 30 PS starke DKW Rennwagen für diese Hubraumklasse enorme Geschwindigkeiten jenseits der 100 km/h.

Die Ableitung einer Straßenversion lag nahe. Im Wesentlichen wurden dafür die Kotflügel mit einem durchgehenden Trittbrett verbunden und der Windlauf mit einer Windschutzscheibe versehen – ansonsten blieb die Form erhalten. Die flache Bootsheckkarosserie mit grünem Kunstlederbezug, kombiniert mit weißen Kotflügeln und weißen Speichenrädern – also in den sächsischen Landesfarben –, sorgte für einen hohen Aufmerksamkeitsfaktor.

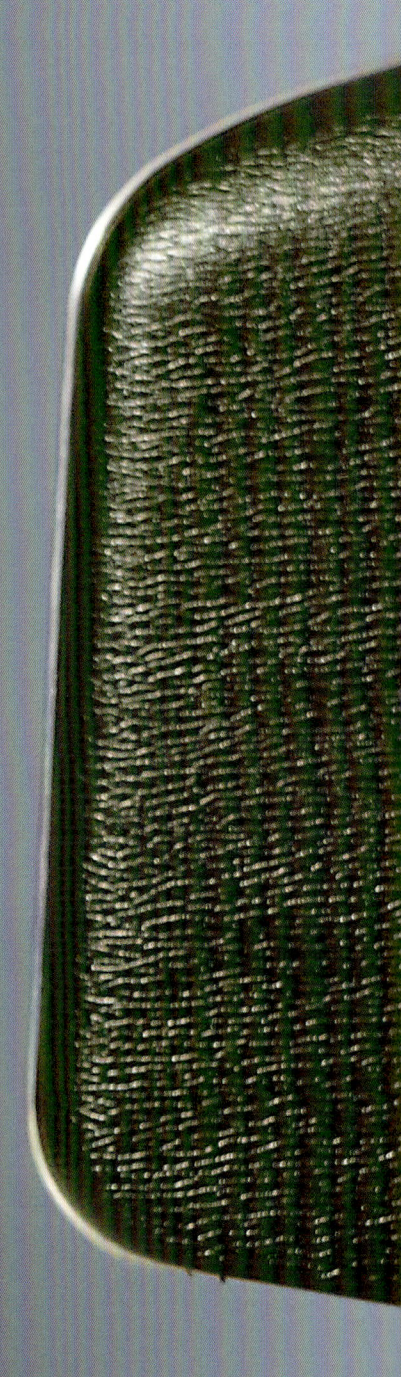

Markanter Heckabschluss des ersten DKW Sportwagens im Bootsstil.

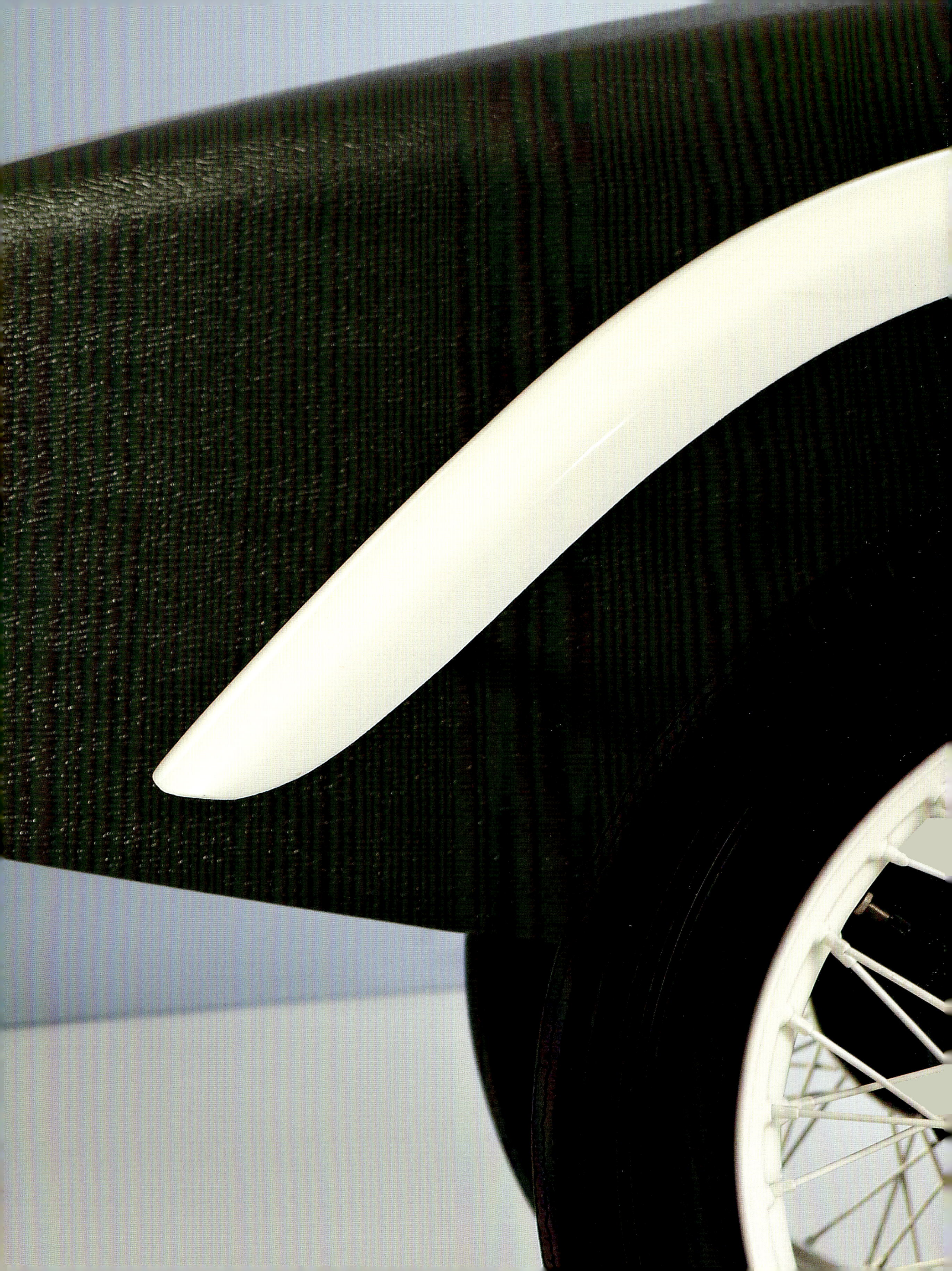

A

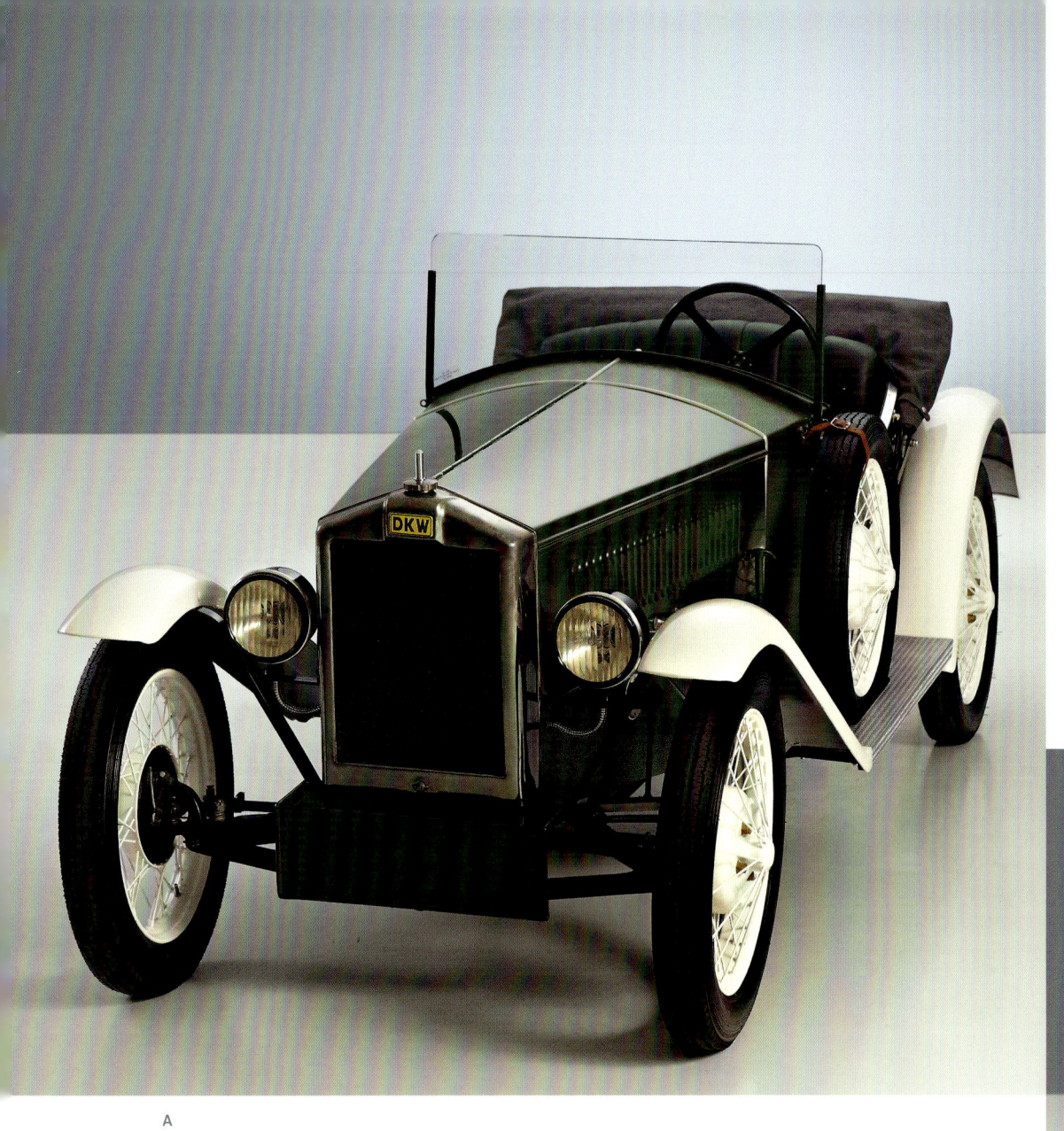

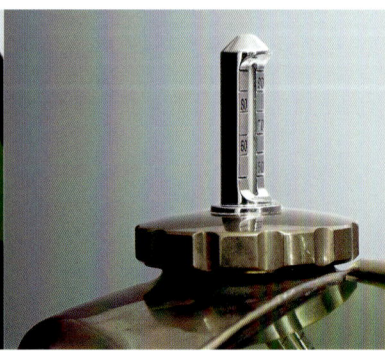

B C D

A Der flotte Zweisitzer hatte eine sympathische Ausstrahlung.
B Das Ersatzrad wurde preisgünstig durch Lederriemen arretiert.
C Sparsam bestücktes Cockpit mit Zündschalter und Benzinuhr.
D Über eine Anzeige im Kühlerverschluss konnte der Fahrer die Wassertemperatur beobachten.
E Der Zweitakt-Sportwagen war der letzte Zweizylinder-DKW mit Heckantrieb.

A Spitz auslaufendes Heck der Karosserie in Holzbauweise mit Kunstlederbespannung.
B DKW Marketing um 1930. Neben dem Spielzeug für Erwachsene gab es auch eines der gleichen Marke für Kinder.
C Wer seinen Wagen liebt, der schiebt ...
D Schauspielerin Magda Schneider posiert mit einem DKW PS 600 für den Fotografen.

Die Serienfertigung des als PS 600 (Personenwagen Sport 600 cm³) bezeichneten DKW begann im Dezember 1929. Mit 18 PS erreichte der fixe Zweitakter zwischen 90 bis 100 km/h und genoss wachsende Anerkennung. Für ambitionierte Privatsportfahrer wurden werksseitig eine »Frisieranleitung« sowie Spezialteile angeboten. Die Nachfrage sportbegeisterter Kunden führte dazu, dass der heckangetriebene Sportwagen als letzter seiner Art bis ins Frühjahr 1933 im DKW Automobilprogramm verblieb, obwohl sich inzwischen die DKW Frontantriebsfahrzeuge längst auf dem Markt etabliert hatten. Der PS 600 wurde zunächst nur in der Farbkombination Grün/Weiß geliefert. Später gab es dann zwei Alternativen: Karosserie schwarz, Kotflügel und Felgen rot oder Karosserie rot, Kotflügel und Felgen weiß.

Ausführung:	offener Sportwagen zweisitzig, Karosserie DKW Werk Berlin-Spandau
Antrieb:	Zweizylinder-Zweitakt-Reihenmotor, längs eingebaut
Leistung:	18 PS bei 3500 min^{-1}
Hubraum:	584 cm³
Radstand:	2400 mm
Gesamtlänge:	3700 mm
Höchstgeschwindigkeit:	90 km/h
Kraftstoffverbrauch:	ca. 8 l/100 km
Gesamtproduktion:	500 Stück
Bauzeit:	1929 – 1933
Modellbaujahr:	1930

D

83

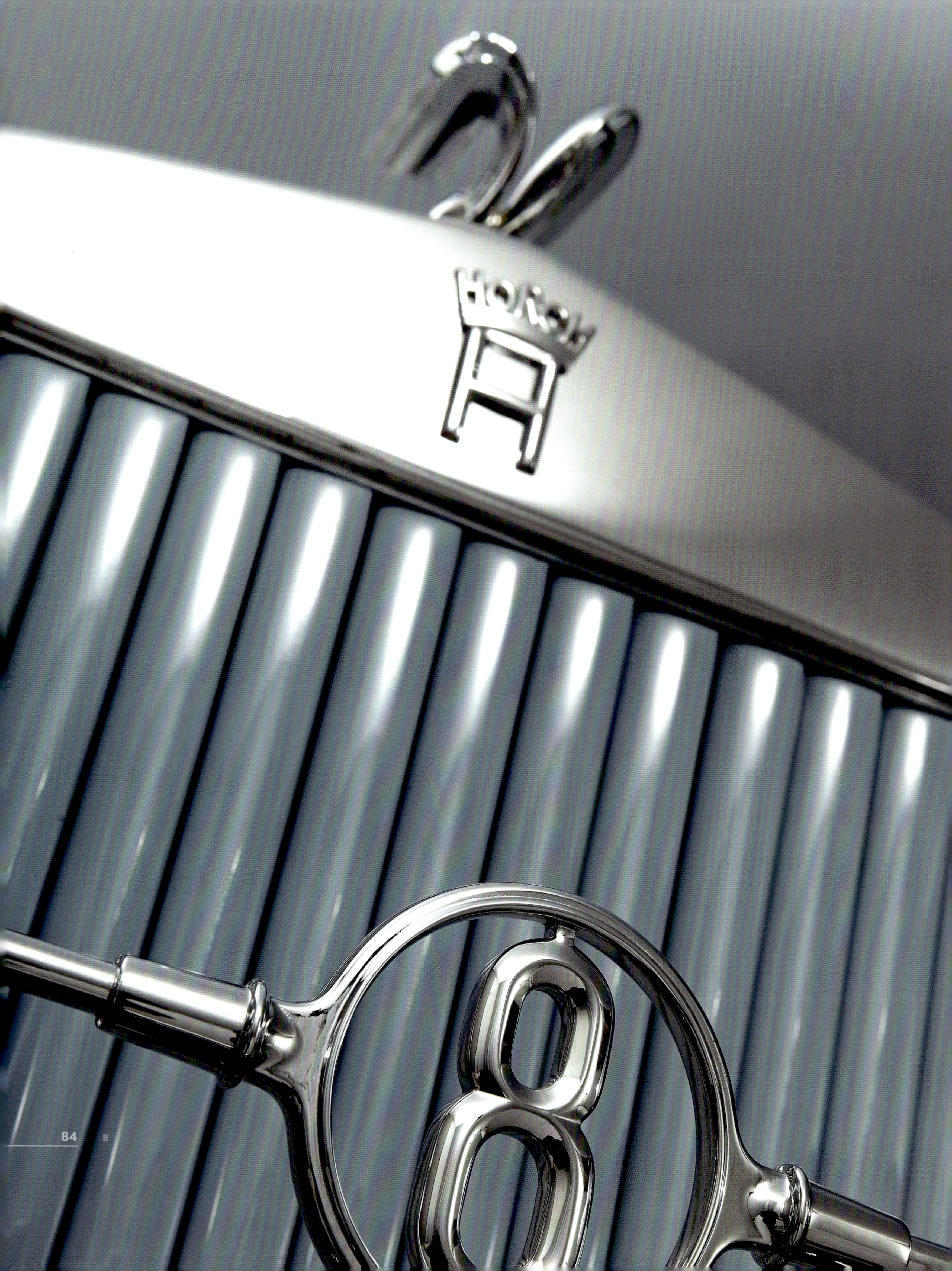
HORCH

Sparsam sachlich
Horch 430 Limousine

Horch Chefkonstrukteur Paul Daimler war Ende 1929 in den Ruhestand getreten. Seine Position übernahm Fritz Fiedler, der zuvor das Konstruktionsbüro der Stoewer-Werke in Stettin leitete. Eine seiner ersten Aufgaben war die Überarbeitung des Achtzylindertriebwerks von Paul Daimler. Zu den wesentlichsten Änderungen gehörte die Reduzierung des Verhältnisses von Hub und Bohrung. Der lange Hub und die paarweise Anordnung der Zylinder wurden aufgegeben, die Zylinderanordnung gleichmäßig aufgeteilt. Die Steuerung der Ein- und Auslassventile, die bisher separat über zwei oben liegende Nockenwellen erfolgte, wurde auf eine oben liegende Nockenwelle reduziert. Ein Keilriemen übernahm anstelle von Zahnrädern den Antrieb des Kühlerventilators.

Die zweite Generation des Horch Reihenachtzylinders kam erstmals im Januar 1931 in der neuen Baureihe 400 mit den Typen 410 und 450 zum Einsatz. Gleichzeitig wurde zur Einstellung der Horch Typen 350 und 375 ab Oktober 1930 der generelle Übergang zum sogenannten Tiefrahmenchassis vollzogen. Die tiefere Schwerpunktlage und die Senkung des Fahrgestellgewichts verbesserten die Fahreigenschaften deutlich. Mit der Baureihe 400 hielt ein breiter aufgefächertes Typen- und Modellangebot Einzug. Drei Motoren- und zwei Fahrgestellausführungen mit kurzem oder langem Radstand – 3160 oder 3450 mm – konnten kombiniert werden. Die Leistungsstaffelung der Triebwerke betrug 80, 90 und 100 PS bei vier, viereinhalb und fünf Litern Hubraum. Zusammen mit verschiedenen Karosserieaufbauten ergab sich eine große Modellauswahl, wofür sehr hohe Anforderungen an die Produktionsorganisation zu erfüllen waren. Aufgrund des empfindlichen Auftragsrückgangs angesichts der krisengeschüttelten Wirtschaft wollte Dr. Straus auch kleinere, preiswerte Horch Modelle anbieten. Um schnellstmöglich das Programm nach unten abzurunden, ging im September 1931 der »Spar«-Horch 430 in Serie – ausschließlich mit kurzem Fahrgestell. Die Motorleistung war wieder – wie einst 1928 – bei 65 PS aus drei Litern Hubraum angekommen. Ein kleinerer Motor sollte wohl in diesen konjunkturschwachen Zeiten als besonderer Kaufanreiz dienen.

A Neben der »8« im Kreis und dem gekrönten »H« war die geflügelte Weltkugel die Symbolkombination an jedem Horch ab 1929.
B Die Scheinwerfer fielen kleiner als die bei der Typenreihe 300 aus.
C Drahtspeichenrad mit auf die Radkappe geprägtem »H«.
D Zweigliedrige Stoßstange nach amerikanischem Vorbild.

Den Typ 430 gab es in drei Karosserievarianten: als Limousine, Sedancabriolet und Sportcabriolet von den Herstellern Horch, Baur und Deutsch. Einige Sparmaßnahmen sind bei genauerem Hinsehen sichtbar. So wurden die Rückleuchten weggelassen, und die Türen der Limousine sind statt an drei nur an zwei Scharnieren angeschlagen. Im Inneren wurde die nach modern-sachlicher Auffassung gestaltete Instrumententafel vom Horch 375 übernommen und noch minimalistischer ausgelegt.

War die Ausstattung insgesamt auch nicht so detailreich, hinterließ sie dennoch einen hochwertigen Eindruck. In der Gesamtform blieb die Karosserie dem Erscheinungsbild der leistungsstärkeren Vorgänger treu.
Die wählerische und anspruchsvolle Kundschaft nahm dieses Konzept nur sehr verhalten an. Sie kaufte über den Zeitraum von 20 Monaten insgesamt nur 205 Stück. Der Horch 430 brachte nicht den erhofften Verkaufserfolg und vermittelte die Erkenntnis, dass das

A Horch Reihenachtzylinder waren berühmt für ihre hohe Laufkultur.
B Der Innenraum fiel bei diesem Modell sparsamer aus als bei den anderen Horch Wagen.
C Wurde kein Gepäckkoffer benötigt, konnte die Kofferbank zurückgeklappt werden.
D Ab der Baureihe 400 hatte der von Fritz Fiedler überarbeitete Horch Motor nur noch eine oben liegende Nockenwelle.

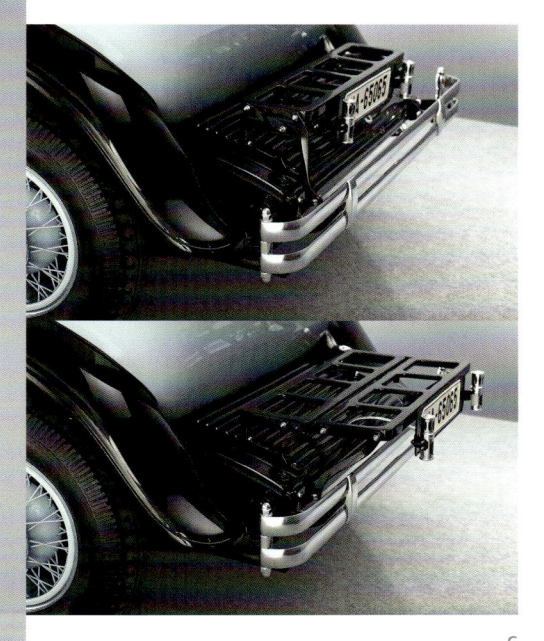

Horch 8 Prestige in der Oberklasse keine leistungsgeschwächte Sparversion vertrug. Diese Erfahrung lehrte aber auch, dass ein Horch mit kleinem Motor in einem anderen Marktsegment sehr wohl seine Berechtigung haben konnte – das nachfolgende V8-Modell zielte genau darauf ab.

Der hier gezeigte Horch ist der einzig bekannte Typ 430 und gehört zur Sammlung des August Horch Museums in Zwickau.

Ausführung:	Limousine vier- bis fünfsitzig, Karosserie Horch, Zwickau
Antrieb:	Achtzylinder-Viertakt-Reihenmotor, längs eingebaut
Leistung:	65 PS bei 3400 min^{-1}
Hubraum:	3009 cm³
Radstand:	3450 mm
Gesamtlänge:	5000 mm
Höchstgeschwindigkeit:	115 km/h
Kraftstoffverbrauch:	ca. 19 l/100 km
Gesamtproduktion:	205 Stück
Bauzeit:	1931 – 1933
Modellbaujahr:	1931

Auch nachts besaßen Horch Wagen eine aristokratische Ausstrahlung.

Genial einfach
DKW Front F 1 Cabrio-Limousine

Die Idee zur Herstellung eines preiswerten Volksautomobils lässt sich während der Anfangsjahre des deutschen Automobilbaus gleich mehrfach nachweisen. Allerdings erlaubten die hiesigen Produktionsmethoden zunächst noch keine Großserienproduktion. Um 1930 suchte Jörgen Skafte Rasmussen, DKW Gründer und seit 1928 Hauptaktionär der Audi Werke, nach einer alternativen Produktionsmöglichkeit zur Auslastung der Audi Fertigungsanlagen in Zwickau. Unter dem Druck der Weltwirtschaftskrise und stetig sinkender Verkaufszahlen der Audi Luxuswagen musste dringend ein anderes Produkt mit besseren Absatzmöglichkeiten gefunden werden. Der Fokus richtete sich auf die Entwicklung eines sehr preiswerten Kleinwagens, der für Kraftfahrer den Schritt vom Motorrad zum Automobil möglichst leicht ausfallen ließ. Es lag nahe, das Auto wieder mit einem der DKW Motorradmotoren anzutreiben, wie es schon 1928 beim DKW P 15 der Fall war. Rasmussen gab daher im Oktober 1930 den beiden letzten im Audi Konstruktionsbüro verbliebenen Ingenieuren den Entwicklungsauftrag für einem zweisitzigen Kleinwagen. Oskar Arlt und Walter Haustein sollten innerhalb von fünf bis sechs Wochen eine Konstruktion erstellen. Der Versuchsbau von drei Prototypen musste parallel erfolgen. Die Forderungen Rasmussens waren die Verwendung eines Motorradmotors mit mindestens 350 cm³, der Frontantrieb mit Tracta-Gelenken nach französischem Vorbild und die Radaufhängung mit quer liegenden Blattfedern.

Letztendlich fanden die ersten Versuchsfahrten noch vor Ablauf der Frist statt. Die Fahreigenschaften und auch die Leistung überzeugten. Bei einem Leergewicht von 450 kg konnte eine Geschwindigkeit von 85 km/h erreicht werden.

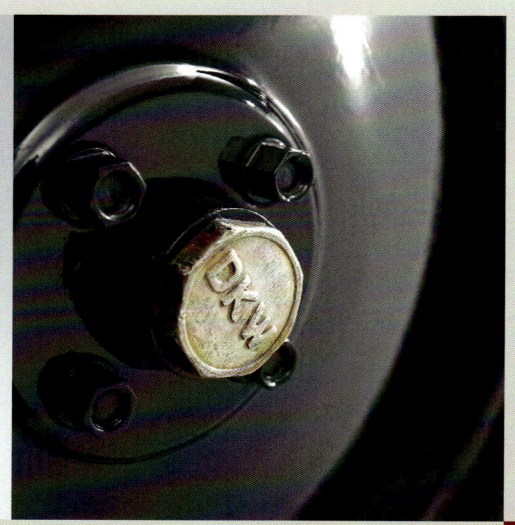

A
B

A Durch Motorräder erlangte das DKW Markenzeichen bereits weltweite Bekanntheit.
B Die Radnabenabdeckung des schmalen Stahlscheibenrades verwies auf die Marke.
C Praktisch – zum Öffnen der Motorhaubenseitenflügel wurde eine Eingriffmulde im Bereich der Lüftungsschlitze eingepresst.
D Impuls aus Zwickau: Erstmals Frontantrieb in Großserie.

C

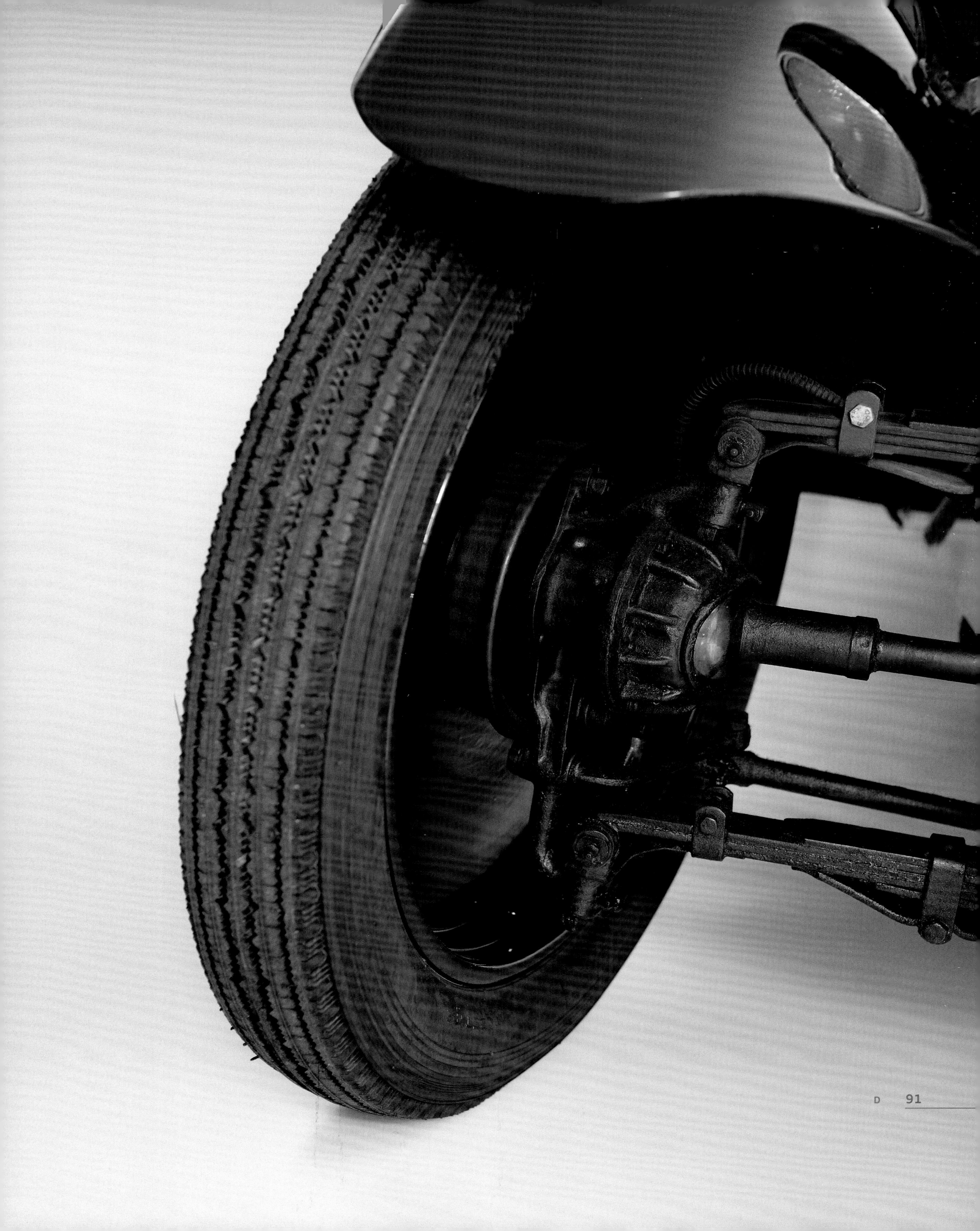

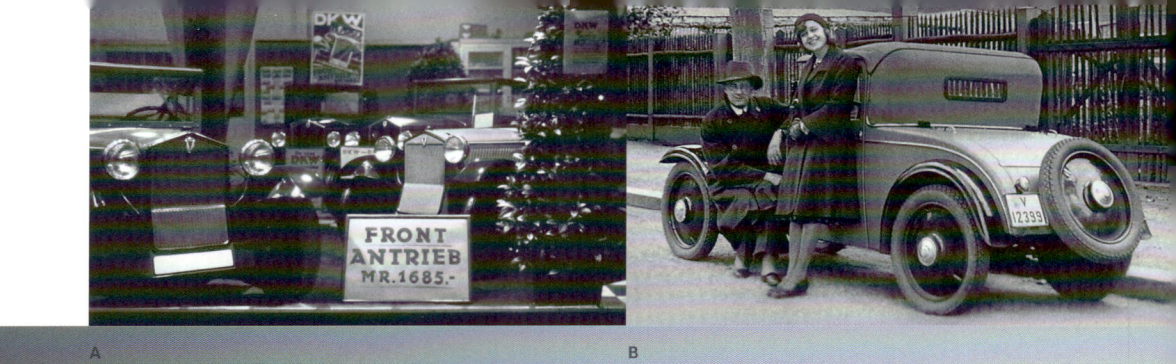

Nach den Probefahrten entschied Rasmussen, das Fahrzeug in Serie zu bauen. Bereits Ende Februar 1931 wurde der DKW Frontwagen auf der Internationalen Automobil- und Motorrad-Ausstellung in Berlin präsentiert und von der Fachpresse als eines der herausragendsten Automobile beurteilt. Der sehr günstige Preis von 1685 RM sprach vor allem die Motorrad-Klientel an.

Der DKW Front F 1 war außerdem der erste Großserienwagen mit Frontantrieb. Seine einfache, aber robuste Konstruktion setzte sich – trotz einiger der kurzen Entwicklungszeit geschuldeter Kinderkrankheiten – durch.
Als Antrieb wurden zwei Varianten des aus dem DKW Motorradbau bekannten wassergekühlten Zweizylinder-Zweitaktmotors angeboten: der 500-cm³-Motor mit 15 PS sowie das etwas leis-

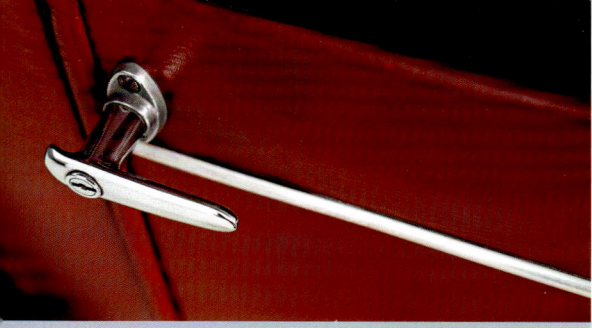

tungsstärkere 600-cm³-Aggregat mit 18 PS. Der Motor war quer eingebaut und mit Getriebe sowie Differenzial zu einem Antriebsblock vereinigt. Ein einfacher Leiterrahmen mit tief liegendem Schwerpunkt diente zur Aufnahme der Antriebseinheit und der Achsen.
Zunächst wurde der DKW Front in drei Ausführungen angeboten: als dreisitziger Roadster mit Blechkarosserie und einem kleinen Notsitz

A DKW Filiale mit vier F 1-Karosserievarianten.
B Diese Besitzer waren glücklich über ihren DKW Front.
C Bis auf Motorhaube und Kotflügel bestand die Karosserie komplett aus Holz mit Kunstlederbespannung.
D Der DKW F 1 bildete die Grundlage für die Großserienfertigung der Auto Union.
E Tierischer Beifahrer im DKW F 1 Roadster.

A

A Die »Krückstockschaltung« des F 1 von 1931 hielt sich bis zum letzten Zweitakt-Trabant 601 im Jahre 1990.
B Der Notsitz im Heck, bekannt auch als »Schwiegermuttersitz«.

im Heck (Karosserie Schneider & Korb), als zweisitziger Roadster sowie als 2+2-sitzige Cabrio-Limousine. Die beiden Letzteren erhielten eine im DKW Werk Berlin-Spandau gefertigte Holzkarosserie, die zum Wetterschutz mit Kunstleder überzogen wurde – eine typische Bauweise für die meisten DKW Frontantriebswagen der 1930er-Jahre. Es folgten viersitzige Ausführungen als Limousine (Ganzstahlkarosserie von Ambi Budd, Berlin), als Cabrio-Limousine sowie als attraktives Sport-Cabriolet.

Der DKW Front F 1 war ein intelligent konzipierter Kleinwagen; preiswert, aber keineswegs billig und primitiv. Die geschickte Verknüpfung von technischen Einzellösungen zu einem klaren und vollwertigen Ganzen war so hervorragend gelungen, dass sich das Konzept der DKW Frontwagen in kürzester Zeit auf dem deutschen Markt etablieren konnte und den Weg zur Massenmotorisierung ebnete.

Ausführung:	Cabrio-Limousine zweisitzig mit Notsitz, Karosserie DKW Werk Berlin-Spandau
Antrieb:	Zweizylinder-Zweitakt-Reihenmotor, quer eingebaut
Leistung:	18 PS bei 3500 min^{-1}
Hubraum:	584 cm^3
Radstand:	2400 mm
Gesamtlänge:	3380 mm
Höchstgeschwindigkeit:	75 km/h
Kraftstoffverbrauch:	ca. 8 l/100 km
Gesamtproduktion:	4353 Stück
Bauzeit:	1931 – 1932
Modellbaujahr:	1931

B

95

Die stattliche Instrumententafel des Horch Zwölfzylinders mit sechs Rundinstrumenten.

Hightech-Luxus
Horch 670 Sportcabriolet

Fritz Fiedler hatte von Stoewer die Idee zum V8-Motor mitgebracht und es lag nicht so fern, analog dazu auch einen V12-Motor zu entwickeln, der als unübertroffenes Elite-Zeugnis dienen konnte. Die auf dieser Grundlage geschaffenen Horch Typen 670 und 600 stellen aus heutiger Sicht den Höhepunkt in der Entwicklung der Horch Automobiltechnik dar. Das Zwölfzylinder-V-Triebwerk war aus deutscher Fertigung das technisch brillanteste und aufwendigste seiner Zeit. Der Hubraum betrug sechs Liter. Im Zwischenraum der im 60°-Winkel angeordneten Zylinderbänke wurde die vollständig im Ölbad laufende Nockenwelle platziert, die über Kipphebel, welche mit kleinen Kolben kombiniert einen hydraulischen Spielausgleich gewährleisteten, die horizontal liegenden Ventile betätigte. Die siebenfach gelagerte Kurbelwelle ist besonders stark dimensioniert und mit zwölf Ausgleichsgewichten sowie einem zusätzlichen Schwingungsdämpfer versehen worden. Den Verkaufsunterlagen zufolge wurde sie »statisch und dynamisch vollkommen ausgewuchtet«. Weitere ausgefeilte Maßnahmen ebneten den Weg zum geräuschlosen Verbrennungsantrieb und zu höchster Laufkultur.

Chefkonstrukteur Fritz Fiedler hatte Motorentechnik in Vollendung geschaffen. Insbesondere der hydraulische Ventilspielausgleich war seiner Zeit weit voraus. Den inneren Qualitäten entsprach auch das äußere Bild des Motors.

A Um die elegante Linienführung nicht zu stören, wurden zwei Ersatzräder am Heck platziert.
B Hermann Ahrens schuf mit dem Horch 670 richtungweisendes Automobildesign.
C Der Suchscheinwerfer war kombiniert mit dem Rückspiegel.
D Zum Öffnen des in die Karosserie integrierten Kofferraums wurden die Ersatzräder abgesenkt.
E Herausziehbare Kartenablage mit Beleuchtung auf der Beifahrerseite.
F Imposante Front mit Fanfaren und einem Nebelscheinwerfer in der Mitte.

Sämtliche Rohre, Abdeckungen und Kopfmuttern waren verchromt, der Gusskörper schwarz emailliert. Das imposante und bewunderungswürdige Aggregat blieb jedoch eine exklusive Rarität.

Für die Karosseriegestaltung zeichnete Hermann Ahrens verantwortlich. Als Anhänger der »Neuen Sachlichkeit« verwirklichte er als einer der Ersten die stärkere Integration von Einzelformen und den Schritt zu mehr Glattflächigkeit. Eine konsequente Orientierung an der in Mode kommenden Stromlinienform wurde jedoch vermieden. Die wohlhabenden Käuferschichten fanden in einer eher konservativen Gestaltung die bessere Widerspiegelung ihrer Werte. Sie sollten nicht durch eine zu moderne Produktgestaltung verschreckt werden – eine überzeugende Darstellung der aerodynamisch günstigen Form im Karosseriebau war noch nicht gefunden. Dennoch verband Ahrens eine durchgehende Linienführung und glatte Flächen zu einer hochwertigen, anmutigen Eleganz, die beispielhaft war. Der Ausdruck höchster Qualität und Solidität wurde wie selbstverständlich bis in funktionelle Details umgesetzt. Entwurfsgrafiker Hermann Ahrens – so lautete die damalige Bezeichnung eines Designers – gab mit dem Typ 670 die zukünftige Richtung der deutschen Karosseriegestaltung vor.

C D E

Insbesondere das Sportcabriolet erhielt auf internationalem Parkett positive Resonanz. Außenform, Innenraumgestaltung und Technik verschmolzen zu einer beeindruckenden Gesamterscheinung.
In der Endphase der Weltwirtschaftskrise vorgestellt, hatte der Horch 12 allerdings trotz begeisterter Presse und internationaler Anerkennung einen schweren Stand. Nur wenige Kaufwillige waren bereit, den Preis eines teuren Einfamilienhauses für ein Automobil zu bezahlen. Obwohl demzufolge nur 20 Pullman-Limousinen und 60 Sportcabriolets hergestellt wurden, setzte der Wagen Maßstäbe.

F

Ausführung:	Sportcabriolet viersitzig, Karosserie Horch, Zwickau
Antrieb:	Zwölfzylinder-Viertakt-V-Motor, längs eingebaut
Leistung:	120 PS bei 3200 min^{-1}
Hubraum:	6029 cm³
Radstand:	3450 mm
Gesamtlänge:	5400 mm
Höchstgeschwindigkeit:	140 km/h
Kraftstoffverbrauch:	ca. 28 l/100 km
Gesamtproduktion:	60 Stück
Bauzeit:	1931 – 1934
Modellbaujahr:	1932

A Zwölfzylinder-Langstreckentest: Einfahrer Ernst Reißer und Versuchsleiter August Jakob lichteten den Zwickauer in Paris vor seinem berühmten Wahrzeichen ab.
B Eleganz in allen äußeren Gestaltungsdetails.
C Der Zwölfzylinder V-Motor war das Meisterwerk von Fritz Fiedler.

Vier Ringe – Vier Marken – Ein Unternehmen
Die Auto Union AG 1932–1948

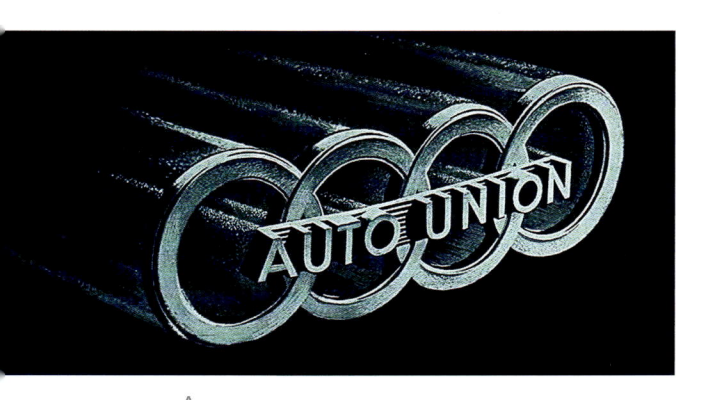

A

A Eine erste zweidimensionale Version des neuen Konzernemblems kam schon kurz nach der Gründung der Auto Union am 8. August 1932 zum Einsatz. Die dreidimensionale Ausführung aus Zinkdruckguss trugen ab 1934 zunächst alle Auto Union Wagen.
B, C Familienähnliche Anmutung bei der Frontgestaltung und Kennzeichnung in verschiedenen Fahrzeugklassen. Hier ein DKW Front und ein Horch mit bisherigen Markenzeichen an der Kühlerspitze, kombiniert mit dem darunter positionierten Auto Union Signet.

Durch die Fusion der sächsischen Fahrzeughersteller Audi, DKW und Horch sowie den Ankauf der Wanderer Automobilabteilung entstand 1932 mit der Auto Union AG der zweitgrößte Automobilkonzern Deutschlands. Dieser Zusammenschluss stellte einen gewissen Schlusspunkt der nach 1925 einsetzenden Konzentrationsphase in der deutschen Automobilindustrie dar. Unternehmensvereinigungen waren Reaktionen auf die starke ausländische Konkurrenz und die daraufhin unumgänglich gewordene, umfassende Rationalisierung, welche mit der Währungsstabilisierung 1924 ihren Lauf nahm. Infolgedessen hatten sich Unternehmen der Fahrzeugbranche wie Daimler und Benz, Hansa-Lloyd und Goliath oder auch NAG Berlin und Presto zusammengeschlossen. Übernahmen wie die der Dixi-Werke Eisenach durch BMW oder die der Adam Opel AG durch General Motors waren eine weitere Alternative auf dem Weg zum gleichen Ziel.

Mit Gründung der Auto Union standen die Initiatoren vor dem Problem, den neuen Firmennamen – künstlich geschaffen und bis dato unbekannt – schnellstmöglich proklamieren und etablieren zu müssen. Der Bekanntheitsgrad sowie das Image der Einzelmarken erwies sich dabei als großer Vorteil. So fiel die Entscheidung, die Identitäten der im Verbund integrierten Produktmarken zu erhalten und zu schärfen. Hierin bestand in Sachen Produktkommunikation ein Unterschied zu den anderen deutschen Herstellern. Präsentiert wurde eine neue Konzernmarke in Form vier ineinander verschlungener Ringe. Jeweils ein Ring stand in alphabetischer Reihenfolge stellvertretend für eine integrierte Produktmarke. Ihre historisch gewachsenen Markenzeichen sollten künftig mit der Konzernmarke kombiniert auftreten.

Dafür bedurfte es bis März 1934 noch einer Übergangsphase, nach der neben den altbekannten Markenzeichen auch ein Vier Ringe Signet die Kühlermasken zierte. Oben mittig, an der Spitze der Kühlerverkleidung, war nun die jeweilige Produktmarke positioniert, und darunter, im oberen Drittel auf dem Mittelsteg, die Konzernmarke »Auto Union« mit den Vier Ringen. Bei Audi, Horch und Wanderer blieben die jeweiligen Kühlerfiguren erhalten, die aus der Historie der einzelnen Markenentwicklungen übernommen wurden.

Die Popularisierung der Auto Union sollte so schnell wie möglich erfolgen. Grundvoraussetzung war zunächst eine klare Zuordnung der vier Marken, deren Entwicklung bisher völlig unabhängig voneinander stattgefunden hatte, zu einem klar definierten und voneinander abgegrenzten Markenprofil wie folgt:

DKW – Kleinwagen und Motorräder, robust und preiswert. Antrieb: Ein-, Zwei- und Vierzylinder-Zweitaktmotoren bis ein Liter Hubraum;
Wanderer – Mittelklasse, solide, konservative Note. Antrieb: Sechszylinder-Viertakt-Reihenmotoren mit zwei bis drei Litern Hubraum; später auch Vierzylindermotoren ab 1,8 Litern Hubraum;
Audi – Wagen der gehobenen Mittelklasse, technisch-progressiv. Antrieb: Sechszylinder-Viertakt-Reihenmotoren mit zwei bis drei Litern Hubraum;
Horch – Oberklasse, elegant, gediegen-luxuriös. Antrieb: Achtzylinder-Viertakt-Reihenmotoren und Achtzylinder-Viertakt-V-Motoren mit drei bis fünf Litern Hubraum.

Rund zwei bis drei Jahre dauerte es, bis das konzeptionelle Vorgehen Auswirkungen zeigte. Ein wichtiger Vorteil bestand in dem enormen Entwicklungspotenzial, dass sich durch die Ansammlung von hervorragenden Fachkräften der vier Hersteller ergab. Diese Kraft galt es zu bündeln, zu konzentrieren und das Produktportfolio vom Motorrad und Kleinwagen bis hin zum Luxusautomobil in ein gemeinsames, strategisch aufgebautes Konzernprogramm mit Familiencharakter zu überführen. Dabei ging es vorrangig nicht nur um Äußerlichkeiten, sondern mittelfrisitg auch um lupenreine Rationalisierungseffekte: Verwendung gleicher Konstruktionsprinzipen und Teile, Vereinheitlichung von Baugruppen, Standardisierungen sowie technologische Synergien. Die Pflege

B C

einer hohen Produktkultur nahm deswegen bei der Auto Union einen großen Stellenwert ein.

Einen bedeutenden Imagefaktor bildete das Rennsportengagement im Zeichen der Vier Ringe. Sowohl national als auch international sorgten die technisch hoch entwickelten Renn- und Rekordfahrzeuge zwischen 1934 und 1939 für Furore. Mit ihnen bewies die Zwickauer Rennabteilung ihr Leistungspotenzial an der Weltspitze. Binnen kurzer Zeit gelang es, die Vier Ringe und den Namen Auto Union weltweit zu einem Begriff zu machen. Die silbernen Boliden mit ihren Strömungskörpern und der ungewöhnlichen Anordnung des Motors hinter dem Fahrer brannten sich durch ihre Erfolge und ihr ungewöhnliches Erscheinungsbild in die Köpfe der Menschen ein. Die Zweikämpfe mit den ebenfalls silbernen Rennwagen von Daimler-Benz bestimmten das internationale Grand-Prix-Geschehen in den 1930er-Jahren. Dabei markierten die Auto Union und Mercedes Silberpfeile die technische Elite im internationalen Automobilbau. Ihre Fahrer wurden zu Idolen der motorsportbegeisterten Jugend.

Wenn auch der juristische Sitz der Auto Union von Beginn an in Chemnitz war, so wurde der neue Konzern dennoch zunächst vom DKW Werk in Zschopau aus verwaltet. Mit der Inbetriebnahme einer neuen Hauptverwaltung in Chemnitz ab 1935 und dem unweit davon neu errichteten »Zentralen Konstruktions- und Entwicklungsbüro« (ZKEB) mit den Hauptabteilungen Triebwerks-, Fahrwerks- und Karosserieentwicklung sowie der »Zentralen Versuchsanstalt« (ZVA) machte die Unternehmensleitung der Auto Union deutlich, dass man konsequent daran arbeitete, eine markenübergreifende Konzernstrategie umzusetzen. So siedelten die meisten Mitarbeiter des Horch Karosserie-Konstruktionsbüros um in die neue Firmenzentrale und bildeten die Keimzelle des zukünftigen Auto Union Konzerndesigns.

Einhergehend mit der Konsolidierung des Unternehmens vollzog sich ab Mitte der 1930er-Jahre ein großer Sprung in Produktentwicklung und Produktgestaltung. Es wurden elegante, emotional ansprechende Automobile mit untereinander verwandten Formcharakteren und -elementen geschaffen, die jeweils ihre eigene Markentypik, gleichzeitig aber auch die geforderte Familienähnlichkeit aufwiesen. Großes Aufsehen erregten die sportlichen Wagen. Für jede der vier Konzernmarken wurden jeweils ein zweisitziger Roadster und ein zweitüriges, sogenanntes Sportcabriolet mit vier Innensitzen entwickelt. Ab 1936 führte die Auto Union zunächst bei Wanderer, ein Jahr später dann auch bei den anderen drei Marken eine neue, von amerikanischen Designelementen beeinflusste Karosserielinie ein. Die Serienentwicklung erfolgte nach wie vor dezentral in den Konstruktionsbüros der Ursprungswerke: Horch und Audi Automobile im Horchwerk Zwickau, DKW Automobile im Audiwerk Zwickau sowie im DKW Werk Spandau und Wanderer Automobile im Werk Siegmar, das damals noch nicht zu Chemnitz gehörte. Die parallel dazu ab 1935 eingerichteten zentralen Abteilungen für Entwicklung und Versuch in Chemnitz zeigten sich vor allem für wissenschaftliche Grundlagenforschung zuständig.

Ein großer Einfluss auf die Struktur und Methodik der Karosserieentwicklung der Auto Union ging von den Zwickauer Horch Werken aus. Die Arbeitsweise bewegte sich dort schon seit der Einrichtung des technischen Büros ab etwa 1928 auf fortschrittlichem Niveau. Hermann Ahrens, der heute als Vorreiter des deutschen Automobildesigns angesehen werden kann und später auch mit Mercedes-Benz-Wagen großes Ansehen erlangte, legte dafür unter der Einwirkung der »Neuen Sachlichkeit« die Grundlagen. Er war Konstrukteur und Formgestalter in einer Person. In den Horch Werken entwarf Ahrens Karosserien für Achtzylinder- und die beiden Zwölfzylindermodelle. Unter seiner Leitung erfolgte auch deren Konstruktion.

Mit der ersten Erweiterung des Horch Konstruktionsbüros im Rahmen der Gründung der Auto Union 1932 kamen wichtige Techniker und Gestalter dazu. Als dessen neuer Leiter und Nachfolger von Hermann Ahrens, der zur Daimler-Benz AG wechselte, übernahm Konstrukteur Albert Locke die Verantwortung. Zur Steigerung des technisch-künstlerischen Niveaus trug der ebenfalls neu hinzugekommene Plastiker und Modelleur Fritz Böhm wesentlich bei. Neuer Auto Union Gestalter wurde ab 1933 der Gebrauchsgrafiker Günther Mickwausch. Anfangs zeichnete er Entwürfe für Einzelbauteile und Details, später für komplette Karosserien und Interieurs. Dabei zeigte sich Mickwausch als sehr talentiert und beeinflusste im Laufe seiner Tätigkeit maßgeblich die moderne Formgebung der Auto Union Produkte, die die Öffentlichkeit ab 1935 vorgestellt bekam.

Die Vorgehensweise in der Karosseriegestaltung, die durch die Horch Ingenieure und Gestalter eingebracht wurde, fand in der Chemnitzer Zentrale eine Festigung hin zu klar aufeinander folgenden Arbeitsschritten mit Zwischenstadien zur kritischen Bewertung. Grafiker, Konstrukteure und Bildhauer arbeiteten Projekte in enger Zusammenarbeit aus. Begonnen wurde mit zeichnerischen Entwürfen in Hauptansichten im Maßstab 1:10 oder 1:15. Mit Blei- oder Buntstiften, in wenigen Fällen auch mit Pastellkreide, erstellten die »Zeichner« plastisch wirkende grafische Darstellungen. Sie waren größtenteils einfarbig. Der zweidimensionalen Visualisierung schloss sich eine Phase der maßstabsverkleinerten plastischen Modellierung an. Dabei wurde häufig auf einen spantenartigen Unterbau aus Holz eine Ton- oder Plastilinschicht aufgetragen, aus der dann der Modelleur die präzisere Form der Außenhaut herausarbeitete. Der Vorteil des schnellen Auf- und Abtragenkönnens von Material beförderte den kreativen Prozess und ermöglichte Änderungen mit erheblich geringerem Aufwand gegenüber den früher üblichen Vollholzmodellen. Als Maßstab erwies sich das Größenverhältnis 1:5 optimal. Zwischenstadien mit unterschiedlichen Detaillierungen dienten zur Entscheidungsfindung. Nicht selten wurden verschiedene

Designmodelle zur gleichen Aufgabenstellung erarbeitet. Der letztendliche Auswahlentwurf nahm den Weg entweder nur über die sogenannte »Austragung« in Originalgröße an einem riesigen Zeichenbrett oder zusätzlich noch über den Modellbau im Maßstab 1:1. Für die endgültige Beurteilung der Proportionen, von Details und der Gesamterscheinung des Exterieurs erwies sich das letztere Vorgehen als das sicherste. Diese Methodik ist im Prinzip bis heute üblich.

Die Formgestaltung fand im Spannungsfeld wichtiger Zielkriterien statt. Ein bereits bei der Gründung der Auto Union formuliertes Ziel war die konsequente Umsetzung eines vereinheitlichten Konzerndesigns, eines unverwechselbaren Familiencharakters. Gleichzeitig kam es darauf an, dass die steigende Verwendung von Gleichteilen nicht zur Verwischung der Markengrenzen führte. Ihre unverkennbaren Spezifika mussten unbedingt erhalten bleiben.

Ein weiteres, seit Mitte der 1930er-Jahre vor allem durch die höheren Geschwindigkeiten auf den neuen Autobahnen gefordertes Ziel war die Anwendung von Erkenntnissen der Aerodynamik im Produktdesign. Dazu führte die Auto Union systematisch Windkanalversuche mit Modellen durch. Die Auto Union knüpfte hier an die schon früher erfolgte Zusammenarbeit mit Strömungstechnikern wie Paul Jaray und Reinhard von Koenig-Fachsenfeld an. Übrigens entstammt der Begriff des »Stromlinienwagens« der 1922 von Paul Jaray veröffentlichten Arbeit »Der Stromlinienwagen, eine neue Form der Automobilkarosserie«. Einer der ersten Jaray-Wagen war 1923 ein Audi 14/50 PS Typ K mit einem von ihm konzipierten Karosserieentwurf, der von der Firma Heinrich Gläser in Dresden hergestellt wurde. Schon zuvor hatten sich die Luftfahrt und der Schiffsbau mit strömungsoptimierten Formensprachen als sehr fortschrittlich gezeigt.

Die Auto Union verfolgte den Weg zur strömungsgünstigeren Plastik der Karosserie mit systematischen Versuchen, deren Auswirkungen ab 1934 bei Serienprodukten und Prototypen zunehmend sichtbar wurden. Insbesondere im Grand-Prix-Rennsport zeigte der Konzern mit den Vier Ringen innovative Ideen aus dem Zusammenspiel von Technik und Aerodynamik in seinen Rennwagen-Konstruktionen. Am deutlichsten sichtbar wurde diese Strategie an den in zahlreichen Windkanaluntersuchungen optimierten, innovativen Stromlinienkarosserien der serienreifen Prototypen Horch 930 S (1939) und DKW F 9 (1940), die sich weitab von gewohnten Erscheinungsbildern präsentierten. Äußerlich glattflächiger und rundlicher ausgeführt als die bisherigen Auto Union Personenwagen, charakterisierte die als strömungsgünstig geltende Form des Halbtropfens ihr Gestaltungskonzept. Kriegsbedingt blieb beiden Modellen der Weg in die Serie verwehrt.

Im deutschsprachigen Raum hatte die deutsche Konkurrenz dem nur wenig entgegenzusetzen. Bei den großen Wagen gab es bis auf den Adler 2,5 Liter Typ 10 Autobahn – im Volksmund als »Autobahn-Adler« bezeichnet –, bei den kleinen Wagen bis auf den Hanomag 1,3 Liter oder den Steyr 1 Liter (Steyr Baby) sowie den zukünftigen KdF-Wagen (VW Käfer) wenige marktfähige Produkte. Im internationalen Maßstab fanden natürlich viele Versuche mit stromlinienartigen Karosserien statt, doch die Marktakzeptanz musste erst noch erobert werden. Der breite Kundengeschmack hielt eher dem traditionellen Erscheinungsbild die Stange. In der unteren Mittelklasse war der DKW F 9 mit fortschrittlicher Technik und gestalterisch homogener Konstruktion der einzige konzeptionell gesicherte Gegenentwurf zum staatlich geförderten Volkswagen. Mit Ganzstahlkarosserie, Frontantrieb und robustem Dreizylinder-Zweitaktmotor wurde er für eine rationale Massenfertigung ausgelegt.

Neben der Stromlinienform übten Stilelemente des amerikanischen Automobildesigns stärker werdenden Einfluss auf die Formge-

A, B, C, D

E

F

G

bung sowie konstruktive Details der Auto Union Modelle aus. In Amerika spielte das Stromliniendesign auch eine bedeutende Rolle und fand durch Produktdesigner wie Norman Bel Geddes und Raymond Loewy eine zum Teil aufsehenerregende Umsetzung.

Ein signifikantes Beispiel für die Übernahme amerikanischer Stilelemente waren ab 1936 die Wanderer Modelle W 51 und W 52, deren sogenannte »Neue Linie« sich ab 1937 in der gesamten Auto Union Produktpalette in typenspezifischen Variationen wiederfand. Dazu zählte auch der Audi 920, der 1938 auf den Markt kam und – gemessen an seiner kurzen Produktionszeit – bis zum Kriegsbeginn 1939 beachtliche Verkaufszahlen erreichte.

Das amerikanisch inspirierte Design fand schließlich stark modifiziert seinen eigenen Weg. Die Kombinationen von glatten und gewölbten Flächen mit verchromten Zierelementen, von Schwüngen der Kotflügel-Trittbrettkombination im Zusammenhang mit dem Verlauf der Brüstungslinie sowie der Dachkontur, wurden feinsinnig ausgelotet. Eleganz und ausgewogene Proportionen sollten mit den Bedingungen der Großserienfertigung vereinbar sein. Dabei galt mehr und mehr der Grundsatz, Zweckmäßigkeit und Gestaltungskultur zu einer neuen Qualität zu verbinden.

Cabriolets erlebten in den 1930er-Jahren eine regelrechte Blüte. Sie sorgten bei Automobilmessen für hohe Aufmerksamkeit. Hier bewiesen deutsche Automobilmarken ihre eigene Kreativität, auf die allenfalls die französiche und italienische Karosserieschule Wirkung ausübte. Vor allem aber wurde beim Verdeck auf eine leichte Bedienbarkeit sowie eine der Karosserie harmonisch angepasste Formgebung besonderen Wert gelegt.

Sportcabriolets und Roadster zeigten schwungvoll nach hinten abfallende Türbrüstungen, lang gestreckte Motorhauben und Kotflügel sowie nahe der Hinterachse tief positionierte Sitze. Sie entwickelten sich zum Aushängeschild der automobilen »Produktkunst«. Für die Fertigung der Cabriolets und Sportwagen sowie für exklusive, individuelle Kundenwünsche wurden nach wie vor auch namhafte Karossiers beauftragt. Daneben entwickelte sich der Horch Karosseriebau zum werkseigenen Karosseriehersteller auch für die anderen Auto Union Marken.

H, I, J

A Maßstäbliche zeichnerisch-plastische Darstellung für ein Sportcabriolet Horch 950 K, bevor der Modellbau begann.
B Plastilinmodell im Maßstab 1:5 einer weiteren Karosserievariante für den Horch 950 als Sedan-Cabriolet.
C Umsetzung der Zeichnung des Sportcabriolets Hoch 950 K als detailliertes Vollmodell im Maßstab 1:5.
D Anschauungsmodell des Sportcabriolets Horch 950 K in Originalgröße, 1939.
E Überprüfung der Aerodynamik im Windkanal am Modell des Auto Union Rekordwagens Typ B, auch bezeichnet als »Rennlimousine«, in Berlin-Adlershof 1935.
F Strömungsgünstig glattflächige Unterbodengestaltung am Auto Union Rennwagen Typ C von 1936.
G Zur Optimierung der Karosserieform im Windkanal wurden am maßstabsgerechten Plastilinmodell Wollfäden angebracht, um Strömungsverläufe und ungünstige Verwirbelungen festzustellen.
H Prototyp des 1940 mit stromlinienförmiger Ganzstahl-Karosserie präsentierten DKW F 9.
I Wanderer W 51 Limousine mit dem neuen, amerikanisch geprägten Karosseriedesign der Auto Union von 1936.
J Ähnliche Karosserieelemente wurden auf andere Auto Union Marken übertragen: Horch 930 V Limousine, 1937.

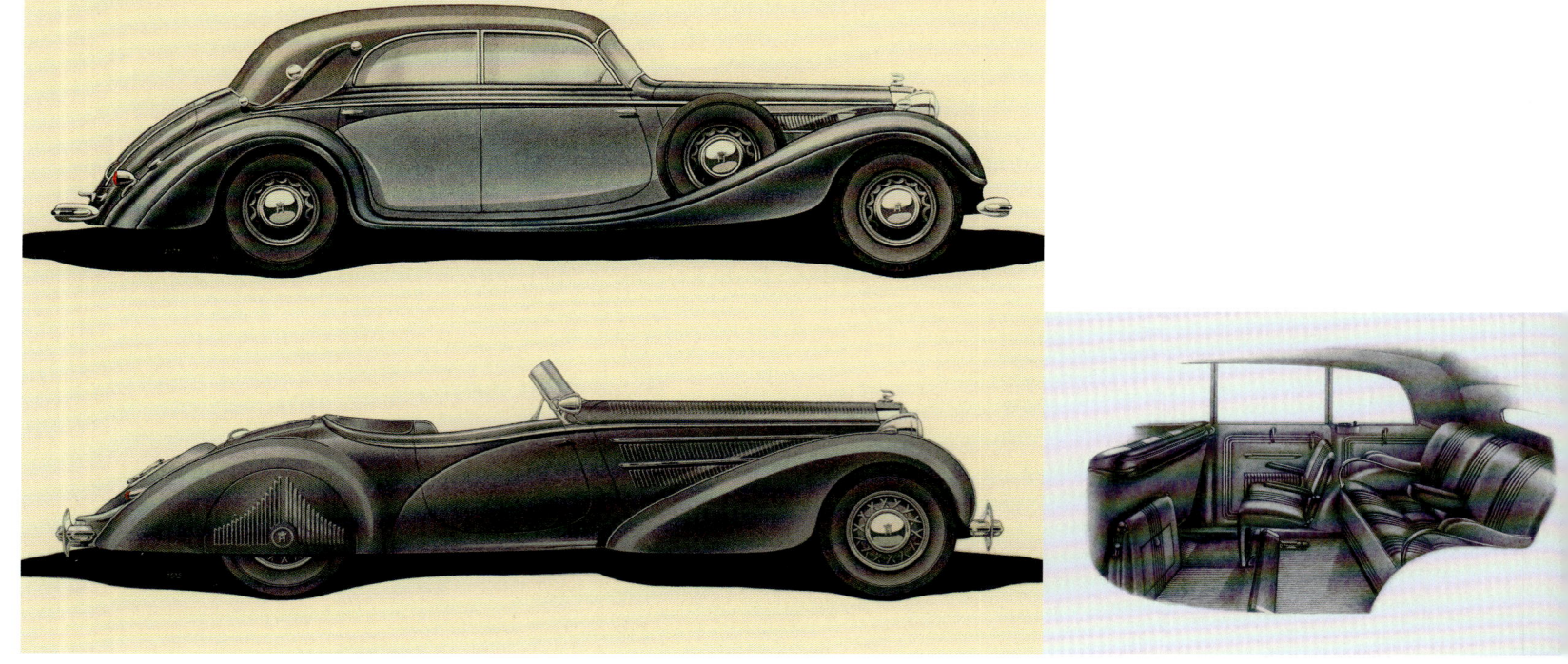

A, B

A Aquarelldarstellung eines Sedancabriolets auf Chassis Horch 951 von Erdmann & Rossi – Josef Neuss/Berlin.
B Entwurf eines Spezial-Roadsters auf Horch 853 A in Aquarell, ebenfalls von Erdmann & Rossi – Josef Neuss/Berlin.
C Von Günther Mickwausch gezeichnete Darstellung der Innenausstattung für die Horch Baureihe 950 von 1941.

Die Innenraumgestaltung im Luxussegment war weiterhin von den Bedürfnissen der Käufer geprägt. So entsprach das Fahrgastabteil häufig einem ausgelagerten »Salon«, belegt mit teuren Stoffen und edlen Hölzern. In der Mittelklasse schwankte das Interieurdesign zwischen Mode und Funktionalität. Kleinwagen präsentierten sich innen spartanisch und stark auf ihre Funktion reduziert. Die Armaturentafel entwickelte sich zu einem bestimmenden Bauelement. Hier sind die Wertigkeiten in den Produktklassen deutlich nachvollziehbar geworden. Die Palette reichte vom einfachen Armaturenbrett mit nur einem Anzeigeinstrument (DKW Reichsklasse) bis zu einem mit Wurzelholz furnierten Cockpit, bestückt mit einer Vielzahl von Anzeige- und Bedienelementen (Horch 853 Sportcabriolet). Ab 1934 fanden Instrumententräger aus dem seinerzeit in Mode gekommenen Werkstoff Bakelit Eingang in die Innenraumgestaltung. Im Laufe der zweiten Hälfte der 1930er-Jahre kamen dann auch sphärisch geformte Armaturentafeln als Blechpressteile zum Einbau, auf deren Oberfläche mithilfe einer speziellen Lackiertechnik eine Holzmaserung aufgetragen wurde.

Die Auto Union war bis zum Kriegsbeginn 1939 über Deutschlands Grenzen hinaus zu einer festen Konzernmarke angewachsen. Die beliebten, preiswerten DKW Kleinwagen hatten den größten Anteil am Erfolg der Auto Union und bildeten ihr wirtschaftliches Rückgrat. Horch genoss weltweit großes Ansehen und sorgte für Prestige und Image auf höchstem Niveau. Wanderer nahm nach wie vor die zuverlässige, solide Position in der Mittelklasse ein. Eine Abgrenzung in der gehobenen Mittelklasse gegenüber Wanderer und Horch gelang dem Konzern mit der Marke Audi. Damit war das Auto Union Produktprogramm umfangreich strukturiert und bot für fast jede Nutzungsart einen Pkw an. Die Auto Union expandierte in der Zeit von 1932 bis 1938 um das Vierfache. In der Zulassungsstatistik Deutschlands erreichten Automobile mit den Vier Ringen einen Anteil von 23,4 Prozent. Der Anteil am deutschen Kraftfahrzeugexport stieg zuletzt auf 27 Prozent. Damit war der Konzern auch international gut aufgestellt.

Vor dem Hintergrund der nationalsozialistischen Politik im Deutschen Reich veränderte sich auch das gesellschaftliche Verhältnis zum Automobil. Der Beginn der Massenmotorisierung in Deutschland ging einher mit einer von der NS-Regierung für ihre propagandistischen Zwecke beeinflussten Automobilkultur. In der Plakatkunst und Werbegrafik huldigte man den Leitbildern der NS-Zeit. Weg von den »verweichlichten«, harmonischen Formen der 1920er-Jahre hin zu den harten, energischen, vorwärts drängenden Ausdrucksarten einer stahlharten Männlichkeit und unerschrockenen Heldenhaftigkeit, oft dargestellt in einer die Dynamik verstärkenden Perspektive. Das Ziel wurde klar formuliert: Volksmotorisierung. Dieses sollte den Massen eine Vision von Fleiß und hoher Arbeitsmoral auf der einen Seite sowie Erholung und Freiheit auf der anderen Seite suggerieren.

Die Werbefotografie und -grafik zu den Produkten der Auto Union bediente neben detaillierten Visualisierungen zur Fahrzeugtechnik besonders die Sehnsüchte nach Freiheit, Mobilität und Ungebundenheit. Sie arbeitete mit der positiven Bedeutung des Automobils als ständiger Begleiter in allen Lebensbereichen – fast so, als wäre es ein Familienmitglied. Die Ausfahrt ins Grüne mit dem eigenen Wagen war als Belohnung für harte Arbeit eine erstrebenswerte Vision.

Die Realität zeigte ein anderes Gesicht. Nach wie vor konnte sich die große Mehrheit kein Automobil leisten. Für die meisten blieb es ein unerreichbarer Luxus. Individualverkehr vollzog sich größtenteils auf dem Sattel eines Fahrrads, allenfalls auf dem eines Motorrades. Immer noch wurden große Strecken zu Fuß zurückgelegt.

Gegen Ende der 1930er-Jahre warf der Zweite Weltkrieg seine Schatten voraus. Wie viele deutsche Kraftfahrzeughersteller begann auch die Auto Union ab etwa 1935 mit der Se-

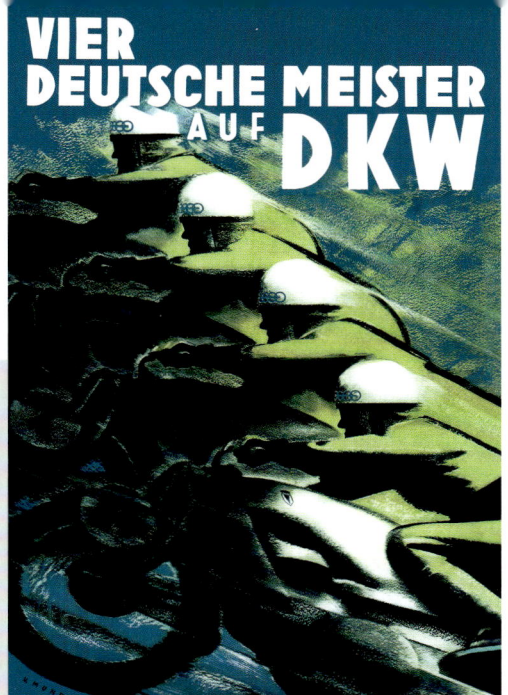

D Entwurfszeichnungen für als Blechpressteil geformte Armaturentafeln mit imitierter Wurzelholzoberfläche.
F Diagonalperspektive und Reihung als Prinzip der grafischen Gestaltung dieses Plakats von Victor Mundorff.
G Der DKW als geliebtes »Familienmitglied« – besonders bei einem Ausflug in die freie Natur.

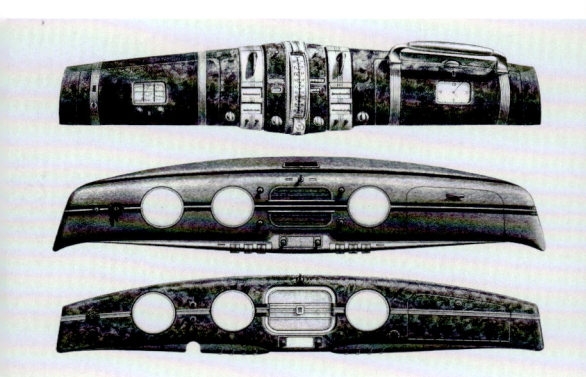

rienfertigung von militärischen Spezialfahrzeugen. Infolgedessen entwickelte sich Horch zu einem der Hauptlieferanten mittlerer und schwerer Militär-Pkw. Nach Kriegsbeginn im September 1939 erfolgte schrittweise die Einstellung der Zivilproduktion. 1942 wurden die letzten DKW und Wanderer Personenwagen ausgeliefert. Die Auto Union hatte sich in einen reinen Rüstungskonzern verwandelt. In großem Umfang wurde die Werke nun zur Fertigung von Lizenzprodukten herangezogen, darunter Lastwagen und Raupenschlepper von Steyr, Panzermotoren von Maybach, Flugmotoren von Junkers oder Elektrobauteile von Bosch. Einzig der DKW Motorradbau in Zschopau blieb mit den Modellen NZ 350 und RT 125 bis 1945 bei seinen angestammten Produkten.

In kleinen Werbeanzeigen, der sogenannten »Erinnerungswerbung«, wandte sich die Auto Union während der Kriegsjahre an ihre ehemalige zivile Klientel, um als Automobilhersteller nicht in Vergessenheit zu geraten. »Wenn die Friedensglocken läuten, werden auch wir wieder mit unserem bewährten, friedensmäßigen Programm für unsere Kunden bereitstehen«, ließ man die alte Kundschaft wissen. Dass der Weg zurück zur »Friedensfertigung« durch ein tiefes Tal führte und vor einem völlig veränderten politischen und gesellschaftlichen Hintergrund verlief, dürfte zu jenem Zeitpunkt wohl kaum jemand geahnt haben.

Neubeginn in Ingolstadt
Die Auto Union GmbH 1949 – 1964

»VON VIELEN ERWARTET – JETZT WIEDER GESTARTET« – mit dieser Werbebotschaft gab die Auto Union im März 1949 ihre Wiedergeburt bekannt. In erster Linie sollte die ehemalige DKW Kundschaft angesprochen werden. Bei ihr war das größte Potenzial zu finden, denn die DKW Baureihen bildeten vor dem Krieg das Volumengeschäft und die wirtschaftliche Basis des Konzerns mit den Vier Ringen. Außerdem versprach die technische Einfachheit und Robustheit des Zweitaktmotors beim Neuaufbau der Fahrzeugfertigung am ehesten Erfolg.

Dem Neubeginn in Westdeutschland war das Ende der Auto Union AG in Sachsen vorausgegangen. Chemnitz, Zwickau und Zschopau, die bisherigen Hauptstandorte der Auto Union, lagen nach dem Rückzug der Amerikaner in deren Besatzungszone auf sowjetisch besetztem Gebiet. Die Liquidation des bis Kriegsende Militärtechnik produzierenden Unternehmens durch die Sowjets war nicht aufzuhalten.

Im Zuge der Reparationsleistungen blieb von den Fertigungsanlagen kaum etwas im Osten Deutschlands erhalten. Bis hin zu den Wasserleitungen und der Elektroinstallation wurde alles demontiert und abtransportiert. Wo einst eine pulsierende Serienproduktion herrschte, gab es einstweilen nur gähnende Leere und beängstigende Stille.

Die Auto Union war in ihrem Innersten getroffen. Am 21. Mai 1946 befahl die Sowjetische Militäradministration SMAD die Enteignung des bis dahin zweitgrößten deutschen Kraftfahrzeugkonzerns. Die Führungsmannschaft und viele Fachkräfte waren bereits im Mai 1945 in die amerikanische Besatzungszone geflüchtet. Noch im gleichen Jahr fand in der Münchner Auto Union Filiale unter ihnen ein Treffen statt, in dem über eine Wiederbelebung der Auto Union beraten wurde. Auf der Suche nach einem geeigneten Standort zur Neuansiedlung fiel die Wahl auf Ingolstadt, eine in Oberbayern gelegene ehemalige Garnisonsstadt. Hier gab es weiträumige Flächen mit leerstehenden Militärgebäuden, die für Lagerhaltung und angedachte Produktion günstige Voraussetzungen boten. Im ersten Schritt wurde eine Ersatzteilversorgung und -fertigung für Auto Union Vorkriegsfahrzeuge organisiert. Bis Ende 1946 entstand das »Zentraldepot für Auto Union Ersatzteile« in Ingostadt; das seinerzeit größte Ersatzteillager Deutschlands. Dennoch betrachteten die meisten Beteiligten den Aufbau des Zentraldepots nur als ersten Schritt hin zur Wiederaufnahme einer Fahrzeugproduktion.

Steigende Umsätze des Zentraldepots und die 1948 erfolgte Liquidation der Auto Union AG in Chemnitz begleiteten die Gründung einer neuen, unabhängigen Firma. Am 3. September 1949 wurde die Auto Union GmbH ins Handelsregister eingetragen. Unternehmenszweck war die Fertigung von Kraftfahrzeugen und Krafträdern.

Als bekannt wurde, was sich in Ingolstadt alles ereignete, zogen aus Chemnitz und Zwickau Mitarbeiter der aufgelösten alten Auto Union AG in der Hoffnung gen Westen, bei der wiedererstandenen Auto Union GmbH an frühere Erfolge anknüpfen zu können. Unter heute kaum vorstellbaren Bedingungen und bei geringer Entlohnung begann 1949 in Ingolstadt die Fahrzeugherstellung – mit einem Kleintransporter in moderner Frontlenkerbauweise, der

A Prototyp des DKW Schnelllasters F 89 L. Dieser Pritschenwagen wurde zusammen mit einem Kastenwagen erstmals auf der Technischen Exportmesse 1949 in Hannover gezeigt.
B Das erste Leichtmotorrad DKW RT 125 W, das in Ingolstadt 1949 fertig gestellt wurde.
C Zeitgenössische Kinowerbung für die beiden ersten Fahrzeuge der Auto Union aus Ingolstadt.

für die Auto Union zu einem durchschlagenden Erfolg wurde. Ihm folgte die DKW RT 125 W, die Neuauflage des 1939 in Zschopau vorgestellten Leichtmotorrades, das dort bis Kriegsende produziert worden war.

Auf beiden deutschen Seiten – Ost wie West – sahen die Verantwortlichen in der Motorradproduktion eine gute Basis für den Neuanfang. Um sich von der – zunächst – baugleichen ostdeutschen Variante zu unterscheiden, hängten die Ingolstädter an die Typenbezeichnung der DKW RT 125 den Buchstaben »W« (für West) an.
Oberstes Ziel der jungen Auto Union GmbH war jedoch die Produktionsaufnahme von Personenkraftwagen. Nichts lag näher, als den DKW F 9, der ursprünglich 1940/1941 in Serie gehen sollte, kriegsbedingt jedoch im Prototypstadium steckenblieb, in Fertigung gehen zu lassen. Ähnliche Gedanken bewegten auch die Zwickauer Automobilbauer. Dort wagte man unter der Bezeichnung »Industrieverwaltung Fahrzeugbau« (IFA) ebenfalls den mühsamen Neubeginn und baute neben dem wiederauferstandenen IFA (DKW) F 8 ab 1950 auch den IFA F 9 in kleiner Serie.

Aus dem Vorkriegserbe der Auto Union waren in Ost und West nahezu gleichzeitig zwei Automobile auf den Markt gekommen, die bei flüchtiger Beobachtung baugleich erschienen und damit für Wirbel sorgten. Ein gravierender Unterschied spielte sich jedoch unter dem Blechkleid ab. Der IFA F 9 besaß von Fertigungsbeginn an den für 1940 geplanten Dreizylinder-Zweitaktmotor. In Ingolstadt war man zunächst nicht in der Lage, diesen Motor serienreif zu entwickeln, sodass auf den Zweizylindermotor aus dem Vorkriegs-DKW F 8 zurückgegriffen werden musste. Dennoch gelang damit die Wiederaufnahme der Personenwagenfertigung. In Düsseldorf baute die Auto Union dafür ein zerstörtes Werk des zerschlagenen Rüstungskonzerns Rheinmetall-Borsig als Fertigungsstätte wieder auf, da in Ingolstadt entsprechende Kapazitäten nicht verfügbar waren. Im August 1950 liefen in Düsseldorf die ersten neuen Personenkraftwagen mit den Vier Ringen und dem Markensymbol DKW auf der Motorhaube vom Band.

Für die Auto Union GmbH begann damit eine wechselvolle Nachkriegsgeschichte mit Höhen und Tiefen, die sich bis in die Gegenwart zu einer Erfolgsstory entwickeln sollte.
Durch die noch zahlreich in Nutzung befindlichen Zweiräder und Kleinwagen aus der Vorkriegszeit verbanden viele Kraftfahrtinteressierte die Auto Union mit der Marke DKW. Eine Wiederbelebung der vorherigen, höher positionierten Produktmarken war wirtschaftlich nicht zu schaffen. Außerdem konnten sich viele nach wie vor kaum kleine Wagen leisten. So wurde aus der Marktsituation heraus lediglich DKW nach dem Krieg wiederbelebt. Die Auto Union GmbH beschloss, sich ausschließlich auf die Herstellung der technisch anspruchslosen und robusten Zweitaktmodelle zu konzentrieren.
In den einkommensschwachen Nachkriegsjahren und der um 1950 einsetzenden Zeit des nachhaltigen Aufschwungs im Westen Deutschlands – das Schlagwort »Wirtschaftswunder« wurde geboren – stellte sich das als richtige Entscheidung heraus. Spätestens seit der Serieneinführung des Dreizylinder-Zweitaktmotors 1953 war die Auto Union wieder auf der Erfolgsspur.
Bei der Ausrichtung der Produktpalette auf die 1960er-Jahre zeigte sich der Vorstand wenig visionär, was in Anbetracht des permanenten Kapitalmangels der Auto Union verständlich ist. Aus diesem Grund hielt sie in Düsseldorf und Ingolstadt auch viel zu lange am Zweitaktmotor und der in die Jahre gekommenen Grundform des DKW F 9 fest. International hatte sich inzwischen der Viertaktmotor zur bevorzugten Antriebsart entwickelt. Die Kritik aus Fach- und Kundenkreisen gegenüber DKW Fahrzeugen verstärkte sich, und der Druck des Marktes nahm zu. Es gab zwar bei der Auto Union etliche Entwicklungsprojekte, doch lief sie mehr und mehr Gefahr, den Anschluß an die Wettbewerber zu verlieren.

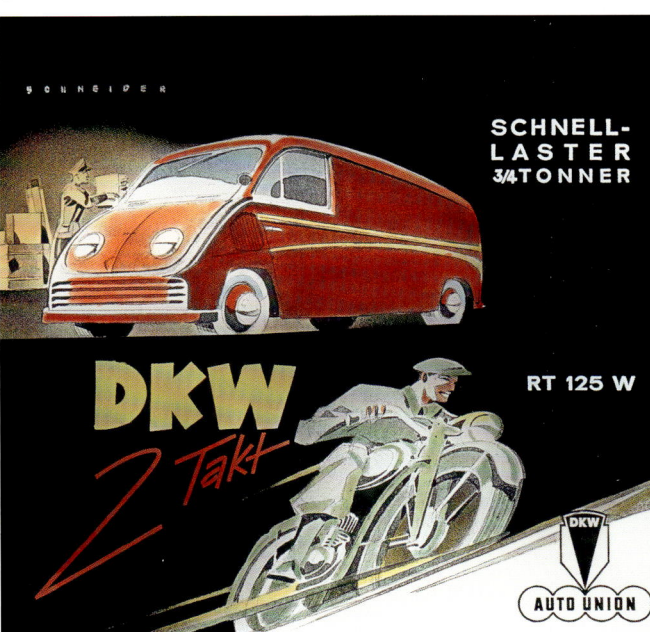

C

B

109

A Amerikanisches Styling – die Front des Kleinwagen-Prototyps DKW 600 als Vorläufer des Junior, der auf der IAA 1957 öffentlich erstmals gezeigt wurde.
B Der Wagen für die Familie: Modernisierter Junior-Nachfolger DKW F 12 in konsequenter Doppeltrapezlinie von 1963.
C Moderne Pontonkarosserie mit zurückgenommener Trapezlinie beim DKW F 102 in viertüriger Ausführung, 1964.

A

Wollte das Vier Ringe Unternehmen im deutschen Automobilbau bestehen, musste dringend investiert werden – und das ging nur noch mit einem kapitalstarken Partner. Zu dieser Erkenntnis gelangte der 1954 als Gesellschafter und Großaktionär eingestiegene Industrielle Friedrich Flick, der daraufhin 1957 die Übernahme der Auto Union durch die Daimler-Benz AG anregte. Flick besaß zu diesem Zeitpunkt 41 Prozent der Gesellschaftsanteile an der Auto Union und 38 Prozent der Daimler-Benz-Aktien. Bei der Daimler-Benz AG dachte man bereits über eine Vergrößerung angesichts der stärker werdenden Konkurrenz nach; außerdem sollte das Produktprogramm nach unten abgerundet werden, um neue Marktanteile erobern zu können. Folge dieser Denkspiele war die vollständige Übernahme der Auto Union durch Daimler-Benz in den Jahren 1958/1959.

1957 hatte die Auto Union auf der Frankfurter IAA den Prototyp eines DKW Kleinwagens vorgestellt und war damit auf große Resonanz gestoßen. Für den Bau des »Kleinen DKW« fehlte es jedoch an Produktionskapazitäten. Im Juli 1958 begannen am nördlichen Stadtrand von Ingolstadt die Bauarbeiten an einem neuen Pkw-Werk. Ein Jahr später lief die Fertigung des DKW Junior in der, wie der Donaukurier schrieb, »größten und modernsten Automobilfabrik Europas« an.
Bis Mitte 1962 konzentrierte die Auto Union Hauptverwaltung und Pkw-Fertigung in Ingolstadt. Die in Düsseldorf gelegenen Werksanlagen wurden an Daimler-Benz verkauft. Mit der Bündelung der Ressourcen am Standort Ingolstadt stellten sich erhoffte Rationalisierungs- und Kostensenkungseffekte ein. Das Festhalten an der Zweitakttechnik sollte sich jedoch bald als Sackgasse herausstellen. In der Fachwelt sowie bei den Kunden verlor sie rapide an Akzeptanz. Entgegen deutlich erkennbarer Tendenzen im internationalen Automobilbau modernisierte die Auto Union dennoch, auch mithilfe von Daimler-Benz, die Zweitakt-Produktpalette. Anfang 1963 erschien der DKW F 12; im März 1964 ging der DKW F 102 als Nachfolger der 1000er-Baureihe in Serie.

Schon vor Serienanlauf des DKW F 102 hatte die Daimler-Benz AG der Auto Union einen in Stuttgart konzipierten Vierzylinder-Viertakt-Reihenmotor zur Verfügung gestellt. Ein Stab von Daimler-Benz-Ingenieuren war nach Ingolstadt übersiedelt, um dort in fieberhafter Arbeit den Hoffnungsträger serienreif zu entwickeln. Dem DKW F 102 gelang es nämlich nicht, den Sinkflug der Umsatzzahlen aufzuhalten. Anfang 1965 standen tausende unverkaufte DKW Neuwagen auf Abstellflächen rund um Ingolstadt.
Wiederum wurde der Großaktionär Friedrich Flick aktiv. Auf sein Betreiben übernahm die Volkswagenwerk AG zwischen 1964 und 1965 alle Geschäftsanteile der Auto Union GmbH, wobei sich das Wolfsburger Interesse vor allem auf die modernen Ingolstädter Werksanlagen bezog.

Die Produktgestaltung der unmittelbaren Nachkriegszeit war bei den meisten europäischen Automobilherstellern durch den Entwicklungsstand der Vorkriegszeit bestimmt. Die Auto Union GmbH begann 1950 dort, wo sie 1939 aufgehört hatte – mit der Serieneinführung des DKW F 9. Seine seitliche Linienführung kennzeichneten eine stark gerundete, nach hinten geneigte Frontpartie, die rundliche Fahrgastzelle mit kräftiger Bombierung des Daches und insbesondere das spitz auslaufende Heck. An der Karosserie lässt sich die ab etwa Mitte der 1930er-Jahre einsetzende Tendenz zur Formintegration von bisher vereinzelten Karosserieteilen nachvollziehen. Die Vorderkotflügel waren bereits im Vorbau integriert, besaßen aber noch einen deutlich eigenständigen Formcharakter. Die Hinterkotflügel wurden noch als separat aufgesetzte Karosserieteile ausgebildet, sind jedoch durch die halbseitige Gestalt in stromlinientypischer Tropfenform stärker in die Gesamtplastik eingebunden. In der Fahrzeugfront waren die Scheinwerfer bereits eingebettet. Gegenüber den DKW Modellen der 1930er-Jahre zeichnete sich der Karosserieaufbau durch die Ganzstahlbauweise aus. Fahrgestell und Karosserie bildeten zwei separate Baugruppen; ein Merkmal,

das den Auto Union Wagen bis 1964 erhalten bleiben sollte.
In den 1950er-Jahren stieg der Bedarf an preisgünstigen Automobilen sprunghaft an. Hatten bis dahin viele Menschen mit dem Motorrad den Sprung in die individuelle Motorisierung geschafft, gewann ab Mitte des Jahrzehnts der Wunsch nach einem wettergeschützten und familientauglichen Gefährt mehr und mehr an Bedeutung. Es wurde die Blütezeit der Kabinenroller und Kleinstwagen, die, um bezahlbar zu sein, zumeist konstruktiv auf das Nötigste reduziert waren. Auf diese Art machten sie für Viele den Übergang vom Motorrad zum Automobil überhaupt erst möglich, und die auf Massenproduktion ausgerichteten Herstellungsmethoden beeinflussten wiederum die Produktgestaltung.
Generell waren vereinfachte Grundformen, schlichtere Linienführung und weniger Statussymbolik der Zeit angemessen und führten zu einer Reduzierung im Design – günstige Voraussetzungen für die Verbreitung selbsttragender Pontonkarosserien im europäischen Automobilbau. Mithilfe dieser Bauweise ließ sich das Gesamtgewicht zugunsten kleinerer, kostengünstiger Motoren senken und die Produktgestaltung den neuen Fertigungsmethoden entsprechend anpassen. Die Dimensionierung richtete sich am Bedarf der Familie mit vier Personen zuzüglich Reisegepäck aus. Dafür musste genügend Platz angeboten werden, und der ließ sich nur bei einer optimalen Ausnutzung des Bauraumes realisieren. Das hatte natürlich Veränderungen bei den Fahrzeugproportionen zur Folge. So wurde der Grundriss, von oben betrachtet, rechteckiger und die Gesamtform glattflächiger. Im Verhältnis zur Außenlänge, die sich bei Kleinwagen bei etwa 3600 mm einpendelte, gewann der Fahrgastraum eine gewichtigere Rolle. Im Exterieur wurden die noch aus alter Tradition herrührenden, einzeln angedeuten Karosserieteile vollständig integriert. Beispielsweise floss das klassische Schutzblech, seit der Kutschenzeit auch als Kotflügel bezeichnet, in die Gesamtform ein. Der vertikal ausgerichtete, schmale Kühlergrill wechselte – bei einigen

B

Herstellern über Zwischenstufen – zum quer liegenden Kühlerziergitter bis über die ganze Fahrzeugbreite. Im europäischen Raum entwickelte sich unter amerikanischem Einfluss in Verbindung mit ihrer schlichteren, von industrieller Machbarkeit geprägten Beschaffenheit die Designphase der Trapez- beziehungsweise Doppeltrapezlinie.

C

Allerdings konnten sich die Pkw-Hersteller der Macht von Modeströmungen nicht entziehen. So hatte besonders in der zweiten Hälfte der 1950er-Jahre das vom Düsenflugzeug- und Raketenbau inspirierte amerikanische Automobildesign – Straßenkreuzer mit ausladenden Heckflossen, aggressiven Haifischmaul-Kühlermasken und schmückendem funktionslosem Chrombesatz – Spuren bei den europäischen Produktentwicklungen hinterlassen. Auch Fahrzeuge der Auto Union zeigten derartige Merkmale. Das Topmodell, der zweisitzige Sportwagen Auto Union 1000 Sp als Coupé (1958) und Roadster (1962), stellte ähnlich den amerikanischen Vorbildern selbstbewußt Heckflossen und tütenförmigen Rückleuchten zur Schau. Die Dimensionen waren allerdings auf europäische Verhältnisse geschrumpft und das Design weniger übertrieben. Als technische Grundlage diente immer noch ein weiterentwickeltes Fahrgestell der DKW Nachkriegsbaureihe. Lediglich die Karosserie war neu entworfen worden.

Der DKW Junior, der 1959 in die Serienproduktion überführt wurde, war ein typischer Vertreter der Trapezära. In der Seitenansicht wurde die Front nach vorn und das Heck nach hinten geneigt. Der untere Karosseriekörper trug in sich den Charakter eines auf dem Kopf stehenden Trapezes. Frontscheinwerfer mit flügelartiger Ummantelung und spitz auslaufende kurze Heckflossen, kombiniert mit schlanken bootsförmigen Rückleuchten, symbolisierten den amerikanisch geprägten Zeitgeschmack.

Die 1963 modernisierte Karosserie des Junior-Nachfolgers DKW F 12 mit hinten angehobener Dachkante und vergrößerten Scheiben war durch dessen längeren Radstand auch im Innenraum geräumiger geworden. Der Limousinenaufbau wirkte straffer und kantiger als der des Vorläufers. Durch die schmalen Säulen und den fast gleichen Neigungswinkel der Front- und Heckscheibe hinterließ der gesamte Dachaufsatz einen konsequent trapezförmigen Eindruck. Damit war der F 12 ebenfalls ein typischer Vertreter der Doppeltrapezlinie: Der Wagenkörper unterhalb der Fensterbrüstung bildete die größere, auf dem Kopf stehende Trapezform, die Fahrgastzelle oberhalb der Fensterlinie das kleinere, auf der Basis stehende Trapez.

Ab Anfang der 1960er-Jahre setzte hauptsächlich in Frankreich, Großbritannien und auch in Deutschland eine Versachlichung in der Produktgestaltung ein. Die grundlegende Modernisierung der Produktion mit der Ausrichtung auf höhere Stückzahlen und neue Technologien wirkten sich auf die Formgebung aus. Funktionelle Werte und die wirtschaftliche Herstellbarkeit spielten eine zunehmend wichtiger werdende Rolle. So veränderte sich die Produktsprache hin zu einfachen, strengen und sachlichen Ausdrucksformen. Der Grundsatz »form follows function« begann sich in der Karosseriegestaltung noch stärker durchzusetzen.

Ein bezeichnender Vertreter dieser Evolution war der von der Auto Union 1964 eingeführte DKW F 102. Die Limousine im modernen Pontonstil hatten die Ingenieure – erstmals bei DKW – in selbsttragender Bauweise konstruiert. Die Heckflossen waren verschwunden, die Trapezform unterhalb der Fensterlinie wurde undeutlicher und die Grundstruktur horizontal ausgewogen. Auch wenn die Übergänge von den senkrechten in die waagerechten Karosserieflächen noch relativ weich ausfielen, wiesen die großen Flächen sowie die Seitenfallung eine viel geringere Bombierung als bisher auf. Die Fahrgastzelle wurde breiter und ergab von der Dachkante bis zum Schweller eine im Querschnitt betrachtet fast durchlaufende Bündigkeit. Die Fensterbrüstung rückte, im Vergleich zur stark gerundeten Schulter des Vorgängermodells, nach außen. Dadurch wurde der Innenraum großzügiger und bot durch die filigranen Säulen des Dachaufbaus eine gute Rundumsicht. Äußerlich lag die Fensterlinie niedriger als bei den Vorläufermodellen, sodass sich das Verhältnis von Greenhouse (Glasfläche/Dachaufbau) zu Body (Karosseriekörper) in Richtung 45 zu 55 Prozent verschob. Die in der Seitenansicht horizontal ausgerichtete Optik unterstützten zwei im Blech fast parallel ausgeformte Sicken. Lediglich die chromüberladene Front mit den im Kühlergrill eingefassten Rundscheinwerfern passte nicht ganz zur sachlich-eleganten Grundhaltung.

Trotz technisch überzeugender Werte der Neuschöpfung verhinderte der angeschlagene Ruf der Zweitakttechnik einen Erfolg des modernen Karosseriekonzeptes – vorerst. Es musste etwas geschehen!

Im zweiten Bildteil bestimmten Ikonen der Auto Union Phase aus der Vorkriegs- und der Nachkriegszeit bis 1964 die Auswahl. Sie spiegelt einerseits die Zeit der klassischen Automobile mit dem breit aufgefächerten Produktprogramm von Zwei- bis Zwölfzylinderwagen und andererseits die schlichten, mit robustem Zweitaktmotor angetriebenen Nachkriegsentwicklungen wider.

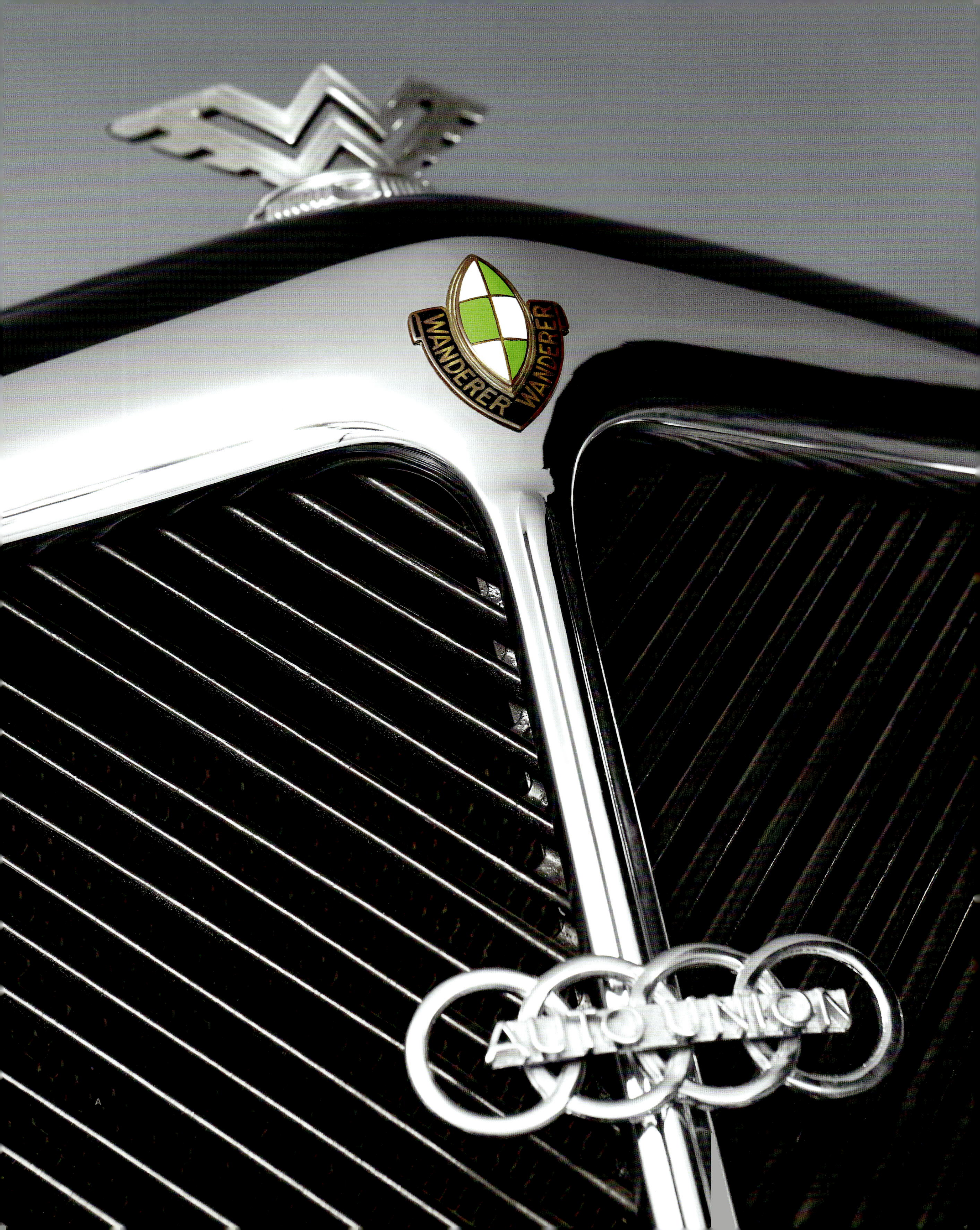
WANDERER
WANDERER
AUTO UNION

Moderne Linie
Wanderer W 22 Schiebedach-Limousine

Die Modelle W 21 und W 22 stehen für die Neupositionierung der Marke Wanderer ab 1933. Wie die meisten deutschen Automobilhersteller produzierte auch Wanderer trotz eines im Januar 1927 neu in Betrieb genommenen Werkes nicht rentabel. Zudem hatten sich die Hoffnungen, im Luxussegment Fuß zu fassen – trotz großer Anstrengungen in der Vermarktung mit moderner, aufwendiger Werbung – nicht erfüllt. Die Krise nach dem Börsencrash am 24. Oktober 1928 erfasste auch Wanderer. Die Verkaufszahlen gingen drastisch zurück. Jetzt rächte sich die Entscheidung, nur auf das Sechszylindermodell W 11 zu setzen. Ein preiswerter Vierzylinderwagen, der in wirtschaftlich schwierigen Zeiten eher Absatz gefunden hätte, wurde schmerzlich vermisst. Schon Anfang 1929 hatte es bei Wanderer Überlegungen gegeben, die Automobilsparte aufzugeben beziehungsweise zu verkaufen. So stand der Vorstand der Wanderer Werke im Sommer 1931 den Sondierungsgesprächen zu einem Verkauf seiner Automobilabteilung an die in Gründung befindliche Auto Union AG aufgeschlossen gegenüber. Im Juni 1932 kam es dann in der Fusion von Audi, Horch und DKW zur Konzentration der sächsischen Automobilindustrie. Mit der Übereignung ihrer Automobilsparte lieferten die Wanderer Werke den vierten Ring im Bunde der neu gegründeten Auto Union AG.

Inzwischen galten die Wanderer Modelle als veraltet, konservativ und gestalterisch rückständig. Das Problem hatte man bei Wanderer bereits vor dem Verkauf der Automobilsparte erkannt und Ende 1930 einen Entwicklungsvertrag mit Ferdinand Porsche abgeschlossen.

A Neue Symbolik ab 1934: das 1930 neu eingeführte Wanderer Markenzeichen und das geflügelte »W« nun kombiniert mit den Vier Ringen.
B Vordersitze mit damals topmodernem, teilweise sichtbar nach außen geführtem Stahlrohrgestell.

A Das flexible Schiebedach mit Kunstlederoberfläche verlieh der Limousine Cabriolet-Eigenschaften.
B Eine völlig neue Frontgestaltung kennzeichnete den modernen Wanderer Mittelklassewagen.
C Der Mercedes 170 wirkte gegen die dynamische Linie des W 22 statisch.

c

Dieser wurde dann ab 1932 von der Auto Union weitergeführt und in Teilen ergänzt. Im Ergebnis entstand eine völlig neue Sechszylindergeneration als moderne Mittelklassebaureihe, die im Programm der Auto Union die Lücke zwischen DKW und Audi ausfüllte.

Für ein Mittelklassemodell zeigte der W 22 eine völlig neue Ästhetik, die ihm in der Fachpresse große Aufmerksamkeit verschaffte. Auch technisch läutete er eine neue Etappe ein. Der Sechszylindermotor war eine Neukonstruktion von Ferdinand Porsche. Zuverlässig und äußerst laufruhig, generierte er aus einem Hubraum von 1963 cm³ eine Leistung von 40 PS. Das Fahrgestell erhielt eine neue Hinterachskonstruktion – eine Kombination von Einzelradaufhängung und einer Querblattfeder, die als »Schwingachse« vermarktet wurde.

Die Entwürfe für die Karosserie stammten aus dem Horch Konstruktionsbüro unter der Leitung von Albert Locke. Der Limousinenaufbau bestach durch eine sehr klare Formsprache im Zusammenspiel von größeren Rundungen und gewölbten Flächen. Eine waagerecht umlaufende Brüstungslinie streckte die Karosserie. Sie bildete den Gegenpol zum Verlauf der Kotflügel-Trittbrettkombination. Fließend über das Vorderrad schwingend und mit sanfter Krümmung in das Trittbrett einlaufend, verlieh deren Kontur dem Wagen eine schlichte Eleganz.

Besonders markant war auch das radikal neu gestaltete Gesicht. Die im unteren Bereich nach vorn gewölbte Kühlermaske mit pfeilförmig angeordneten Lamellen war schräg nach hinten gestellt. Im gleichen Neigungswinkel waren ebenso A-Säule, Frontscheibe, die Fugen der Vordertür und der Motorhaube sowie die seitlichen Lüftungsschlitze ausgebildet. Komplettiert wurde die neue Wanderer Optik durch großzügigere Kurvenverläufe und Radien im Dachaufbau. Diese »neue Dynamik« fand beim Publikum großen Anklang.

A

A Kunststoff anno 1933 – der zentrale Armaturenbretteinsatz mit Bedienelementen und Uhr war aus Bakelit.
B Innenverkleidung der Hintertür, deren Tasche weniger strapaziert wurde als die der Vordertür.
Der Innenraum des Fotomodells blieb weitgehend im Originalzustand erhalten.

Ausführung:	Limousine fünfsitzig, Karosserie Reutter, Stuttgart
Antrieb:	Sechszylinder-Viertakt-Reihenmotor, längs eingebaut
Leistung:	40 PS bei 3500 min^{-1}
Hubraum:	1963 cm³
Radstand:	3000 mm
Gesamtlänge:	4500 mm
Höchstgeschwindigkeit:	100 km/h
Kraftstoffverbrauch:	ca. 14 l/100 km
Gesamtproduktion:	5355 Stück
Bauzeit:	1933 – 1935
Modellbaujahr:	1934

V-35 851

B   C   D

Reisegleiter mit Prestige
Horch 850/851 Pullman-Limousine

A Heckabschluss mit prestigeträchtig gestalteter Kofferbrücke.
B Einscheiben-Sicherheitsglas der Glaswerke Herzogenrath für die Seitenverglasung.
C Ausstellbare Frontscheibe zur Innenraumbelüftung.
D Der Horch 851 war eine Sonderausführung des Typs 850; dazu gehörten an der Wagenfront eine Fanfare in Kombination mit einem Tellerhorn.

Die Pullman-Karosserien waren sowohl in der Limousinen- als auch in der Cabriolet-Ausführung besonders für Repräsentationsfahrzeuge konzipiert. Der Begriff »Pullman« verwies auf luxuriös ausgestattete Schlaf- und Salonwagen der Eisenbahn. Er geht auf den amerikanischen Unternehmer George Mortimer Pullman zurück, der um 1870 als Erster wohnliche sowie hochwertig ausgestattete Eisenbahn-Schlafwagen fertigte, die auf langen Reisen einen bequemen Aufenthalt ermöglichten und die sich nach Wunsch in getrennte Abteile gliedern ließen. Bis in die 1930er-Jahre hinein war die Eisenbahn das populärste und komfortabelste Verkehrsmittel, vor allem auf weiten Strecken. Sie prägte auch die Komfortmaßstäbe – und obendrein das Anspruchsniveau.

Im Automobilbau galten solche Wagen als Pullmans, bei denen sich das Chauffeurabteil vom Fahrgastraum für vier bis fünf Passagiere durch eine Trennwand isolieren ließ. Die weit hinten im Fond an der Fahrzeugrückwand positionierte, feste und sehr komfortabel gepolsterte Sitzbank sowie zwei davor herausklappbare Zusatzsitze sollten reichlich Platz bieten. Da der Fond gegenüber üblichen Limousinen erheblich länger ausgebildet sein musste, erforderten diese Karosserien einen längeren Radstand. Im Passagierabteil war das Primat des Komforts elementar. So konnte meist für ein bequemes Ablegen der Füße eine Stütze aus dem Boden geklappt werden. Nicht selten gab es eine separat regelbare Fußbodenheizung, welche bei Bedarf für behagliche Temperaturen sorgte. Die Ausstattung des Fonds hatte noch viele weitere raffinierte Detaillösungen in Luxusambiente aufzuweisen.

Bei den Materialoberflächen spiegelte sich die räumliche Zweiteilung ebenfalls wieder. Im Gegensatz zur heutigen Auffassung waren Sitzbezüge aus Leder Standard und weniger luxuriös als vielmehr zweckmäßig. Deswegen fand es als widerstandsfähiges, pflegeleichtes Material nur im Arbeitsbereich des Chauffeurs Verwendung. Im hinteren, noblen Abteil kamen dagegen edle Webstoffe, Bordüren und textile Accessoires zum Einsatz.

A

B

C

Selbstverständlich hielt die Auto Union auch bei der Einführung des gestrafften Typenprogramms ab Ende 1934 mit der neuen Baureihe 800 an den klassischen Karosserieaufbauten fest. Die »großen« Horch Modelle, ausschließlich mit Fünf-Liter-Achtzylinder-Reihenmotor angeboten, basierten auf einem Chassis mit 3750 mm Radstand. Dabei waren Gesamtlängen von über 5550 mm normal. Das Fahrwerk des Horch 850/851 basierte noch auf der herkömmlichen Starrachskonstruktion. Es war sowohl vorn – mit Halbelliptik-Blattfedern kombiniert – als auch hinten mit Banjo-Achsen ausgestattet.

Die Typenbezeichnung 850 galt für die Standard-, die 851 für die Sonderausführung des Wagens. Doppelstoßstangen, kurze und verchromte Scheinwerfer, zusätzliche Ausstell- und Schiebefenster vorn und hinten, große Radkappen (andere als beim hier präsentierten Wagen) sowie eine noch hochwertigere Innenausstattung verliehen Letzterem die Attitüde des Besonderen.

Die Abtrennung des Horch Separees übernahm eine feste Zwischenwand, bei der eine durchgehende Scheibe mit Kurbelmechanismus entweder direkten Kontakt mit dem Fahrerabteil erlaubte oder aber eine schalldichte Trennung

D

A Horch 850 Spezialphaeton mit großem Heckkoffer von Gläser/Dresden.
B Für die aufsetzbaren Kofferbehälter gab es passende Koffersets als Zubehör.
C Gegenüber dem Horch 850 hatte der 851 eine horizontal zweigeteilte Stoßstange.
D Durch ihre Länge sah die Horch Pullman-Limousine sehr majestätisch aus.

ermöglichte. Zur vollständigen Diskretion konnte noch ein Rollo heruntergezogen werden. Die untere Hälfte der Trennwand wurde zum Chauffeurabteil hin gebogen ausgeformt, um ausreichenden Fußraum für die Nutzer der Zusatzsitze zu gewährleisten – oder um diese raumsparend wegklappen zu können. Die hölzerne Brüstung unterhalb der Fensteröffnungen zierte durchgängig Wurzelholzfurnier. Darin befanden sich Ablagen, ein Reisenecessaire mit eingebauter Uhr, Aschenbecher oder auch ein Likörschrank. Ablagenetze und Pompadourtaschen bildeten praktische Ergänzungen.

Die Pullman-Ausführungen des Horch 850/851 wurden durch nur zwei Karosseriehersteller gebaut. Der werkseigene Horch Karosseriebau fertigte die Pullman-Limousinen, die Pullman-Cabriolets entstanden bei der Firma Karl Baur in Stuttgart. Das abgebildete Fahrzeug befindet sich in unrestauriertem Originalzustand.

Ausführung:	Pullman-Limousine sechs- bis siebensitzig, Karosserie Horch, Zwickau
Antrieb:	Achtzylinder-Viertakt-Reihenmotor, längs eingebaut
Leistung:	100 PS bei 3400 min^{-1}
Hubraum:	4944 cm^3
Radstand:	3750 mm
Gesamtlänge:	5550 mm
Höchstgeschwindigkeit:	120 km/h
Kraftstoffverbrauch:	ca. 22 l/100 km
Gesamtproduktion:	243 Stück
Bauzeit:	1934 – 1937
Modellbaujahr:	1935

A Die durchgehende Sitzbank im Chauffeurabteil war mit strapazierfähigem Leder bezogen.
B Bei der mit Wurzelholz furnierten Armaturentafel galt das Gestaltungsprinzip der Symmetrie.
C Reisenecessaire mit Uhr oberhalb der Kurbel in der Trennwand für die versenkbare Glasscheibe.
D Im riesigen Fond fanden bis zu fünf Passagiere Platz. Die hintere Seitenscheibe war als Schiebefenster ausgelegt.

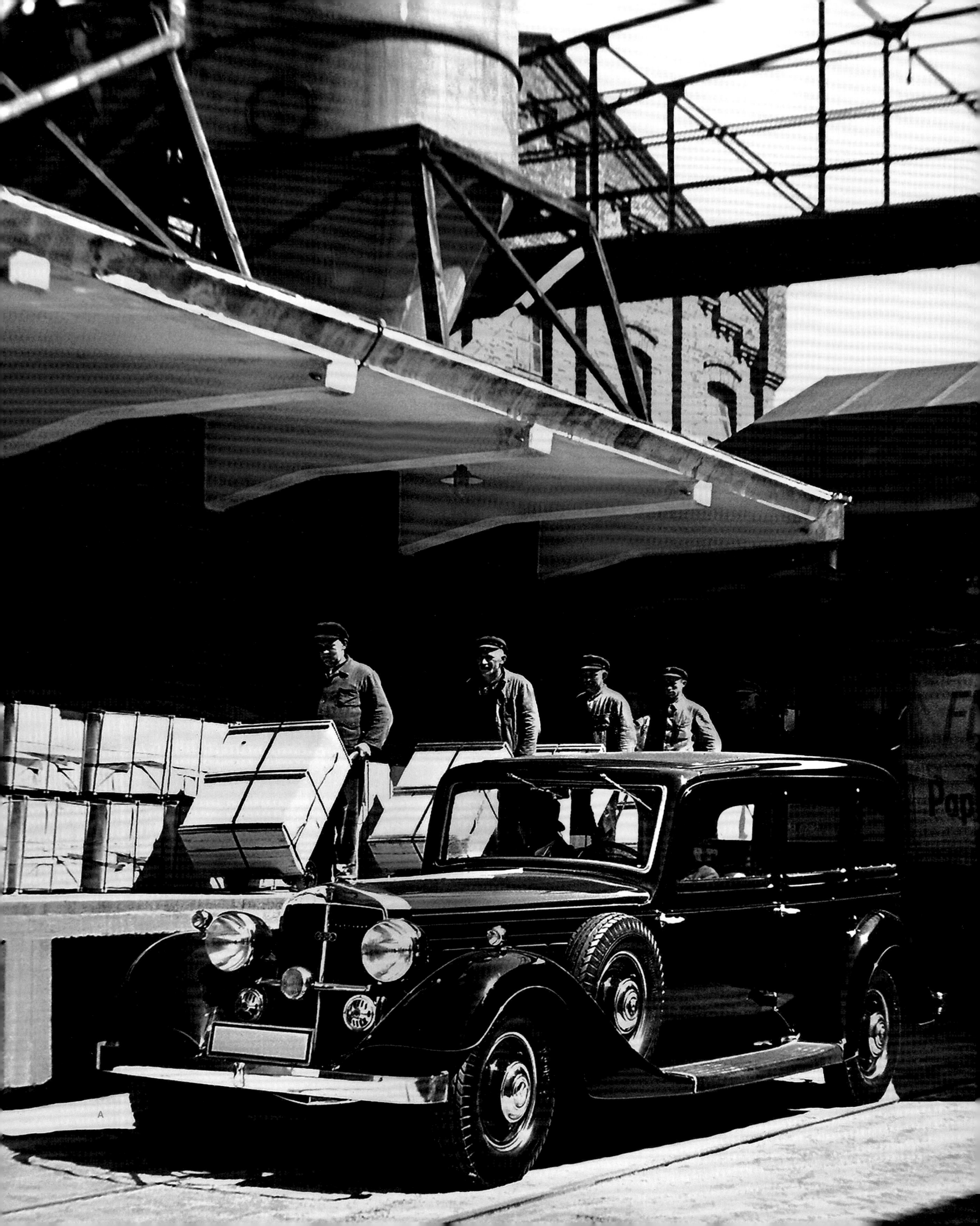
A

A Der Horch 850 bot als Direktionswagen besten Reisekomfort.
B Bequemer Einstieg und vornehm entspanntes Reisen für die Dame aus gutem Hause.

Zweitaktsportler
DKW F 5 Front Luxus-Zweisitzer offen

Zu den im Februar 1935 auf der Internationalen Automobil- und Motorrad-Ausstellung in Berlin vorgestellten DKW F 5-Modellen gehörten auch zwei gut aussehende, sportliche Zweisitzer – Cabriolet und Roadster – mit der Zusatzbezeichnung »Front Luxus«. Sie sollten die Abrundung der F 5-Typenreihe nach oben gewährleisten. Die Optik beider Fahrzeuge rief beim Publikum und der Fachwelt Bewunderung hervor. Die trotz geringer Baulänge gelungene, elegante Stilistik stieß auf viel Gegenliebe.

Die Besonderheit im Gegensatz zu den DKW Großserienwagen »Reichsklasse« und »Meisterklasse« war die abweichende Karosseriebauweise. Deren Aufbauten wurden als Holzskelett gefertigt, mit Sperrholz verkleidet und mit Kunstleder bespannt. Bei den Front Luxus-Karosserien aber kam Stahlblech für die Außenhaut zum Einsatz.

Der Roadster mit seiner sehr klaren, minimalistischen Formensprache zielte auf junge, sportlich orientierte Automobilisten. Die Karosserie, wiederum im Horch Konstruktionsbüro entworfen, zeigte dezent ihre Verwandtschaft zu den Roadstern der anderen Auto Union Marken. Sportlichkeit sowie funktionale Schlichtheit gingen eine Symbiose ein, aus der ein unvernünftiges, aber reizvolles »Spielzeug« für Erwachsene hervorging.

A Im Gegensatz zum Front Luxus-Cabriolet gab es hier keine separate Armatureneinheit.
B Die Kotflügel folgten wie beim Motorrad kreisbogenartig der Radform.

A

In der Produktionssitzung der Auto Union vom 8. März 1935 wurde festgehalten:

»Die Nachfrage nach den Modellen Luxus-Zweisitzer offen und Luxus-Cabriolet ist über erwarten groß gewesen, sodass eine Umdisposition in der Produktion der nächsten Monate notwendig wird ...«

4

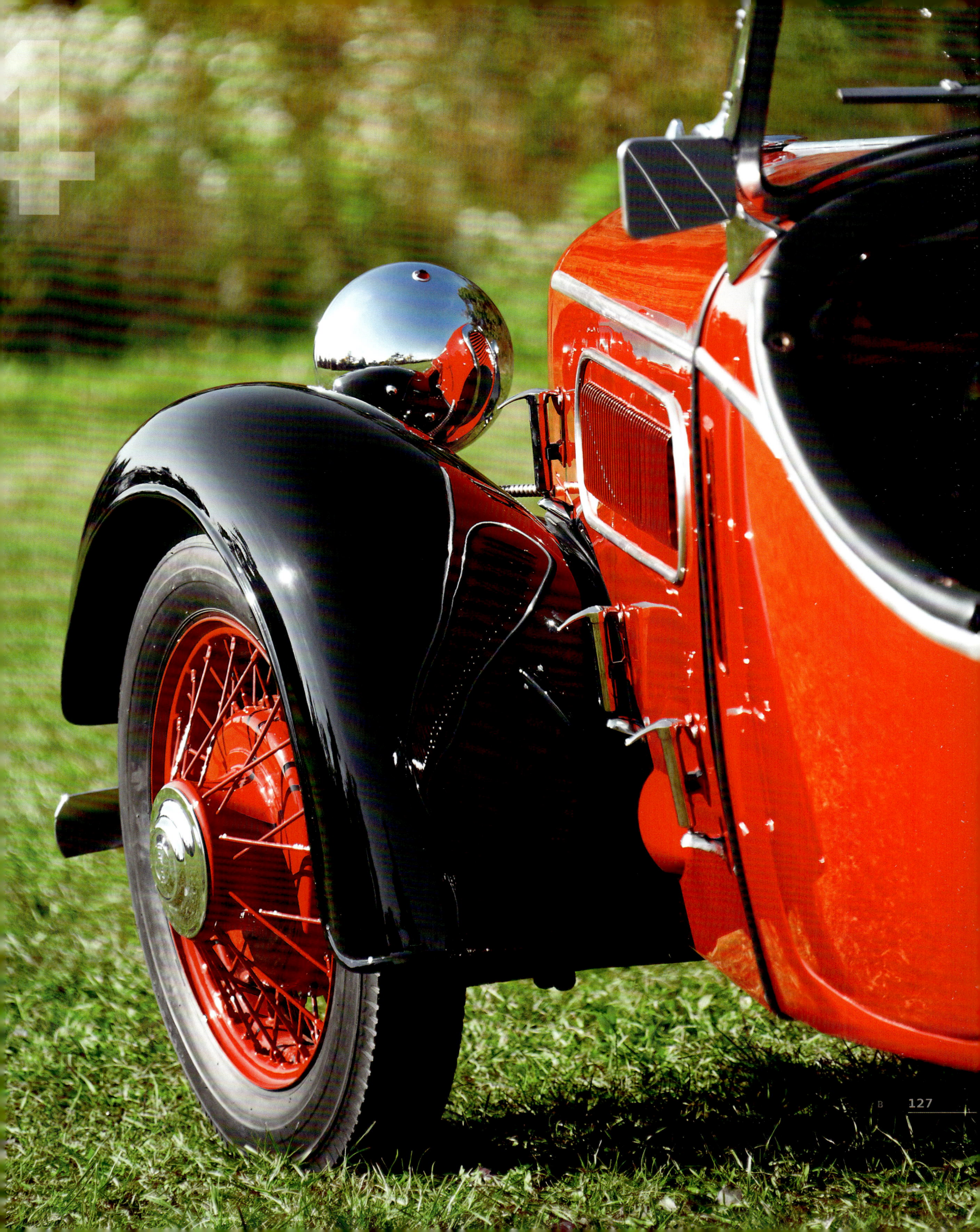

A

Prägend wirkte der im Zusammenspiel mit dem niedrigen Aufbau lang erscheinende Radstand, obwohl er gegenüber der Serie um 110 auf 2500 mm gekürzt worden war. Das kleine Heck, welches direkt hinter den Sitzen fast parallel zu den Kotflügelradien verlaufend nach unten abfiel, betonte die weit hinten liegende Sitzposition. Fahrerplatz und Heck bildeten die eine Hälfte des Karosseriekörpers. Die andere Hälfte nahm der gesamte Vorderwagen ein, sodass sich die Wirkung mit der langen Motorhaube trotz der geringen Gesamtlänge von 3780 mm verstärkte und so das typische Roadster-Bild jener Zeit entstand. Übrigens wurde diese Stilistik in den Werbegrafiken des DKW Programms noch überhöht.

Im Unterschied zum Front Luxus-Cabriolet sind die Kotflügel nicht tropfenförmig auslaufend gestaltet worden. Ihre Ausformung zeigte Motorradcharakter; vorn wie hinten folgten sie dem Radius der Räder. Besonders vorn gab diese Variante noch mehr Seitenfläche der Motorhaube frei. Die niedrigen Türen hatten außen keine Griffe. Sie ließen sich nur über innenliegende Zuggriffe öffnen. Um richtiges »Motorrad-Feeling« aufkommen und sich den Fahrtwind um die Nase wehen zu lassen, konnte die Frontscheibe umgelegt werden.
Roadster wurden als Schönwetterautos konzipiert, deshalb zeigen sie erst »oben ohne« ihre wahre Ausstrahlung. Um aber auch gegen einen unterwegs aufkommenden Regenschauer gewappnet zu sein, konnte mit einem aufknüpfbaren, leichten Verdeck sowie seitlichen Steckscheiben der Fahrgastraum geschlossen und so dem Wetter getrotzt werden.
Der DKW F 5 Roadster blieb erwartungsgemäß ein Nischenmodell. Von 1935 bis 1938 im Programm, wurden 407 Stück bei der Firma Hornig in Meerane montiert – zum Vergleich: Die gesamte F 5 Baureihe brachte es auf 74 995 Stück. Auf das Image der Auto Union Marke DKW übte er dennoch einen ungemein positiven Einfluss aus.

Ausführung:	Roadster zweisitzig, Karosserie Hornig, Meerane
Antrieb:	Zweizylinder-Zweitakt-Reihenmotor, quer eingebaut
Leistung:	20 PS bei 3500 min^{-1}
Hubraum:	684 cm^3
Radstand:	2500 mm
Gesamtlänge:	3780 mm
Höchstgeschwindigkeit:	85 km/h
Kraftstoffverbrauch:	ca. 8 l/100 km
Gesamtproduktion:	74 995 Stück (alle Ausführungen), davon 407 Roadster
Bauzeit:	1934 – 1938
Modellbaujahr:	1936

A Auch der kleinste Auto Union Sportwagen erfüllte das klassische Roadsterbild.
B Wer den Fahrtwind richtig spüren wollte, konnte die Frontscheibe nach vorn klappen. Eine Aufnahme um 1935.
C Wie beim F 5 Front Luxus-Cabriolet bestand die Außenhaut aus Stahlblech.

B, C

A Montage des aufknüpfbaren Verdecks einschließlich der Steckfenster.
B Der Rundum-Wetterschutz vollständig zusammengesetzt.
C Reisegepäck konnte im Stauraum hinter den Sitzlehnen untergebracht werden.
D Bei einem Frühlingsausflug mit dem DKW Front Luxus-Roadster konnte der Herr seine Angebetete sichtlich beeindrucken.

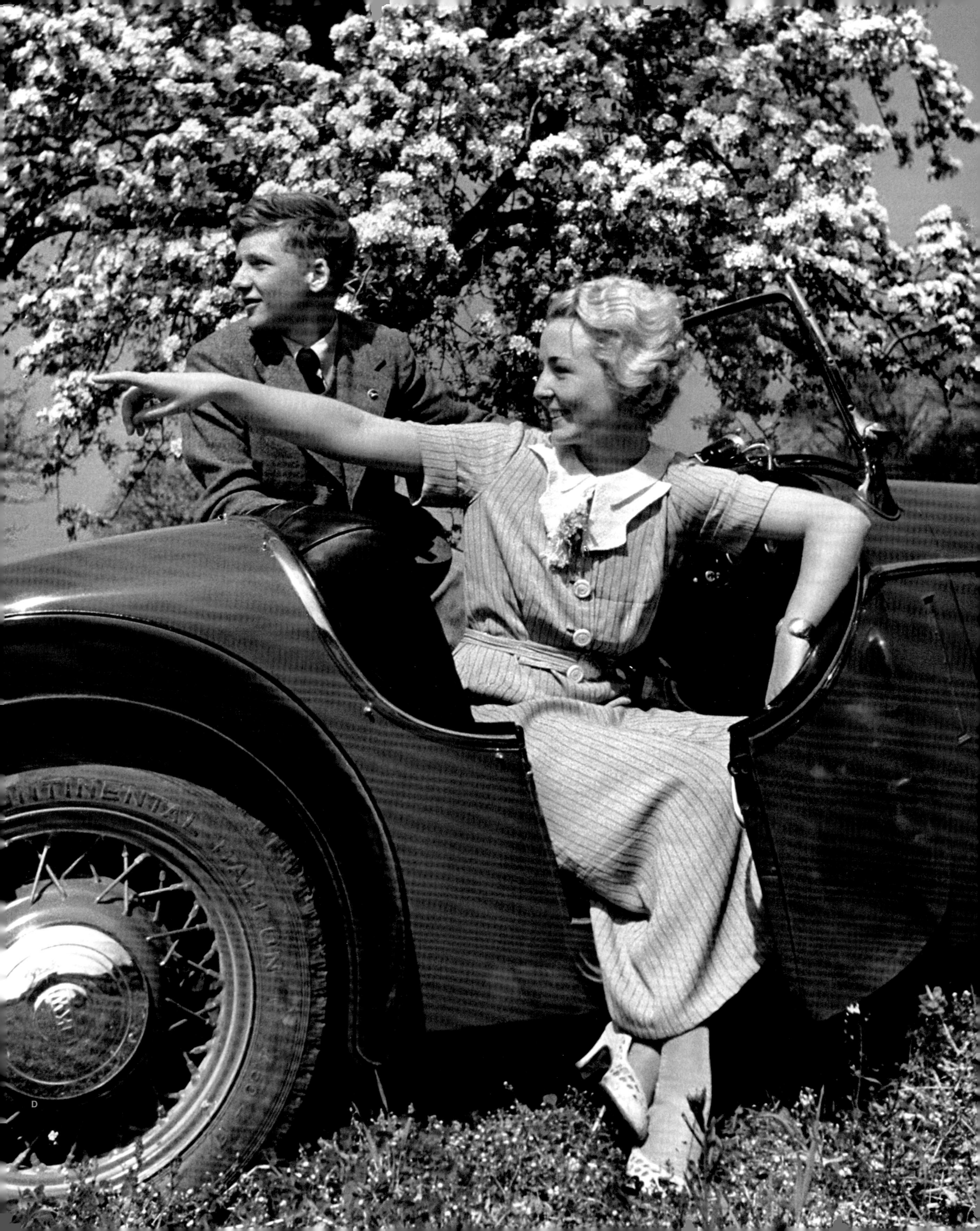

Das gekrönte »H« umrandet von einem Chromring zierte die Heckklappe des faszinierenden Horch Sportcabriolets.

Sportliche Eleganz
Horch 853 Sportcabriolet

Seit 1933 unterschied man bei der Auto Union zwischen dem »kleinen« und dem »großen Horch«. Ersterer war mit dem V-8-Motor ausgestattet, Letzterer mit dem traditionsreichen Reihenachtzylinder. Der Typenreihe 700 folgte 1935 bei den Großen die Serie 800 mit 850 und 851 für die Pullman-Varianten und 853 für ein neues Sportcabriolet. Dieses löste den vier Jahre lang gelieferten Horch 780 ab.

Auf der Internationalen Automobil- und Motorrad-Ausstellung in Berlin im Februar 1935 fiel den Besuchern auf dem Stand der Auto Union ein sportlicher Wagen ins Auge – zweifarbig funkelnd, lang, geschmeidig in der Linienführung und mit ästhetisch geformter »Stoffkappe« über der Fahrgastzelle. Es war der Prototyp des Horch 853.

Das gänzlich neue Sportcabriolet mit dem gekrönten »H« auf der verchromten Kühlermaske strahlte trotz seiner stattlichen Größe und einer gewissen Monumentalität – 5350 mm Gesamtlänge ohne ausgeschwenkte Kofferbrücke, 1800 mm Fahrzeugbreite – Dynamik und exklusive Eleganz aus. Schnell war eine große Zahl von Interessenten begeistert; schneller gar, als es die Auto Union erwartet hatte.

Der Aufbau saß auf einem eigens entwickelten Fahrgestell mit vorderer Einzelradaufhängung einschließlich zwei vorderen Querblattfedern und Querlenkern. Völlig neu war die hintere Doppelgelenkachse nach dem De-Dion-Prinzip. Zudem wurde 1937 eine Leistungssteigerung des Motors von anfänglich 100 auf 120 PS serienwirksam.

A Immer eine gute Figur, sowohl mit offenem als auch geschlossem Verdeck.
B Der Horch 853 gehörte zu den schönsten klassischen Wagen – ein Sportcabriolet par excellence.
C Wenn der Gepäckraum nicht reichte, konnte auf zwei ausschwenkbaren Brücken ein zusätzlicher Kofferkasten aufgesetzt werden.
D Nobel und wettertauglich war das überwiegend in Leder und Holz ausgestattete Interieur.

C D

A Wichtige Kombinations-Rundinstrumente lagen im Blickfeld des Fahrers. Der Tachometer saß in der Mitte der Armaturentafel und war von Walnusswurzelholzfurnier umgeben.
B Perfekt aufeinander abgestimmte Einzelformen im Stromliniencharakter.
C Die geflügelte Weltkugel auf dem Kühlerverschluss, entworfen von Prof. Ernst Böhm, kennzeichnete alle Horch Wagen ab 1929.
D Die Halterungen der Stoßstangenecken am Heck haben ihre eigene Ästhetik.

A

B

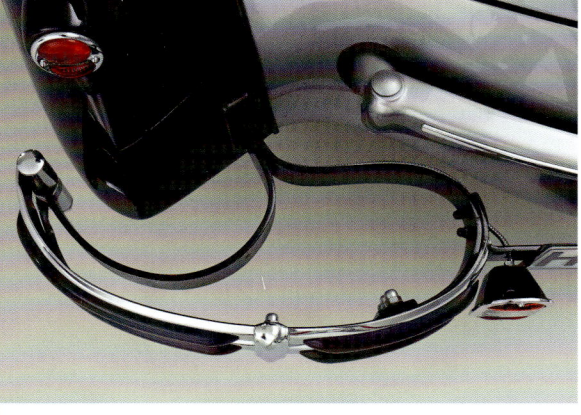

Das Horch 853 Sportcabriolet zählt heute zu den Klassikern aus den 1930er-Jahren. Bereits damals sahen Journalisten und Fachpublikum es als eines der schönsten Automobile im internationalen Vergleich an. Seine hinreißend gezeichnete Form übt – nicht nur in Fachkreisen – bis heute eine ungebrochene Faszination aus. Maßgeblich am Entwurf des sportlichen Cabriolets beteiligt war Günther Mickwausch. Der sächsische Gebrauchsgrafiker prägte ab etwa 1933 die Karosseriegestaltung der Auto Union Produkte. Die Karosserie vereinte typische Merkmale der sportlichen Oberklasse in sich: eine lange Motorhaube, die weit hinten positionierte Fahrgastzelle, großzügig geschwungene Vorderkotflügel, kurzer Überhang vorn, länger auslaufender Überhang hinten. Größere Dynamik wurde durch eine stärker nach hinten geneigte Kühlermaske und Frontscheibe erreicht. Die Fugen der Motorhaube im Bereich der Spritzwand und der Tür sowie die der Kühlluftschlitze sind auf diese Neigung abgestimmt worden. Um die Frontscheibe harmonisch in die Gesamtgestaltung einzubinden, wurde sie geteilt und V-förmig abgewinkelt. Dadurch ergaben sich auch günstigere Strömungsverhältnisse. Dieser V-Stil fand seinen Anfang bereits in der Kühlerfront. Als Gestaltungsmittel betonte der Formknick die Fahrzeugmittellinie über den gesamten Vorderwagen bis in das Dach hinein. Den Innenraum bestimmte ein Zusammenspiel von Rindsleder und Walnusswurzelholz, ergänzt durch Zierrahmen aus Metall sowie Bedienelemente aus schwarzem und cremefarbenem Kunststoff. Der Wagen wurde von Beginn an in Zweifarblackierungen angeboten, wobei der Karosserierumpf unterhalb der Fensterlinie in einer Art Metalleffekt-Lack in vier Farbtönen bestellbar war. Auf Kundenwunsch konnte der Horch mit einem ZF-Getriebe mit Autobahn-Schnellgang sowie mit Nebelscheinwerfern ausgerüstet werden.

Von 1935 bis 1937 als Horch 853 und weiterentwickelt als Horch 853A von 1938 bis 1940 wurden 1023 Exemplare ausgeliefert.

Leichtigkeit
Dynamik

A Selbst der Achtzylinder-Reihenmotor konnte durch seine Außengestaltung überzeugen.
B Horch baute in Deutschland bis heute die meisten Achtzylinder-Reihenmotoren.
C Stromlinienartiges Gestaltungselement an den Seitenflügeln der Motorhaube.

A

B

Ausführung:	Sportcabriolet viersitzig, Karosserie Horch, Zwickau
Antrieb:	Achtzylinder-Viertakt-Reihenmotor, längs eingebaut
Leistung:	100 PS bei 3400 min^{-1}
Hubraum:	4944 cm^3
Radstand:	3500 mm
Gesamtlänge:	5350 mm
Höchstgeschwindigkeit:	135 km/h
Kraftstoffverbrauch:	ca. 21 l/100 km
Gesamtproduktion:	681 Stück
Bauzeit:	1935 – 1937
Modellbaujahr:	1937

139

A, B

140

A

A Die Dame als Automobilistin war seit Mitte der 1920er-Jahre ein beliebtes Motiv.
B Schönheiten beim Ausflug in Frankfurt am Main – adrette Damen und das Horch 853 Sportcabriolet.
C Neueste Horch Linie und modernste Tankstellenarchitektur 1936 an der Autobahn.

Kleiner Horch
DKW F 5 Front Luxus-Cabriolet

Die DKW Frontwagen entwickelten sich nach 1931 innerhalb nur weniger Jahre zu einem bedeutenden Großserienerzeugnis im Kleinwagensegment. Bereits im Dezember 1934 durchlief in Zwickau der 35 000. DKW Front die Endmontage. Im Februar 1935 wurde die Typenreihe F 5 mit wesentlich verändertem Fahrwerk vorgestellt. Die Basis bildete ein neu konstruierter, stabiler Zentralkastenrahmen, der gegenüber dem Vorgänger eine 20-fach höhere Verwindungssteifigkeit aufwies. Mit dem Rahmen kombinierten die Ingenieure auch eine neue Hinterachskonstruktion – die sogenannte Schwebeachse. Dabei handelte es sich um eine Starrachse mit hochliegender Querfeder, die durch zwei Lenkerstangen geführt wurde. In Verbindung mit dem Frontantrieb sorgte sie für eine hohe Kurvenstabilität und entwickelte sich über viele Jahre zum Standard bei DKW.

Das DKW F5-Modellprogramm gliederte sich in zwei Ausstattungsvarianten: die günstigere Reichsklasse und die besser ausgestattete Meisterklasse. Neben den Karosserievarianten Cabrio-Limousine, Limousine (damals auch als Innenlenker bezeichnet), Zweisitzer-Cabrio und Lieferwagen wurde eine neue Karosserieausführung im gehobenen Preisbereich ins Leben gerufen: das DKW Front Luxus-Cabriolet als Zwei- und Viersitzer.

Hochwertig – die ästhetische Abdeckung des Ersatzrades am Heck des »kleinen Horch«.

143

A Linke Seite der zentralen Armatureneinheit aus dem modernen Kunststoff Bakelit mit Tachometer und Tankanzeige.
B Die Lederausstattung zeigt noch den Originalzustand von 1937.
C Zugunsten eines bequemen Einstiegs im Fußbereich waren die Türen hinten angeschlagen.
D Zwei besonders aufmerksame Beifahrer im schönen DKW Front Luxus-Cabriolet.
E Akribische Modellpflege der Frontwagenbaureihe sorgte für eine solide und harmonische Ausstrahlung.
F Im Gegensatz zur Standardkarosserie bestand die Außenhaut der Front Luxus-Modelle aus Stahlblech.

Mit der Einführung dieser Luxusmodelle verfolgte die Auto Union eine Prestigesteigerung der Marke DKW. Erstmals auf der Internationalen Automobil- und Motorrad-Ausstellung in Berlin 1935 ausgestellt, reagierten die Besucher auch mit großer Begeisterung auf sie. Im Rückblick betrachtet, waren die Front Luxus-Cabriolets die attraktivsten DKW Modelle der 1930er-Jahre. Sie fanden große Akzeptanz und erfreuten sich einer beachtlichen Nachfrage. Da der Horch Karosseriebau die gewünschten Stückzahlen alleine nicht mehr bewältigen konnte, wurde zusätzlich die Firma Hornig in Meerane beauftragt. Die viersitzigen Ausführungen lieferte die Karosseriefirma Baur in Stuttgart.

Das Spitzenmodell der Frontwagenreihe hob sich deutlich vom DKW Standardprogramm ab. Entworfen wurde die Luxus-Karosserie von den Horch Werken. Sie ist in der damals üblichen Gemischtbauweise – Holzgerippe mit Stahlblechaußenhaut – hergestellt worden. Im Gegensatz zu den für DKW typischen Holz-Kunstleder-Karosserien vermittelte der Front Luxus mit der lackierten Blechhaut eine solide, hochwertige Anmutung. So lässt sich die in der Umgangssprache geprägte Bezeichnung als »kleiner Horch« erklären. Auch durch eine besondere Innenausstattung hob sich das Zweisitzer-Cabriolet ab. Die Vordersitze sowie die Türverkleidungen waren mit farbigem Echtleder bezogen. Farblich passendes Kunstleder überspannte die Rücksitzbank.

Das Karosseriedesign wurde bestimmt durch eine markante seitliche Zierleiste, die von der Motorhaube bis zum hinteren Kotflügel verlief. Durch ihren leichten Schwung nach unten und eine ab der Tür einsetzende Verbreiterung erhielt das Fahrzeug seine dynamisch-elegante Note. Der Verlauf der Brüstungslinie sowie der Zierleiste ist exakt aufeinander abgestimmt worden. Dies verlieh dem Cabriolet eine besonders geschlossene und harmonische Erscheinung. Speichenräder, Chromzierleisten auf dem Heck und das Reserverad mit in Wagenfarbe lackierter Metallabdeckung betonten den luxuriösen Charakter.

Das gezeigte Fahrzeug aus der Sammlung der Audi Tradition ist in der Dauerausstellung im museum mobile in Ingolstadt ausgestellt. Es befindet sich im Originalzustand von 1937.

F 145

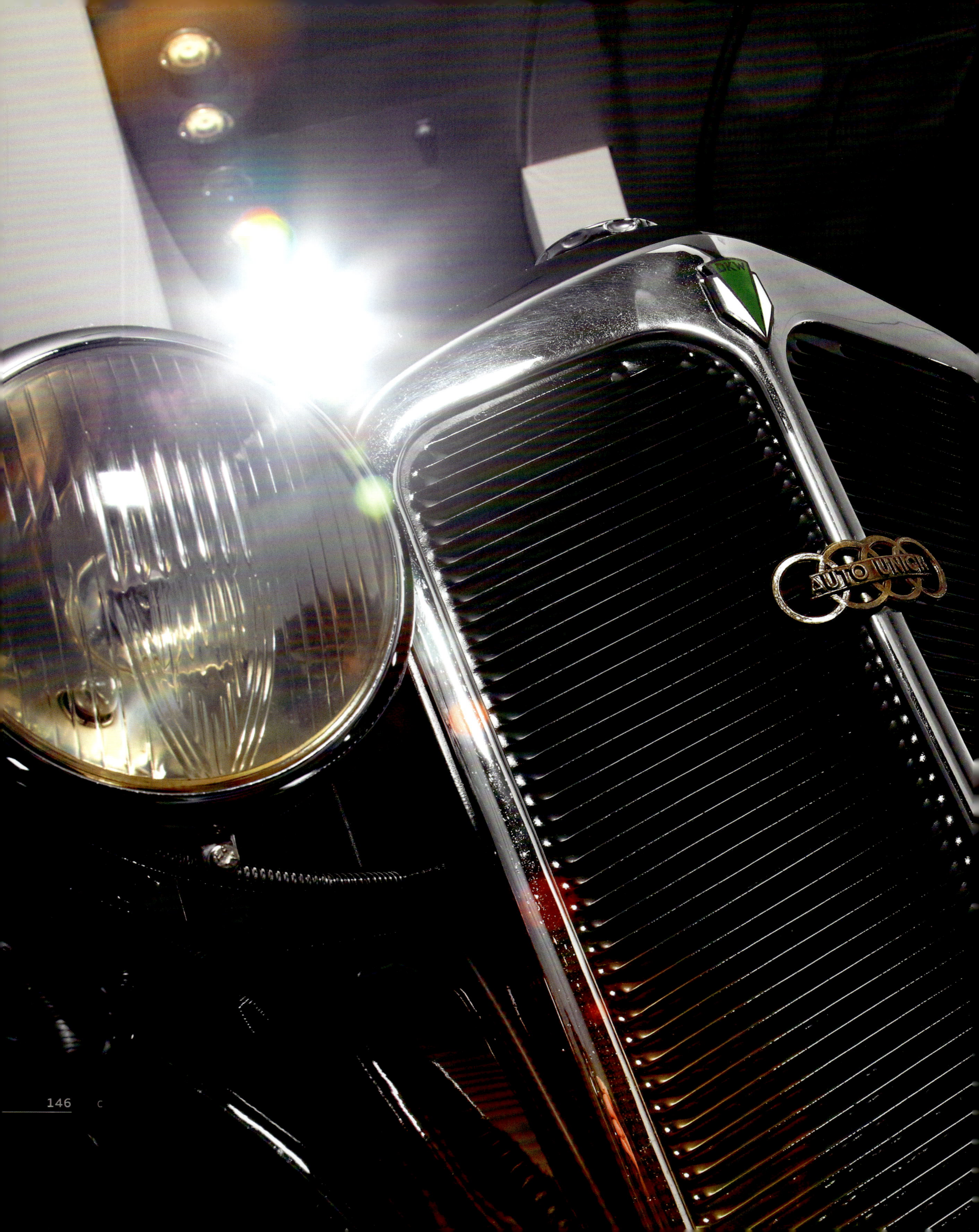
DKW
AUTO UNION

Cabriolet LUXUS

Ausführung:	Cabriolet zweisitzig, Karosserie Horch, Zwickau
Antrieb:	Zweizylinder-Zweitakt-Reihenmotor, quer eingebaut
Leistung:	20 PS bei 3500 min^{-1}
Hubraum:	684 cm^3
Radstand:	2610 mm
Gesamtlänge:	3920 mm
Höchstgeschwindigkeit:	90 km/h
Kraftstoffverbrauch:	ca. 7 l/100 km
Gesamtproduktion:	74 995 Stück (alle Ausführungen), davon 3085 Luxus-Cabriolets
Bauzeit:	1935 – 1938
Modellbaujahr:	1937

A

A DKW Frontwagen und Motorräder waren das wirtschaftliche Rückgrat der Auto Union.
B Über einen Elektromotor wurde nur ein Scheibenwischer angetrieben, der Zweite über eine Verbindungsstange mitgeführt.
C Die attraktiven Front Luxus-Modelle verschafften DKW eine weitere Imageaufwertung.

B

Sportlich frisch
Audi Front 225 Roadster

A Ein Traum in Weiß: Wiedergeburt anlässlich des 100-jährigen Audi Jubiläums 2009.
B Die »1« auf dem Kühlerverschluss zierte seit 1923 als Wahrzeichen alle Audi Modelle und drückte den Anspruch aus, Wegbereiter zu sein.

Das für die 1932 gegründete Auto Union AG wichtigste, fundamentale Unternehmen waren die Zschopauer Motorenwerke, die unter dem Kürzel DKW eine der populärsten deutschen Kraftfahrzeugmarken prägten. Dazu gehörte auch die Audiwerke AG, die seit 1928 ausschließlich in DKW Besitz war. Die ersten beiden der vier Ringe der Auto Union standen damit bereits fest. Schon vorher hatte Rasmussen mit Audi versucht, in der Oberklasse Fuß zu fassen. Er ließ dafür eine technisch außerordentlich fortschrittliche Automobilkonstruktion entwickeln: Zentralkastenrahmen, Vollschwingachse, Sechszylindermotor und Frontantrieb – Avantgarde unter dem Blech.

Dieser neue Audi Front UW hatte aus technischer Sicht nur wenige Konkurrenten. Mit seinen 40 PS gehörte er auch zu den leistungsstärkeren Frontantriebswagen. Im Gegensatz zur Technik gerieten die Karosserien jedoch sehr konventionell und vor allem viel zu schwer. Das Sechszylinder-Triebwerk brachte nicht die – gerade von progressiv gesinnten Kunden besonders – erwartete spritzige Leistung. Durch zu starke Beanspruchung wurde das Öl im Motor oft viel zu heiß. Auch die Frontantriebsgelenke erwiesen sich als nur in engen Grenzen belastbar. Es sind daraufhin bis zum Jahresende 1934 einige Detailverbesserungen vorgenommen worden, die allerdings die Probleme nicht lösten. Der Verkauf entwickelte sich rückläufig. Die ursprüngliche Begeisterung für den technisch modernen Wagen verflog schnell.

Die Auto Union reagierte mit einem raschen Modellwechsel. Noch im Winter 1935 kam der überarbeitete Audi mit der Typenbezeichnung 225 heraus. Der 2,25-Liter-Motor stammte wieder von Wanderer und leistete nun 50 PS. Am auffälligsten aber waren die technischen Veränderungen am Fahrwerk. Die Aufhängung der Hinterräder erfolgte an breiten Querblattfedern ohne zusätzliche Längsstreben. Zur Verringerung der oft reklamierten Karosserieschwingungen des Vorgängers wurden die Querausleger des Zentralkastenrahmens an den Enden durch ein Längsprofil verbunden. Damit trat eine Stabilisierung des gesamten Aufbaues ein. Der Tank wanderte vom Motorraum nach hinten unter den Kofferraum. Im Innenraum war ein neuer Schalthebel zu finden. Bisher erfolgte die Gangwahl über eine Stange, die vom vor dem Motor liegenden Getriebe durch das Armaturenbrett führte und ein gebogenes Griffstück besaß – im Volksmund spöttisch als »Krückstockschaltung« bezeichnet. Um einem sportlich-hochwertigen Leitbild zu entsprechen, wurde der Schalthebel nun unterhalb der Armaturentafel herausgeführt. Das suggerierte eine Mittelschaltung und eine Getriebeanordnung hinter dem Motor.

A

85

B   149

Roadster
Eleganz

A Roadster-Leitbild pur – lange Motorhaube und tiefe Sitzposition.
B Der Audi 225 Front Roadster erntete zur IAMA 1935 in Berlin viel Lob.
C Sportlich-elegante Formgebung aus allen Blickpositionen.

In besonderer Weise erhoffte sich die Auto Union eine Belebung der Kundensympathien durch einen Blickfang auf der Internationalen Automobil- und Motorrad-Ausstellung in Berlin 1935: ein Roadster auf dem Fahrgestell des Audi Front 225. Seine lang gestreckte Motorhaube kam dem Inbegriff eines sportlich-eleganten Zweisitzers sehr entgegen.
Der Entwurf zur Karosserie stammte aus dem Konstruktionsbüro der Horch Werke. Er war Teil einer Entwurfsserie für Roadster aller vier Konzernmarken, die sämtlich Designmerkmale mit Familiencharakter in sich vereinten. Die Karosseriegestaltungen zeichneten sich durch eine hohe plastisch-ästhetische Qualität aus. Trotz der sich ähnelnden Formensprache hoben sich die einzelnen Modellmarken deutlich voneinander ab.

Der abgebildete Roadster ist eine im Auftrag der Audi Tradition entstandene Rekonstruktion auf einem originalen Fahrgestell eines Audi Front 225.

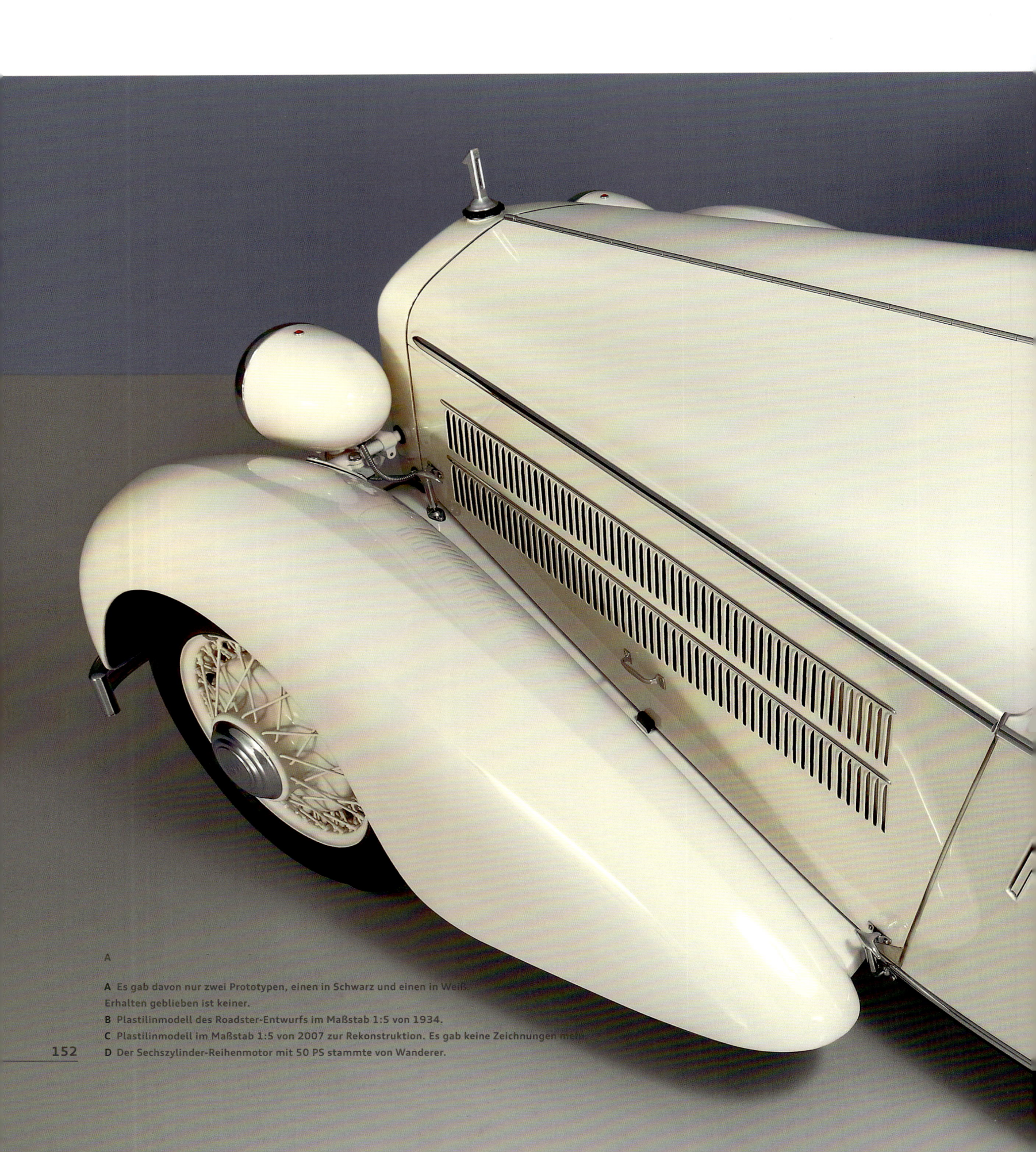

A

A Es gab davon nur zwei Prototypen, einen in Schwarz und einen in Weiß. Erhalten geblieben ist keiner.
B Plastilinmodell des Roadster-Entwurfs im Maßstab 1:5 von 1934.
C Plastilinmodell im Maßstab 1:5 von 2007 zur Rekonstruktion. Es gab keine Zeichnungen mehr.
D Der Sechszylinder-Reihenmotor mit 50 PS stammte von Wanderer.

B C D

Ausführung:	Roadster zweisitzig, Karosserie Horch, Zwickau, rekonstruiert
Antrieb:	Sechszylinder-Viertakt-Reihenmotor, längs eingebaut
Leistung:	50 PS bei 3500 min^{-1}
Hubraum:	2257 cm³
Radstand:	3100 mm
Gesamtlänge:	4500 mm
Höchstgeschwindigkeit:	115 km/h
Kraftstoffverbrauch:	ca. 15 Liter
Gesamtproduktion:	2586 Stück und zwei Roadster
Bauzeit (ges. Baureihe):	1935 – 1938
Modellbaujahr:	1935

Offene Faszination
Horch 855 Special-Roadster

Die Horch Baureihe 800 mit Fünf-Liter-Reihenachtzylinder hatte mit dem Debüt des Sportcabriolets Typ 853 bereits ein Highlight im Programm, das lebhaften Kundenzuspruch fand – die Vielzahl an Bestellungen ließ das deutlich erkennen. Allerdings rechneten die Horch Werke in der Entwicklungsphase nicht mit einer solchen Resonanz. Die sehr kurzfristig eingeleitete Serienentwicklung führte zu fast unvermeidlichen – verniedlichend als »Kinderkrankheiten« bezeichneten – Schwächen, sodass sich der Arbeitsschwerpunkt vorrangig auf deren Abstellung konzentrierte. Gleichzeitig zogen die Horch Werke noch ein Ass aus dem Ärmel. Sie hatten einen weiteren »Hingucker« parat. Auf dem verkürzten Fahrgestell eines Typs 853 entstand unter dem Typencode 855 ein hinreißend gestalteter, zweisitziger Spezialroadster – der Innbegriff eines Fahrzeugs für den sportlich ambitionierten, wohlhabenden Individualisten. Präsentiert wurde er aber nicht auf der Automobilausstellung am Berliner Kaiserdamm, sondern gewissermaßen nebenan im Filmtheater »Capitol«. Besonders pikant: Der Wagen sollte eine Kompressoraufladung erhalten, die sich 1935 noch im Versuchsstadium befand.

Chromglänzendes Charaktergesicht mit beeindruckender Ausstrahlung.

5

A Der Special-Roadster gehört neben dem Horch 853 Sportcabriolet zu den schönsten Klassikern der 1930er-Jahre.
B Karosseriegestaltung made by Horch – edel, elegant, sportlich. Der letzte 855 von nur sieben Exemplaren.
C Im Chromaufsatz des Vorderkotflügels integrierter Nebelscheinwerfer.
D Dieser Aufbau wurde von Gläser/Dresden gefertigt; vorherige kamen von Erdmann & Rossi und von Horch selbst.
E Ergänzende Karosserieelemente folgten der Stromlinienform, hier der Suchscheinwerfer mit angeformten Griff.

C, D   E

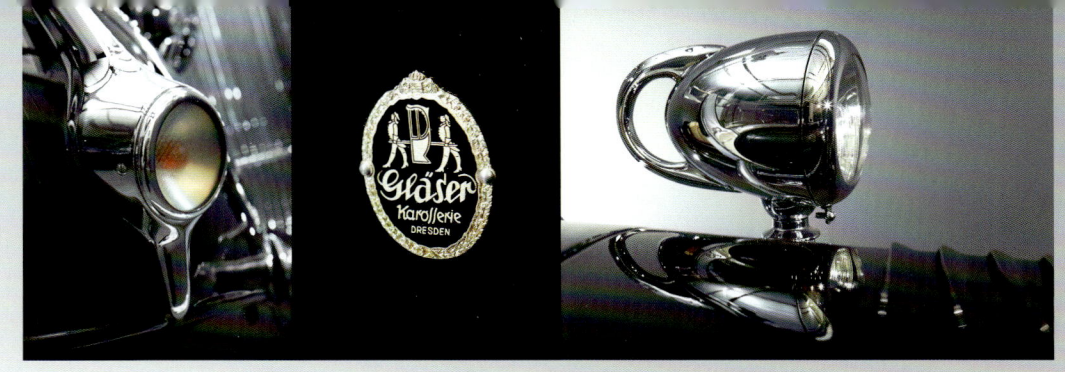

Mit einem Radstand von 3300 mm bei einer Gesamtlänge von 5230 mm zeigte der 855 für einen Zweisitzer lang gestreckte, elegante Proportionen. Dem Leitbild einer Verbindung von Sportlichkeit und Luxus folgte die Linienführung bis ins Extreme. So wurde die Brüstungslinie durch eine Chromleiste betont, welche die bereits äußerst lang gestreckte Motorhaube noch länger erscheinen ließ. Die Leiste verlief – leicht abfallend – geradlinig bis zum Ende der Motorhaube, um dann in einem sanften Schwung den Fahrgastraum zu umspielen. Die Einzelkotflügel wurden nicht über ein Trittbrett miteinander verbunden und wie Stromlinienkörper tropfenartig ausgeformt. Zusammen mit dem spitz auslaufenden Heck suggerierten sie Geschwindigkeit und gute Aerodynamik. Der Einfluss der Stromlinie als Stilmittel trat deutlich hervor. Seitliche, über die Lüftungsschlitze der Motorhaube sowie über die Scheitelpunkte der Kotflügel laufende Chromleisten streckten die Gesamterscheinung

A

A Kunstvolles Interieur – selbstverständlich in kunstvoller Handarbeit gefertigt.
B Kein Kofferraum, sondern aufgeklappt die Lehne des Notsitzes.
C Die Tropfenform als wiederkehrende Interpretation des Stromliniendesigns – auch bei den Einstiegshilfen für den Notsitz.
D Der schlanke »Body« und die tropfenförmigen Kotflügel verliehen der Wagenskulptur auch von oben eine windschnittige Erscheinung.
E Der Special-Roadster hinterließ auch mit Verdeck einen perfekten Eindruck.

des Wagens zusätzlich. Dem schön geschneiderten Blechkleid gab ein darunterliegendes Holzgerippe aus lange abgelagertem Eschenholz seine Stabilität.

In Serie ging der Typ 855 nie. Erst 1938 wurde ein weiterer Prototyp, ausgestattet mit dem gleichen Achtzylinder-Reihenmotor wie das Horch 853 Sportcabriolet, auf der Berliner Ausstellung gezeigt. Der Roadster erzielte durch sein etwas niedrigeres Gewicht eine Spitzengeschwindigkeit von etwa 140 km/h. Die Horch Triebwerke erhoben nie den Anspruch auf sportliche Höchstleistungen, sondern auf seidigen Lauf und hohe Zuverlässigkeit auf langen Strecken. Die Karosserien wurden bei den Firmen Horch, Gläser oder Erdmann & Rossi geschneidert. Mit nur sieben ausgelieferten Exemplaren ist der Horch 855 eine absolute Rarität geblieben.

Ausführung:	Roadster zweisitzig und Notsitz, Karosserie Gläser, Dresden
Antrieb:	Achtzylinder-Viertakt-Reihenmotor, längs eingebaut
Leistung:	120 PS bei 3400 min^{-1}
Hubraum:	4944 cm^3
Radstand:	3300 mm
Gesamtlänge:	5230 mm
Höchstgeschwindigkeit:	140 km/h
Kraftstoffverbrauch:	ca. 22 l/100 km
Gesamtproduktion:	7 Stück
Bauzeit:	1935 – 1939
Modellbaujahr:	1939

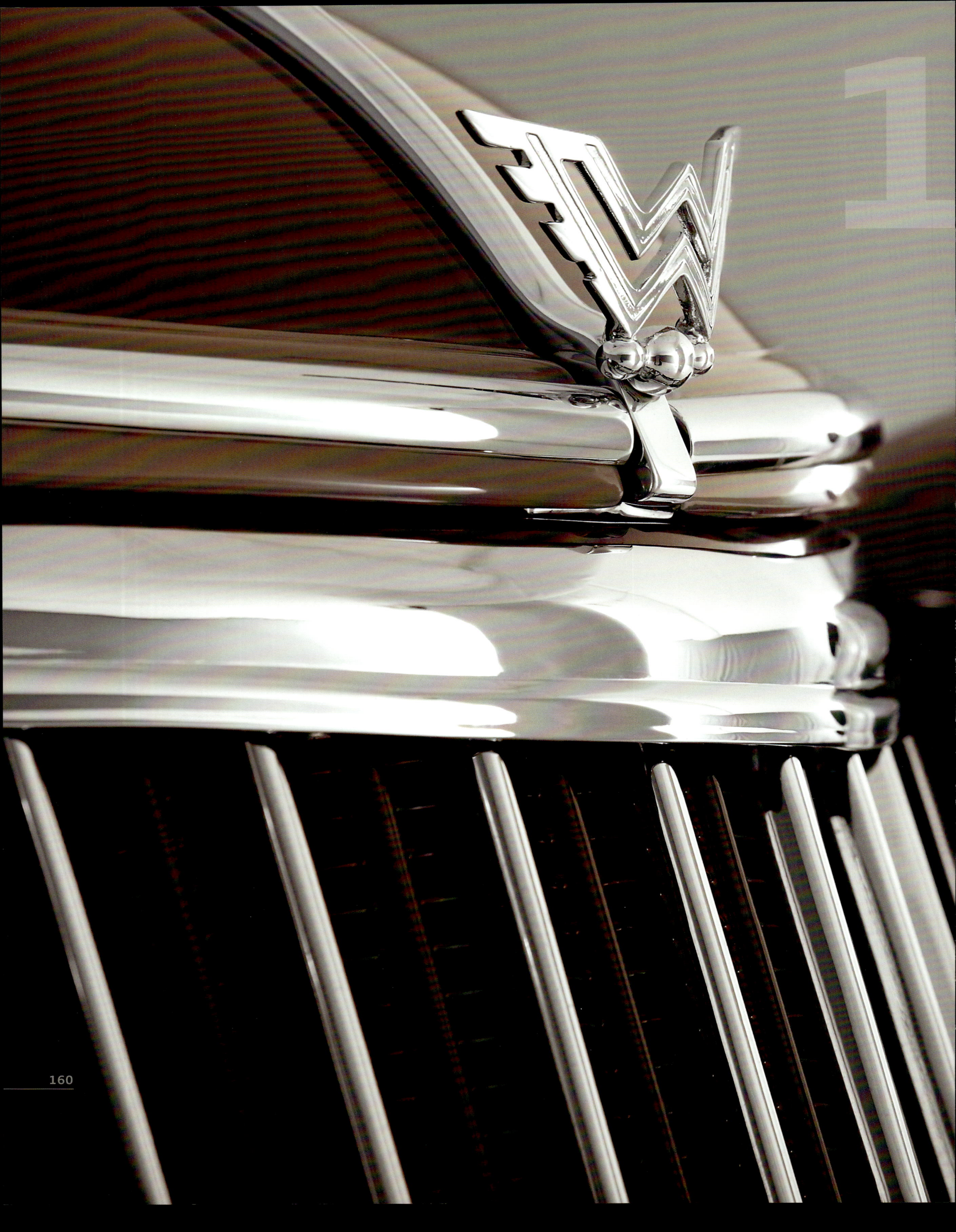

Sportliche Rasse
Wanderer W 25 K Cabriolet

Bei der neuen Karosserielinie gab es keinen außenliegenden Kühlerverschluss mehr. Das Flügel-W saß an der Motorhaubenspitze auf dem Endstück der verchromten Mittelleiste.

Die Auto Union sah ab 1934 ein klar aufeinander abgestimmtes Produktprogramm für ihre vier Marken vor. Dabei fiel auch die Entscheidung, für jede Marke ein sportliches Fahrzeug zu entwickeln. Im Wanderer Sportwagen sollte wie im Horch Special-Roadster ein Motor mit Kompressoraufladung eingesetzt werden.

Geplant war eine gemeinsame Präsentation zur Internationalen Automobil- und Motorrad-Ausstellung in Berlin 1935 – alle vier Wagen sollten gleichzeitig im Rampenlicht stehen. In der Karosserie-Entwurfsphase entstanden durch Plastilinmodelle im Maßstab 1:5 emotional sehr ansprechende Designs. Im Vergleich der Sportmodelle der vier Marken war eine gemeinsame formale Identität zu entdecken. Sowohl wiederkehrende Gestaltungselemente als auch eine verwandte plastische Stilistik machten trotz der verschiedenen Leistungsklassen die Zugehörigkeit zur Auto Union klar erkennbar.

Der W 25 K verpasste jedoch seinen Auftritt zur Automobilausstellung 1935. Fahrwerk und Motor bedurften noch einiger Überarbeitung, sodass der Aufzug im Scheinwerferlicht erst 1936 erfolgen konnte. Das für den Vierzylinder-Wanderer W 24 neu entwickelte Fahrgestell mit der von DKW bekannten, konstruktiv angepassten Schwebeachse hinten und der Einzelradaufhängung vorn bildete die technische Basis. Als Motor diente ein Sechszylinder mit zwei Litern Hubraum, der auf die 40-PS-Porsche-Konstruktion zurückzuführen war. Um die Leistung zu steigern, wurde das Aggregat in vielen Details verbessert und mit einem Kompressor zwischen Vergaser und Ansaugkrümmer kombiniert. Die technischen Angaben waren beeindruckend: Sechszylindermotor mit Kompressor, 85 PS, 145 km/h – das waren damals echte Sportwagenwerte und beste Verkaufsargumente. Vor allem das Wort »Kompressor« besaß einen magischen Symbolwert. Hier stieß die Auto Union jedoch nicht nur in der Entwicklungsphase, sondern auch während der Serienfertigung fortwährend an technische Grenzen. Insbesondere sorgte die sehr hohe Drehzahl des permanent mitlaufenden Roots-Gebläses von 9200 min^{-1} für mechanische Probleme. Auch die Aufbereitung des Kraftstoff-Luftgemischs blieb ein kompliziertes Thema.

A Sportfahrerin mit typischen Accessoires: Lederhandschuhe und Staubkappe.
B Neues Gesicht bei Wanderer ab 1936 mit nach außen gewölbter Bugmaske.
C Sowohl Cabriolet als auch Roadster begeisterten durch ihre faszinierende Linienführung.

Aerodynamik

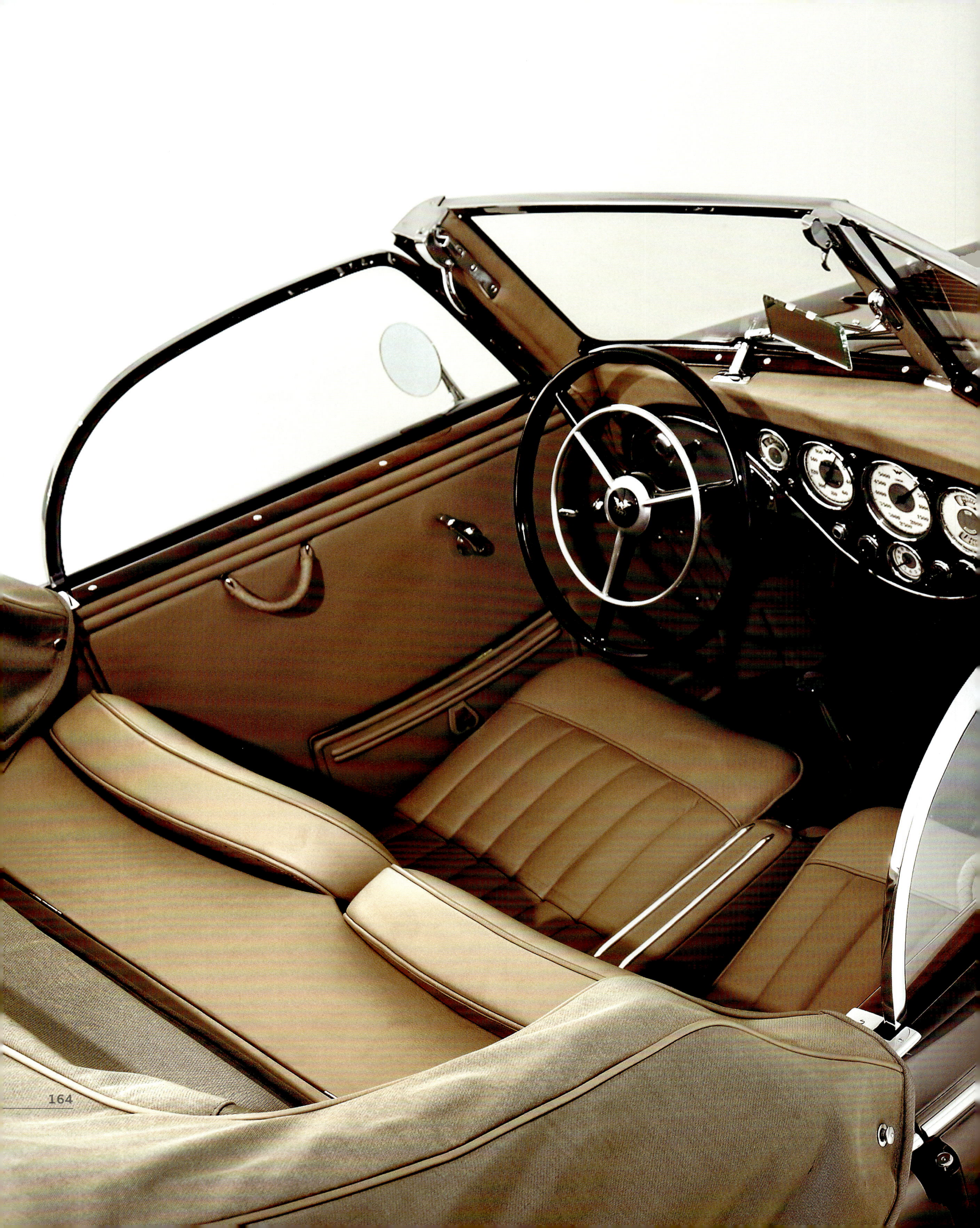

Schwungvoll-rassige Sportlichkeit auch hinter dem Lenkrad.

Ausführung:	Cabriolet zweisitzig, Karosserie Baur, Stuttgart
Antrieb:	Sechszylinder-Viertakt-Reihenmotor, Kompressor, längs eingebaut
Leistung:	85 PS bei 4000 min^{-1}
Hubraum:	1950 cm³
Radstand:	2650 mm
Gesamtlänge:	4360 mm
Höchstgeschwindigkeit:	140 km/h
Kraftstoffverbrauch:	ca. 20 l/100 km
Gesamtproduktion:	260 Stück (Roadster und Cabriolet)
Bauzeit:	1936 – 1938
Modellbaujahr:	1938

A

B

C

D

Trotz aller Schwierigkeiten war das Publikum begeistert – die rassige Ausstrahlung des W 25 K erregte einfach Emotionen. Neben dem Roadster wurde ab Mai 1936 auch ein Cabriolet angeboten. Mit stabilem Allwetterverdeck und Seitenscheiben zum Kurbeln besaß es die besseren Gebrauchseigenschaften.
In der Karosseriegestaltung unterschieden sich beide Varianten im Bereich der Brüstungslinie am deutlichsten. Die Führung der umlaufenden Chromleiste zeigte im Bereich der Seitentür nicht mehr den kecken Schwung nach unten und um den Fahrgastraum herum. Bedingt durch die Versenkbarkeit der Seitenscheiben wurde die Brüstung waagerecht weitergeführt. Dadurch erschien die Karosserie nicht so flach wie die des Roadsters, wirkte aber gestreckter und erhielt eine stärkere Eleganz. Das Erscheinungsbild wurde dadurch hochwertiger.

Beide Karosserien wurden bei Baur in Stuttgart hergestellt. Vom Cabriolet verließen 140 Exemplare das Auto Union Werk Siegmar/Chemnitz.

A Das »K« im Zusatz stand für den Kompressor, der den Sechszylindermotor stärker beatmete.
B Verchromte und elegant geschwungene Sturmstangen hielten das Verdeck straff.
C Die Heckgestaltung der Auto Union Sportwagen zeigte deutlichen Familiencharakter.
D Ein W 25 K Cabriolet bei einer Demonstration seiner Leistungsfähigkeit auf der AVUS-Steilkurve in Berlin 1937.

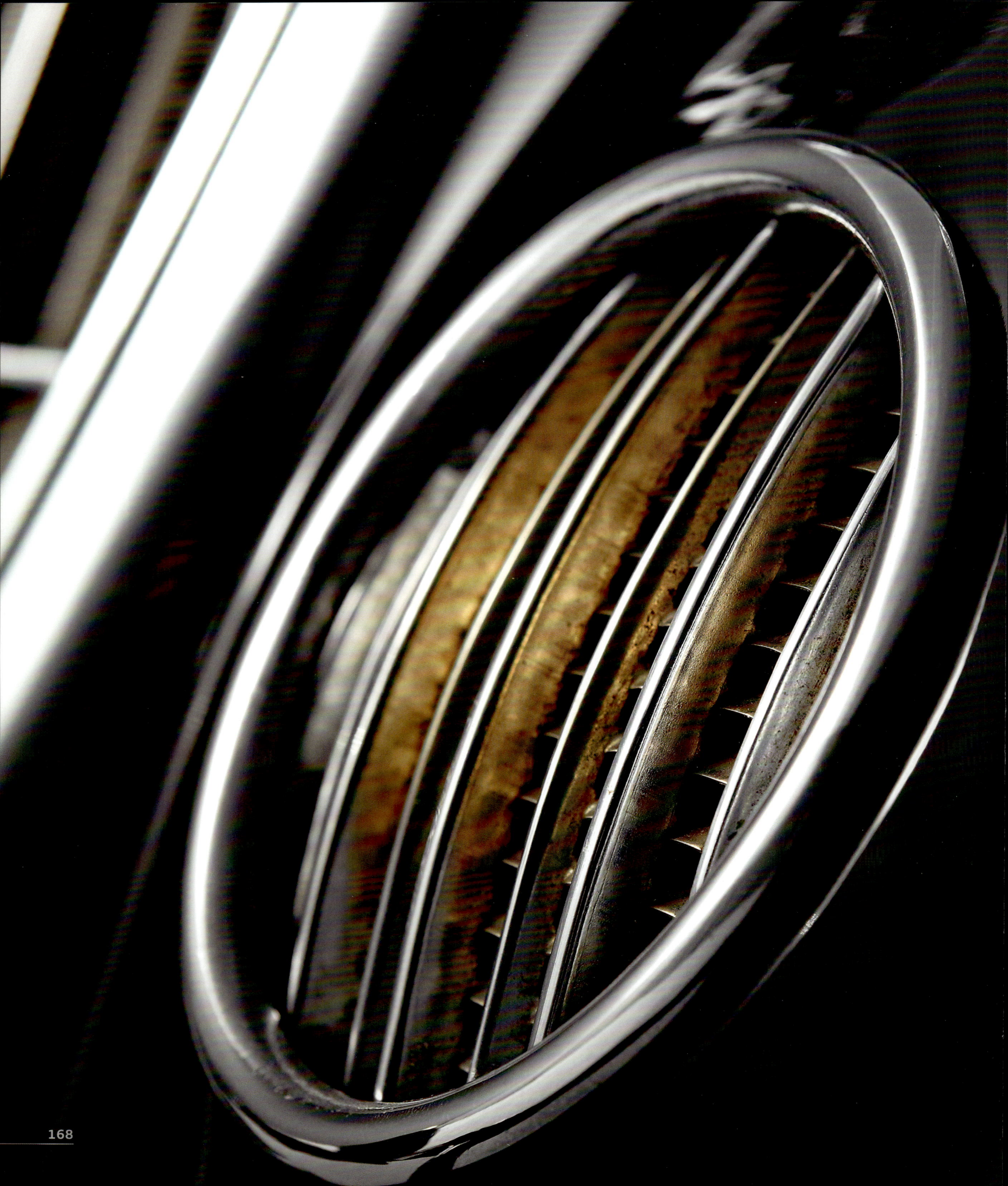

Hinter dem ringförmig eingefassten Chromgitter verbarg sich die Hupe.

1937
Amerikanische Anleihen
Wanderer W 52 Cabriolet

Die Wanderer Modelle W 51 von 1936 und W 52 aus dem darauffolgenden Jahr stellten wiederum eine Zäsur im Wanderer Design dar. Ihre Einführung bedeutete die Abkehr vom soliden, konservativen Mittelklasse-Image. Wie bei den meisten deutschen Marken übte das amerikanische Styling einen zunehmenden Einfluss auf die Karosseriegestaltung aus. Große Räder, stärker bombierte Flächen, stärker in die Gesamtform integrierte Komponenten und mehr Chromleisten prägten die Neuentwicklungen. Die amerikanischen Fahrzeuge wiederum waren in ihrer typischen Formgebung auf die technologischen Bedingungen der Massenfertigung abgestimmt. Dabei wirkte sich die aufkommende Ganzstahlbauweise auf die Auslegung der Karosserieformteile aus. Die große Akzeptanz von ausländischen, vorwiegend amerikanischen Fahrzeugen bei der deutschen Käuferschaft sowie eine zukünftige Ausrichtung auf den Export veranlasste die Konzernführung, entsprechende Entwicklungsaufträge auszulösen. In diesem Zuge änderte sich die Rolle von Wanderer. Die Marke entwickelte sich vom Nachahmer zum Vorreiter des neuen, modernen, auf Wiedererkennbarkeit ausgerichteten Konzerndesigns. So war der W 51 die erste Limousine, der W 25 K der erste Sportwagen mit dem neuen Auto Union Erscheinungsbild. Besonders ins Auge fiel die ganz anders anmutende Frontgestaltung. Die nach außen gewölbte Bugmaske trug den neuen »Visierkühler«, einen wappenartigen Kühlergrill, der mit einem Chromrahmen umfasst und von einem innenliegenden, grobmaschigen Gitternetz aus Chromleisten betont wurde.

A

Die Vorderkotflügel waren wulstiger ausgebildet. Sie schlossen über einen plastisch ausgeformten Übergang an die Motorhaube an. Darüber wurden die Scheinwerfer seitlich an der Bugmaske montiert. Genau unter den Frontscheinwerfern saßen kreisrunde Hupengitter, die ebenfalls mit Chromleisten eingefasst waren. Sie stellten ein weiteres Merkmal der bis zum Januar 1939 gefertigten Wanderer Modelle dar. Die Gesamtform orientierte sich an der damaligen Auffassung einer Stromlinienkarosserie. Radien waren noch größer und Flächen noch stärker gewölbt als bisher. Der bei vielen Automobilen aus dieser Zeit noch wie angesetzt wirkende, kastenartige Kofferraum verschwand in einer integrierten Heckform.

B

A Die kompakte, glattflächige Cabriolet-Karosserie kam von Horch.
B Der W 52 zeigte genauso wie vorher der W 51 die neue Formensprache der Auto Union ab 1936.

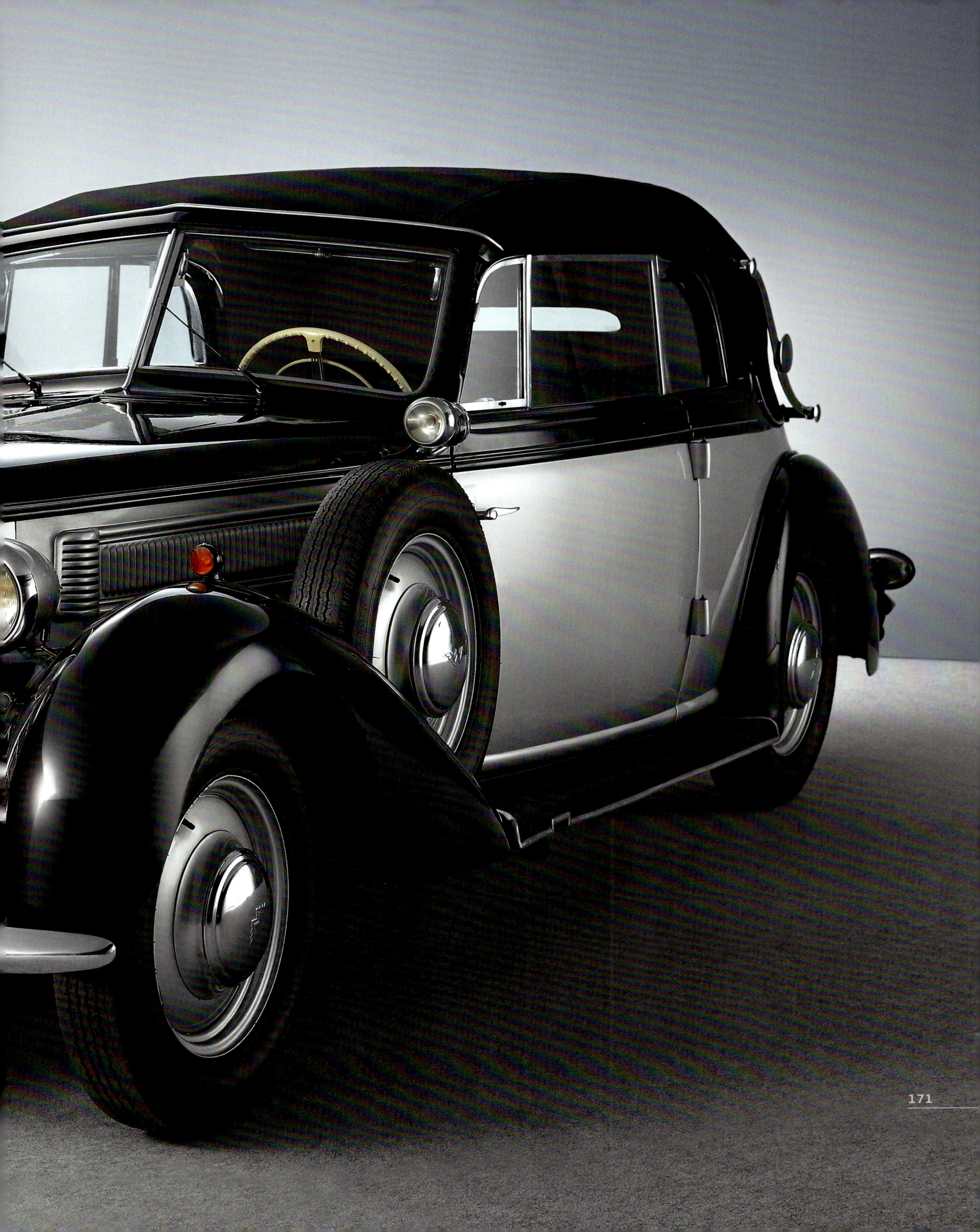

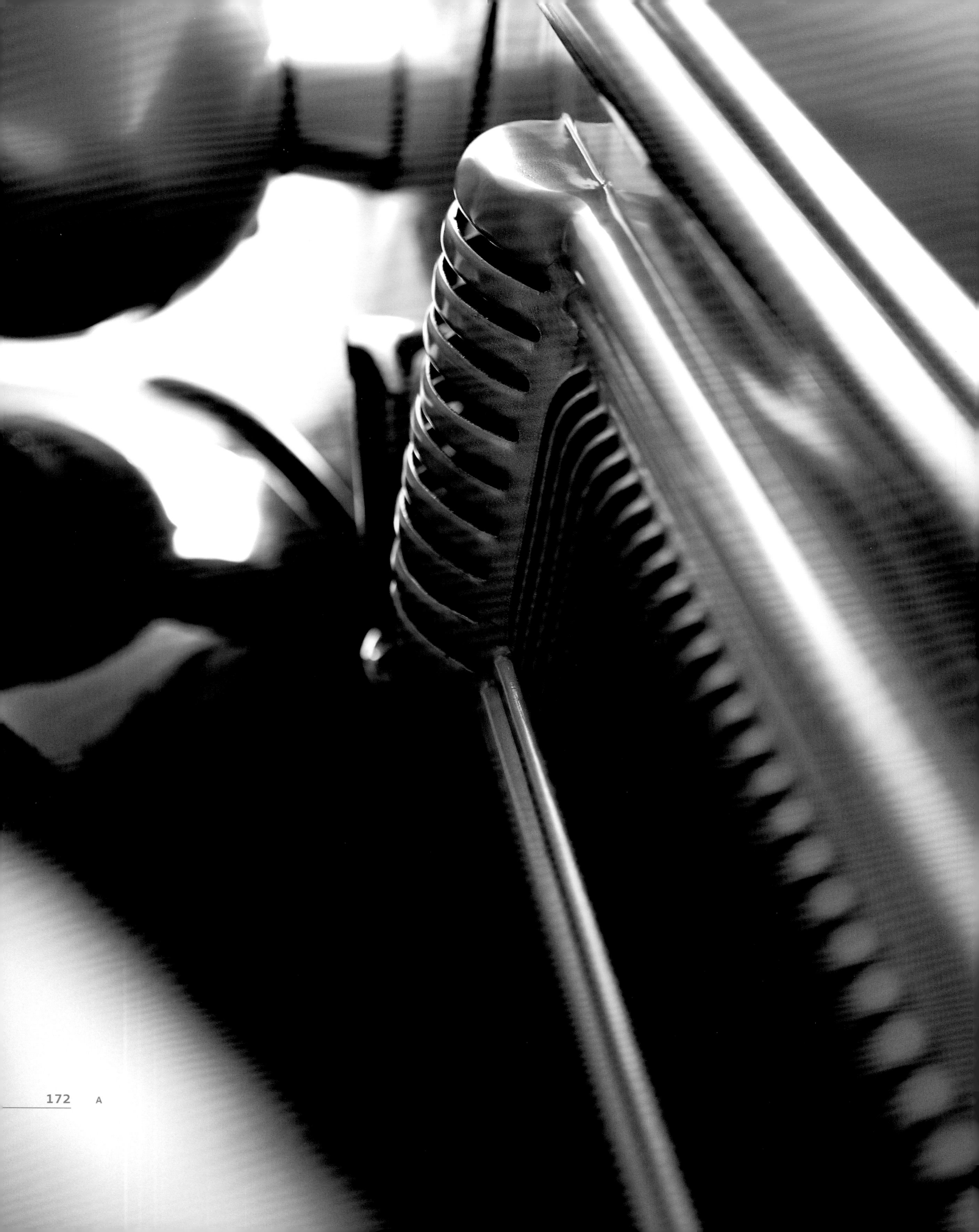

B

C

Ausführung:	Cabriolet viersitzig, Karosserie Horch, Zwickau
Antrieb:	Sechszylinder-Viertakt-Reihenmotor, längs eingebaut
Leistung:	62 PS bei 3500 min^{-1}
Hubraum:	2651 cm³
Radstand:	3000 mm
Gesamtlänge:	4620 mm
Höchstgeschwindigkeit:	115 km/h
Kraftstoffverbrauch:	ca. 16 l/100 km
Gesamtproduktion:	1394 Stück (Limousine und Cabriolet)
Bauzeit:	1937 – 1938
Modellbaujahr:	1937

Zwei Ersatzräder wurden vorn – seitlich neben der Motorhaube – in Kotflügelmulden platziert. Damit konnte die Heckklappe leichter und frei zugänglich konstruiert werden. Eine dynamischere Ausstrahlung erfuhr die Karosserie durch einen dezenten Knick in der Fahrzeugmittelachse, der sich von der Motorhaube bis über die Heckklappe erstreckte. Die durch einen Mittelsteg geteilte Frontscheibe wurde mit einbezogen und V-förmig angestellt. Dieses Gestaltungsprinzip fand daraufhin bei vielen späteren Auto Union Modellen Anwendung.

Das Interieur zeigte gegenüber dem Vorgänger komfortablere Züge. Ein hochwertiges Holzarmaturenbrett beherbergte einen zentralen Instrumententräger aus Bakelit.

Der W 52 erschien im Frühjahr 1937. Seine Antriebskraft schöpfte er aus einem neuen 2,7-Liter-Sechszylindermotor mit seitlicher Ventilanordnung. Das Aggregat entwickelte eine Leistung von 62 PS. Die einfachere und reparaturfreundlichere Konstruktion löste den bisherigen Porsche Sechszylinder ab. Günstigere Herstellungskosten dieser neuen Motorengeneration erlaubten auch eine Senkung des Verkaufspreises. Das Fahrwerk war identisch mit dem des leistungsschwächeren W 51. Der Aufbau des Cabriolets wurde in den Horch Werken gefertigt. Als Zwischentyp war dem W 52 bis zum Serienlauf des Nachfolgemodells W 23 nur eine kurze Produktionsdauer von neun Monaten beschieden. In dieser Zeit entstanden immerhin 834 Fahrzeuge dieses Typs.

A Prinzipielle Gestaltungselemente bei Auto Union Wagen wurden entsprechend der Fahrzeugklasse in ihrer Wertigkeit unterschiedlich ausgeführt.
B Reduziert gestaltete Armaturentafel mit einem zentral angeordneten Schalter- und Instrumentenblock.
C Das Karosseriedesign ließ amerikanisches Styling mit stärker gewölbten Flächen anklingen.

1937
Langstreckenluxuscabriolet
Horch 951 A Sedan-Cabriolet

Reichhaltige Ausstattung wie in einem Flugzeugcockpit: Auch hier galt das Gestaltungsprinzip der Symmetrie.

Dieses Sedan-Cabriolet hält gleich mehrere »Rekorde«. Mit seinem stattlichen Ausmaß von 5640 mm ist es das längste je gebaute Fahrzeug der Marke Horch. Auch als Pullman-Limousine und -Cabriolet erhältlich, waren die 951 A mit einem Leergewicht von 2810 bis 2950 kg zugleich die schwersten Horch Wagen. Der hohe Anteil an Handarbeit bei der Karosseriefertigung und die aufwendige Innenausstattung machten sie schließlich auch zu den teuersten Horch Serienfahrzeugen. Für ihren Gegenwert bekam man auch ein Einfamilienhaus! Die Kunden, die für dieses Automobil solch einen stattlichen Betrag aufbrachten, waren rar und verlangten nach größtmöglicher Individualität vor allem beim Interieur.

Die beste Adresse für Sonderkarosserien – insbesondere für die Berliner High Society mit ihren Spezialwünschen – war natürlich Erdmann & Rossi – Joseph Neuss in Halensee. Aufbauten für die Pullman-Limousinen fertigten die Horch Werke in ihrem Zwickauer Karosseriebau selbst und genügten damit höchsten Qualitätsansprüchen. Ebenso feine Pullman-Cabriolets lieferte Gläser aus Dresden

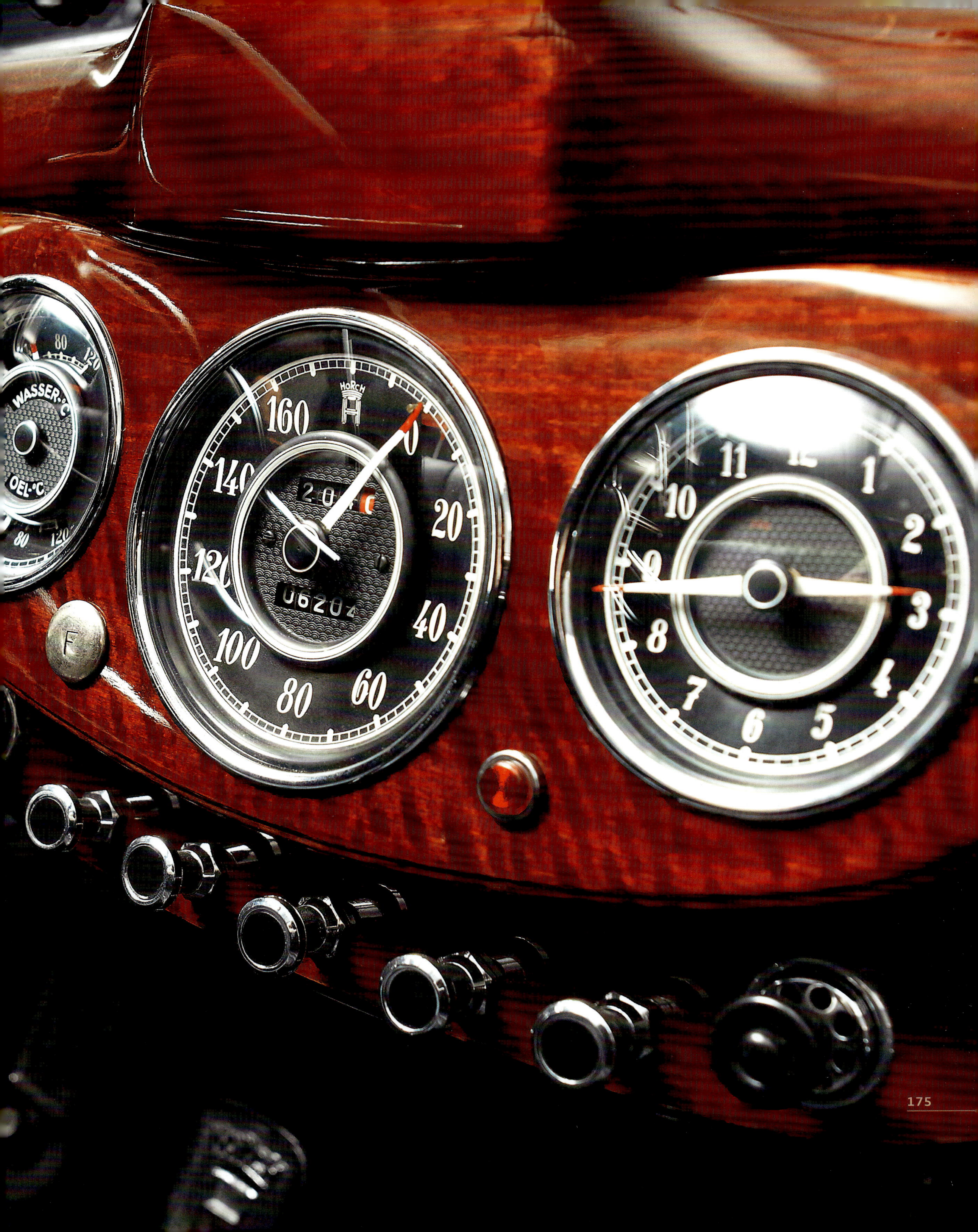
WASSER-°C
OEL-°C
HORCH
F

IIA-567650

Elegant
osant

A Die Sedan-Cabriolet-Karosserie fertigte Erdmann & Rossi/Berlin.
B In den 1930er-Jahren war Horch nicht umsonst deutscher Marktführer im Luxussegment.

A Die Details passen zueinander: verchromte Türgriffe und Rückleuchteneinfassungen.
B In der voluminösen Trennwand war eine gut ausgestattete Bar, ein Lautsprecher und ein Stauraum untergebracht.
C Der Horch 951 hatte stattliche Dimensionen.

A

Das hier vorgestellte Sedan-Cabriolet entwarf Johannes Beeskow, der Jahrzehnte im Dienst von Erdmann & Rossi stand und viele edle Aufbauten auf Kundenwunsch kreierte. Beeskow begann 1925 als Gestalter beim Karosseriebauer Josef Neuss in Berlin und stieg später – nach der Vereinigung von Neuss und Erdmann & Rossi – zum Chefkonstrukteur des Unternehmens auf. In dieser Zeit zeichnete er mehrere exklusive Horch Cabriolets auch auf dem Chassis 951 A.

Trotz seiner imposanten Größe wies der Aufbau eine sehr elegante, nicht zu massiv wirkende Karosserielinie auf. Durch die bereits in der Hintertür abfallende, zum spitzen Heck zulaufende Brüstungslinie erschien das Sedan-Cabriolet dynamischer als die Pullman-Varianten. Lange Geraden und weich verlaufende Kurven vermittelten trotz großer Flächen den Eindruck einer gewissen sportlichen Eleganz. Der Innenraum beeindruckte durch makellose Verarbeitung und ein geradezu fürstliches Platzangebot. Auffallend war die für ein Cabriolet nicht übliche Trennwand. Sie beherbergte eine extravagante Besonderheit – eine Bar.

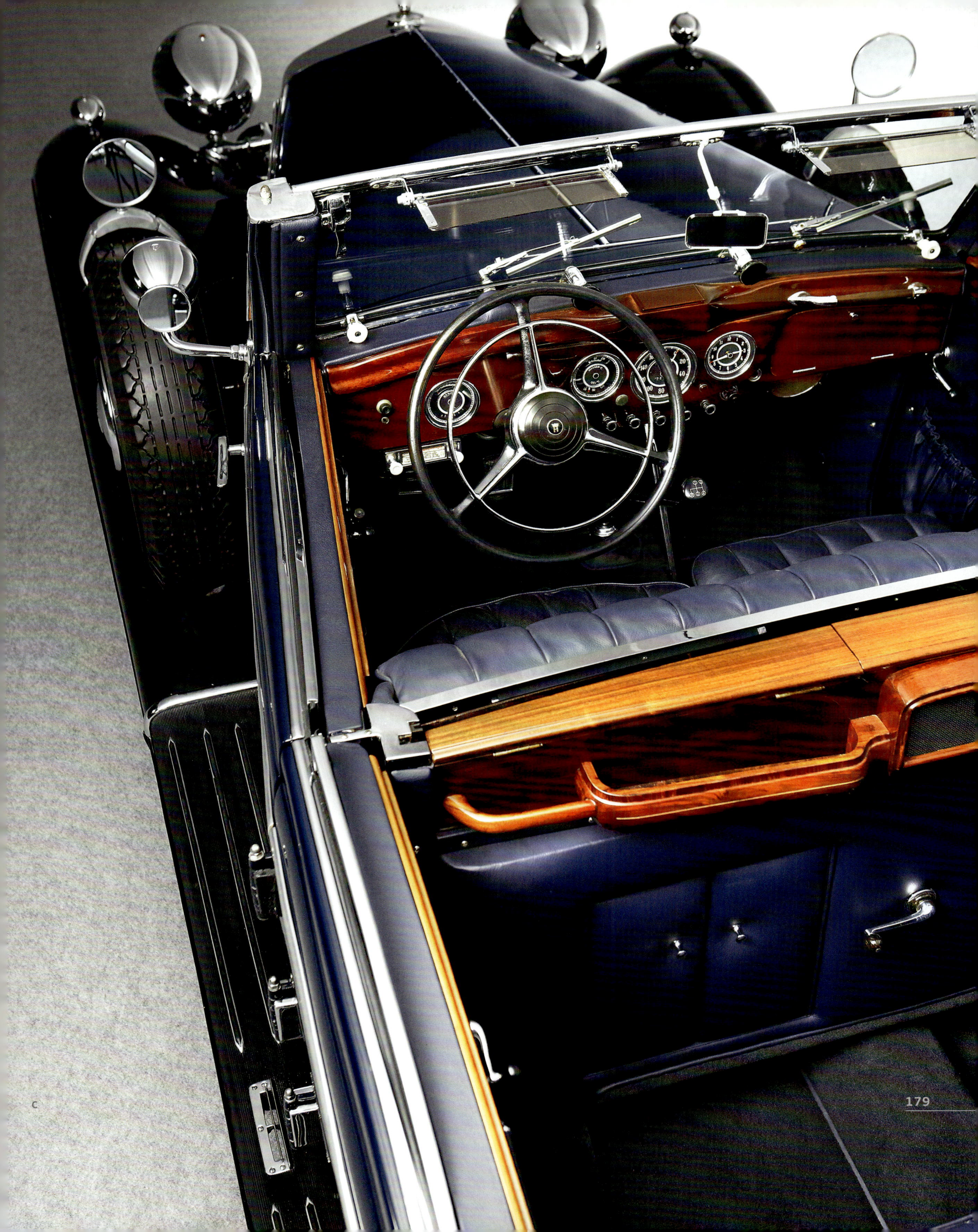

180

A Von vorn sah der fast drei Tonnen schwere Horch dennoch nicht massiv aus.
B Der Horch 951 als Pullman-Limousine.
C Als Pullman-Cabriolet mit halb und vollständig zurückgeschlagenem Verdeck.

Ausführung:	Sedan-Cabriolet viersitzig, Karosserie Erdmann & Rossi, Berlin
Antrieb:	Achtzylinder-Viertakt-Reihenmotor, längs eingebaut
Leistung:	120 PS bei 3400 min^{-1}
Hubraum:	4944 cm^3
Radstand:	3745 mm
Gesamtlänge:	5640 mm
Höchstgeschwindigkeit:	135 km/h
Kraftstoffverbrauch:	ca. 22 l/100 km
Gesamtproduktion:	365 Stück
Bauzeit:	1937 – 1940
Modellbaujahr:	1937

1938

Solide Dynamik
Audi 920 Cabriolet

Bei ihrer ersten Beteiligung an der Internationalen Automobil- und Motorrad-Ausstellung 1933 hatte die Auto Union AG einen Audi mit Vorderradantrieb präsentiert. Er ging zurück auf die Idee von Rasmussen, den bei den DKW Kleinwagen so erfolgreichen Frontantrieb auch in der Mittelklasse zu etablieren. Die Prototypen waren damals in sehr kurzer Zeit – und von den Konstrukteuren des DKW Front – auf die Räder gestellt worden. Die zwangsläufigen Folgen zeigten sich in einer Reihe von Anfangsschwächen der Wagen, was allerdings damals bei Neuvorstellungen sämtlicher Hersteller nicht ungewöhnlich war.

Als Hauptprobleme hatten sich bald das zu hohe Fahrzeuggewicht und die zu geringe Lebensdauer der Antriebsgelenke herausgestellt. Schon im Jahr 1935 ergaben sich daraus innerhalb der Auto Union Grundsatzdebatten zwischen den Vertriebsleitern und dem Konzernvorstand, in denen es um die künftige Profilierung oder die völlige Einstellung der Audi Produkte ging. Von der Vertriebsseite wurde vor allem angenommen, dass die Audi Verkäufe zu Lasten von Wanderer gingen. Durch die Aufgabe des Audi Markenpotenzials glaubten sie, größere Vorteile für den Verkauf der Mittelklassewagen aus Siegmar-Schönau ziehen zu können.

Die Marke Audi stand an einem Scheidepunkt. Der Konzernvorstand erwies sich jedoch dabei als weitsichtig. Er erkannte die Gefahr für den Ersten und damit für alle der Vier Ringe! Als wichtigste Voraussetzung für deren Erhalt ist ihre strategische Neuausrichtung umgehend in Angriff genommen worden. Anfang 1936 wurde daraufhin ein neuer Entwicklungsauftrag erteilt, dessen Schwerpunkt in der Betonung von Dynamik und Sportlichkeit lag. Der neue Audi sollte ein Automobil für Kunden sein, die einen starken, aber keinen großen Wagen wollten.

Stromlinie und amerikanische Merkmale sind unverkennbar.

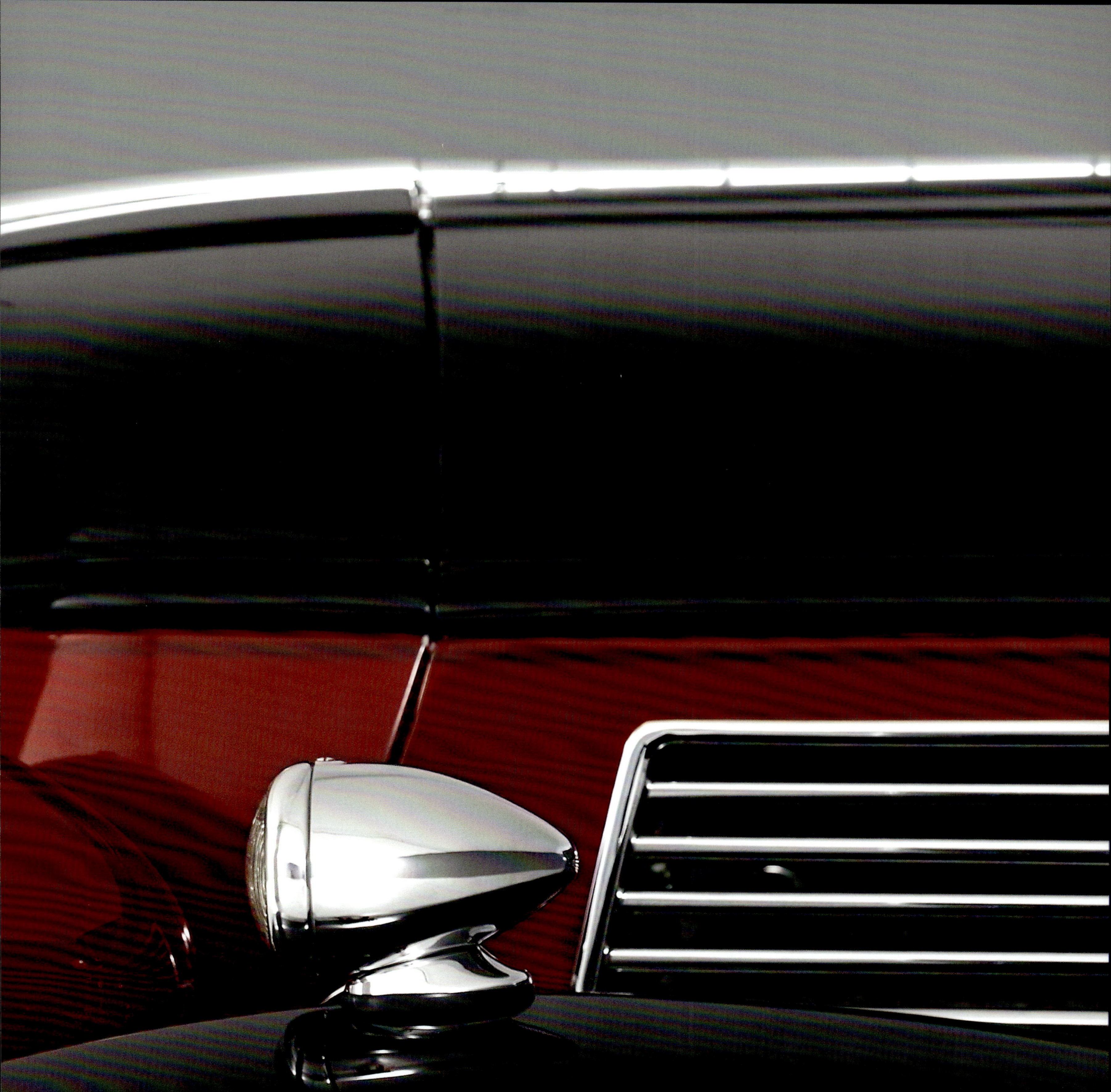

Ende 1938 war ein neuer, von Horch eigentlich für andere Zwecke entwickelter Sechszylindermotor mit 75 PS serienreif geworden. Er bot beste Voraussetzungen für den neuen Audi. Da die Lebensdauer und Verschleißfestigkeit der bisherigen Frontantriebsgelenke mit zunehmender Motorleistung rapide zurückging, wurde aber die Rückkehr zum Hinterradantrieb unausweichlich. Damit war nach nicht einmal vier Jahren die Abkehr vom Frontantrieb bei Audi besiegelt.

Als der Öffentlichkeit 1939 der neue Audi mit der Typenbezeichnung 920 präsentiert wurde, zeigte er sich formal wie technisch hochwertig im Ausdruck. Die Auto Union Gene waren unverkennbar, aber gleichzeitig offenbarte sich auch eine spezifische Eigenständigkeit, die fortan als Audi typisch galt. Daraufhin klärte sich auch endgültig die Ansiedlung der Marke im Portfolio der Vier Ringe. Im direkten Vergleich war der Wagen in nahezu allen Kriterien dem Sechszylinder-Wanderer überlegen und schloss damit die Lücke in der oberen Mittelklasse zum Horch Programm.

Die neue Karosserielinie ließ die Designauffassung mit amerikanischen Anleihen erkennen, die mit dem Wanderer W 51 eingeleitet und mit dem W 23 präzisiert wurde. Im Zuge der größeren Rationalisierung der Fertigung sind Fahrwerksrahmen sowie Karosseriewerkzeuge vom Wanderer W 23 übernommen worden. Durch geschicktes »facelifting« und einige Detailveränderungen unterschied sich der Audi 920 deutlich von den anderen Modellen des Konzerns. Insbesondere die um ca. 200 mm längere Motorhaube mit der stromlinienförmigen Frontmaske, den quergliedernden Chromstreben vor dem Kühler und den seitlichen Lüftungsöffnungen verliehen ihm eine deutlich artikulierte Eigenständigkeit. Die Produktpalette beschränkte sich auf zwei Karosserievarianten: eine Sechs-Fenster-Limousine und ein Cabriolet. In den Horch Werken entstand der Limousinenaufbau, von Gläser aus Dresden kamen die Cabriolets.

Der Audi 920 verkörperte schlüssig das Gesamtkonzept eines sportlichen, dynamisch-eleganten Automobils der gehobenen Mittelklasse – hervorragender Motor, sehr gutes Fahrwerk, gelungene Karosserie, moderner Innenraum. Vom Start an verkaufte er sich gut. Eine besondere Ausstrahlung übte die Cabriolet-Ausführung aus; sie überzeugte die Kunden anfangs mehr als die massivere Limousine. In der kurzen Produktionszeit von Dezember 1938 bis April 1940 entstanden 1281 Wagen.

A Die Verwandtschaft der Karosserieform zu der des Wanderer W 52 ist bei genauem Hinsehen erkennbar.
B Horizontal gegliederte Armaturentafel aus Stahlblech mit imitierter Holzmaserung und modischen Rechteck-Anzeigeinstrumenten.
C Die Cabriolet-Aufbauten für den Audi 920 stellte Gläser/Dresden her.
D Der gestreckte Tropfen ist in der Form des Türgriffs genauso wie bei den Scharnieren der Heckklappe wiederzufinden.
E Historische Aufnahme des Audi 920 neben aktuellem Foto – dazwischen liegen 72 Jahre.

A

B

C

Ausführung:	Cabriolet viersitzig, Karosserie Gläser, Dresden
Antrieb:	Sechszylinder-Viertakt-Reihenmotor, längs eingebaut
Leistung:	75 PS bei 3000 min^{-1}
Hubraum:	3281 cm³
Radstand:	3100 mm
Gesamtlänge:	4900 mm
Höchstgeschwindigkeit:	130 km/h
Kraftstoffverbrauch:	ca. 16 l/100 km
Gesamtproduktion:	1281 Stück
Bauzeit:	1938 – 1940
Modellbaujahr:	1939

A Filmstars der Auto Union: Audi 920 Cabriolet und DKW F 5 Front Luxus-Cabriolet im Film »Die Hochstaplerin« von 1943.
B Bei diesem Audi griff die Auto Union wieder auf den Heckantrieb zurück.
C Der Sechszylindermotor stammte von Horch und das vollsynchronisierte Getriebe von ZF.
D Der Chrombesatz der Lüftungsöffnungen an den Seiten der Motorhaube entsprach amerikanischen Vorbildern.

Schnittige Sache
Horch 930 V Roadster

Die Gene des Typs 930 V gehen zurück auf die 1933 vorgestellte Baureihe 830, welche den »kleinen« Horch mit V8-Motor lancierte. Die Auto Union hatte bereits damals die erweiterte Horch Typenpalette in für jeden Käufer klar erkennbarer Weise neu strukturiert. Grundlage waren zwei Motorkonstruktionen: Horch 850 stand für den Achtzylinder-Reihenmotor mit fünf Litern Hubraum, Horch 830 für den neuen Achtzylinder-V-Motor mit zunächst drei Litern Hubraum. Dieses V8-Triebwerk erlebte in den folgenden Jahren eine stete Leistungssteigerung bis auf zuletzt 92 PS.

Im Jahre 1937 ist der Nachfolgetyp 930 V in die Serienfertigung überführt worden. Dank zweier Flachstromvergaser leistete der auf 3,5 Liter Hubraum angewachsene Motor nun 82 PS. Anstelle der hinteren Starrachse der 830-Typen übernahm eine De-Dion-Achse – eine Starrachse mit Kraftübertragung durch Gelenkwellen, wie sie schon beim 830 BL und beim 853 Sportwagen zu finden war – die Hinterradführung. Diese konstruktive Eigenart blieb künftig ausnahmslos den Wagen der Marke Horch vorbehalten. Für 1939, dem Startjahr des neuen Audi 920, war allerdings eine sehr große Nähe des Audi zum Horch 930 V abzusehen. Deshalb bemühte sich die Auto Union um eine stärkere Differenzierung und entlockte dem V8-Motor nochmals zehn PS mehr.

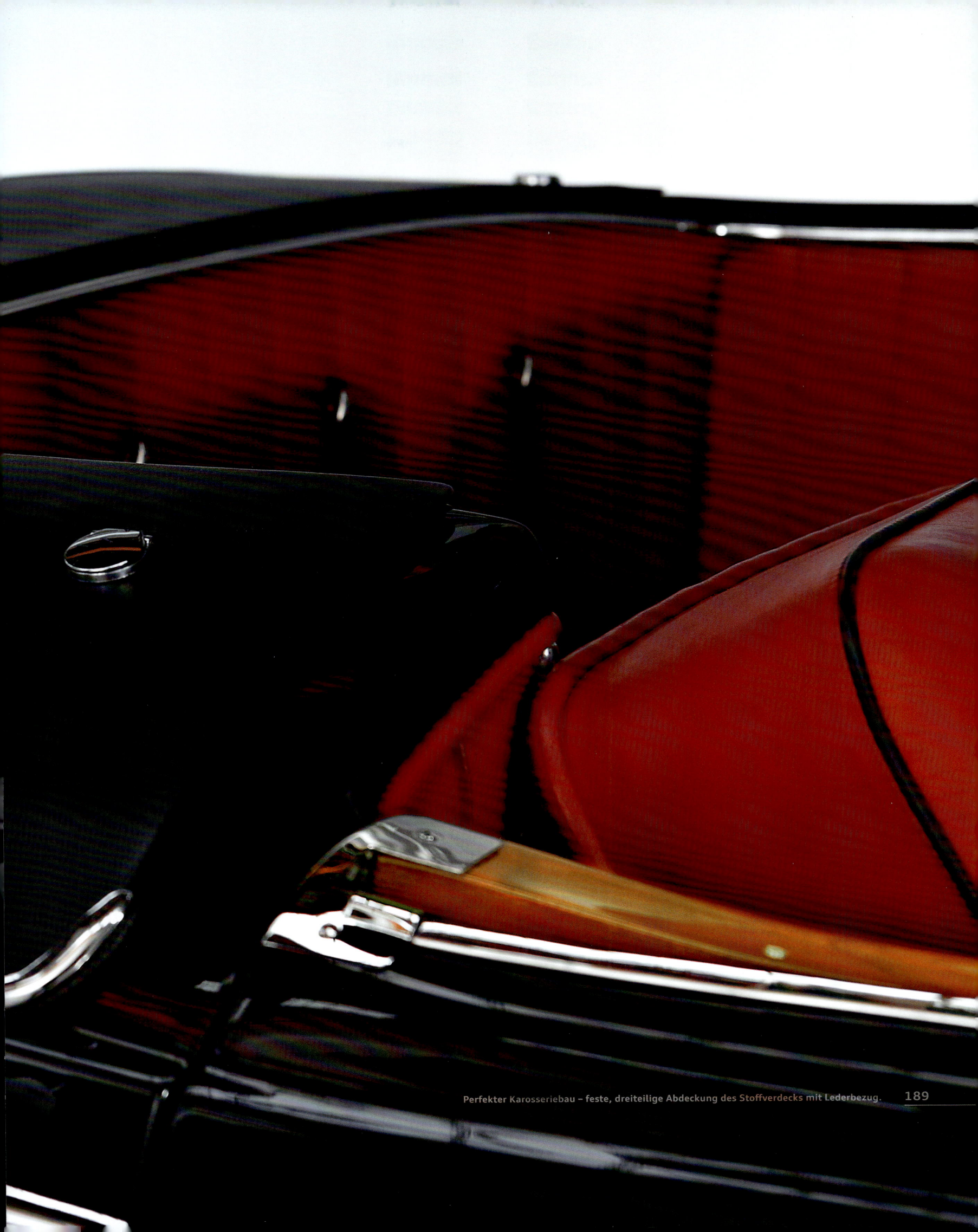

Perfekter Karosseriebau – feste, dreiteilige Abdeckung des Stoffverdecks mit Lederbezug.

A

Ab Ende 1938 konnten aus 3,8 Litern Hubraum 92 PS gewonnen werden. Um die Gesamtmasse zu reduzieren, wurde zudem der Radstand von 3200 auf 3100 mm verringert.
Die auffälligste Veränderung war jedoch die moderne Karosserielinie, welche nun auch bei den Horch Wagen die von der Auto Union erstmals mit dem Wanderer W 51 von 1936 vorgegebene Formensprache erkennen ließ.

Diese Linienführung symbolisierte die Neuausrichtung des Konzerndesigns. Ihre Stilistik, geprägt von Einflüssen des Stromlinienkarosseriebaus und amerikanischer Optik, wurde zum Leitbild der neuen Fahrzeuggeneration. Glattflächiger, dynamischer, gleichzeitig kompakter und klarer in den Proportionen, brach das Erscheinungsbild des 930 V mit dem seiner konservativen Vorgänger. Zwei Karosserievarianten bestimmten die Baureihe: eine Sechs-Fenster-Limousine und ein viersitziges Cabriolet. Eine Miniserie von nur 30 Exemplaren eines Spezial-Roadsters stellte die obere, sportlich orientierte Positionierung des kleinen Horch dar. Die Karosserie, von Gläser aus Dresden entwickelt, schlug gekonnt die Brücke zu den großen Sportfahrzeugen 853 und 855. Trotz beträchtlich kürzerer Baulänge verschmolz die Form zu einer sportlich-eleganten, nicht zu kompakt wirkenden Einheit.

B

C

A Kleiner Horch mit großen Zügen: Das Roadsterkleid wurde von Gläser/Dresden entworfen.
B Vornehm sachliche Gestaltung im Innenraum.
C Auch dieser Roadster hatte das Auto Union typische Sportwagenheck in leicht abgewandelter Form.
D Vorderkotfügel und Trittbrett bildeten bis zum Hinterkotflügel ein Formteil, wobei Sicken zum Abstreifen von Schmutz sowie gegen Abrutschen eingepresst waren.
E Ein Notsitz konnte quer zur Fahrtrichtung aus der Fondablage ausgeklappt werden. Original-Aufnahme von 1937.

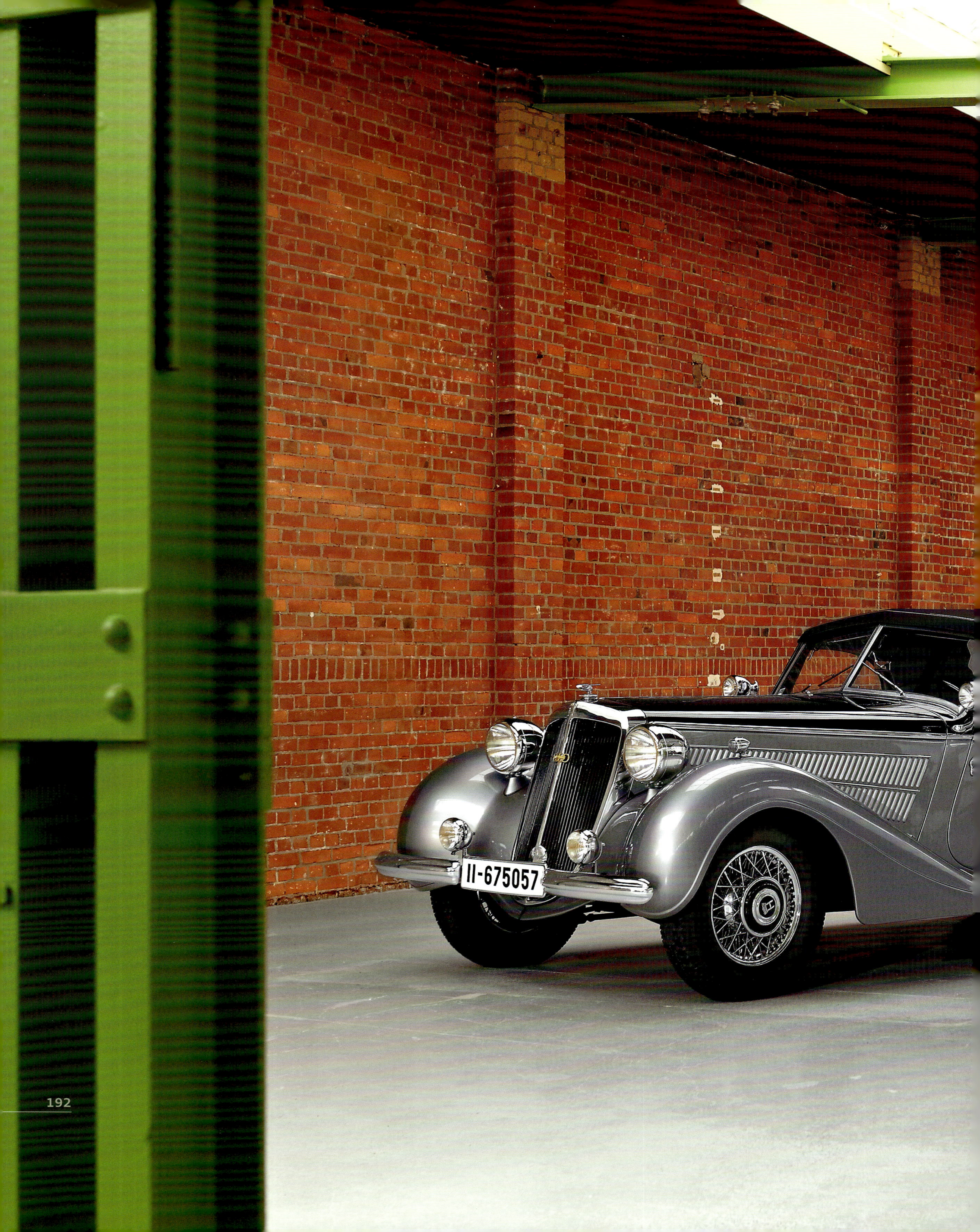
II-675057

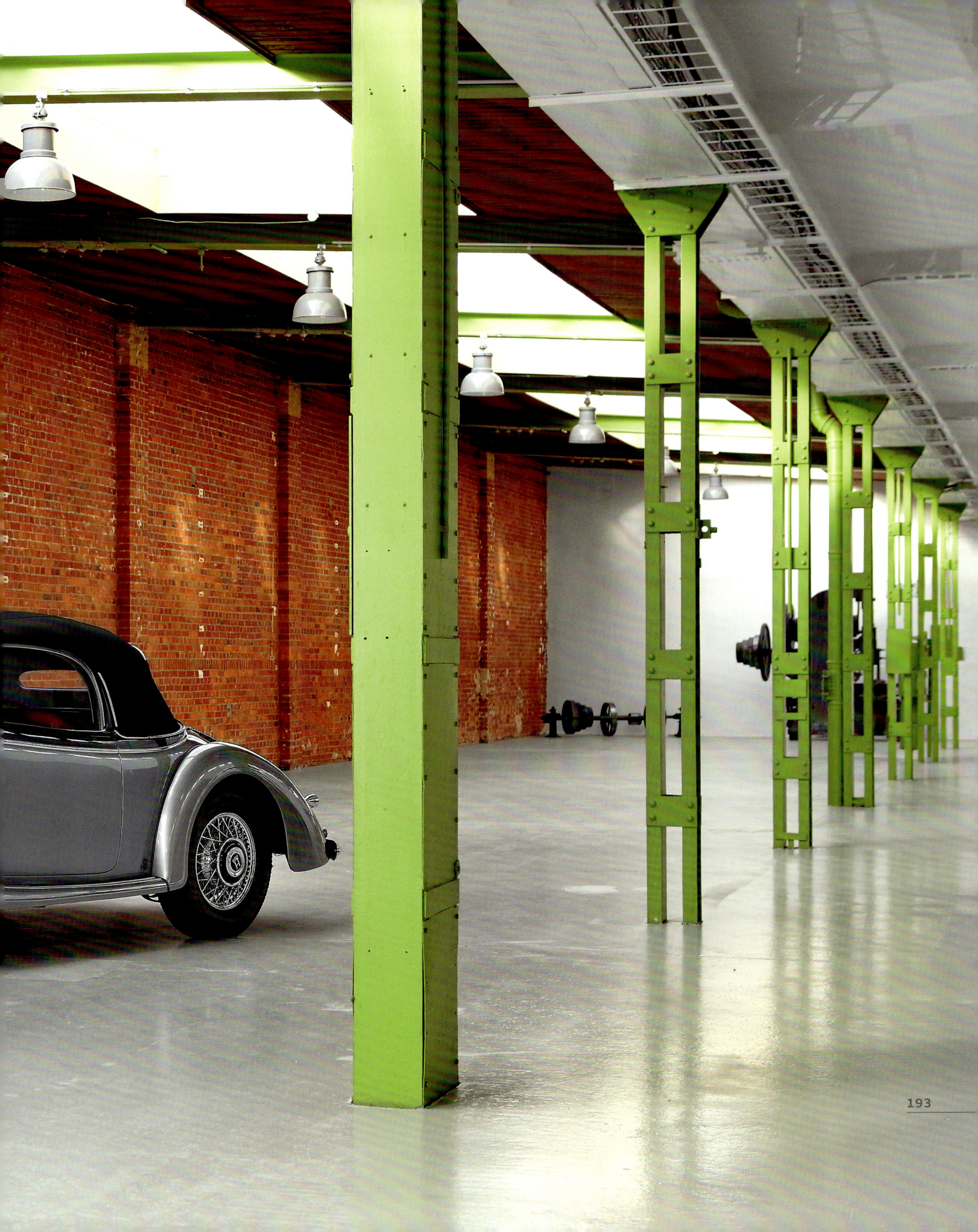

A Die Grundkonstruktion des kompakten Achtzylinder-V-Motors stammte von Konstrukteur Fritz Fiedler.
B In einer Einbaueinheit zusammengefasste Rundinstrumente: Tachometer, V8-Kombi-Anzeige für Öltemperatur, Ölstand, Benzin und Kühlwassertemperatur.
C Zwei Zylinderblöcke waren in einem Winkel von 66° zueinander angeordnet, dazwischen waren die Ventile liegend positioniert.
D Fließende Linienführung und schönes, der Gesamtform angepasstes Verdeck.

A, B

C

Ausführung:	Roadster zweisitzig mit Notsitz, Karosserie Gläser, Dresden
Antrieb:	Achtzylinder-Viertakt-V-Motor, längs eingebaut
Leistung:	92 PS bei 3600 min^{-1}
Hubraum:	3821 cm^3
Radstand:	3100 mm
Gesamtlänge:	4850 mm
Höchstgeschwindigkeit:	130 km/h
Kraftstoffverbrauch:	ca. 19 l/100 km
Gesamtproduktion:	30 Stück
Bauzeit:	1937 – 1938
Modellbaujahr:	1938

D

Der Linienfluss zwischen Kotflügel und Trittbrettverbund kontrastierte mit der dezent abfallenden, fast geraden Brüstungslinie, die im leichten Heckschwung mündete – Understatement pur. Sowohl offen als auch mit geschlossenem Verdeck wirkte sein Auftritt hochwertig. Eine Besonderheit war der Notsitz im Fond des Zweisitzers. Aus dem glattflächigen Boden ließ sich ein quer zur Fahrrichtung angeordneter Sitz herausklappen. Das Verdeck konnte vollständig hinter einer Zwischenwand zum Kofferraum versenkt werden. Eine dreiteilige, glattflächige und mit Leder bezogene Abdeckung ersetzte die klassische Textilpersenning. Sie war formal der Karosserie angepasst und ließ den offenen Roadster, ähnlich heutiger Cabriolets, wie aus einem Guss erscheinen.

Der hier gezeigte Wagen in perfekt restauriertem Zustand befindet sich in Privatbesitz.

19

Stromlinie de Luxe
Horch 930 S Limousine

Ende 1938 konnte die Auto Union für ihre Marke Horch eine stolze Bilanz ziehen. Sie war Marktführer im Luxussegment und hielt mit 55 Prozent Zulassungsanteil ihre Wettbewerber souverän auf Distanz. Seit 1932 hatte sich die Zahl der jährlich hergestellten Horch Wagen fast verdreifacht. Der Marktanteil von Auto Union Automobilen in Deutschland betrug inzwischen 23,4 Prozent. Im Export erzielte der Konzern ebenfalls große Zuwächse. Entsprechend optimistisch blickte die Auto Union nach vorn. Für 1939/1940 hatte sie wesentliche Neuerungen vor.

Mit Einrichtung der »Zentralen Versuchsanstalt« und des »Zentralen Konstruktions- und Entwicklungsbüros« 1936 in Chemnitz war für alle Marken des Konzerns eine systematische Grundlagenarbeit begonnen worden. Dazu gehörten Versuche mit Kunststoffen für den Karosseriebau, erste Crash- und Überschlagstests sowie aerodynamische Optimierungen von Karosseriekörpern im Windkanal für Serienentwicklungen. Die Auto Union strebte nach vorn, wollte Trends nicht hinterher rennen, sondern sie setzen. Ein Schlagwort und Leitbild für Fortschritt war damals die sogenannte »Stromlinie«. Angeregt durch frühe Untersuchungen zur Verringerung des Luftwiderstandes von Fahrzeugkarosserien durch Paul Jaray und Edmund Rumpler, aber auch beeinflusst durch amerikanisches Industriedesign, durchdrang diese Auffassung auch die deutsche Fahrzeugindustrie immer mehr.

Auf der einen Seite entwickelte sich die »Stromlinie« zu einer modischen Richtung – das Design des als fortschrittlich geltenden Flugzeugbaus übte auf die Fahrzeuggestaltung einen deutlich sichtbaren Einfluss aus –, auf der anderen Seite gab es aber auch ganz praktische und sehr naheliegende Gründe.

A Avantgarde bei Horch – eine der Strömung angepasste Formgebung des Bugs.
B Stromlinienheck in der Luxusklasse.

A

A Die Horch Stromlinie – laut Werk eine den Erfordernissen der Autobahn entsprechende Form.
B Freier Einstieg durch eine nicht nötige B-Säule.
C Eine Dame demonstriert die Liegesitze auf der IAMA in Berlin 1939.

Seit 1935 existierten erstmals in Deutschland Hochgeschwindigkeitsstraßen über größere Distanzen, weshalb das Erzielen höherer Endgeschwindigkeiten bei etwa gleichem Entwicklungsstand der Motorentechnik in den Fokus geriet. Damit kam der Verringerung des Kraftaufwands für die nun stärker geforderten Triebwerke eine neue Bedeutung zu. Dies war die Zeit der Einführung des schonenden »Autobahnferngangs« und strömungsgünstig gestalteter Karosserien. Die Auto Union wollte aus Erkenntnissen aerodynamischer Versuchsreihen mit einer neuen Personenwagengeneration den Markt erobern. Sie stellte auf der Internationalen Automobil- und Motorrad-Ausstellung 1939 auf Basis des Horch V8 den Prototyp eines serienmäßig herzustellenden Stromlinienwagens der Oberklasse vor, der vom gewohnten Erscheinungsbild weit abwich. Er sah aber nicht nur anders aus, sondern wies auch viele bemerkenswerte Neuheiten auf. Seine Seitentüren ließen sich wie ein zweiflügeliges Tor öffnen und gaben eine riesige Öffnung für einen bequemen

B, C

Ausführung:	Limousine fünfsitzig, Prototyp-Karosserie Gläser, Dresden
Antrieb:	Achtzylinder-Viertakt-V-Motor, längs eingebaut
Leistung:	92 PS bei 3600 min^{-1}
Hubraum:	3821 cm^3
Radstand:	3100 mm
Gesamtlänge:	4850 mm
Höchstgeschwindigkeit:	160 km/h
Kraftstoffverbrauch:	ca. 19 l/100 km
Gesamtproduktion:	2 Stück
Bauzeit:	1939
Modellbaujahr:	1939

D

Einstieg frei – eine B-Säule gab es nicht. Die Türen wurden über Pasquillverschlüsse in Dachholmen und Schwellern verriegelt. Aus den Sitzen ließ sich eine riesige Liegefläche herstellen. In der Armaturentafel war mittig ein Lautsprecher, darunter ein Autoradio platziert – erstmals bei einem Wagen der Auto Union als Serienausstattung vorgesehen. Ein Gebläse zur Belüftung der Windschutzscheibe sowie Defrosterdüsen sorgten für freie Sicht.

Die Karosseriegestaltung war durch Rundungen und bogenförmig gespannte Flächen bestimmt. Die waagerecht verlaufende Kante der Brüstungslinie, welche den Übergang zur kuppelartig aufgesetzten Fahrgastzelle andeutete und diese von der A-Säule an umschloss, stellte neben einigen Türfugen die einzige Gerade in der Plastik dar. Sie verlieh dem Aufbau in der Horizontalen Halt. Die Kotflügel waren als Einzelelemente in tropfenartiger Ausformung noch zu erkennen, aber stark in den Gesamtaufbau integriert und keine separat montierten Bauteile mehr. Der Bug zeigte sich nach vorn relativ flach abfallend und gerundet. Darin saßen die tiefer als bisher positionierten, vollständig integrierten Scheinwerfer. Die Frontscheibe, durch einen Mittelsteg geteilt, wies erstmals bei Horch nach außen hin deutliche Krümmungen auf. Insgesamt folgte die Auto Union damit aerodynamischen Gesichtspunkten zur Verringerung der frontalen Anströmfläche und zur Harmonisierung der Luftströmung am gesamten Wagenkörper.

Das dem damaligen Stromlinien-Leitbild entsprechende, spitz auslaufende Heck beherbergte den ebenfalls komplett integrierten Kofferraum, der von außen beladen werden konnte.

Eine auffällige Besonderheit war das im rechten Vorderkotflügel integrierte, herausklappbare Waschbecken mit Kalt- und Warmwasserhähnen.

Zwei Prototypen wurden bis zur Präsentation fertiggestellt. Die Firma Gläser lieferte dafür die Karosserien.

A Im rechten Vorderkotflügel verbarg sich ein herausklappbares Waschbecken.
B Klar gegliederte Instrumententafel, serienmäßig mit Autoradio und Lautsprecher in der Mitte.
C Fliehende »Stirn«, integrierte Scheinwerfer und die gewölbte Frontscheibe prägten das neue Horch Gesicht.
D Auf dem Auto Union Ausstellungsstand sorgte der Horch 930 S für reichlich Gesprächsstoff.

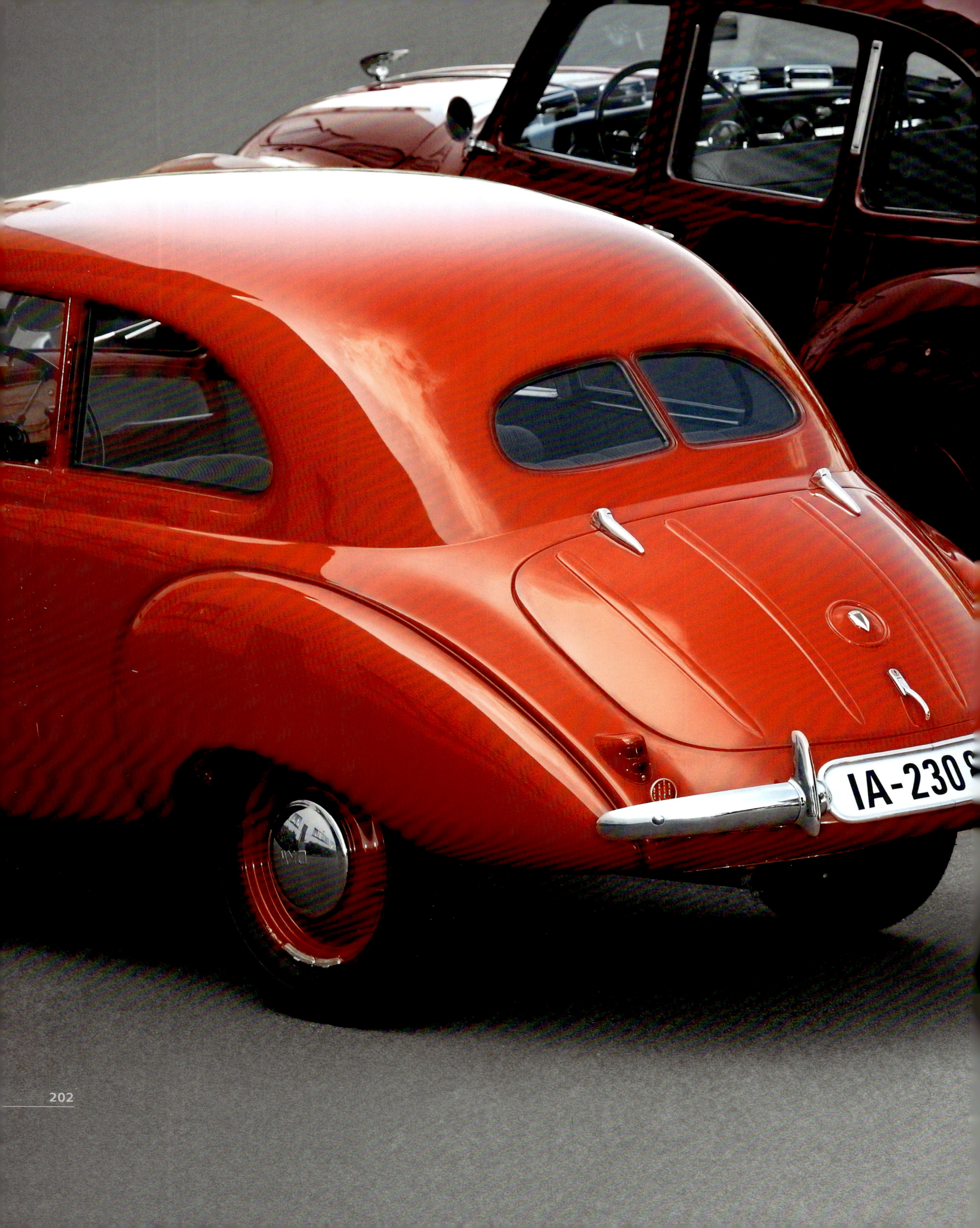
IA-230

Familienbande – Klein und Groß gehören zusammen. DKW F 9 und Horch 930 S wurden im Stromliniendesign etwa im gleichen Zeitraum entwickelt.

Erste Weltrekorde
Auto Union Grand-Prix-Rennwagen Typ A

Die Rennwagenkonstruktionen der Auto Union aus den 1930er-Jahren gelten als Spitzenleistungen der Kraftfahrzeugtechnik. An den Rennpisten lösten sie und ihre Rennfahrer gewaltige Emotionen beim Publikum aus, das in bisher ungekannter Zahl mitfieberte. Das Dröhnen der Motoren, die silbernen und superleichten Aluminiumkarosserien, die sportlichen Kämpfe und die unglaublichen Geschwindigkeiten hatten sich damals tief in die Gefühlswelt der Zeitgenossen eingegraben – so tief, dass noch heute Menschen, die damals noch gar nicht gelebt haben, von der Erinnerung ihrer Vorfahren zehren.

Der Wettbewerb zwischen der bisher dominierenden Marke Mercedes-Benz und der noch jungen Auto Union sorgte für gewaltige Spannung. Natürlich führte sie auch zur Lagerbildung: hier der Stern, dort die Vier Ringe! Die Rennfahrer waren die Helden des Publikums und vorrangig der Jugend, die Siege und Niederlagen, Rekorde und Katastrophen hautnah miterlebte.

Als sich die Chemnitzer Wanderer Werke an der Wende von den 1920er- zu den 1930er-Jahren ihren alten Zopf im Automobilbau abschneiden und zu einem modernen, leistungsstarken Auftritt gelangen wollten, glaubten sie auch an die Strahlkraft von Rennsiegen. Deshalb schloss Wanderer im Herbst 1931 einen Entwicklungsvertrag mit Ferdinand Porsche ab, der auf die für 1934 zu erwartende neue, im Herbst 1932 bekanntzugebende Grand-Prix-Formel zielte.

Gerade in dieser Zeit hatten sich in der sächsischen Automobilindustrie einschneidende Veränderungen ergeben. Im Juni 1932 war die Auto Union entstanden, und die Automobilabteilung der Wanderer Werke gehörte dazu. Sie übernahm die Entwicklung von Rennwagen, und Porsche ging im Herbst 1932 mit konzeptionellen Überlegungen dazu an die Arbeit. Da das Hubvolumen unbegrenzt und die Kraftstoffwahl freigestellt waren, entschied er sich für einen 16-Zylinder-V-Motor, der dank 4,4 Litern Hubraum und eines Roots-Kompressors knapp 300 PS leisten sollte. Im Interesse kurzer Kraftübertragungswege sowie eines günstigeren Schwerpunkts ordnete er den Motor hinter dem Fahrer an, der dafür seinen Arbeitsplatz sehr weit vorn positioniert fand. Die durch die neue Formel zu erwartenden sehr hohen Motorleistungen erforderten neue Fahrwerkseigenschaften, die besonders von der Gewichtsverteilung und der Schwerpunktlage abhingen. Weiterhin war die Übertragung der unbändigen Kraft auf die Straße eine Herausforderung.

Zentraler Schnellverschluss am Speichenrad des Auto Union Rennwagen mit eingravierter Positionsangabe.

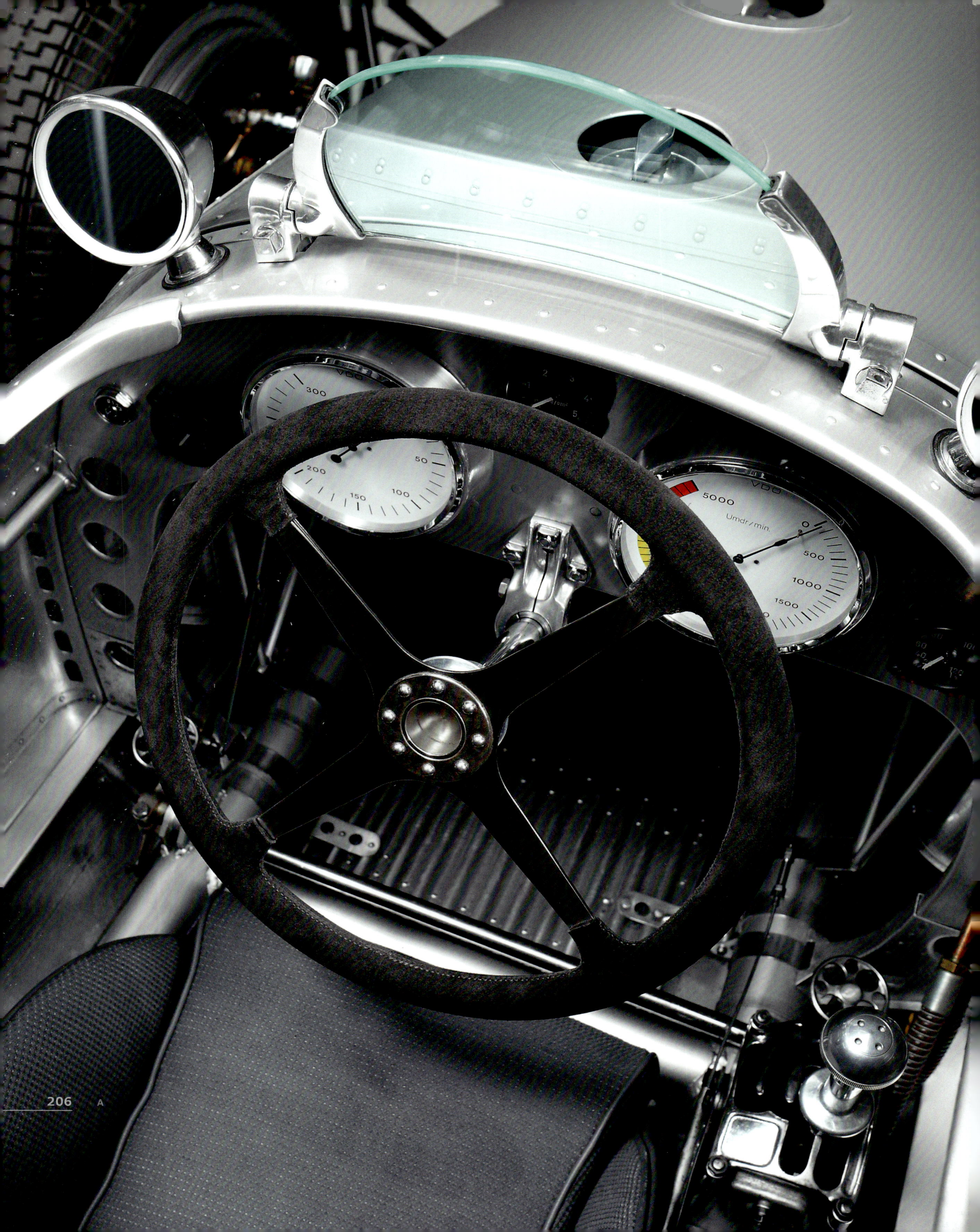
VDO
300
200
150
100
50
VDO
5000
Umdr./min.
0
500
1000
1500

A Im vom Leichtbau geprägten Cockpit konnte es recht heiß werden. Das Kühlwasser für den Motor wurde durch die beiden Längsrohre des Rahmens am Fahrersitz vorbeigeführt.
B Die Schaltkulisse mit nur vier Gängen.
C Tankverschluss des zwischen Sitzlehne des Fahrers und Motor angeordneten Zentraltanks.
D Viele Lufthutzen und ein dickes Abgasrohr an jeder Heckseite kennzeichneten die erste Generation des Auto Union Rennwagens. Die Karosserie war aus Aluminium.

Die neuen wirtschaftlichen Strukturen der Auto Union boten nicht automatisch günstigere Voraussetzungen für die Weiterführung der Entwicklung. Erst auf die Subventionszusage der 1933 an die Macht kommenden nationalsozialistischen Regierung hin wurde ein neuer Vertrag abgeschlossen. Die Arbeiten begannen am 7. März 1933 mit der nach Porsche Nomenklatur als Typ 22 bezeichneten Konstruktion. Parallel wurde in Zwickau im Gelände der Horch Werke die »Rennwagenversuchsabteilung« aufgebaut. Fast auf den Tag genau ein Jahr später, am 6. März 1934, konnten Porsche und die Auto Union erste bemerkenswerte Erfolge vorweisen. Beim ersten Auftritt des Wagens stellte Hans Stuck auf der Berliner Avus gleich drei Weltrekorde mit Spitzengeschwindigkeiten jenseits von 210 km/h auf.
Die Vier Ringe stiegen im Motorsport mit einem Schlag aus der Anonymität zum ernsthaften Konkurrenten auf. Im Jahre 1934 summierten sich zahlreiche Siege. Stuck gewann drei Grands Prix und siegte bei den bedeutendsten Bergrennen. Er wurde Deutscher Straßen- sowie Deutscher Bergmeister.
Das Erscheinungsbild der Auto Union Rennwagen bestimmten ab den ersten Rennen zwei Kriterien: Der Fahrer saß durch die Mittelmotor-Bauweise nahe an der Vorderachse und die Karosserieform folgte aerodynamischen Prinzipien.
Typisch war das zigarrenförmige, stromlinienhafte Aussehen der Silberpfeile aus Zwickau. Den – übrigens erst sehr viel später – als Typ A bezeichneten Boliden gab es in zwei Karosserievarianten zu sehen: mit lang auslaufendem Spitzheck und mit kurzem Heckabschluss.

Der hier gezeigte Auto Union Typ A ist ein originalgetreuer Nachbau und befindet sich in privatem Besitz.

A, B

208

C, F

A Gelenkt wurde mit dem Gaspedal – Hans Stuck beim Bergrennen auf dem Klausenpass 1934.
B Hans Stuck (Nr. 42), Hermann Leiningen (Nr. 44) und August Momberger (Nr. 46) posieren im Typ A für den Pressefotografen vor dem Avus-Rennen 1934.
C Zum schnellen Betanken wurde ein großer Trichter verwendet. August Momberger und Wilhelm Sebastian wechselten sich als Fahrer beim Rennen in Monza 1934 ab.
D, E Typisch für den Typ A waren die beiden großen Lufteinlässe neben dem ausgeformten Mittelteil und die kleinen Lufthutzen am Heckende.
F Wilhelm Sebastian im Prototyp mit langem Spitzheck und weißer Lackierung vor dem Maschinenmagazin (Gebäude 12) im Werk Horch, Herbst 1933.

Antrieb:	16-Zylinder-Viertakt-V-Motor, Roots-Kompressor, längs eingebaut
Leistung:	295 PS bei 4500 min^{-1}
Hubraum:	4358 cm^3
Radstand:	2800 mm
Gesamtlänge:	4500 mm (langes Heck)
Leergewicht:	825 kg
Höchstgeschwindigkeit:	280 km/h
Bauzeit:	1934
Rekonstruktion:	1999

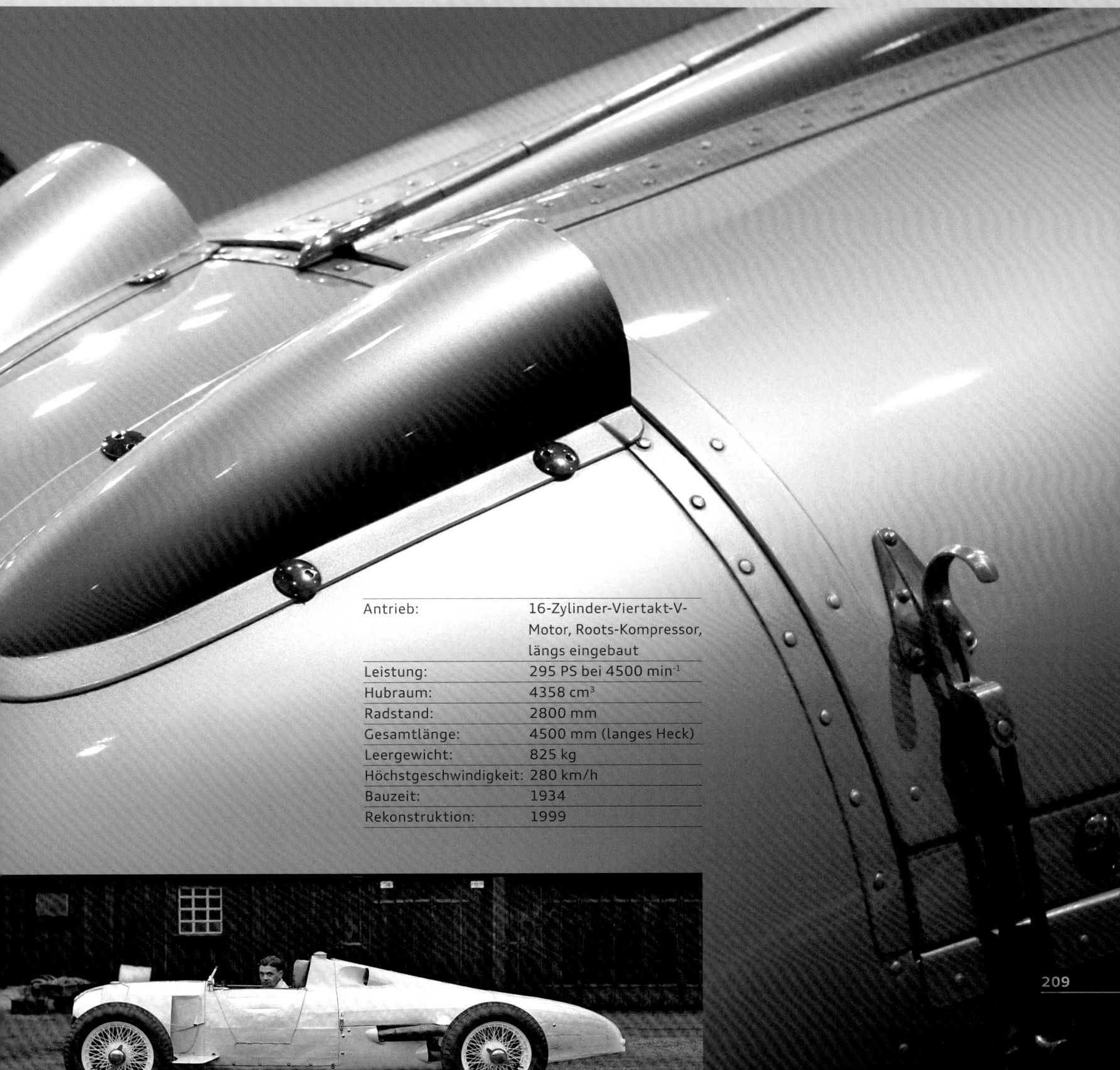

1936
Grand-Prix-Legende
Auto Union Grand-Prix-Rennwagen Typ C

Durch die vom Reglement gedeckten Freizügigkeiten konzentrierten sich alle beteiligten Rennställe auf eine zügige Steigerung der Renngeschwindigkeiten. Die Regeln der internationalen Vereinigung der nationalen Automobilclubs sahen ab 1934 im Grand-Prix-Sport nur ein Gewichtslimit von 750 kg und keine Hubraumgrenze mehr vor. Damit wurde der Weg für eine stetige Steigerung der Motorleistungen frei. Vorwiegend durch Hubraumvergrößerung, aber auch durch Feinarbeiten am Kompressor, an Zündung und Gemischaufbereitung sind bei den Auto Union Rennwagen 1935 rund 375 PS und 1936 gar 520 PS erreicht worden. Dabei hatte sich deren Konstruktionskonzept nicht geändert. Der 16-Zylinder-V-Motor war fast mittig hinter dem Fahrer angeordnet und nahm damit die heute im Rennwagenbau übliche Anordnung um Jahrzehnte vorweg. Er war mit zuletzt sechs Litern Hubraum so elastisch – maximales Drehmoment 87 mkg bei 2500 min^{-1} –, dass er mit einem Viergang-getriebe auskam.

Des Weiteren sollte die Karosserie leichter werden und durch aerodynamische Maßnahmen eine verbesserte Formgebung erhalten.

A Acht kurze Abgasrohre sowie eine lange Reihe Lüftungsschlitze auf jeder Seite bestimmten das Heck des Typ C.
B Über dem Kühllufteinlass prangte das Konzernemblem der Auto Union.
C Die Gangschaltung hatte sich gegenüber dem Typ A nicht geändert.

B

C

211

A B C

Auf diesem Wege kristallisierte sich im Zuge fortwährender Modifizierungen des Monoposto-Aufbaus in Abhängigkeit von den jeweiligen Einsatzzwecken – bei Rundstreckenrennen, Bergrennen und Geschwindigkeitsrekordfahrten wurden unterschiedliche Karosseriebauteile montiert und getestet – ein für die Auto Union Rennwagen typisches Erscheinungsbild heraus. Insbesondere die Präzisierung der Bugpartie, die glattflächige Formgebung des Unterbodens, vergrößerte Radien, geänderte Kühlluftöffnungen und die Anordnung der Auspuffanlage führten zu einer unverwechselbaren Stilistik. Sie entwickelte sich nicht aus modischen Aspekten, sondern war Ergebnis umfangreicher Forschungen mit zahlreichen Windkanalexperimenten sowie Praxisversuchen.

1936 stieg der Auto Union Typ C zum erfolgreichsten deutschen Grand-Prix-Rennwagen auf. Von fünf Großen Preisen gewann er drei. Die Hälfte der Rundstreckenrennen und alle Bergrennen, an denen die Auto Union teilnahm, endeten auf dem Siegerpodest. Rennfahrer, die unter dem Zeichen der Vier Ringe den Typ C fuhren, sind noch heute anerkannte Sportlegenden. Dazu zählen Hans Stuck, Bernd Rosemeyer, Hermann Paul Müller, Ernst von Delius und Achille Varzi. Bis zum Ende der Rennsaison 1937 konnte die Auto Union auf eine triumphale Bilanz zurückblicken: Von 54 gefahrenen Grands Prix wurden 32 gewonnen – und zudem 15 Welt- und 32 Klassenrekorde aufgestellt.

Antrieb:	16-Zylinder-Viertakt-V-Motor, Roots-Kompressor, längs eingebaut
Leistung:	520 PS bei 5000 min^{-1}
Hubraum:	6005 cm^3
Radstand:	2910 mm
Gesamtlänge:	3920 mm
Leergewicht:	824 kg
Höchstgeschwindigkeit:	340 km/h
Bauzeit:	1936 – 1937
Nachbau:	1998

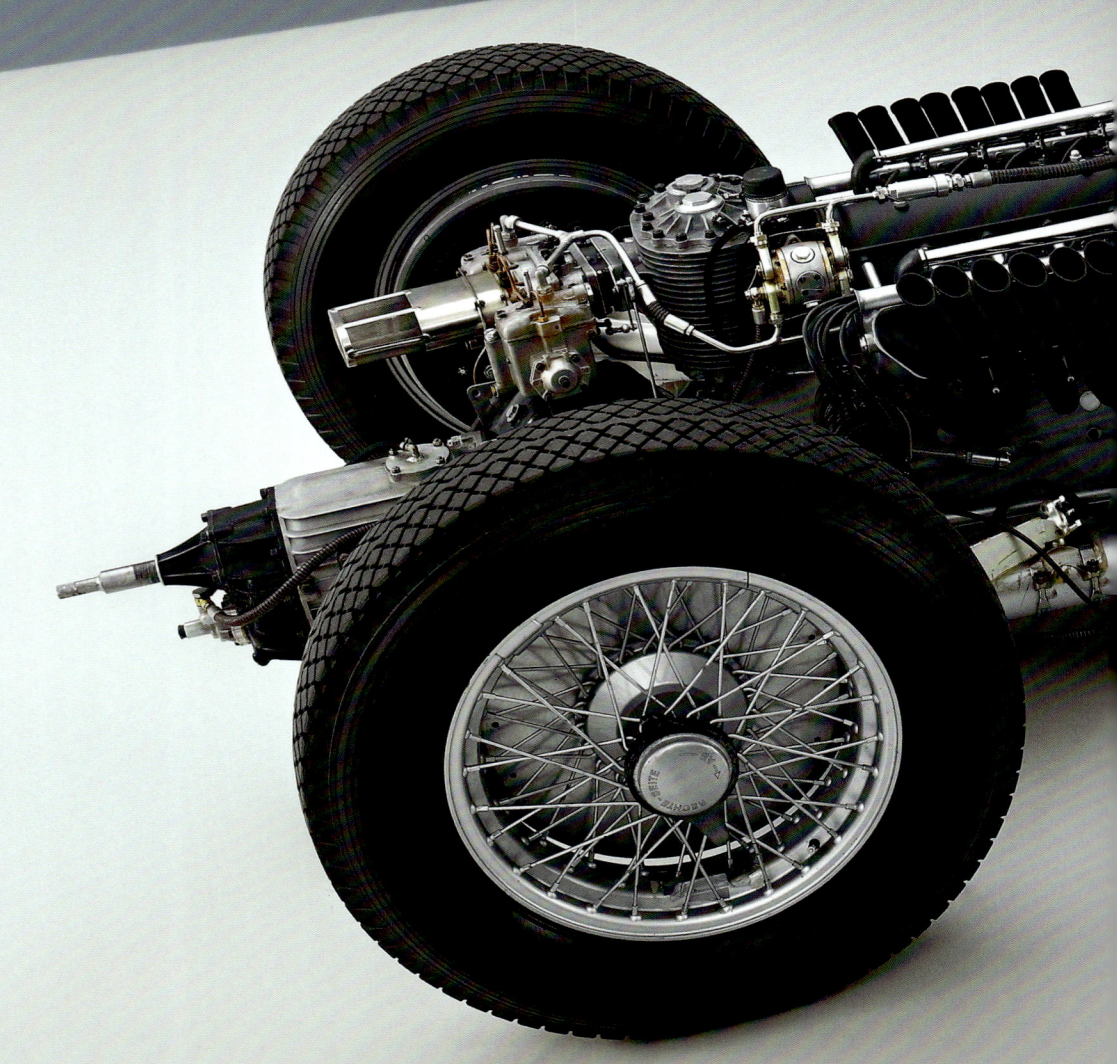

A Getriebe mit an der Heckspitze herausstehender Andrehwelle zum Starten des Motors über eine spezielle Anlassvorrichtung.
B Der 16-Zylinder-V-Motor mit Roots-Kompressor war eine ingenieurtechnische Meisterleistung von Ferdinand Porsche.
Die beiden Zylinderbänke standen im Winkel von 45° zueinander.
C Im Bug befanden sich über dem Fußraum der Ölkühler und der Wasserkühler.
D Der Fahrer hatte seinen Arbeitsplatz weit vorn und der Motor saß dahinter – erstmalig im damaligen Grand-Prix-Sport.
E Die Platzierung des Triebwerks nahe der Hinterachse und des Tanks in der Mitte ergab eine günstige Gewichtsverteilung.

A Hans Stuck auf Auto Union Typ C mit der Startnummer 2 beim Großen Preis von Deutschland 1936.
B Mit der Startnummer 5 fuhr H. P. Müller an den Besuchermassen beim Internationalen Eifelrennen 1937 vorbei.
C Schon damals kam es beim Boxenstopp auf jede Sekunde an: Rudolf Hasse beim Großen Preis von Deutschland 1936.
D Bernd Rosemeyer siegte mit der Startnummer 4 beim Großen Preis von Deutschland 1936 auf dem Nürburgring.

C, D

Futuristisch: Dieser Typ C erinnert eher an ein Düsenflugzeug anstatt an ein Automobil.

1937
Aerodynamischer Rekordjäger
Auto Union Stromlinienwagen Typ C

Geschwindigkeits-Rekordfahrten fanden bereits seit der Pionierzeit des Automobils große Beachtung. In den 1930er-Jahren erreichte das Kräftemessen zwischen den deutschen Konkurrenten Daimler-Benz und Auto Union seinen Höhepunkt. Nicht nur beim Endverbraucher, sondern auch in der Fachpresse war damit eine Begeisterung erzeugt worden, deren Umfang und Intensität unsere heutigen Vorstellungen sprengt. Erfolgreiche Rekordfahrten galten als Qualitätsbeweis der Technik und standen für die Kühnheit der Fahrer. Darüber hinaus formten sie maßgeblich die Wertvorstellungen von der Marke sowie ihr Prestige am Markt. Im Deutschland der 1930er-Jahre spielten dabei auch politische Motivationen eine wesentliche Rolle. Der technische Ertrag solcher Fahrten darf aber auch nicht verkannt werden. Wichtigstes Erkenntnisziel war die Erforschung des Fahrzeugverhaltens in Grenzbereichen, wofür es damals noch keine Möglichkeiten der Simulation gab. Es blieb nur der Weg der empirischen »Erfahrung«.

Die Auto Union hatte mit Ausnahme des Typs D mit all ihren Rennwagen Rekordfahrten unternommen. Am erfolgreichsten war dabei der Typ C. Auf Basis umfangreicher aerodynamischer Forschungen im Windkanal wurde für die Saison 1937 eine neue, vollverkleidete Stromlinienkarosserie entwickelt. Da der Motor vom Volumen her ausgereizt war, sollte eine Steigerung der Höchstgeschwindigkeit primär durch eine extreme Absenkung des Luftwiderstandes erreicht werden. Immerhin musste eine Mehrleistung der Konkurrenz von über 100 PS ausgeglichen werden.

Zum ersten und einzigen Mal bei einem Rundstreckenwettbewerb setzte die Auto Union diesen Wagen 1937 auf der Avus ein. Dieses Rennen war formelfrei ausgeschrieben. Damit konnten auch schwerere Rennwagen genannt werden. Die spektakuläre Plastik der Auto Union Karosserie entsprach dem Idealbild der Stromlinie und sah aus wie ein Flugobjekt auf Rädern. Die windschlüpfige Form mit ihren weich ausgeformten Radhäusern sorgte für riesiges Aufsehen.

A Der Stromlinien-Rennwagen beim Berliner Avus-Rennen 1937.
B Beide Abgasrohrreihen durchstießen durch einem schmalen Schlitz die Karosseriehaut fast oberflächenbündig.
C Der Tankverschluss war aerodynamisch günstig versenkt.
D Über die aufklappbare Deckelhaube wurde das Cockpit bis auf den länglichen Ausschnitt im Kopfbereich des Fahrers vollständig abgedeckt.
E Niedriger Luftwiderstand bestimmte die einzigartige Formgebung des Stromlinienwagens.
F Mit aerodynamisch bedingter Eleganz auf der Jagd nach Geschwindigkeits-Weltrekorden.

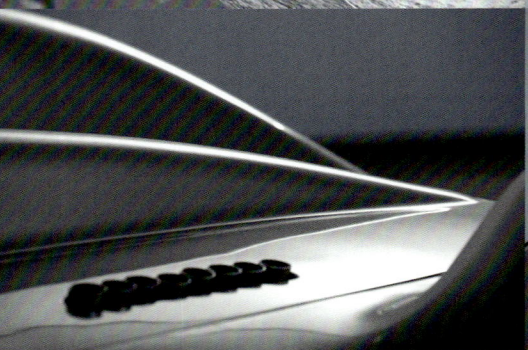

A, B

C

D

Antrieb:	16-Zylinder-Viertakt-V-Motor, Roots-Kompressor, längs eingebaut
Leistung:	520 PS bei 5000 min^{-1}
Hubraum:	6005 cm^3
Radstand:	2910 mm
Gesamtlänge:	5520 mm
Leergewicht:	910 kg
Höchstgeschwindigkeit:	ca. 410 km/h
Bauzeit:	1937
Nachbau:	1999

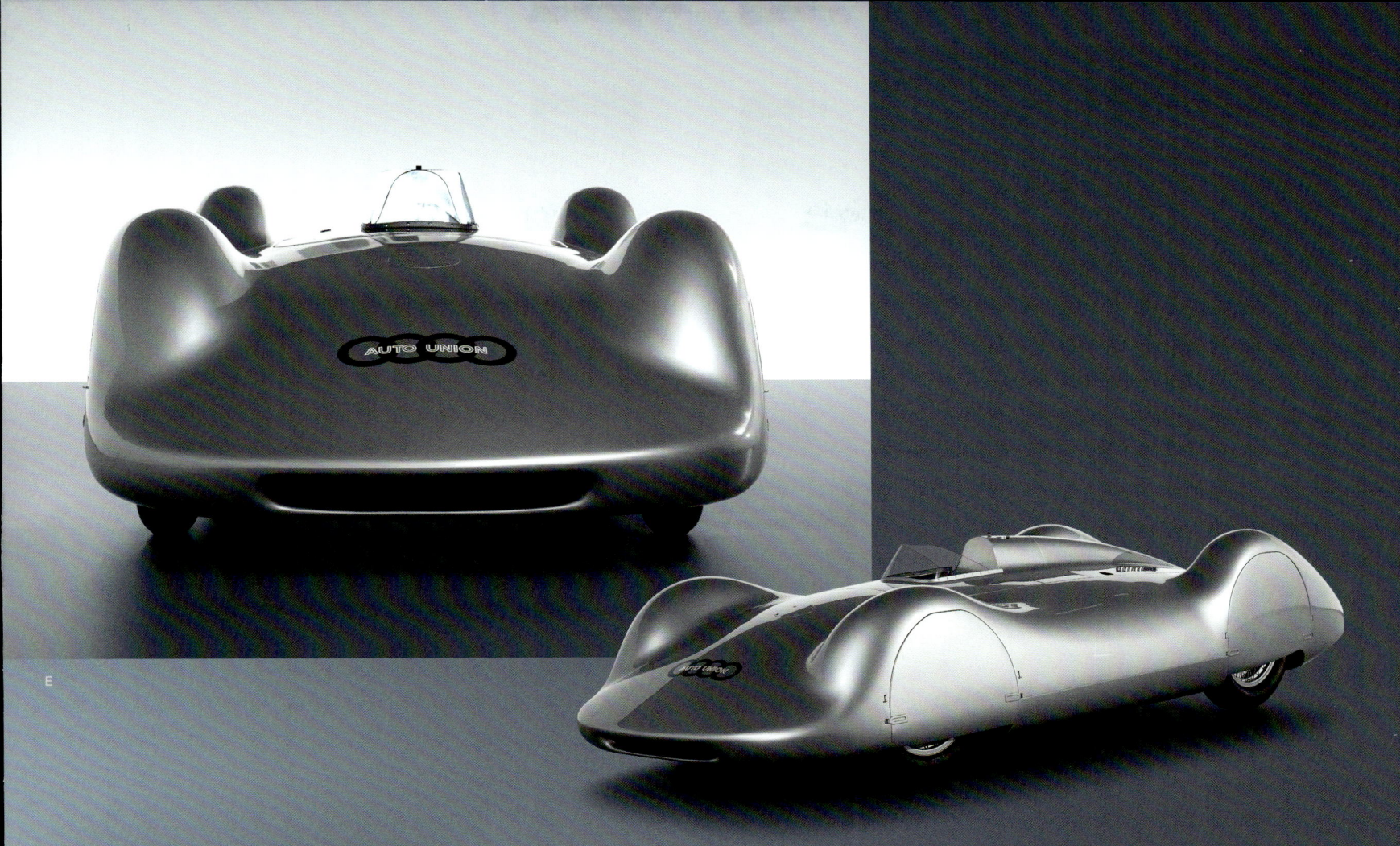

Die Auto Union Techniker nutzten jedes Mittel, um mit aerodynamischem Feinschliff und konstruktiven Verbesserungen Spitzenleistungen herauszukitzeln. Letztlich konnte die Motorleistung auf bis zu 560 PS gesteigert werden, um im Herbst 1937 die Rekordfahrten auf der Autobahn Frankfurt–Darmstadt anzugehen. Dabei durchbrach Bernd Rosemeyer zum ersten Mal in Europa die magische Grenze von 400 km/h auf einer normalen Straße. Der Auto Union ist es damit gelungen, Mercedes-Benz trotz rund 100 PS stärkerer Motoren in die Schranken zu weisen. Zudem ist ein ikonisches Idealbild der Stromlinienform im Automobilbau geschaffen worden, das bis heute an Ausstrahlung und Faszination nichts verloren hat. Der Stromlinienwagen mit den Vier Ringen war seiner Zeit voraus. Er bewies eine hohe technische Güte sowie die enorme Leistungsfähigkeit der Zwickauer Ingenieure.

Mit dem Typ C Stromlinienwagen wurden mehrere Geschwindigkeitsrekorde aufgestellt. Die höchste Geschwindigkeit lag bei 404,5 km/h, das entspricht rund 118 m in der Sekunde. Der Fahrer war enormen Beanspruchungen ausgesetzt und in seiner Konzentrationsfähigkeit bis aufs Äußerste gefordert.

A Einziger Renneinsatz von zwei Stromlinienwagen auf der Berliner Avus 1937, gefahren von Bernd Rosemeyer (Nr. 31) und Luigi Fagioli (Nr. 33).
B Auto Union Rennwagen vor dem Avus-Einsatz mit abgenommenen Motorraumabdeckungen. Zur Reifenkontrolle besaßen die Radhäuser Sichtfenster.
C Ein begeistertes Publikum verfolgte auf Böschungen und Brücken entlang des Autobahnabschnitts Frankfurt – Darmstadt die Rekordfahrten in der Klasse 5000 – 8000 cm³ im Oktober 1937.

B, C

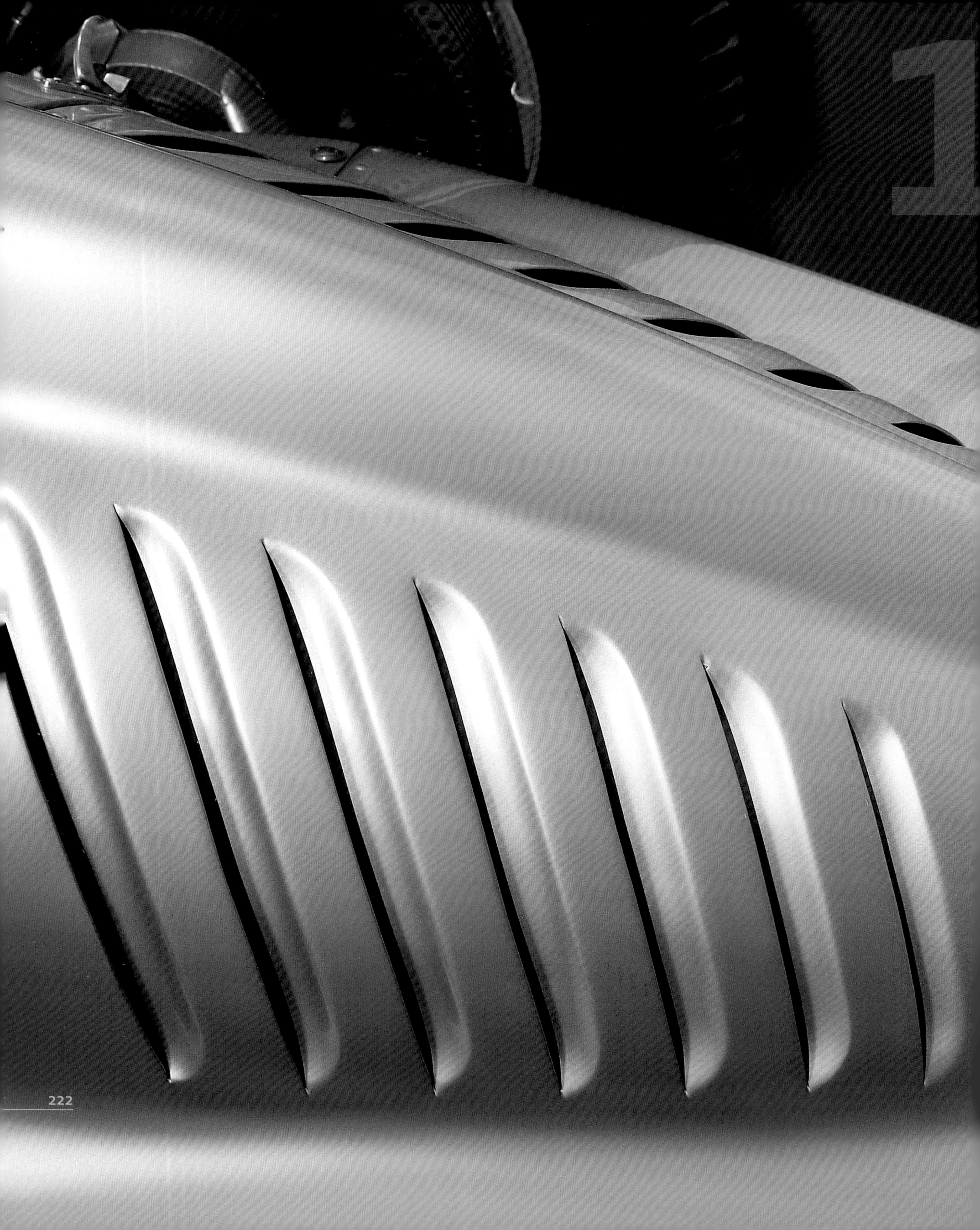

Letzter Sieg
Auto Union Grand-Prix-Rennwagen Typ D

Mit Beginn der Rennsaison 1938 trat im Grand-Prix-Rennsport eine neue Regelung in Kraft. Um die steigenden Risiken im Wettstreit der immer höheren Motorleistungen zu verringern, wurde die 750-kg-Formel durch die Drei-Liter-Formel abgelöst. Maximal drei Liter Hubraum waren bei Motoren mit Kompressoraufladung, 4,5 Liter Hubraum bei Saugmotoren erlaubt. Die Auto Union hatte den Vertrag mit Ferdinand Porsche nicht verlängert, musste nun aber die gesamte konstruktive Arbeit, die bisher bei Porsche erledigt worden war, im eigenen Hause bewältigen. Hinzu kamen im Herbst 1937 die Inanspruchnahme der Rennabteilung für Rekordfahrten und personelle Unterbesetzung. Schließlich hoffte man in Chemnitz auf eine weitere Verlängerung der 750-kg-Formel – was sich als fataler Irrtum herausstellte.

Robert Eberan von Eberhorst übernahm die Konstruktion des Drei-Liter-Wagens und hielt sich eng an die Porsche Grundsätze – Rohrrahmen, Motoranordnung hinter dem Fahrer, Kompressormotor.

Das Heck des Typ D hatte ein deutlich anderes Erscheinungsbild als das seiner Vorgänger.

A Der hintere Teil der Aluminiumkarosserie hatte Ähnlichkeit mit dem Rücken eines Reptils.
B Prägend für die breitere Karosserie waren gegenüber den Vorgängern die Ausbuchtungen für die Seitentanks.

Rennsp
Union Typ D

A Durch die neue Rennformel ab 1938 mit auf maximal drei Liter begrenzten Hubräumen erhielt der Typ D ein Zwölfzylinder-Triebwerk.
B Die beidseitigen Rückspiegel befanden sich wie schon vorher in einem strömungsoptimierten Gehäuse.
C Hinter dem Tankdeckel gab es eine Durchströmungsöffnung zur zusätzlichen Kühlung des Motorraums.
D Vordere Einzelradaufhängung mit Torsionsstabfederung, Öldruck-Stoßdämpfern und geteilter Spurstange.
In der großen Trommelbremse sorgten ab nun vier Backen für die nötige Verzögerung.
E Bei dem von Robert Eberan von Eberhorst konstruierten Zwölfzylindermotor standen die beiden Zylinderreihen im Winkel von 60° zueinander. Der Roots-Kompressor wurde mit zwei Solex-Vergasern kombiniert.

Für den Vortrieb sorgte von nun an ein Zwölfzylinder-V-Motor mit drei Nockenwellen: eine für die Einlassventile, zwei für die Auslassventile. Größter Vorteil dieser Bauweise waren deutlich höhere Drehzahlen. Bei 7000 min^{-1} erreichte das Aggregat anfangs eine Leistung von 420 PS; für die Rennsaison 1939 in Verbindung mit einem Doppelkompressor sogar 485 PS. Damit konnte annähernd das gleiche Leistungsspektrum wie zu Zeiten der 750-kg-Formel erzielt werden.

Äußerlich auffällig war die kürzere, formveränderte Karosserie. Der Fahrerplatz rückte mehr zur Fahrzeugmitte, also in Schwerpunktnähe. Der ursprünglich U-förmige, hinter der Rückenlehne des Fahrers platzierte Tank wurde durch zwei Tanks mit je 280 Litern Fassungsvermögen ersetzt. Sie wurden längsseitig links sowie rechts außen zwischen den Achsen angeordnet und bewirkten somit eine größere Fahrzeugbreite. Zur Optimierung der Aerodynamik ist die Frontmaske so ausgeformt worden, dass sie einen glattflächig integrierten Übergang zu den seitlichen Tankausbuchtungen herstellt. Die Vorderradaufhängung, technisch dem Vorgänger entsprechend, wurde von vorn fast vollständig ummantelt. Insgesamt wirkte die Silhouette gedrungener. Die Bugpartie war stärker nach hinten geneigt. In der Seitenlinie zeigte sie eine gleichmäßige Krümmung und das Heck wurde bogenförmig spitz auslaufend gestaltet, wodurch das Fahrzeug förmlich auf der Fahrbahn kauerte. Neu war an den Hinterrädern die Aufhängung an einer Doppelgelenkachse nach De Dion. Hier folgte man beim Rennwagen in bemerkenswerter Weise den guten Erfahrungen mit Serienfahrzeugen!

Der Zeitverzug zu Beginn der neuen Formel und das zu gering gehaltene Entwicklungspotenzial in der Rennabteilung dämpften die Erfolgswelle der Auto Union während der Zeit der Drei-Liter-Formel recht empfindlich. Dennoch erzielten Rennfahrer wie Tazio Nuvolari, Hans Stuck, Rudolf Hasse, H. P. Müller und Georg »Schorsch« Meier mehrere Triumphe für die Auto Union. Und schließlich war es ein Typ D, der unter Tazio Nuvolari das letzte Rennen, das nach der 3-Liter-Formel und mit diesen Rennwagen überhaupt ausgefochten wurde, für die Vier Ringe gewann.

Siege 1938:
Große Preise von Italien und Donigton/Großbritannien
Siege 1939:
Große Preise von Frankreich und Belgrad

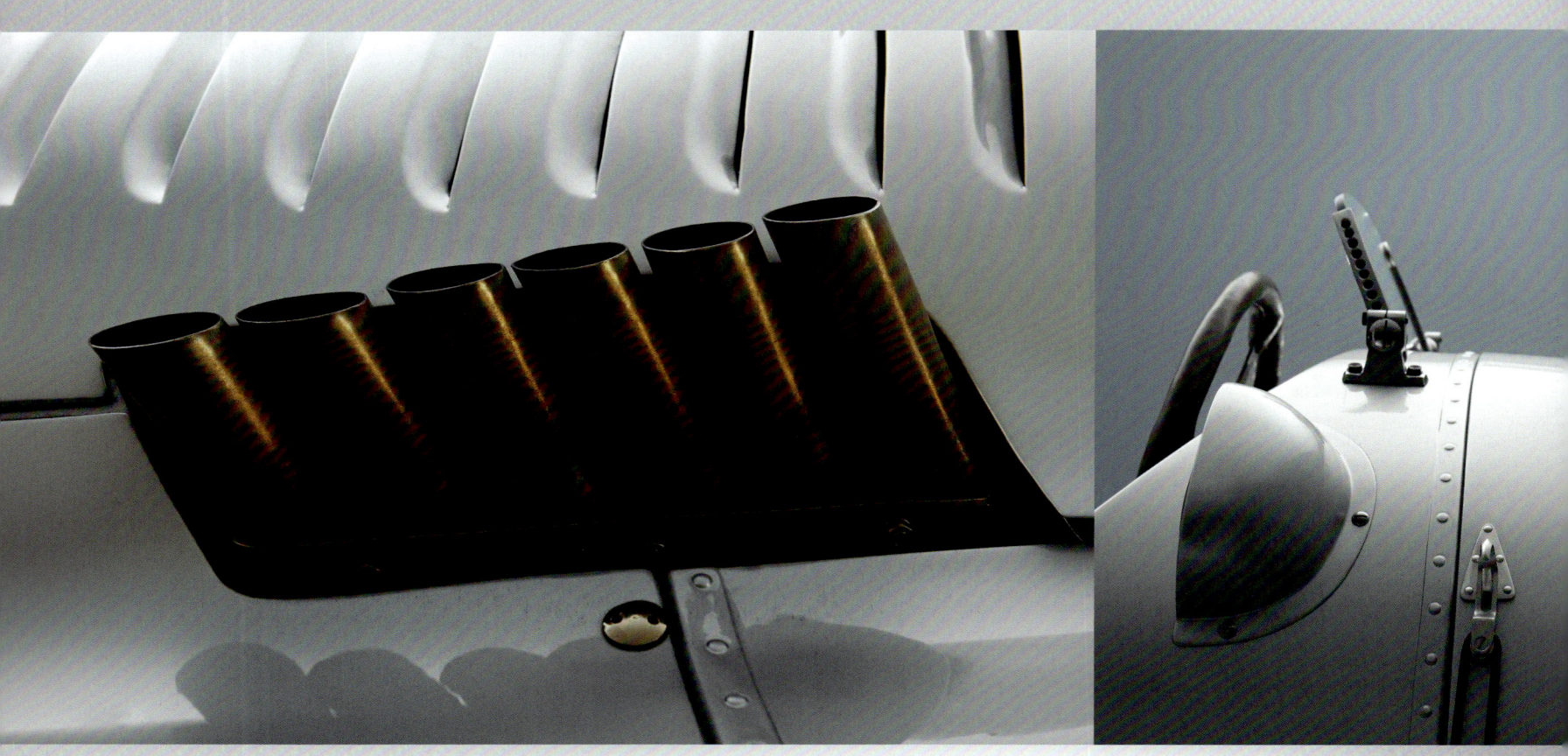

A

B

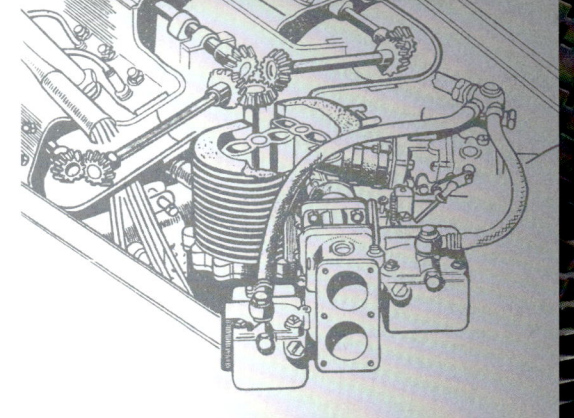

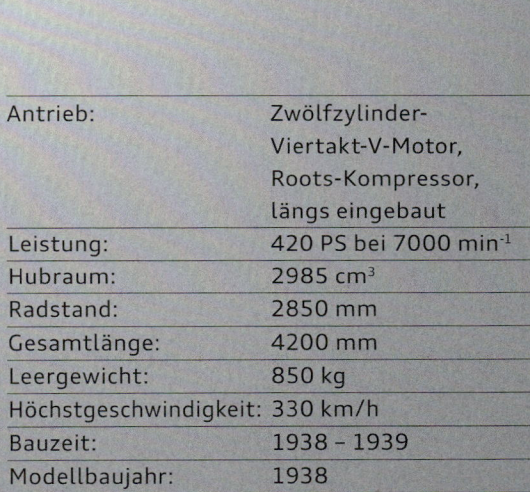

Antrieb:	Zwölfzylinder-Viertakt-V-Motor, Roots-Kompressor, längs eingebaut
Leistung:	420 PS bei 7000 min^{-1}
Hubraum:	2985 cm³
Radstand:	2850 mm
Gesamtlänge:	4200 mm
Leergewicht:	850 kg
Höchstgeschwindigkeit:	330 km/h
Bauzeit:	1938 – 1939
Modellbaujahr:	1938

A Vorsichtig und mit vereinten Kräften rollte der Typ D in Donington von der Lkw-Ladefläche.
B Zum Einstieg wurde auch damals schon das Lenkrad abgenommen. Georg Meier vor einem Probelauf in Monza im März 1939.
C Startvorbereitung: Tazio Nuvolari wartete auf seinen Einsatz beim Großen Preis von Italien 1939. Daneben ein Mercedes W 154.
D Nach einem Räderwechsel wurde der Typ D mit der Anlassvorrichtung durch Walter Meyer wieder gestartet. Im Cockpit Hans Stuck beim GP von Deutschland 1938.
E Zwei Auto Union Typ D vor Mercedes: nach dem Start zum Großen Preis von Donington 1938 in der Red Gate Corner, H. P. Müller hinter dem späteren Sieger Tazio Nuvolari.

C

D

229

15

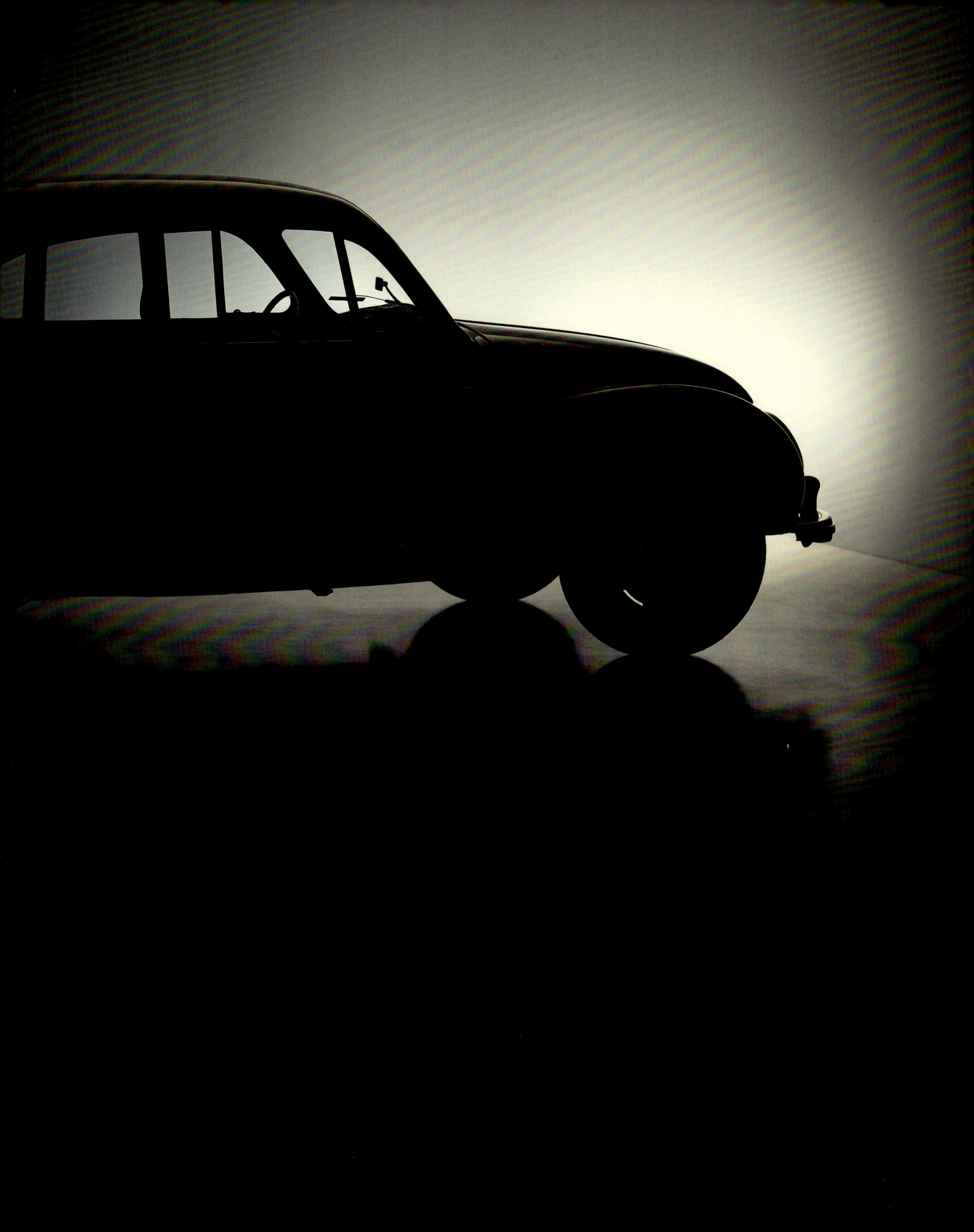

Moderner Lastenesel
DKW Schnelllaster F 89 L Kastenwagen
DKW F 800/3 Luxusbus

»DKW ist wieder da!« – das war im Herbst 1949 die Botschaft an die im Mai des gleichen Jahres frisch gegründete Bundesrepublik Deutschland. Dabei verkörperte der DKW F 89 L Schnelllaster 3/4 t den Neubeginn der Automobilfertigung im Zeichen der Vier Ringe. Er war der erste Wagen der Auto Union nach dem Zweiten Weltkrieg und das erste Automobil, das in Ingolstadt gebaut wurde.

Für den Wiederaufbau der durch den Krieg zerstörten Städte wurde dringend Transportkapazität gebraucht. Daher fiel bei der im bayrischen Ingolstadt neu gegründeten Auto Union GmbH die Entscheidung, die Kraftfahrzeugtradition der inzwischen in Sachsen liquidierten Auto Union AG zunächst mit einem universellen DKW Transportfahrzeug fortzusetzen.

Bereits 1948 war im ehemaligen Ingolstädter Zeughaus die Produktion von DKW F 8-Motoren für Ersatzteilzwecke angelaufen, sodass ein Antriebsaggregat für den neuen Transporter zur Verfügung stand. Geistiger Vater des kleinen Lieferwagens war der aus dem Horch Konstruktionsbüro in Zwickau stammende Kurt Schwenk. Das bewährte Fahrgestell des DKW F 8 aus der Vorkriegszeit wurde so verändert, dass der Zweizylinder-Zweitaktmotor um 180 Grad gedreht vor der Vorderachse eingebaut werden konnte. Dadurch war eine erhöhte Position des Fahrersitzes schräg über dem Motor mit seinem angeblockten Getriebe möglich. Diese Maßnahme führte zu einer effizienten Raumaufteilung bei relativ kurzem Radstand.

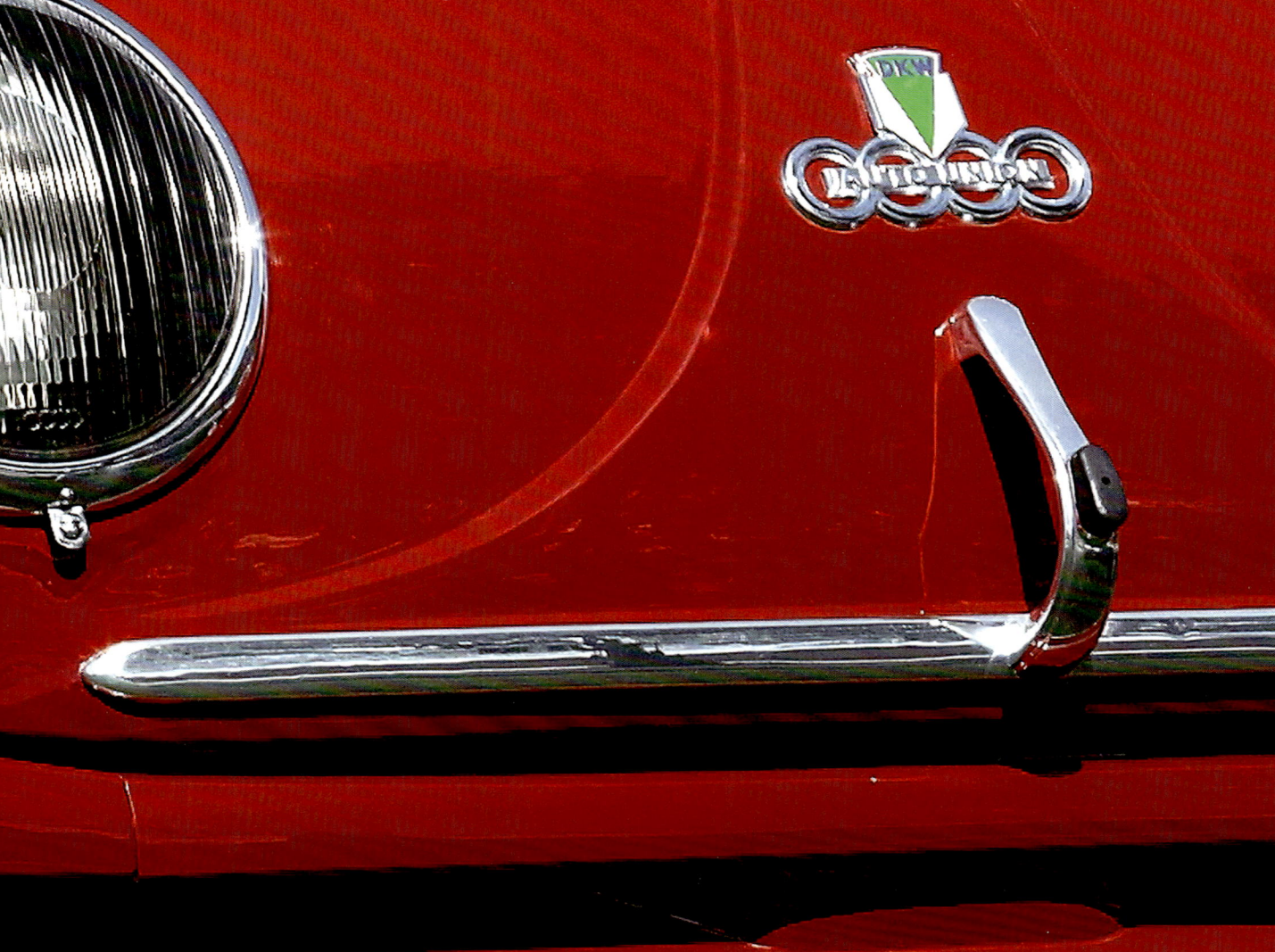

1949
1955

Neuer Anfang – neues Gesicht. Zu Beginn des
Automobilbaus in Ingolstadt stand der Bedarf nach
Transportkapazität im Vordergrund.

A Kleine Heckleuchte für Brems- und Rücklicht. Die Fahrtrichtung wurde noch über Winker in der B-Säule angezeigt.
B Nur das Notwendigste zur Bedienung des Wagens.
C Der rein funktional ausgelegte Zweizylinder-Zweitakt-Lieferwagen neben dem später eingeführten Dreizylinder-Zweitakt-Luxusbus.
D Die Instrumententafel passte farblich zur Außenlackierung, und es gab einen Schalthebel für die Fahrtrichtungsanzeiger (Winker) am Lenkstock.

Die Fahrerkabine rückte zugunsten eines größeren Laderaumes weit nach vorn, sodass sich ein modernes »One-Box-Design« ergab. Diese vorn abgeschrägte, als »Frontlenker« bezeichnete Konstruktion verzichtete auf einen klassischen Motorraum und sollte sich als zukunftsweisende Bauart im Nutzfahrzeugbereich herausstellen.

Hatte der Prototyp noch die Pkw-Hinterachse mit hoch liegender Querblattfeder nach dem Prinzip »Schwebeachse«, wurde zur besseren Kombinierbarkeit mit verschiedenen Nutzaufbauten eine flach bauende Achskonstruktion in die Serie eingeführt. Die Hinterräder waren an einer drehstabgefederten »Kurbelachse« befestigt und einzeln mit Teleskopstoßdämpfern versehen. Diese patentierte Konstruktion fand bei der Auto Union in einer ganzen Reihe von unterschiedlichen Pkw-Modellreihen bis 1973 Verwendung.

Im Mai 1949 fand auf der Technischen Exportmesse in Hannover die offizielle Vorstellung des DKW Schnelllasters statt, im Juli des gleichen Jahres der Serienanlauf. Begonnen wurde mit zwei Karosserievarianten: Pritschen- und Kastenwagen. Da der Karosseriebau in Ingolstadt anfänglich nur mit provisorischen Vorrichtungen möglich war, lieferte die Firma Drauz aus Heilbronn bis März 1950 die Kastenwagenaufbauten. Generell war in der Anfangszeit der Anteil an Eigenfertigung gering. Den Großteil der Bauteile bezog die Auto Union von Zulieferern. Immerhin konnten 1949 insgesamt 504 Schnelllaster fertiggestellt werden.

Ab 1950 stand die Erweiterung der Produktpalette im Vordergrund: Mit 2500 mm Radstand wurden nun die Ausführungen Kastenwagen, Kombi, Hochpritsche, Tiefpritsche und Bus sowie eine Großraumpritsche mit 3000 mm Radstand angeboten. Weiterhin konnte der F 89 L, lediglich mit dem Fahrerhaus ausgestattet, für Spezialaufbauten geordert werden. Seine große Variabilität ließ die Nachfrage in die Höhe schnellen.

Das Design des DKW F 89 L ist sehr rational. Die Verteilung der konstruktiven Baugruppen erfolgte unter dem Primat der maximalen Raumausnutzung. Seine Form entstand aus den Funktionsanforderungen heraus. Der Mangelwirtschaft geschuldet stark reduzierter Fertigungs- und Werkzeugaufwand war der Grund für die glattflächige, schlichte Formgebung der Karosserieelemente – wie den Frontscheinwerfern, dem Kühlergrill und den seitlichen Lüftungsöffnungen. Dabei bildete sich eine neue Formqualität heraus, die dem Wagen geradezu eine Zeitlosigkeit verlieh. Einzig die Radausschnitte mit ihren harten Kanten wirkten primitiv. Bei späteren Modifikationen wurde durch zusätzlich angesetzte Schutzbleche das Erscheinungsbild in diesem Bereich deutlich aufgewertet.

Die Seitenansicht wurde von der schräg verlaufenden Frontpartie mit dem fast gleichwinkligen Übergang von der Motorraumabdeckung zur Frontscheibe geprägt. In der Front zeigt der Schnelllaster durch die großen Abrundungen der unteren Motorhaubenecken, den darunter angeordneten Kühllufteintritt mit querliegenden Rippen fast in Wagenbreite und den nach innen gerückten, kreisrunden »Scheinwerferaugen« ein lächelndes Gesicht. Ein richtiger Optimist für den Wiederaufbau des kriegszerrütteten Deutschlands.

Die anfängliche Leistung von 20 PS erwies sich für den mit Zuladung bis zu 1,8 t wiegenden Transporter als zu gering. Um den Kundenanforderungen besser zu entsprechen, erlebte das erste Automobil aus Ingolstadt motorseitig mehrere Veränderungen. Mit dem Übergang vom Drei- zum Vierganggetriebe 1952 ging eine Leistungssteigerung auf 22 PS einher. Zwei Jahre später war an dem Schriftzug »DKW/30« die Motorisierung mit einer 30 PS leistenden Zweizylinder-Neuentwicklung zu erkennen. Dieses Herz schlug bei 792 cm^3 Hubraum weiter in zwei Takten, bereitete jedoch der Auto Union nur wenig Freude. Im Juli 1955 brachte der DKW F 800/3 mit dem aus dem Pkw-Bau inzwischen bewährten Dreizylindermotor mit knapp 900 cm^3 Hubraum und 32 PS die erhoffte Kontinuität in die Baureihe. Ladeboden, bodentiefe Hecktür sowie Karosserievielfalt – das Konzept des DKW Schnelllasters fand bis zu seinem Ende 1962 viele Freunde.

Das Erscheinungsbild des DKW Schnelllasters wurde durch die Frontlenkerbauweise und die relativ eng zueinander stehenden Frontscheinwerfer geprägt.

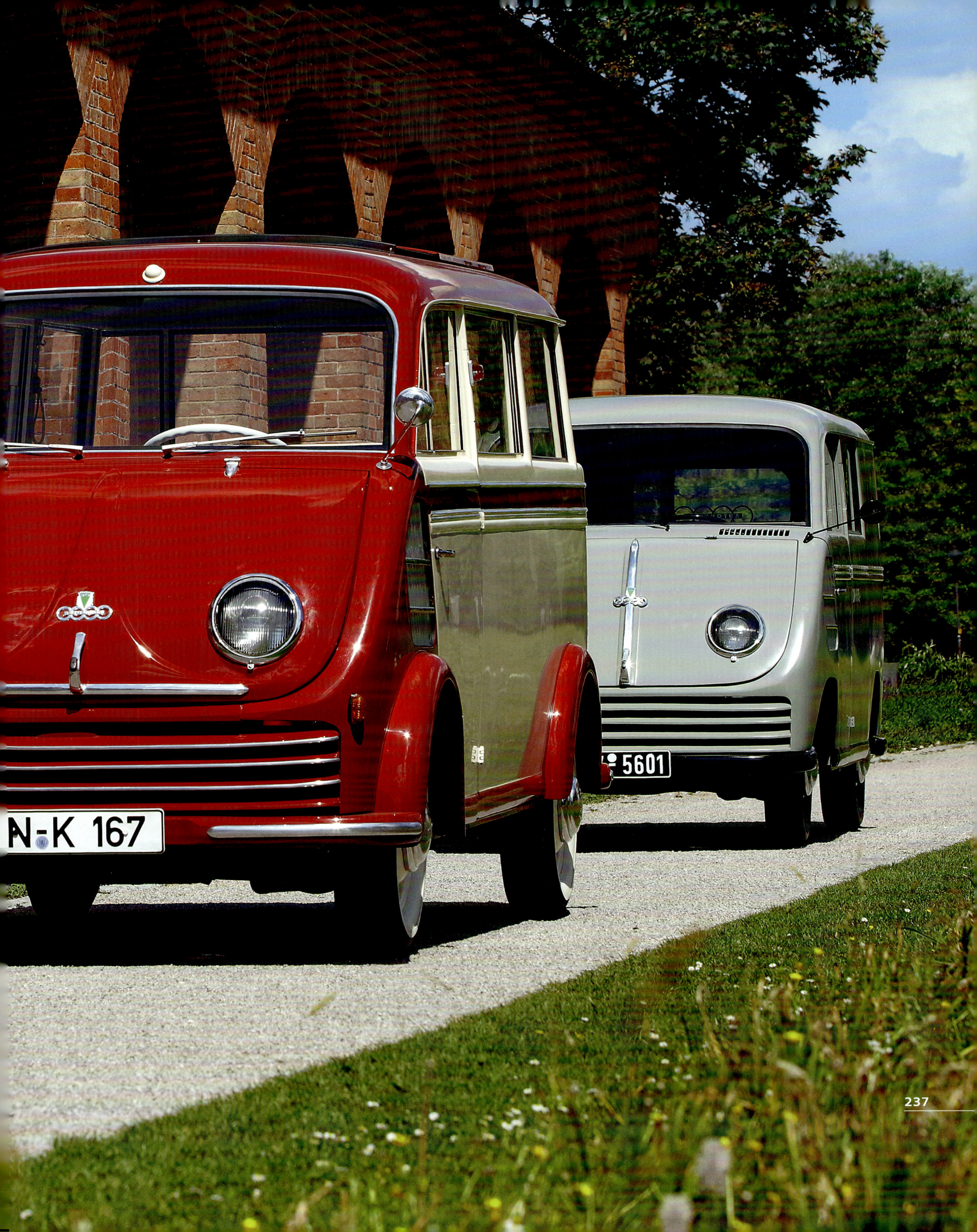
N-K 167
5601

Ausführung:	Kastenwagen dreisitzig
Antrieb:	Zweizylinder-Zweitakt-Reihenmotor, quer eingebaut
Leistung:	20 PS bei 3600 min^{-1}
Hubraum:	684 cm^3
Radstand:	2500 mm
Gesamtlänge:	3925 mm
Höchstgeschwindigkeit:	78 km/h
Kraftstoffverbrauch:	ca. 9,5 l/100 km
Gesamtproduktion:	28 263 Stück (3- und 4-Gang), davon 1266 Kastenwagen
Bauzeit:	1949 – 1954
Modellbaujahr:	1950

Ausführung:	Luxusbus neunsitzig
Antrieb:	Dreizylinder-Zweitakt-Reihenmotor, quer eingebaut
Leistung:	32 PS bei 3600 min^{-1}
Hubraum:	896 cm^3
Radstand:	2750 mm
Gesamtlänge:	4190 mm
Höchstgeschwindigkeit:	90 km/h
Kraftstoffverbrauch:	ca. 8,5 l/100 km
Gesamtproduktion:	24 529 Stück (alle Ausführungen), davon 449 Luxusbusse
Bauzeit:	1955 – 1962
Modellbaujahr:	1956

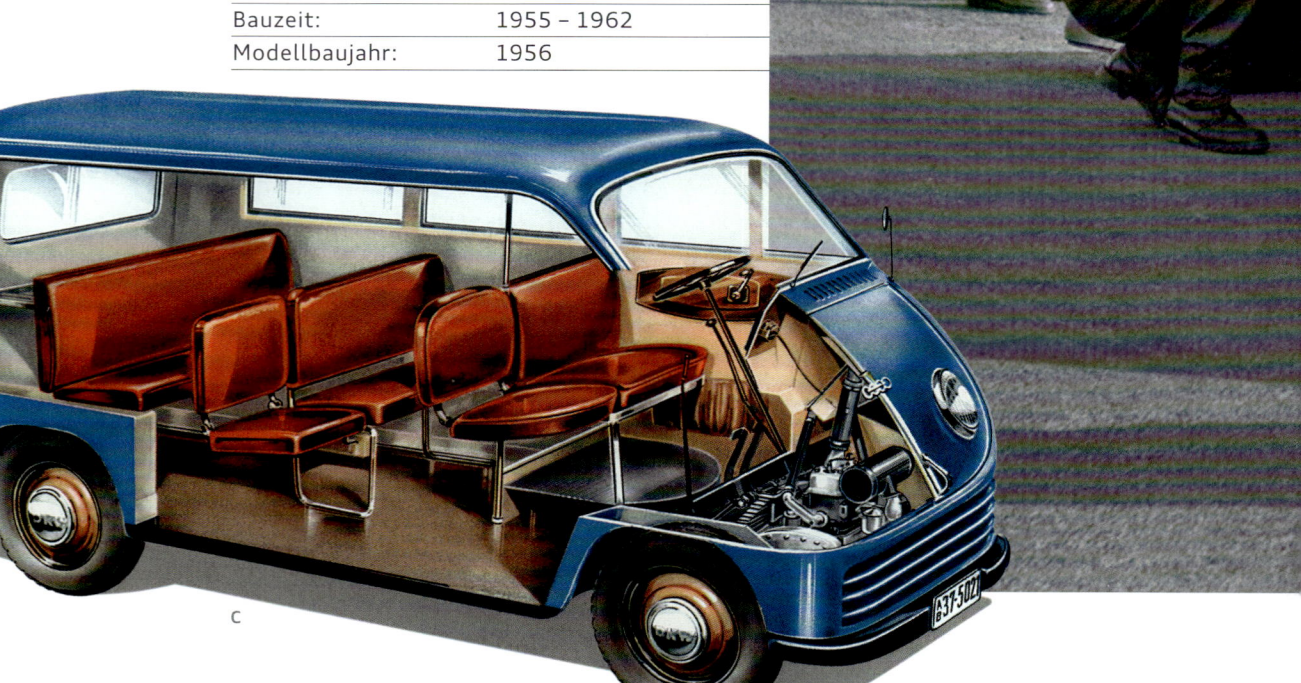

A Anfänglich verschaffte der aus den Vorkriegs-DKW bekannte 20-PS-Motor dem DKW 89 L Vortrieb.
B Der Kastenwagen eignete sich in der Zeit des Wiederaufbaus gleichzeitig als Lieferwagen und Werbeträger bestens.
C Die platzsparende Anordnung des Fahrers schräg über dem Motor ermöglichte eine optimale Raumnutzung.
D Die ersten Automobilprodukte der Ingolstädter Auto Union hintereinander: DKW F 89 P und F 89 L.

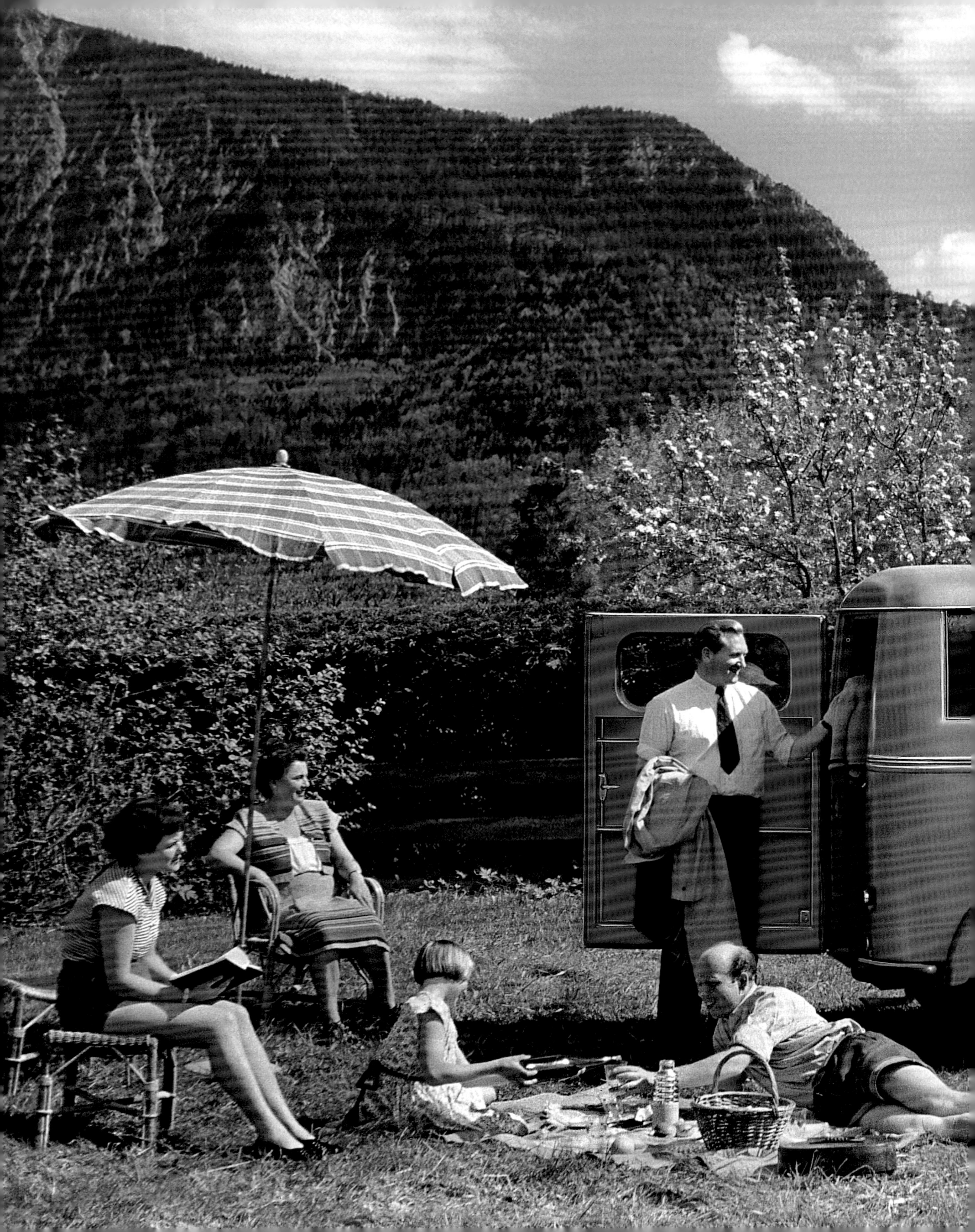

Großfamilientauglich – bis zu neun Personen hatten im F 800-3 für einen gemeinsamen Ausflug ins Grüne Platz.

Die neue Meisterklasse
DKW Meisterklasse F 89 P Limousine
DKW Meisterklasse F 89 S Universal

Die Teilung Deutschlands in Besatzungszonen, die Demontage der sächsischen Auto Union Werke als Reparationsgut für die Sowjetunion und die folgende Enteignung ließen dem ursprünglichen Konzern aus Sachsen nach 1945 keine Überlebenschance. Dennoch führten Hoffnung, Hartnäckigkeit und Mut von Mitarbeitern zu Neuanfängen sowohl im Osten als auch im Westen, wobei beide Standorte schon bald miteinander konkurrierten. Von beiden Herstellern wurden zunächst nahezu baugleiche Pkw auf Basis des DKW F 9 auf den Markt gebracht. Der eigentliche Plan vor Kriegsausbruch hatte vorgesehen, dass der F 9 als Einheitsmodell ab Anfang 1940 schrittweise sämtliche DKW Typen ersetzen sollte.

Die in der sowjetischen Besatzungszone – ab 1949 die DDR – liegenden Auto Union Werksanlagen wurden in der »VVB Industrieverwaltung Fahrzeugbau« mit dem Kürzel IFA zusammengefasst. Hier lief ab Herbst 1950 im Werk Horch die Fertigung des als IFA F 9 bezeichneten Typs an. Parallel dazu wurde im Zwickauer Audi Werk die Fertigung des DKW F 8 aus der Vorkriegszeit wieder aufgenommen.

Die Teilung Deutschlands teilte auch die Auto Union Mitarbeiter: ein Teil blieb in Sachsen, ein anderer Teil setzte sich nach Bayern ab. Beide Seiten wollten die Ideale und die Philosophie der Auto Union fortführen. Jeder behauptete selbstverständlich, den »echten« DKW mit dem bewährten Frontantriebskonzept anzubieten. Der Kampf Ost gegen West nahm zu dieser Zeit politisch und wirtschaftlich mehr und mehr Fahrt auf.

In Ingolstadt, das zur amerikanischen Besatzungszone gehörte, entstand die neue Auto Union GmbH. Das dort eingerichtete Zentraldepot für Auto Union Ersatzteile bildete die Keimzelle der Nachkriegsfertigung von Fahrzeugen mit den Vier Ringen. Auch hier bemühten sich die Mitarbeiter, mit dem DKW F 9 als modernem Personenwagen an die Erfolge der Marke DKW anzuknüpfen.

Das F 9-Konzept stellte in der Produktentwicklung der DKW Frontwagen einen qualitativ großen Sprung dar: Abkehr von der in der Kritik stehenden kunstlederbespannten Holzkarosserie, technologisch günstigerer Ganzstahlaufbau, neuer Dreizylinder-Zweitaktmotor als Antrieb.

Das Karosseriedesign stand ganz im Zeichen der Stromlinie. Aerodynamische Erkenntnisse und der Einfluss damaliger ästhetischer Leitbilder brachten ein stimmiges Karosseriekonzept hervor, welches die strömungsgünstige Tropfenform interpretierte. Erstmals waren die Vorderkotflügel und Scheinwerfer im Vorbau komplett integriert und bildeten mit der Motorhaube eine formale Einheit. Die flach gerundete Front hatte eine widerstandsärmere Anströmfläche als die der Vorgängermodelle. Dem alten Karosseriebild entsprachen nur noch die additiv montierten Hinterkotflügel. Sie waren jedoch flacher bombiert und lagen tiefer in der Seitenfläche des Fahrzeughinterteils. Gemeinsam mit dem spitz auslaufenden Heck bildeten sie eine ineinander fließende Form.

Der erste Personenwagen der neuen Auto Union GmbH knüpfte an der Vorkriegsentwicklung DKW F 9 an.

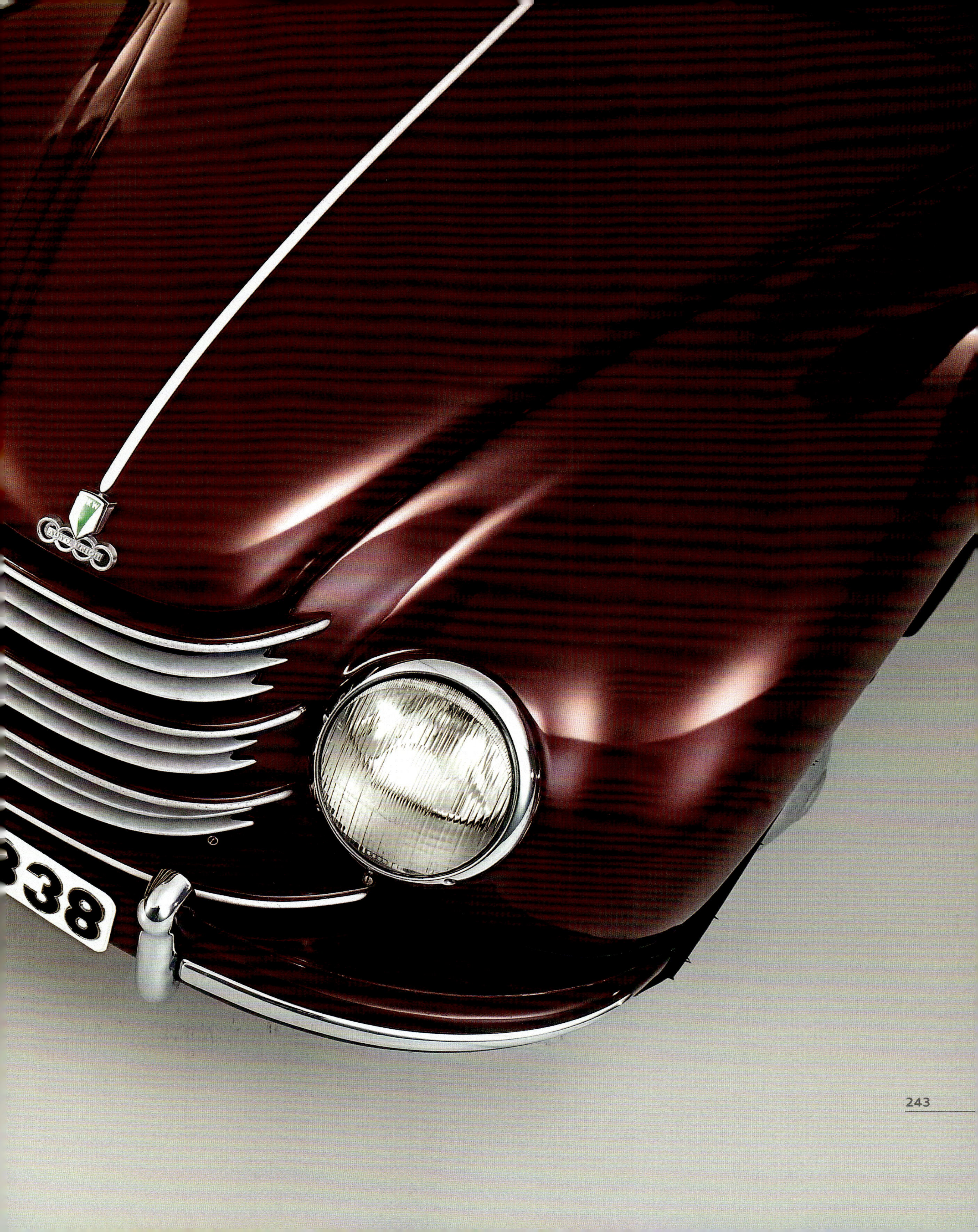
338

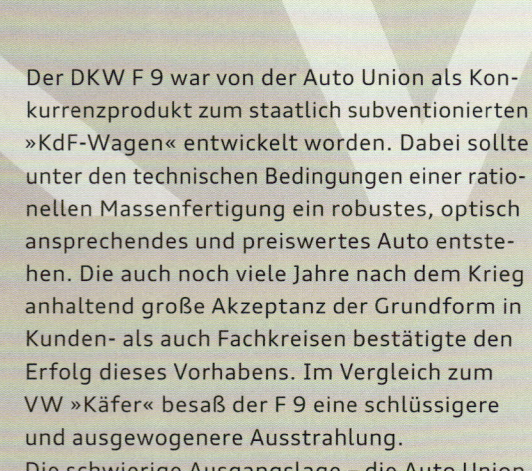

Meisterklasse DKW

Der DKW F 9 war von der Auto Union als Konkurrenzprodukt zum staatlich subventionierten »KdF-Wagen« entwickelt worden. Dabei sollte unter den technischen Bedingungen einer rationellen Massenfertigung ein robustes, optisch ansprechendes und preiswertes Auto entstehen. Die auch noch viele Jahre nach dem Krieg anhaltend große Akzeptanz der Grundform in Kunden- als auch Fachkreisen bestätigte den Erfolg dieses Vorhabens. Im Vergleich zum VW »Käfer« besaß der F 9 eine schlüssigere und ausgewogenere Ausstrahlung.
Die schwierige Ausgangslage – die Auto Union im Westen musste quasi aus dem Nichts neu aufgebaut werden – bedingte, dass das Fahrzeug zuerst mit dem Zweizylindermotor aus dem bewährten F 8 gefertigt wurde. Konstruktionsunterlagen standen nicht vollständig zur Verfügung und mussten neu angefertigt werden. Diese Zwitterlösung aus F 8-Motor und F 9-Karosserie führte zur Typbezeichnung F 89 P Meisterklasse. Das P stand für Personenwagen – im Gegensatz zum ersten Serienfahrzeug der neuen Auto Union, dem DKW F 89 L Lieferwagen auf gleicher technischer Basis. Zur deutlichen Unterscheidung gegenüber dem IFA F 9 aus DDR-Fertigung wurde die Gestaltung des Kühllufteinlasses mit unterschiedlich betonten Querstrebsegmenten umgesetzt. Weiterhin waren die Front- und Heckscheibe jeweils einteilig ohne Mittelsteg ausgeführt. Dabei blieb die Frontscheibe abgewinkelt.
Die DKW Meisterklasse wurde in mehreren Karosserievarianten auf die Räder gestellt. Ihre Serienfertigung begann im August 1950 im neuen Auto Union Werk Düsseldorf. Neben der Limousine war gleich ein viersitziges Cabriolet mit Karmann-Aufbau erhältlich. Ein als »Universal« bezeichneter Kombi in der Art amerikanischer »Woodie« Station Wagons folgte im Produktprogramm 1951 mit 100 Millimeter längerem Radstand. Als Luxusmodelle wurden 1951 auch ein zweisitziges Cabriolet und ein ebensolches Coupé mit einer Karosserie von Hebmüller vorgestellt.

A Die Front mit quer betonten Kühlrippen und die einteilige Frontscheibe waren die deutlichsten Unterschiede gegenüber dem F 9-Vorkriegs-Prototyp.
B Das 1939 vorgestellte DKW Konzept der Ganzstahl-karosserie in Stromlinienform ging erst nach über zehn Jahren kriegsbedingter Unterbrechung in Serie.
C Zunächst musste der aus dem F 8 bewährte Zweizylinder-Zweitaktmotor kombiniert mit einem Dreiganggetriebe eingesetzt werden. Das 1953 eingeführte Vierganggetriebe machte den Wagen flexibler.
D Zwei Neuwagen vor der Auslieferung, davon der hintere ein F 89 P mit Faltschiebedach.
E Die Dame als Fahrerin war auch 1950 wieder ein beliebtes Motiv.
F Alle Bedienelemente waren übersichtlich angeordnet.

A Der Kombi im Stil amerikanischer »Woodie« Station Wagons wurde 1951 erstmals präsentiert.
B Die Heckklappe des Universal war nur längs geteilt zu öffnen.
C Heutigen Anforderungen nach einer ebenen Ladefläche entsprach die Variabilität des Universal schon damals.

c

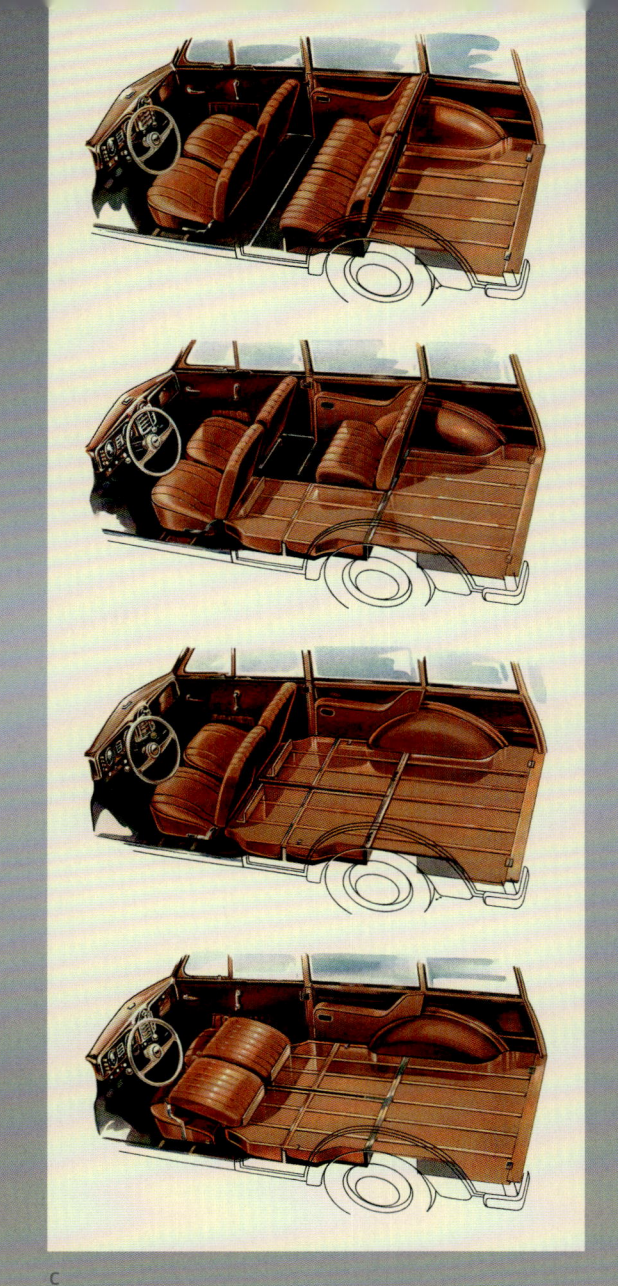

Ausführung:	Limousine viersitzig und Kombi Universal viersitzig, Karosserie Werk Düsseldorf
Antrieb:	Zweizylinder-Zweitakt-Reihenmotor, quer eingebaut
Leistung:	23 PS bei 4200 min^{-1}
Hubraum:	684 cm^3
Radstand:	2350 mm (Limousine), 2450 mm (Universal)
Gesamtlänge:	4225 mm (Limousine), 4040 mm (Universal)
Höchstgeschwindigkeit:	100 km/h (Limousine), 90 km/h (Universal)
Kraftstoffverbrauch:	ca. 7 l/100 km
Gesamtproduktion:	59 424 Stück (alle Ausführungen)
Bauzeit:	1950 – 1954 (alle Ausführungen)
Modellbaujahr:	1952 (Limousine), 1951 (Universal)

248

Der große DKW
DKW 3 = 6 Sonderklasse F 93 Cabriolet
DKW 3 = 6 Sonderklasse F 94 Limousine

Wie schon das Dreizylindermodell F 91 trug der verbreiterte Nachfolger den Schriftzug 3 = 6 auch am linken Kotflügel.

Die entbehrungsreiche Zeit des Wiederaufbaus der Auto Union in Westdeutschland hatte dazu geführt, dass der erste Nachkriegs-Personenwagen, die DKW F 89 P Meisterklasse, mit dem lediglich 23 PS starken Zweizylinder-Zweitaktmotor aus dem Vorkriegs-F 8 ausgerüstet war. Als dann im Frühjahr 1953 der lang ersehnte Dreizylinder-Zweitaktmotor mit 900 cm³ Hubraum und 34 PS eingeführt wurde, entsprach die Leistung der des ursprünglich schon 1939 konzipierten DKW F 9 und damit auch den Erwartungen der Kunden. Um der Konkurrenz entgegenzutreten, ruhte sich die Auto Union nicht lange auf dem Entwicklungsstand aus. So wurde die Leistung bereits Ende 1955 auf 38 PS und 1957 schließlich auf 40 PS gesteigert.

Seit Einführung des DKW F 91 waren die Dreizylindermodelle durch die Schriftzüge »Sonderklasse« und »3 = 6« gekennzeichnet. Die Botschaft: Ein Dreizylinder-Zweitaktmotor hat aufgrund der doppelten Anzahl von Arbeitstakten die gleiche Leistungscharakteristik wie ein Sechszylinder-Viertaktmotor.

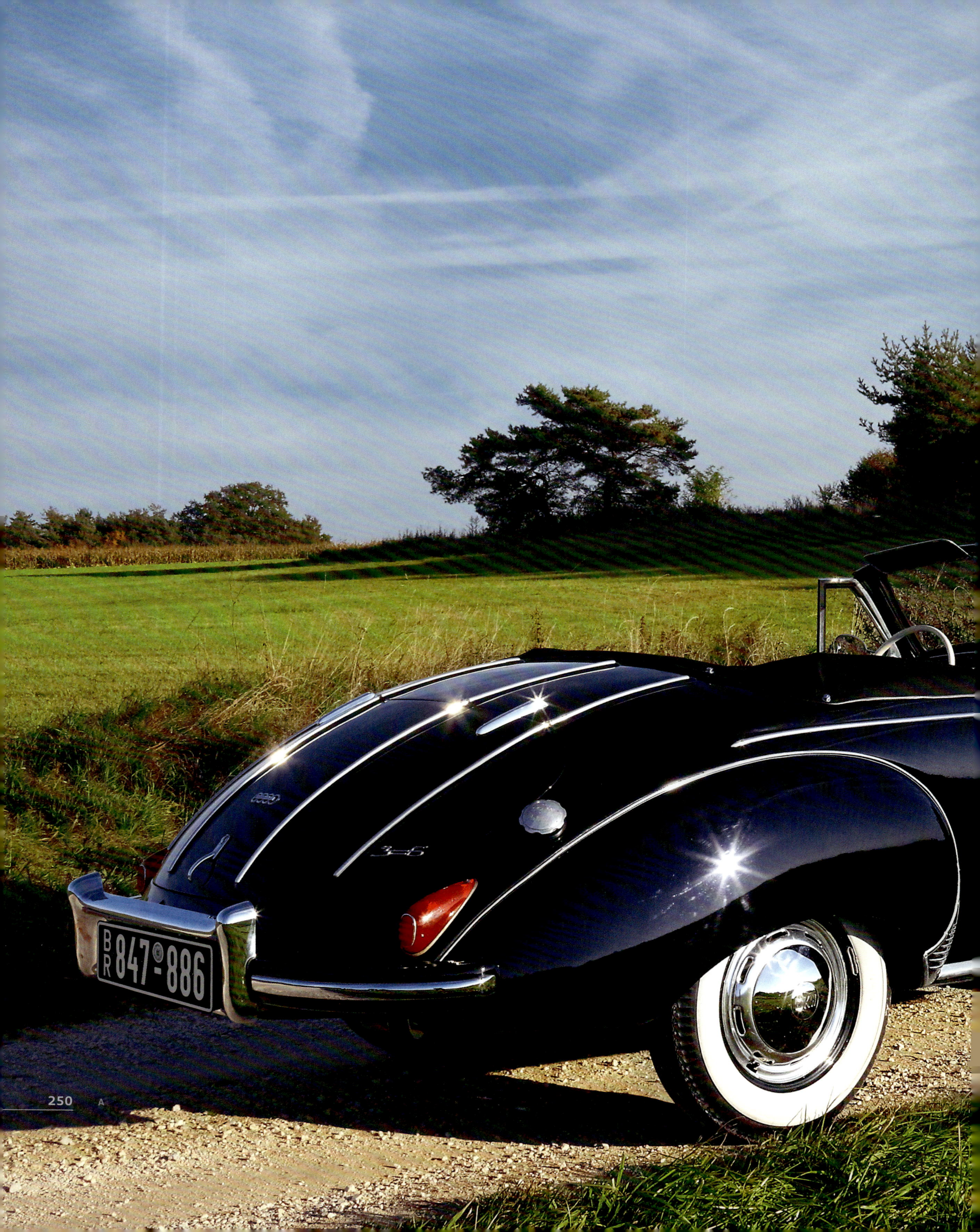
BR 847-886

A Bildschöner zweisitziger Cabriolet-Aufbau von Karmann.
B Das Facelift durch den breiten, ovalen Kühlergrill mit fünf Querstreben kennzeichnete den großen DKW ab Herbst 1955.

Mit dem Modelljahrgang 1956 wurde die Karosserie einer grundlegenden Überarbeitung unterzogen. Die Seitenlinie wies noch einen engen Bezug zum Vorgänger auf, in der Breite wuchs die Karosserie des neuen Typs F 93 jedoch um 95 mm. Voller Stolz präsentierte ihn die Auto Union auf der IAA in Frankfurt im September 1955 als den »Großen DKW 3 = 6«. Seine auffälligsten Merkmale waren die ovalgestreckte Frontmaske mit fünf Querrippen, die vorderen Blinkleuchten und der erwachsenere Look.

Auf dem imposanten Messestand waren noch ein zwei- und ein viersitziges Cabriolet sowie eine viertürige Limousine zu sehen. Damit hatte die Auto Union wieder einen Viertürer im Programm. Sein Fahrgestell wurde zugunsten eines bequemeren Einstiegs um 100 mm verlängert. Dieses Modell erhielt die Bezeichnung F 94.

A

Eine bemerkenswert schöne und elegante Erscheinung war das zweisitzige Sonderklasse-Cabriolet mit Karmann-Karosserie. Es suggerierte das Besondere – Unabhängigkeit, Prestige und Ansehen. Durch die breitere Karosserie in Kombination mit dem lang ausschwingenden Heck ergaben sich elegantere Proportionen als beim F 91 Cabriolet. Mit der neuen Innenausstattung verströmte der Wagen das Flair der gehobenen Mittelklasse. Die Armaturentafel war modern, klar strukturiert und über-

Die Serienproduktion des Cabriolets und der viertürigen Limousine setzte im Februar 1956 ein. Die Cabriolet-Ausführungen blieben jedoch nur ein Jahr im Programm. Nicht mehr als 205 Exemplare des eleganten Zweisitzer-Cabriolets verließen die Wilhelm Karmann GmbH in Osnabrück. Von dem viersitzigen Cabriolet wurden insgesamt nur 102 Stück gebaut.
Mit dem »Großen DKW 3 = 6«, der ab dem Modelljahr 1957 einen neuen Kühlergrill mit Wabenmuster erhielt, legte das Unternehmen

A Beide von Karmann hergestellte Cabriolet-Varianten, vier- und zweisitzig, begegneten sich für eine Werbeaufnahme.
B Schlanker Griff zum Öffnen der Heckklappe.
C Die markante, tropfenförmige Rückleuchte, rot durchgefärbt.

endgültig ab. So urteilte Dipl.-Ing. W. Buck in der Zeitschrift »Auto, Motor und Sport« im März 1956: »Aus dem schmalhüftigen Backfisch ›Sonderklasse‹ ist – wie man wohl sagen kann – eine ausgewachsene Dame geworden. Gottlob hat sie ihr Temperament behalten, und die Behäbigkeit ist nur visueller Natur.«

Heute gilt der »Große DKW 3 = 6« für Anhänger der Marke als der klassische DKW schlechthin. Die Karosserie mit den rundlichen Formen und Schwüngen, der Kofferraumdeckel mit den längs gerichteten Chromstreben und das neue Gesicht charakterisierten ihn. Damit konnte sich eine Vielzahl von Kunden identifizieren, und so wurde die Typenreihe mit 158 944 gebauten Exemplaren in rund drei Jahren der bis dahin meistgebaute DKW auf Basis des F 9-Grundkonzepts.

Bei den geschlossenen Karosserievarianten entwickelte sich das Faltschiebedach zu einem beliebten Zubehör, um die Freiheit auf Rädern bei Sonnenschein und Frischluft genießen zu können.

A

D

B

C

A Zugunsten von vier Türen und eines bequemeren Einstiegs hinten wurde der Radstand um 100 mm verlängert.
B Der F 94 Viertürer eignete sich von nun an auch zum Polizeidienst.
C Dieses Werbemotiv sollte verdeutlichen, wie vielen Personen der Viertürer Platz bot.
D Beide Seitentüren waren an der B-Säule angeschlagen.
E Das breit öffnende Faltschiebedach gab es auf Sonderwunsch.

Mittig über der Lenksäule beherbergte eine Instrumentenaufnahme Tachometer, Zeituhr und Kombi-Instrument. Gegenüber vielen früheren DKW Modellen erfolgte die Gangwahl über eine Lenkstockschaltung.

Ausführung:	Cabriolet zweisitzig, Karosserie Karmann, Osnabrück
Antrieb:	Dreizylinder-Zweitakt-Reihenmotor, längs eingebaut
Leistung:	38 PS bei 4250 min^{-1}
Hubraum:	896 cm^3
Radstand:	2350 mm
Gesamtlänge:	4225 mm
Höchstgeschwindigkeit:	125 km/h
Kraftstoffverbrauch:	ca. 8 l/100 km
Gesamtproduktion:	157 016 Stück (alle Ausführungen)
Bauzeit:	1955 – 1959 (alle Ausführungen)
Modellbaujahr:	1956

Ausführung:	Limousine viertürig, vier- bis fünfsitzig, Karosserie Werk Düsseldorf
Antrieb:	Dreizylinder-Zweitakt-Reihenmotor, längs eingebaut
Leistung:	40 PS bei 4250 min^{-1}
Hubraum:	896 cm^3
Radstand:	2450 mm
Gesamtlänge:	4325 mm
Höchstgeschwindigkeit:	115 km/h
Kraftstoffverbrauch:	ca. 9,5 l/100 km
Modellbaujahr:	1957

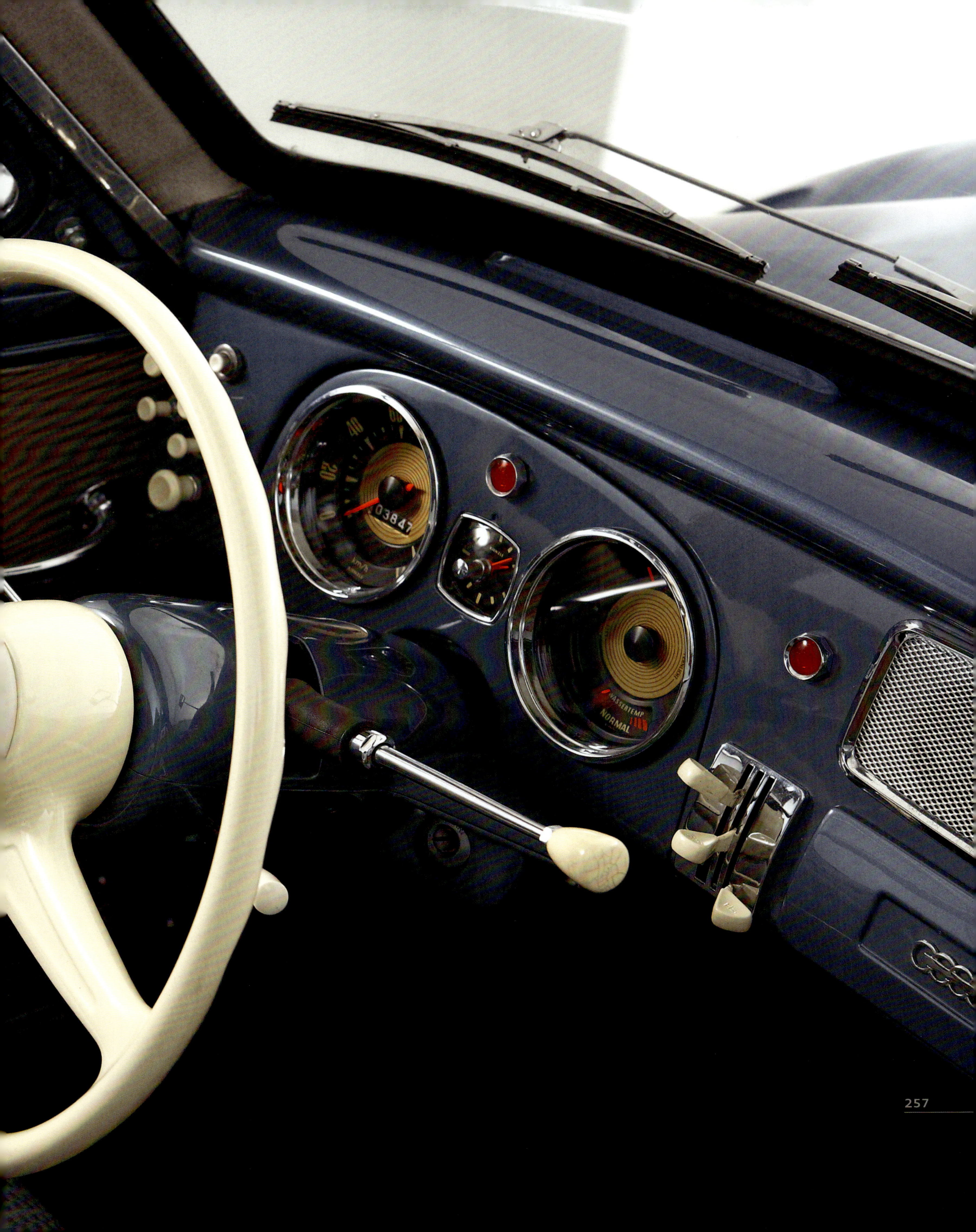
03847
NORMAL

A

In der ersten Hälfte der 1950er-Jahre hatte die Automobilindustrie in Westdeutschland die Schwierigkeiten der Nachkriegszeit überwunden. Die Zeit der verbesserten Vorkriegstypen ging dem Ende zu. Völlig neue Fahrzeuge wurden vorgestellt, bei denen der bequeme Transport von vier Personen im Vordergrund stand. Zweisitzer-Sportwagen im mittleren Preissegment waren deshalb kaum unter den Neuentwicklungen. Das brachte Karosseriebaufirmen auf die Idee, eigene Kreationen auf Serienchassis anzubieten. Durch die allgemeine Tendenz zur selbsttragenden Karosserie kamen jedoch nur wenige Fahrgestelle infrage. Die meisten Angebote entstanden auf Volkswagen-Basis. Bei DKW gab es überhaupt keinen Sportwagen. Das motivierte den Sportfahrer Günther Ahrens und den DKW Tuner Albrecht Wolf Mantzel dazu, die kleine Stuttgarter Firma Dannenhauer & Stauss von der Entwicklung einer Karosserie für das Chassis des DKW F 91 zu überzeugen. In einer recht unorthodoxen Entwicklungsphase entstand ein 1:1-Modell aus Blech, das als Urmodell für Negativformen verwendet wurde. Für den Sporttyp sollte ein besonderes Material eingesetzt werden; moderne Leichtbauweise war wegen der Vision eines Sporteinsatzes ohnehin geboten. Glasfaserverstärkter Kunststoff hieß daher die Lösung. Den Karosserieentwurf prägte Günther Ahrens.

Rassige Extravaganz
DKW 3 = 6 Monza Sportcoupé

Im September 1955 wurde auf der Internationalen Automobil Ausstellung in Frankfurt das »Sportcoupé mit Kunststoffkarosserie auf DKW Chassis« vorgestellt. Bei diesem saß unter dem Sportaufbau noch ein gekürztes Fahrgestell des schmalen DKW F 91. Da die Auto Union gleichzeitig ihren »Großen 3 = 6« mit breiterem Chassis einführte, bildete dieser dann ab dem Fahrzeug Nr. 5 auch die Kleinseriengrundlage. Die technischen Werte entsprachen denen des Serien-F 93. Allerdings erreichte das Sportcoupé durch die nur rund 125 kg wiegende Karosserie bessere Beschleunigungswerte und ca. 140 km/h Höchstgeschwindigkeit. Einen richtigen Produktnamen hatte das Coupé allerdings noch nicht.

Mit dem Wagen Nr. 6 gelang auf Privatinitiative ein werbewirksamer Rekordversuch, der ihm seinen heute bekannten Namen einbrachte. Im Dezember 1956 stellten drei DKW Autosport-Enthusiasten um Günther Ahrens im italienischen Autodromo di Monza mehrere Langstreckenrekorde für Serienfahrzeuge auf: über 4000 Meilen mit 140,839 km/h, über 5000 Meilen mit 138,565 km/h, über 10 000 km mit 139,453 km/h, über 48 Stunden mit 140,961 km/h und über 72 Stunden mit 139,459 km/h Durchschnittsgeschwindigkeit. Das Fahrzeug war dafür nur leicht modifiziert worden. Die Auto Union, die sich bisher aus dem privat finanzierten Projekt herausgehalten hatte, erwarb danach den Wagen. Dank einer darauf folgenden Werbetour durch Deutschland stieg die Aufmerksamkeit der Öffentlichkeit enorm. Mit einer stückzahlstärkeren Fertigung war Dannenhauer & Stauss allerdings überfordert. Der Heidelberger DKW Händler Fritz Wenk nahm sich nun des Projektes an und beauftragte die ortsansässige Firma Massholder mit der Karosseriefertigung. Nach 85 Fahrzeugen stieg auch dieser Produzent von Lkw-Aufbauten aus dem Projekt aus. 1957 gelang es Fritz Wenk, einen neuen Hersteller – die in Stuttgart-Feuerbach ansässige Firma Robert Schenk Karosseriebau – für eine umfangreichere Serienfertigung zu gewinnen. In der Folgezeit entstand hier die größte Stückzahl des DKW Monza. Seine Karosserie war bei den bisherigen Herstellern mehrfach dezent modifiziert worden. Die deutlichsten Änderungen zugunsten einer effektiveren Serienfertigung erfolgten aber bei der Firma Schenk: Gegenüber dem Ursprungsentwurf veränderte sich die Frontpartie und die kurze Motorhaube endete von nun an als innen liegende Klappe oberhalb des Kühllufteinlasses. Kotflügel und Frontschürze bildeten somit eine stabile Baugruppe. Vorher schloss die Motorhaube die Kühlluftöffnung mit ein. Die große Öffnung hatte zwar für Reparaturfreundlichkeit gesorgt, doch insgesamt war dadurch der Vorbau mit der großen, kopflastigen Motorhaube instabil und fertigungstechnisch aufwendig gewesen.

A DKW Sportcoupé mit Karosserie aus glasfaserverstärktem Kunststoff.
B Der Sportwagen erhielt seinen Namen durch die mit ihm in Italien aufgestellten Langstreckenrekorde.
C Wiedererkennungszeichen – die »Monzakiemen«.

A

Ausführung:	Sportcoupé zweisitzig, Karosserie Schenk, Stuttgart, glasfaserverstärkter Polyesterharz
Antrieb:	Dreizylinder-Zweitakt-Reihenmotor, längs eingebaut
Leistung:	44 PS bei 4500 min^{-1}
Hubraum:	980 cm^3
Radstand:	2350 mm
Gesamtlänge:	4090 mm
Höchstgeschwindigkeit:	135 km/h
Kraftstoffverbrauch:	ca. 9,5 l/100 km
Gesamtproduktion:	ca. 230 Stück
Bauzeit:	1955 – 1958
Modellbaujahr:	1958

A In den 1950er-Jahren ein beliebtes Werbemotiv: ein sportlicher Wagen zusammen mit Flugzeug und einer hübschen Dame.

B Zwei Verwandte auf Basis des 3 = 6 mit Glasfaserkleid: der Monza von 1958 neben dem aus Brasilien stammenden GT Malzoni von 1965. Das auf Privatinitiative zurückzuführende Projekt von Genaro »Rino« Malzoni wurde durch die DKW Vemag in Sao Paulo (brasilianischer Lizenznehmer) technisch unterstützt.

B

mente erhalten. Selbstbewusst blitzten von nun an oberhalb des Kühllufteinlasses fünf aufgesetzte Metallbuchstaben: MONZA. Insgesamt führten die Veränderungen zu einer im Gegensatz zu den ersten Modellen harmonischeren und professionelleren Ausstrahlung des Sportwagens. Trotz einer etwas konservativen Grundanlage im Design – inzwischen wichen die rundlichen Formen, die immer noch der Stromlinie verhaftet waren, einem Trend zu geradlinigeren Auffassungen und dem sogenannten »Doppeltrapez« – hatte der Monza das gewisse Etwas. Die stark gewölbten Scheiben, insbesondere die Panorama-Heckscheibe mit den nach hinten geneigten B-Säulen, sowie die Kurvenverläufe der Seitenlinie mit dem niedrigen, abfallenden Heck kennzeichnen ihn als typischen Sportwagen der 1950er-Jahre. Trotzdem kann dem Design eine gewisse Zeitlosigkeit nicht abgesprochen werden.

Das Heck des Monza wurde zur besseren Überdeckung der Hinterräder etwas breiter ausgelegt. In den B-Säulen verschwanden die noch in den Verkaufsprospekten zu erkennenden Vertiefungen mit Entlüftungsöffnungen für die Fahrgastzelle. Die verchromten, markanten Stromlinientropfen – die »Monzakiemen« – blieben als Zier- und Wiedererkennungselemente.

Als die Auto Union 1958 den im eigenen Unternehmen entwickelten Sportwagen AU 1000 Sp auf den Markt brachte, wurde die Lieferung von Fahrgestellen für den Monza eingestellt. Mit regenerierten Fahrgestellen versuchte Fritz Wenk vergeblich, die Produktion fortzuführen. Obwohl die Auftragsbücher voll waren, endete daher das Kunststoff-Projekt im Jahre 1960.

C Der rote Monza dokumentiert den letzten Stand der mehrfach überarbeiteten Karosserieausführung.
D Der Prototyp des Sportcoupés bezog noch den Kühllufteinlass in die Motorhaube mit ein und hatte keine Stoßstangen.

Sputnik auf Rädern
Auto Union 1000 Sp Coupé und Roadster

Amerikanisches Straßenkreuzerdesign – diese konsequente Spitzflosse hatte nur der Auto Union 1000 Sp Coupé.

Die Auto Union hatte für ihre sportlichen Automobile ab Mitte der 1930er-Jahre viel Aufmerksamkeit und Anerkennung erhalten. Ihre Formensprache fand Anklang und weckte Begehrlichkeiten. Auch wenn sich viele aus finanziellen Gründen oder der Vernunft halber solche sportlichen »Spielzeuge« nicht leisteten, blieb das Reizvolle an ihnen in der Erinnerung haften. Zudem waren sie durch relativ geringe Stückzahlen nicht nur für ihre Besitzer etwas Besonderes.

Nach dem Krieg spielten reine Sportwagen zunächst keine Rolle, lagen doch die Schwerpunkte der neuen Auto Union mit dem Produktionsneubeginn auf einer viel profaneren Ebene. Mit den ersten Zweisitzer-Coupés und -Cabriolets auf Fahrgestellen des F 89 und des F 91 wurde ein sportlich-elegantes Element eingeführt, das allerdings nur äußerlicher Natur war. Echte Sportwagen mit Auto Union Technik blieben bis weit in die 1950er-Jahre hinein nur Einzelstücke oder private Projekte wie der DKW 3 = 6 Monza.

Mit der Rückkehr des ehemaligen Technikvorstandes der Auto Union, Dr. William Werner, im Herbst 1956 kam die Entwicklung eines Sportwagens auf dem Chassis des DKW 3 = 6 Typ F 93 ins Rollen. Rund ein Jahr später wurden auf der IAA in Frankfurt zwei Modelle mit leistungsgesteigerten Dreizylinder-Zweitaktmotoren von knapp 1000 cm^3 Hubraum präsentiert. Um die neuen Spitzenmodelle gesondert zu kennzeichnen, verließ der Hersteller den Produktnamen DKW und bezeichnete die neuen Modelle entsprechend der Motorgröße als Auto Union 1000, während der weiterhin gebaute 3 = 6 jetzt als DKW 900 angeboten wurde. Die beiden Ausführungen des neuen Auto Union 1000 konnten unterschiedlicher nicht sein. Da war zum einen das AU 1000 Coupé de Luxe, bei dem es sich um die aufgewertete Version des viersitzigen 3 = 6 Coupés handelte – im Grunde eine Limousine mit versenkbaren hinteren Seitenscheiben. Dieses Modell hielt noch immer an der DKW F 9-Linie fest, deren Geburt mittlerweile über 20 Jahre zurücklag. Ganz anders dagegen das sportliche Karosseriedesign der zweiten Neuvorstellung, die unter dem Namen Auto Union 1000 Sp Coupé präsentiert wurde. Die Assoziation zum Begriff »Sport« liegt nahe, doch offiziell stand das »Sp« für »Spezial«.

Seine flache, langgestreckte Silhouette mit Heckflossen und herausstehenden Scheinwerferröhren offenbarte durch und durch amerikanischen Stil. Die Dachkuppel mit Panorama-Frontscheibe erhob sich über die niedrige, nur leicht gespannte Schulterlinie, um zwei Automobilisten und einer Notsitzbank vollwertig Raum zu bieten.

1961

A

In einer dynamischen Wölbung verlief die Dachlinie weiter harmonisch, aber bestimmt über die Heckscheibenneigung auf das Heck zu. Die kegelförmigen, rot strahlenden Rückleuchten gaben dem an Flugobjekten orientierten Design den letzten Kick. Heckflossen, Kuppel und spitze Leuchten nährten die damaligen Phantasien futuristischer Mobilität: Im Volksmund wurde aus dem Auto Union 1000 mit dem Kürzel Sp schnell der »Sputnik«.

Der Entwurf zum ersten Nachkriegs-Sportwagen der Auto Union stammte von Chefdesigner Josef »Jupp« Dienst. Zeichnerische Entwürfe und lediglich ein 1:5-Plastilinmodell dienten als Grundlage für den Bau des ersten Prototyps. Diesen führte die Karosseriefirma Baur in Stuttgart aus, die auch später sämtliche Serienkarosserien zur Montage auf die Fahrgestelle nach Ingolstadt lieferte.

Der 1000 Sp war zweifelsohne auffällig und gilt heute noch als einer der schönsten Auto Union Wagen. Sein von amerikanischen Straßenkreuzern inspiriertes Design – Anleihen an den Ford Thunderbird sind unverkennbar – hatte Rasse. Um die Sportlichkeit technisch zu untermauern, wurde die Leistung des Dreizylinder-Zweitaktmotors auf 55 PS erhöht. Das Fahrwerk wurde an der Hinterachse gegenüber den anderen 1000er-Modellen um 20 mm abgesenkt und mit härteren Stoßdämpfern ausgestattet.

Die Abrundung des Auto Union Programms nach oben übernahm der im Herbst 1961 vorgestellte AU 1000 Sp Roadster. In dieser Karosserievariante sorgte er durch sein gelungenes Styling für Bewunderung. Als sehr attraktives Modell ist er heute bei Oldtimerfreunden ein gesuchtes Objekt für entspanntes Freizeit-Frischluftvergnügen.

B

A Der 1000 Sp war damals für deutsche Verhältnisse außergewöhnlich. Das elegante Coupé und der schicke Roadster sorgen mit ihren Heckflossen noch heute für bewundernde Blicke.
B Das Coupé ging im April 1958 in Serie, der Roadster im Oktober 1961.
C Der Innenraum war als vollwertiger Zweisitzer mit Notsitzbank im Fond ausgelegt.
D Klar strukturiertes Armaturenbrett mit über die gesamte Innbreite gepolsterter Oberkante.

Ausführung:	Coupé und Roadster zweisitzig, Karosserie Baur, Stuttgart
Antrieb:	Dreizylinder-Zweitakt-Reihenmotor, längs eingebaut
Leistung:	55 PS bei 4500 min^{-1}
Hubraum:	981 cm^3
Radstand:	2350 mm
Gesamtlänge:	4170 mm
Höchstgeschwindigkeit:	140 km/h
Kraftstoffverbrauch:	ca. 10 l/100 km
Gesamtproduktion:	6644 Stück, davon 1640 Roadster
Bauzeit:	1958 – 1965 (Coupé), 1961 – 1965 (Roadster)
Modellbaujahr:	1964

A Dem Auto Union 1000 Sp wurde eine Ähnlichkeit mit dem Ford Thunderbird nachgesagt. Ein weiteres besonderes Stilmerkmal waren seine runden, spitz zulaufenden Schlussleuchten.
B Der Sp passte bestens zum Modestyling Ende der 1950er-Jahre.
C Auch der Roadster zählte zu den damals ansehnlichsten Wagen auf dem deutschen Markt.

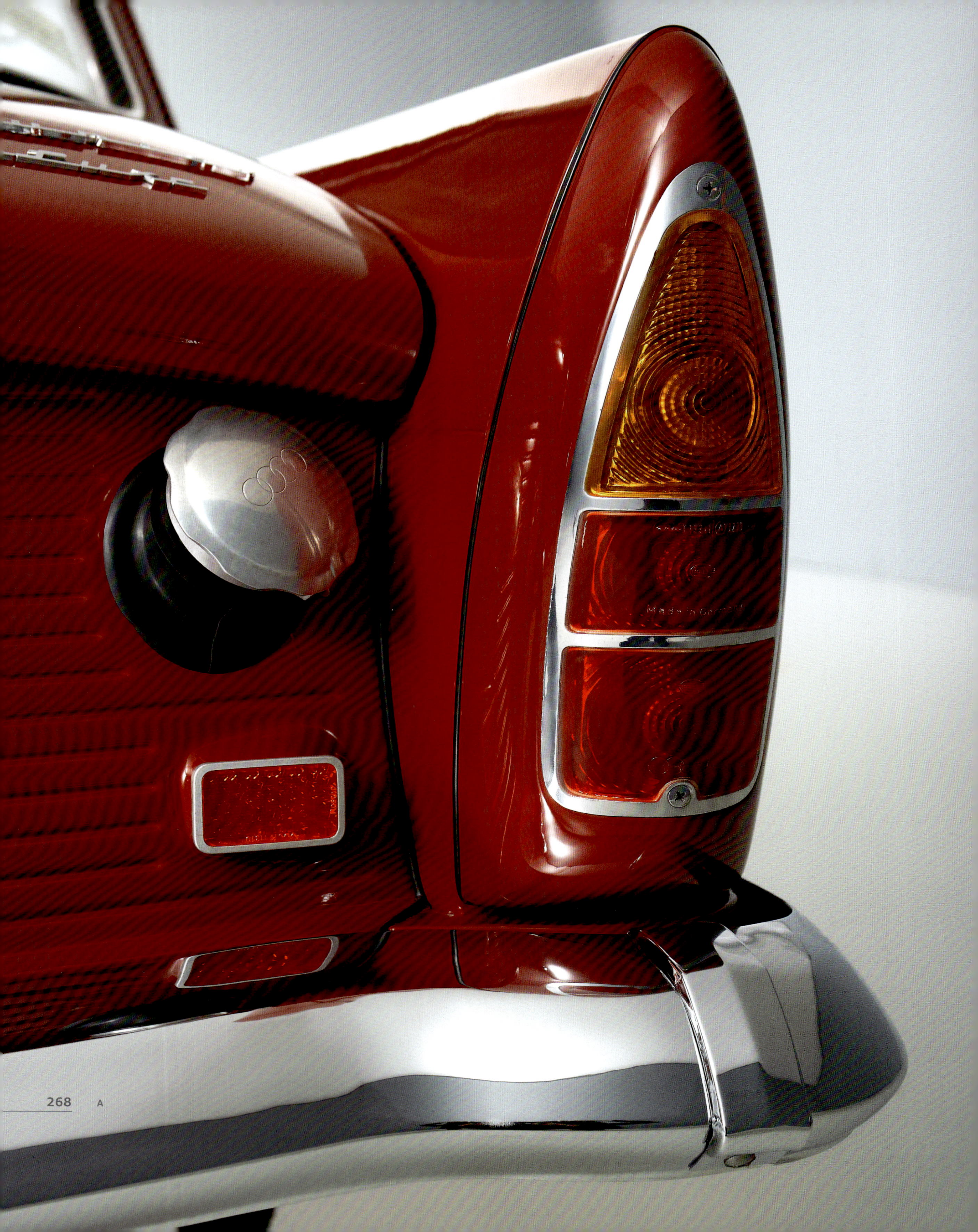

Besserer Familieneinstieg
DKW Junior de Luxe Limousine

A Angedeutete Heckflosse auch beim Familienwagen: Abschluss mit integrierter, aufrecht stehender Rückleuchte.
B Die Quersicken in der Kofferraumwand verliehen Junior und Junior de Luxe ein eigenständigen Charakter.

Als 1959 der neue Kleinwagen der Auto Union zum Verkauf angeboten wurde, hatte das Warten der treuen DKW Kunden – wie auch das der DKW Händler – endlich ein Ende. Die Präsentation des ersten Prototyps als DKW 600 lag bereits zwei Jahre zurück. Vor dem Krieg hatte sich DKW einen weltweit guten Ruf mit populären, preisgünstigen Kleinwagen erworben. Doch mit dem Wiederaufbau der Auto Union in Westdeutschland nach dem Krieg war das Unternehmen den Kunden einen DKW typischen Kleinwagen zunächst schuldig geblieben.
Die weiterentwickelten Modelle auf Basis des DKW F 9 waren längst dem Kleinwagensegment entwachsen und erfüllten anspruchsvollere Bedürfnisse, was sich allerdings auch im Anschaffungspreis widerspiegelte. Als logische und längst fällige Konsequenz ergab sich daher im Sommer 1959 die Einführung des neuen Basis-Modells F 11 mit dem Beinamen Junior. Es vereinte zwei typische DKW Merkmale in sich: Zweitaktmotor und Frontantrieb. Der Dreizylinder leistete zur Markteinführung 34 PS bei rund 750 cm³ Hubraum. Für Vorder- und Hinterachse fand erstmalig in einem DKW Personenwagen die moderne Drehstabfederung Verwendung, wobei Fahrwerk und Karosserie voneinander getrennte Baugruppen bildeten. Damit stellte die Karosserie des Junior im Gegensatz zu den meisten Konkurrenzmodellen weiterhin keine selbsttragende Einheit dar. In der sogenannten Schalenbauweise konstruiert, ließen sich die Kotflügel leicht austauschen. Das Design zitierte mit angedeuteten Heckflossen, hervorstehenden Scheinwerfereinfassungen oder dem zeittypischen »Haifischmaul« amerikanische Stilelemente. Der damaligen Mode folgend, entsprach die Gesamtform der Trapezlinie. Mit weitgehend glattflächiger Außenhaut sowie spartanisch ausgestattetem Innenraum präsentierte sich der F 11 als schlichtes, zweckmäßiges Familienautomobil. Im Juli 1961 führte die Auto Union eine besser ausgestattete und modifizierte zweite Variante ein. Mit dem Zusatz »de Luxe« versehen, erhielt sie einen auf 796 cm³ vergrößerten Hubraum. Daraus resultierte ein verstärktes Drehmoment, welches besonders der Elastizität und der Durchzugskraft zugute kam. Äußerlich war die auffälligste Veränderung ihre modernisierte Frontgestaltung. Das damals bereits altmodisch wirkende Gesicht des Basis-Junior wurde durch die höher gesetzten sowie weiter herausstehenden Frontscheinwerfer, ein markanteres Kühlergrillgitter und Rechteckblinkleuchten dem Zeitgeschmack angepasst. Zusätzliche Aufwertungen konnten durch die Zweifarben-Lackierung sowie viele verbesserte Ausstattungsdetails im Innenraum erzielt werden.

Aufgrund seines sehr guten, agilen Fahrverhaltens und des laufruhigen, fast turbinenhaft klingenden Motors erfreute sich der DKW Junior de Luxe großer Beliebtheit.

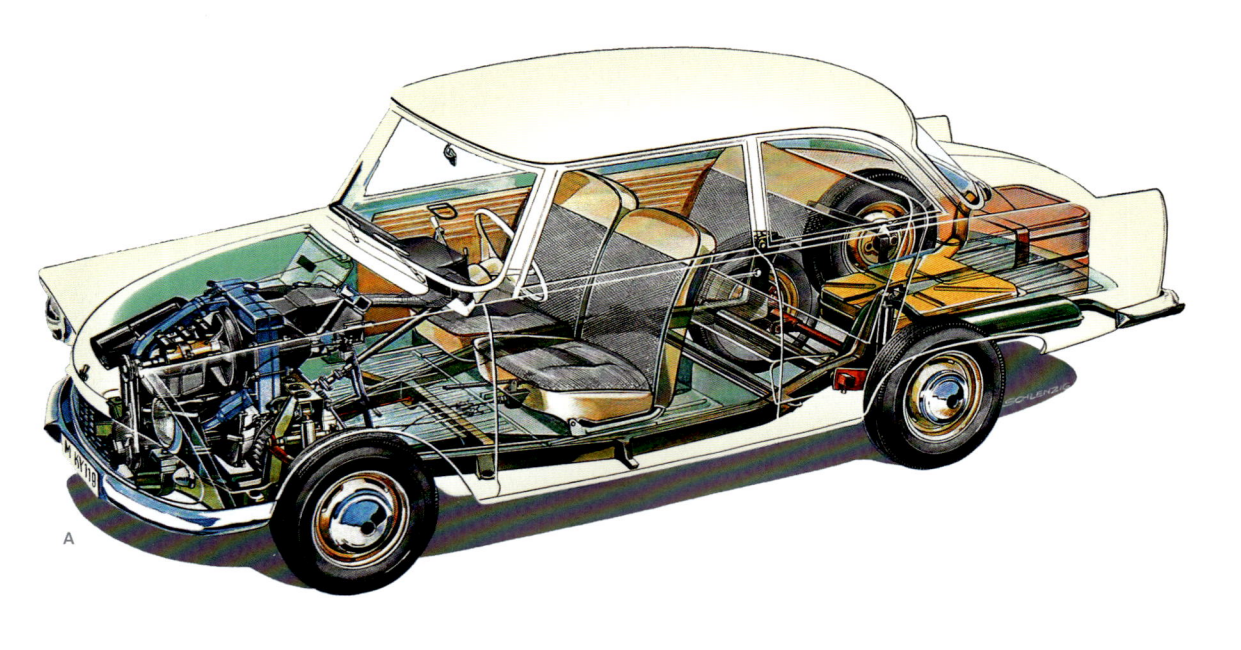

Außerdem hob er sich deutlich von dem Erscheinungsbild eines Kleinwagens ab und stand mit seiner Länge von 3,97 m der Mittelklasse näher – ein wichtiges Kriterium für viele Käufer. Seine Geräumigkeit sorgte für Begeisterung; insbesondere das große, von der Auto Union als »Ferienkofferraum« beworbene Gepäckabteil. Charakteristisch für das lange Junior-Heck waren die markanten Flossen mit den kombinierten Brems-, Schluss- und Blinkleuchten. Durch die mit Quersicken strukturierte äußere Kofferraum-Rückwand besaß die Rückansicht einen hohen Wiedererkennungswert. Ein Fazit zur DKW Junior-Baureihe fasste in einem Beitrag der »Auto Union Clubnachrichten« die Gründe für die hohe Akzeptanz zusammen: »Der DKW Junior war das rollende Dach des Kleinbürgers. Der schätzte die solide Konstruktion des Wagens, verbunden mit der Zuverlässigkeit der DKW Motoren.«

A Das Röntgenbild des Basis-Junior verdeutlicht, dass sein Konzept über dem Niveau eines üblichen Kleinwagens lag.
B Der aufgewertete Junior de Luxe hatte Seitentüren mit Ausstellfenstern, eine Zweifarblackierung und seitlich Chromleisten. Er war ein typischer Vertreter der Trapez-Ära.
C Schriftzüge auf dem Kofferraumdeckel.
D Die Türverkleidung innen mit Zughebel in einer Griffschale und Fensterkurbel.
E Die Armaturentafel war mit Dekorfolie in Holzoptik kaschiert, ein einziges Zentralinstrument übernahm die wichtigsten Anzeigefunktionen.

Ausführung:	Limousine viersitzig, Werkskarosserie
Antrieb:	Dreizylinder-Zweitakt-Reihenmotor, längs eingebaut
Leistung:	34 PS bei 4000 min^{-1}
Hubraum:	796 cm^3
Radstand:	2175 mm
Gesamtlänge:	3968 mm
Höchstgeschwindigkeit:	120 km/h
Kraftstoffverbrauch:	ca. 7 l/100 km
Gesamtproduktion:	118 619 Stück
Bauzeit:	1961 – 1963
Modellbaujahr:	1962

A

A DKW Junior de Luxe in der Ost-Berliner Karl-Marx-Allee in Gesellschaft der DDR-Zweitaktwagen Wartburg 311 und Trabant 500 im Jahre 1965.
B Um 1962 an einer Werksausfahrt: Auto Union 1000 S Coupé de Luxe, Auto Union 1000 Sp Roadster und DKW Junior de Luxe.
C Zwei 1961 neu vorgestellter Auto Union Wagen nebeneinander, der zweisitzige Roadster Auto Union 1000 Sp und der DKW Junior de Luxe.

274　Das plastisch straffer geformte Heck zitierte abermals die Heckflosse.

Offenes Vergnügen
DKW F 12 Roadster

Seit der Einführung des neuen DKW Junior, intern als F 11/60 bezeichnet, wurde die konstruktive Basis dieses Kleinwagens in mehreren Stufen weiterentwickelt. Inzwischen verließen der DKW Junior de Luxe (F 11/62) und der DKW F 11 (F 11/64) das 1959 in Betrieb genommene, neue Werk in Ingolstadt. Im Januar 1963 trat der DKW F 12 die Nachfolge des Junior de Luxe an. Gegenüber seinem Vorgänger wies er einen längeren Radstand, eine breitere Spur sowie eine geräumigere Fahrgastzelle auf. Auch Hubraum und Leistung des Motors wurden vergrößert. Ein besonderes Novum für ein Automobil dieser Klasse war die Verwendung von Scheibenbremsen an der Vorderachse. Außerdem konnte der Kunde den F 12 auch mit einem Getriebefreilauf bestellen.

Für das kommende Modelljahr präsentierte die Auto Union 1963 auf der IAA in Frankfurt ein schnittiges 2+2-sitziges Cabriolet auf dem Chassis des F 12. Hier zeigte die nicht selbsttragende Karosseriebauweise ihre Vorzüge. Der kräftige Kastenprofilrahmen bot eine solide Basis für offene Karosserien. Die Verwindungssteifigkeit des Aufbaus war auch ohne besondere Verstärkungsmaßnahmen gewährleistet. Um den sportlichen Charakter des Wagens zu untermauern, bezeichnete ihn die Auto Union mit Blick auf englische Sportwagen als Roadster. Dafür wurde seinem 900-cm^3-Motor gegenüber der 40-PS-Normalausführung eine Leistungssteigerung von fünf PS spendiert. Als weitere Neuerung wies der Roadster an beiden Antriebswellen je zwei homokinetische Rzeppa-Gelenke auf. Die beim normalen F 12 verbaute Kombination aus Kreuz- und Rzeppa-Gelenken an jeder Antriebswelle sorgte bei der Kleinwagenkonstruktion bisher für die von Kunden häufig kritisierten Schüttelerscheinungen. Als Nischenmodell bekam der F 12 Roadster bei seiner Vorstellung wohlwollende Anerkennung.

Solch ein Werbemotiv sollte die sportliche Note der Cabriolet-Variante des F 12 unterstützen.

277

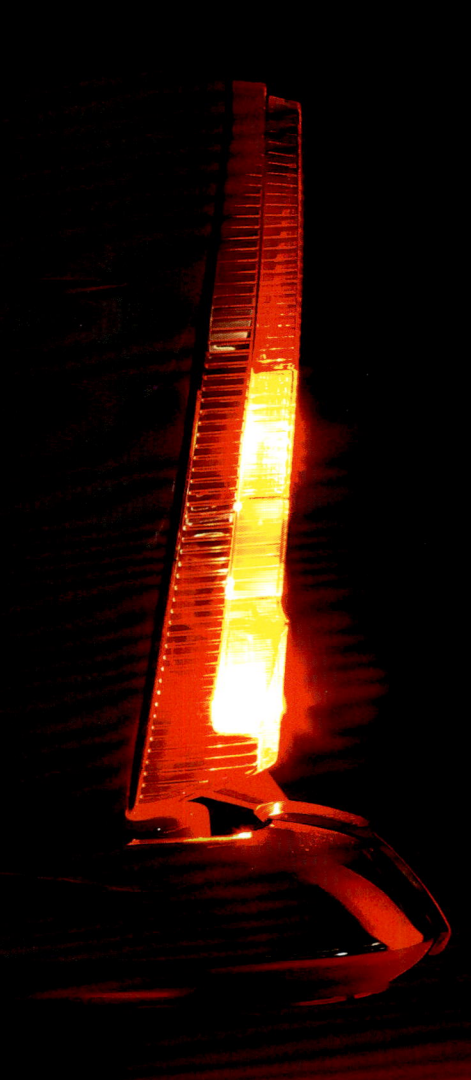

Ohne den festen Dachaufbau kam die längsorientierte Optik der Seitenansicht durch die fast gerade verlaufende Schulterlinie, deren Effekt von der parallel darunter angebrachten Chromleiste noch verstärkt wird, voll zur Entfaltung. Trotz der kurzen Gesamtlänge vermittelte der Roadster eine elegant-sportliche Note und wirkt auf Anhieb hochwertig. Unterstützt wurde diese Gesamterscheinung durch eine verbesserte Innenausstattung mit weichen Bodenteppichen, Sitzbezügen aus perforiertem Skai (Kunstleder) sowie einem abschließbaren Handschuhfach.

Der F 12 Roadster war ein grundsolides Cabriolet auf Basis eines zuverlässigen Großserienwagens mit hervorragenden Fahreigenschaften. Seine Anhänger schätzten ihn weniger als Sportwagen oder Prestigeobjekt, sondern als freundliches Sommerauto zum entspannten Cruisen durch die Landschaft. Dezent sportlich, sauber verarbeitet und ausgerüstet mit einem einfach bedienbaren Faltverdeck von Baur in Stuttgart, zeichnete ihn ein alltagstaugliches Understatement aus. Individualisten mit weniger Kaufkraft bekamen hier eine echte Alternative zu deutlich teureren Konkurrenzprodukten geboten.

A Der F 12 Roadster war besonders mit geöffnetem Verdeck eine für Kleinwagenverhältnisse elegante Erscheinung.
B Rückleuchten im Stil der frühen 1960er-Jahre.
C Zu selbstbewußten Frauen passte der kleiner Roadster besonders gut.
D Auch mit Verdeck konnte der 2+2-Sitzer überzeugen.
E Um besser einsteigen zu können, wurde der untere Halbkreis des Lenkrads gestaucht.

Ausführung:	Roadster 2+2-sitzig, Werkskarosserie
Antrieb:	Dreizylinder-Zweitakt-Reihenmotor, längs eingebaut
Leistung:	45 PS bei 4500 min^{-1}
Hubraum:	889 cm^3
Radstand:	2250 mm
Gesamtlänge:	3968 mm
Höchstgeschwindigkeit:	130 km/h
Kraftstoffverbrauch:	ca. 9 l/100 km
Gesamtproduktion:	2804 Stück
Bauzeit:	1964
Modellbaujahr:	1964

Aufbruch, Durchbruch, Vorsprung
Von Auto Union zu Audi 1965–2010

A Neue Designlinie mit klarer, kantiger Formensprache: Entwurf für den neuen Mittelklassewagen Audi 80 um 1970.

1965 – Zeit des Umbruchs in Ingolstadt. Im härter gewordenen Wettbewerb in die Defensive geraten, kämpfte die Auto Union zur Mitte des neuen Jahrzehnts ums Überleben. Daimler-Benz, Eigentümer seit 1958, hatte die Modernisierung der Zweitakt-Produktpalette vorangetrieben, doch der Erfolg blieb aus. Eine Zäsur und der Wechsel zur Viertakt-Technik wurden zur dringenden Notwendigkeit. Die Zweitaktwagen mit den Vier Ringen ließen sich nicht mehr absetzen, ihr Produktionsende war die einzige Konsequenz.

Kurz vor der Produkteinführung des ersten Viertakt-Pkw der Auto Union nach dem Zweiten Weltkrieg entschied sich Daimler-Benz, die defizitäre Tochter in mehreren Tranchen an das Volkswagenwerk zu verkaufen. In der Führungsmannschaft – und vor allem auf technischem Gebiet – vollzog sich ab 1965 ein radikaler Kurswechsel. Dieser brachte einerseits die wirtschaftliche Auslastung des strauchelnden Werkes in Ingolstadt und zog andererseits die Markteinführung wettbewerbsfähiger Fahrzeuge nach sich.

Gerade in dieser Zeit erlebte der VW »Käfer« einen Absatzboom. Zur Befriedigung der Nachfrage benötigte Volkswagen dringend Produktionskapazitäten, die in Ingolstadt förmlich auf der Hand lagen. So kam es, dass nach der Übernahme durch VW von Mai 1965 bis Juli 1969 knapp 350 000 Käfer in Ingolstadt montiert wurden. Diese Auftragsfertigung sicherte die Existenz des Automobilbaustandortes Ingolstadt.

Besonders spannend verhielt es sich in diesem Zeitraum mit Produktneuentwicklungen. In den Jahren 1964/1965 arbeiteten die Ingolstädter Ingenieure an der Fertigstellung des Entwicklungsprojektes F 103, dem neuen Auto Union Wagen. Dieser nutzte als Grundlage den in der Karosserieformgebung modernen DKW F 102, in den ein Viertakt-Mitteldruckmotor eingesetzt wurde. Dessen Konstruktion stammte von Daimler-Benz und wurde bei der Auto Union zur Produktionsreife gebracht. Es war nicht absehbar, wie der neue Typ angenommen werden würde, denn der Ruf der Auto Union Zweitaktautomobile war inzwischen sehr angeschlagen. Bei der Premiere sollte deshalb der Verzicht auf die vorbelastete Produktbezeichnung DKW und die Wiedergeburt des Namens »Audi« auf eine grundlegend neue Ausrichtung hindeuten. Eine richtige Entscheidung, wie sich zeigen sollte. Der neue Name und die Abkehr vom Zweitaktmotor zeigten Signalwirkung. Die gekonnt überarbeitete Frontpartie des Wagens schuf eine völlig neue Identität und das Publikum ließ sich für den neuen Ingolstädter Viertaktwagen der Mittelklasse begeistern. Der »Ur-Audi« wurde zum Ausgangspunkt einer ganzen Fahrzeugfamilie mit wiedererkennbarem Designcharakter.

Die Verantwortlichen bei Volkswagen hatten jedoch nicht vor, die Eigenständigkeit der Marke zu erhalten. Vorrangiges Interesse galt der Erweiterung der eigenen Fertigungskapazitäten. Überdies mussten Entwicklungstätigkeiten bei Audi vom VW Vorstand genehmigt werden. Produktneuentwicklungen sollten ausschließlich auf Veranlassung von Wolfsburg erfolgen.

In Ingolstadt hingegen bestärkte der Erfolg versprechende Neustart Dr. Ludwig Kraus, den Chef der Auto Union Entwicklungsabteilung, seine Vision eines weiteren Audi Modells in Angriff zu nehmen. Dabei sollte die Kombination aus DKW Karosserie und Mercedes-Benz Motor aufgegeben und durch ein komplett neu entwickeltes Fahrzeug, angesiedelt im Bereich der oberen Mittelklasse, überwunden werden. Das intern Typ 104 genannte Entwicklungsprojekt war deutlich größer konzipiert als der »Ur-Audi« und zeichnete sich durch einen kräftigen, aber sparsamen Motor, durch Leichtbau und einen eleganten, europäischen Karosseriestil mit dezent sportlicher Note aus. Der Audi 100 genannte Neuling entstand ohne Kenntnis der Konzernführung als »Schwarzentwicklung«. Seine Realisierung war ein taktisches Meisterstück der Verschleierung zur Durchsetzung eines neuen Produktes. Entscheidend war schlussendlich die Qualität des Designs, welches den Volkswagen Vorstand um Heinrich Nordhoff zur Aufhebung des Entwicklungsverbotes bewog.

A

Als der Audi 100 im Spätherbst 1968 der Öffentlichkeit vorgestellt wurde – völlig unamerikanisch, glattflächig und straff in der Linienführung, Leichtigkeit und Eleganz ausstrahlend – war er am typischen Gesichtsausdruck direkt als Audi zu erkennen. Die gestreckte Wirkung, das gleichgewichtige Verhältnis vom unteren Wagenkörper zur darauf sitzenden Fahrgastzelle sowie die dezente Trapezlinie in der Silhouette machten aus ihm eine repräsentativ-moderne, aber keinesfalls großspurige Erscheinung. Von Anfang an war der große Audi ein Erfolg. Als ihn 1976 das Nachfolgemodell ablöste, übertraf er mit über 800 000 gebauten Einheiten alle Erwartungen. Zuvor hatte es der erste Nachkriegs-Audi mit seinen Derivaten bis zum Produktionsende 1972 auf eine Stückzahl jenseits von 400 000 gebracht.

Die Marke mit den Vier Ringen hatte sich durch ihre Produktstrategie, insbesondere durch den Audi 100, die Eigenständigkeit erkämpft und gesichert. Ab der zweiten Hälfte der 1960er-Jahre gewann die formale Gestaltungsqualität zunehmend an Stellenwert. Verstärkte Zielgruppenorientierung, konsequente Aufspreizung des Serienprogramms in Fahrzeugsegmente beziehungsweise Fahrzeugklassen nach Sloan'schem Prinzip und darauf abgestimmtes Design wurden zum entscheidenden Erfolgsfaktor. Audi gelang im Rahmen der Produktentwicklung durch die technisch und gestalterisch hohen Ansprüche die Höherpositionierung der Marke. Fortschrittliche Technik, Leichtbau und Design sollten deshalb auch den Erfolg von zukünftigen Audi Produkten bestimmen.

Im Sommer 1972 löste der Audi 80 die F 103-Baureihe ab und wurde unter diesen Prämissen erneut zu einem außerordentlichen Erfolg. Seine Produktionszahlen überschritten erstmals bei Audi die Millionengrenze. Mit seinem modernen Konzept war er wegweisend. Der neu entwickelte Vierzylinder-Motor, konzipiert für verschiedenartige Anwendungen und innerhalb des VW Konzerns schnell adaptiert, erwies sich als grundsolide, langlebige Konstruktion. Als EA 827 bekannt, wurde er zum meistgebauten Antriebsaggregat im Volkswagen Konzern. Hinsichtlich des Fahrwerks und des Leichtbaues setzte der Audi 80 ebenfalls Maßstäbe. Sein Leergewicht lag unter 900 kg und ermöglichte gute Fahrleistungen bei geringen Verbrauchswerten. Das Design – erste Exterieurentwürfe entstanden 1969 – nahm die Formensprache des Audi 100 auf, dessen Linienführung im Detaillierungsprozess zu noch konsequenterer Straffheit geschärft wurde.

Trotz der Ölkrise von 1973 und dem darauffolgenden Absatzrückgang konnte Audi dank der zeitnahen Serieneinführung des Audi 50, einer bereits vor der Energiekrise begonnenen Kleinwagenkonstruktion, eine stete Aufwärtsentwicklung verbuchen. Daran hatte die homogene Designaussage maßgeblichen Anteil. Das Gespür für unverwechselbare Designidentität, der Mut, Modetrends nicht unreflektiert hinterherzulaufen, sondern eine eigenständige Haltung zu entwickeln und einen fortschrittlichen Gesamtcharakter zu etablieren, führte zum mittlerweile schon über Jahrzehnte stabilen Image der Marke Audi.

Das Ringen um ein zukunftsweisendes Renommee lässt sich bei den Audi Designern bis zum Ende der 1960er-, Anfang der 1970er-Jahre zurückverfolgen. Gerade bei der Formgebung des Mittelklasse-Nachfolgers Audi 80 gingen die Entwürfe anfangs in ganz verschiedene Richtungen. Unter den möglichen Karosserieformen waren neben Stufenhecklimousinen auch Fließheck- und Steilheckvarianten. Horizontale, fast parallel zur Fahrbahn orientierte Linienführungen wurden genauso aufgezeichnet wie von der aufkommenden Keilform geprägte Ideen. In einem Prozess aus mehreren Zwischenbewertungen verdichtete sich die Variantenvielfalt immer weiter auf wenige, tragfähige Ansätze, um dann in einem Auswahlverfahren mithilfe mehrerer Modelle im Maßstab 1:1 die endgültige Entscheidung treffen zu können. Da der erste Audi 80 von vornherein seine Rolle als Volumenmodell erfüllen sollte, fiel der Beschluss zugunsten der bewährten Stufenheckform. Allerdings trugen die zuvor erarbeiteten, verworfenen Entwurfsideen dazu bei, die richtige Balance zwischen modernem Design, emotionaler Botschaft und technischem Konzept herauszufinden. Diese Arbeitsweise setzte sich ebenso für das Interieurdesign durch und ist die auch heute gängige Praxis in den Audi Designstudios.

Das Design des Audi 80 läutete einen neuen Trend im deutschen Automobilbau ein. Durch seine klar gegliederte Plastik mit nur minimal bombierten Flächen und kantigen Übergängen verkörperte er eine Reduktion auf das Wesentliche. Nur die dezente Trapezform des unteren Wagenkörpers nahm im Bug- und Heckbereich Bezug zu Gewohntem. In seiner Wirkung zeigte er sich vornehm dezent und ein wenig extravagant. Er besaß genau das richtige Maß an Modernität, um breite Käuferschichten zu erreichen.

Die moderne Sachlichkeit in der Fahrzeugformgestaltung wies durchaus Parallelen zur »Neuen Sachlichkeit« in den 1920er-Jahren auf. Ausdruck war eine stark reduzierte Formensprache nach dem Motto: »Weniger ist mehr«. Die Zeit des geometrisch geprägten Industriedesigns übte Einfluss auf alle gestaltungsrelevanten Bereiche aus. In der Fahrzeuggestaltung atmeten neue Kreationen genau diesen Geist. Daraus entwickelte sich das europäische Automobildesign und verdrängte die lange Zeit amerikanisch geprägte, schwülstig-barocke Formensprache. Nach und nach bildete sich dann eine eigenständige Designqualität im internationalen Maßstab des Automobilbaus heraus.

Die bereits erwähnte »Neue Sachlichkeit« hatte ihren Ursprung durch das Wirken des Weimarer Bauhauses in den 1920er-Jahren. Damals folgte wahllos-ornamentalen, eklektizistischen Stilmixen und dem anschließenden Jugendstil mit seiner schwingenden, teilweise floralen Verspieltheit eine durch die industrielle Massenfertigung vereinfachte, geradlinigere Formgestaltung. Die Anwendung des Gestaltungsgrundsatzes »form follows function« tangierte daraufhin alle kunst- und gestaltungsrelevanten Bereiche.

A Skizze des von Claus Luthe entworfenen NSU Ro 80.
B Zeichnerische Darstellung der genauen Linienverläufe im Front- und Heckbereich des NSU Ro 80.

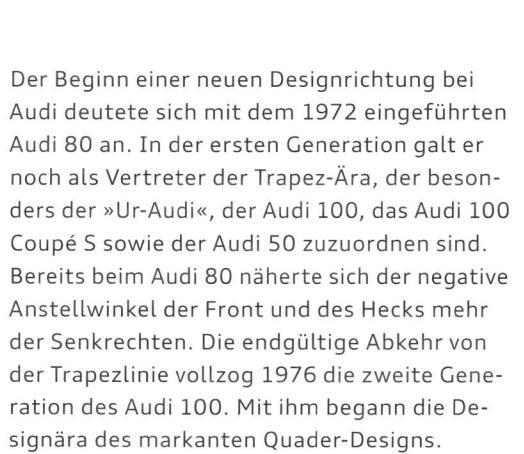

Der Beginn einer neuen Designrichtung bei Audi deutete sich mit dem 1972 eingeführten Audi 80 an. In der ersten Generation galt er noch als Vertreter der Trapez-Ära, der besonders der »Ur-Audi«, der Audi 100, das Audi 100 Coupé S sowie der Audi 50 zuzuordnen sind. Bereits beim Audi 80 näherte sich der negative Anstellwinkel der Front und des Hecks mehr der Senkrechten. Die endgültige Abkehr von der Trapezlinie vollzog 1976 die zweite Generation des Audi 100. Mit ihm begann die Designära des markanten Quader-Designs.

Der Zusammenschluss der Auto Union GmbH mit der NSU Motorenwerke AG führte zur Integration des Pkw-Produktportfolios von NSU in das Gesamtprogramm des seit 1969 als Audi NSU Auto Union AG firmierenden Unternehmens und setzte auf strukturelle Neuordnung und effizientes Wachstum. In diesem Zusammenhang nahm besonders der NSU Ro 80 mit Kreiskolbenmotor eine Ausnahmestellung ein. Seine avantgardistische Form ist ein Meilenstein im Automobildesign; der Ro 80 war mit der leicht keilförmigen Karosserie Vorreiter der modernen Automobilformgestaltung nach aerodynamischen Gesichtspunkten. Claus Luthe entwickelte hier seine beim NSU Prinz horizontal gesetzte, umlaufende »Badewannenlinie« weiter, allerdings ohne die nach außen gestülpte Wölbung in flächig-gestraffter Geometrie. Zugunsten einer größeren dynamischen Wirkung wurde sie nach hinten aufsteigend angestellt. Außerdem hatte bei der Realisierung einer bestmöglichen Aerodynamik die Verringerung der frontalen Anströmflächen eine herausragende Bedeutung; dementsprechend war die Gestaltung eines flachen, niedrigen Bugs eine logische Schlussfolgerung. Gleichzeitig sollte eine familientaugliche Limousine der gehobenen Mittelklasse auch einen geräumigen Kofferraum aufweisen. Dem kam ein aerodynamisch günstiger hoher Heckabschluss entgegen, denn dadurch konnte der sich zwischen hinterer Dach- und Heckkante ergebende Abströmwinkel flacher ausfallen. Um einen schlüssigen Linienverlauf der ansteigenden Karosseriefalte in der Seitenansicht fast umlaufend realisieren zu können, ließ Luthe die Seitenlinie in einer Kurve oberhalb des Vorderradausschnittes auf die Frontscheinwerfer-Blinkleuchten-Kombination abfallen. Diese formale Ausprägung unterstützte die Keilform zusätzlich.

Der Karosserie wurde in umfangreichen Windkanalmessreihen der letzte Schliff gegeben. Mit einem c_w-Wert von 0,355 löste der NSU Ro 80 die bis weit in die 1980er-Jahre anhaltende Keilform-Ära bei vielen Herstellern von Großserienautomobilen aus.

Das Audi Design hingegen hielt weiter am puristischen Konzept des horizontal orientierten Quaderdesigns fest, das bis zum Ende der 1980er-Jahre die Grundlinie bildete. Dabei stand die Erhöhung markenspezifischer Designqualität ebenso im Fokus wie der Vorsprung durch neueste Technik, Leichtbau und Aerodynamik.

1980 polarisierte Audi mit einem kantig und scharf geometrisch geschnittenen Coupé die Automobilwelt. Die formale Konsistenz dieses kraftvollen Sportwagens stellte den Höhepunkt der Quaderdesign-Ära dar. Seine Form fand entweder uneingeschränkte Zustimmung oder klare Ablehnung. Für erhebliches Aufsehen sorgte das Antriebskonzept. Der als »quattro« der Öffentlichkeit präsentierte Audi war der erste Serien-Sportwagen mit permanentem Allradantrieb. Anfangs argwöhnisch beobachtet, löste der quattro vor allem durch die spektakulären Auftritte im internationalen Rallyesport einen weltweiten Trend zum Vierradantrieb aus. Zu Recht erhielt der erstmals im Januar 1971 in einer Anzeige kommunizierte Werbeslogan »Vorsprung durch Technik« damit eine neue Dimension.

Die Konsequenz des rechten Winkels, die beim Audi quattro bis in kleinste Elemente im Interieur durchdekliniert wurde, war kaum noch weiterzuentwickeln. Die Zeit war reif, der stetig gestiegenen Resonanz auf Audi Automobile für die Zukunft neue Impulse zu geben. Um das Jahr 1982 lag das Durchschnittsalter der Audi Kundschaft bei rund 52 Jahren. Diese Klientel entschied eher rational, nach messbaren Faktoren. Motorleistung, Kraftstoffverbrauch, Abmessungen und Preis bestimmten die Kaufentscheidung. Das Aussehen und damit das Fahrzeugdesign gewann zwar seit den 1960er-Jahren eine immer bedeutendere Rolle, doch hatte es allgemein noch den Status eines nachgeordneten, subjektiv-weichen Faktors. Jüngere Käufer, das deutete sich in den 1980er-Jahren zunehmend an, wollten eher emotional angesprochen werden. Die neue Herausforderung war demnach, die gestiegenen technischen Anforderungen – die harten Fakten – mit stärker ins Blickfeld gerückten weichen Werten – mit Emotionen erzeugenden Eigenschaften – zu verknüpfen. Das Produktdesign musste durch einen evolutionären Wandel eine neue Perspektive erhalten, um insbesondere auch jüngere Käuferschichten zu erreichen.

Die gesamtgesellschaftliche Sensibilisierung im Umgang mit den Rohstoffressourcen, ausgelöst durch drastischen Erhöhungen der Rohölpreise im Herbst 1973, einer nachfolgenden

C Das mit dem Audi 100 der dritten Generation begonnene Aero-Design fand in der Mittelklassebaureihe Audi 80 seine Fortsetzung.

c

Wirtschaftskrise sowie einer zweiten »Ölkrise« in den Jahren 1979/1980, führte im Automobilbau zu konstruktiven und gestalterischen Anpassungen, um veränderten Erwartungen und Gebrauchseigenschaften zu entsprechen. Die Bedeutung des Automobils als Statussymbol und Prestigeobjekt trat in den Hintergrund. Technische Eigenschaften wie geringer Treibstoffverbrauch bei dennoch hoher Leistung, niedriges Eigengewicht trotz guter Nutzlasteigenschaften, Korrosionsbeständigkeit, Fahrsicherheit und Umweltfreundlichkeit wanderten an erste Stellen. Das Design musste die Brücke zwischen diesen Bedingungen schlagen und gleichzeitig einem hohen Anspruch an Formästhetik gerecht werden.

Audi stellte sich 1979 einem Forschungsprojekt, ausgeschrieben durch das Bundesministerium für Forschung und Technologie, dessen Abschluss eine »Reiselimousine zur Ressourcenschonung« war. Merkmale des aus diesem Projekt entstandenen Forschungsautos fanden in der dritten Generation des Audi 100 unmittelbare Anwendung. Neben dem Thema Leichtbau lag das Primat auf aerodynamisch optimierter Karosseriegestaltung. Für Audi markierte dieser Zeitpunkt den Beginn des Umbruchs, des Übergangs zum »Aero-Design«. Im Designprozess wurden intensive Windkanaltests an maßstäblichen Modellen als zusätzliche Optimierungsmethode fest integriert. Die aus der interaktiven Formoptimierung durch Messungen im Windkanal erhaltene Rückkopplung floss unmittelbar in das Gesamtdesign ein. So erreichte die Serienversion des Audi 100 im Jahre 1982 einen Luftwiderstandsbeiwert von $c_w = 0{,}30$. Damit war die Limousine zu ihrer Zeit das strömungsgünstigste Serienfahrzeug.

In der Audi Designsprache schlugen sich in den nachfolgenden Baureihen formale Ausprägungen des Aerodynamik-Weltmeisters nieder. Die Seitenfallung der Karosserien einschließlich der Seitenscheiben wurde stärker gewölbt. In der Draufsicht bildeten die Seitenflächen keine Parallele mehr. Bogen- sowie leicht V-förmig angelegt, wiesen sie im Front- und Heckbereich deutlich gerundete Einzüge auf. Generell zeigte die Grundform des Wagenkörpers geschmeidigere Linienverläufe und weichere Übergangsradien. Die dezent angedeutete Keilform hielt von nun an auch bei Audi Einzug – viel später, als es sich im allgemeinen Trend des Automobildesigns beobachten ließ. Insgesamt machte das Produktdesign einen Sprung zu einer professionelleren Ausstrahlung. Audi gelang es wie kaum einem anderen Automobilhersteller in den 1980er-Jahren, Formästhetik und Funktionalität bei den Modellen Audi 80 und Audi 100 zu einem emotional ansprechenden, fortschrittlich wirkenden Design zu vereinen. Weder weichgespült noch unförmig, präsentierte sich das neue Design als »Linie der Vernunft« – gepaart mit vorsichtiger Emotion, dabei aber die bisherige Stringenz der Audi Grundarchitektur wahrend. Besonders mit der stärkeren Verschmelzung von Exterieur- und Interieurdesign zu einer Gesamtheit konnte so eine neue Produktqualität geschaffen werden.

Mit dem Audi 100 der zweiten Generation war 1976 die endgültige Positionierung in der oberen Mittelklasse gelungen. 1977 erschien eine neue, mutige Modellvariante auf den Straßen – der Schrägheckkombi Audi 100 Avant. Spätestens mit dem Avant-Modell des Audi 100 der dritten Generation verschmolz das Karosseriedesign, seine Zweckmäßigkeit und seine sportliche Note so homogen miteinander, dass die große Käuferresonanz diese Karosserievariante zum festen Bestandteil der Audi Produktpalette werden ließ. Mit dem Avant machte Audi den Kombi salonfähig.

1985 wurde der Unternehmensname Audi NSU Auto Union AG in AUDI AG geändert. Produkt und Unternehmen tragen seither denselben Namen. Neues Ziel war der Aufstieg in das Premiumsegment; dafür wurde in modernste Fertigungstechnologien investiert, die Forschungs- und Entwicklungskapazitäten ausgebaut sowie die Internationalisierung vorangetrieben. Der erste Angriff auf die automobile Oberklasse erfolgte im Oktober 1988 mit dem Audi V8. Dessen Design war eine Weiterentwicklung des richtungsweisenden Audi 100 der dritten Generation. Verlängert und repräsentativ modifiziert, ebnete der V8 den Weg in das Oberklassesegment.

Die Phase des Aero-Designs dauerte bei Audi etwa bis Ende der 1990er-Jahre. Dabei blieb die klassische Struktur des »Three-Box-Cardesigns« (Motorraum – Fahrgastzelle – Kofferraum) das dominierende Leitbild. Den gestiegenen Anforderungen an Unfallschutz und neue Sicherheitskonzepte kam diese Karosserieform entgegen. Inzwischen waren stabile Sicherheits-Fahrgastzellen Standard; Front- und Heckbereich übernahmen die Funktion von Knautschzonen. Ihre Konstruktion wurde so ausgelegt, dass sie immer mehr Aufprallenergie absorbieren konnten.

Speziell im Front- und Heckbereich veränderte ein bis weit in die 1980er-Jahre gängiges, typisches Karosserieelement seine Form durch immer stärkere Integration in den Karosseriekörper: Die klassischen, lange Zeit verchromten Stoßfängern wichen um 1975 großvolumigen Stoßstangen in Kunststoffummantelung mit separat montierten Bug- und Heckschürzen. Nach wie vor sollten sie die Karosserie vor kleinen Remplern schützen und die Aufprallenergie bis ca. fünf km/h ohne irreversible Schäden abgefangen können. Allerdings ragten diese Stoßfänger mindestens 100 bis 150 mm aus dem Wagenkörper heraus. Die daraus resultierende stufenartige Form der Front- und Heckpartie hatte gestalterisch und zum Teil auch aerodynamisch Nachteile. Der insbesondere durch das Aero-Design eingeleitete Trend zu glattflächigeren Automobilskulpturen förderte die stärkere Integration von Einzelformen. So war auch bei Audi zu beobachten, dass die Stoßfänger ihre klassische Form verloren und als Gestaltungselement nur wenige Zentimeter erhaben ausgelegt wurden. Auf die Karosserieaußenhaut aufgesetzte, strukturierte Stoßleisten übernahmen den Schutz vor Lackschäden.

Die 1990er-Jahre brachten international eine Vielfalt an Strömungen im Design hervor. Inzwischen hatte sich in allen Bereichen des täglichen Lebens Design zum Breitenthema entwickelt. Im teilweise unüberschaubaren Vielerlei fiel selbst Gestaltern die Orientierung nicht leicht. Bei Audi hatte das Produktdesign in Käuferkreisen mittlerweile einen so hohen Stellenwert erreicht, dass der zukünftige Unternehmenserfolg grundsätzlich auf den beiden Säulen Design und Technik gleichberechtigt aufbauen sollte. Zwei spektakuläre Sportwagenstudien machten dies im Jahre 1991 deutlich. Audi zeigte der Weltöffentlichkeit den quattro Spyder und den Avus quattro mit vollständiger Aluminiumkarosserie. Das emotionsgeladene Design, besonders die expressive Ästhetik des athletisch geformten Audi Avus quattro sorgte für Hochachtung in der gesamten Fachwelt. Die Audi Designer konnten auch anders! Das war der Auftakt des künftigen »Dynamic Designs«.

Beide Concept Cars waren geplante Vorboten einer kühnen Vision, die den Wettbewerbern eine technische Zukunft zeigte, die nur zwei Jahre später Realität werden sollte. Sie hieß Aluminium Space Frame. 1994 ging der Audi A8 mit Vollaluminiumaufbau in Serie. Sein Design strahlte sportliche Kompaktheit bei gleichzeitig zeitloser Eleganz aus. Der Verzicht auf jegliche Extravaganzen und die völlig saubere Ausarbeitung der Plastik in Verbindung mit der inzwischen typischen Audi Dynamik kennzeichneten ihn als moderne Luxuslimousine. Mit dem A8 eingeführte Stilmerkmale fanden ihre Fortsetzung bei neuen Modellen bis hin zum 1996 in Serie gehenden Kompaktwagen Audi A3. Nach der Devise »Vom Understatement zum eigenständigen Charakter« schaffte Audi den Sprung zur Designmarke unter den deutschen Automobilherstellern. Hochkarätige nationale und internationale Designauszeichnungen, darunter der »Bundespreis Produktdesign« 1996 für den Audi A4 Avant sowie unzählige vordere Platzierungen bei Umfragen in etablierten Fachzeitschriften in den Folgejahren, zeugten von der großen Anerkennung der ganzheitlichen Designarbeit.

In dieser Phase elektrisierte ein neues Showcar die Automobilwelt. Im Herbst 1995 zog ein avantgardistisch-kugelig wirkendes Sportcoupé die Aufmerksamkeit auf sich. Puristisch und klar geometrisch am Kreisbogensegment orientiert, besaß der Audi TTS eine Einzigartigkeit und emotionale Ausstrahlung wie kaum ein anderes Concept Car der Wettbewerber. Die Radikalität, mit der die sehr kurzen Überhänge den markanten Radhäusern formal folgten sowie der Verzicht auf jegliche Andeutung von Stoßfängern brach mit dem seit Jahrzehnten bestehenden Erscheinungsbild von Großserienautomobilen. Seine vollintegrierte Gestaltung stand bei Audi für den Beginn der Phase des »Sculpture Designs« und schlug sich deutlich in zukünftigen Produktentwicklungen nieder. Im Vertrauen auf die inzwischen designbewusstere Kundschaft wagte Audi den ersten weiteren Schritt dieser Formauffassung mit der nächsten Generation des Audi A6. Bei ihrem Debüt 1997 überraschte eine Limousine, die sich von den konventionellen Sehgewohnheiten dieser Kategorie löste. Coupéhafte Dachlinie, ein Heck mit gerundeten Übergängen und vollintegrierte Stoßfänger formulierten im Zusammenspiel mit neu definiertem Karosserieflächen-Management sowie filigraner Linienführung eine vollkommen neue Gesamtaussage – die integrative Automobilskulptur. Weiche Formen standen mit einer straffen Seitenflächenausbildung in spannungsvoller Korrespondenz.

Die durch den TT und den A6 gesetzten Maßstäbe bestimmten die gestalterische Ausrichtung von Audi bis weit in das neue Jahrtausend.

In der Unternehmensentwicklung weisen viele Höhepunkte Audi als Trends auslösendes Technologieunternehmen aus. 1982 ging der Audi 80 quattro als Volumenmodell mit permanentem Allradantrieb in Serie – mit Signalwirkung für die Automobilbranche. Die meisten namhaften Automobilhersteller zogen nach.

In der Motorenentwicklung dokumentierte die TDI-Technologie den Claim »Vorsprung durch Technik«. In dreizehnjähriger Entwicklungszeit gelang es, die Diesel-Direkteinspritzung so zu kultivieren, dass sie erstmals ab 1989 im gehobenen Mittelklassesegment die Komfortansprüche erfüllte und in Serie gehen konnte. Seitdem wurden Dieseltriebwerke permanent weiterentwickelt und zum festen Bestandteil im weltweiten Automobilbau. Die Dynamik und der niedrige Verbrauch der heutigen Selbstzünder – besonders im Langstreckenbetrieb – erreichte eine so große Akzeptanz, dass laut Statistik des Kraftfahrtbundesamtes Ende des Jahres 2011 mehr Dieselfahrzeuge neu zugelassen worden waren als benzingetriebene Wagen. Besonders in der Mittelklasse hat der Dieselanteil enorm an Bedeutung gewonnen. Über 70 Prozent aller Neubestellungen entfallen auf dieses Segment. Auch in der Ober- beziehungsweise Luxusklasse rücken die effizienten und drehmomentstarken Diesel weiter vor. Audi gehörte zu den ersten Herstellern, die in der automobilen Nobelklasse den Dieselmotor etablierten: Im Jahre 2000 kam das erste Audi Achtzylinder-TDI-Triebwerk auf den Markt. In Verbindung mit permanentem Allradantrieb war der Audi A8 bereits ab Mai 1997 erhältlich.

Ebenfalls im Jahre 2000 sorgte der erste vollständig aus Aluminium hergestellte Kompaktwagen der jüngeren Automobilbaugeschichte für Furore. Der Audi A2 verband in seiner Klasse Leichtbau und überdurchschnittliches Raumangebot intelligent mit avantgardistischem Design. Das Ziel eines vollwertigen Drei-Liter-Automobils konnte durch aerodynamische Konsequenz im Karosseriebau und ausgefeilte Leichtbautechnik mit dem A2 1.2 TDI erstmals in Serie erreicht werden. Mit diesem radikalen Automobilkonzept war Audi der Zeit weit voraus.

Die Technologie der Aluminiumbauweise in Großserie wurde seit 1994 zielgerichtet ausgebaut. Mit der hochfesten Aluminium-Rahmenstruktur Audi Space Frame konnte ein Höchstmaß an Steifigkeit und Sicherheit bei gleichzeitiger Gewichtsreduktion realisiert werden. Unterschiedliche Aluminiumbauelemente wie Gussteile, Strangpressprofile und Bleche bildeten durch ausgeklügelte Kombinationen einen festen Verbund. Die Entwicklung dieses Know-hows trieb Audi weiter voran. Daraus resultierte eine große Anzahl von Patenten, die die Kernkompetenz im Leichtbau untermauerten. Heute kann Audi durch langjährige Serienerfahrung sowie Erkenntnisse aus konzentrierter Materialforschung die Zukunft des automobilen Leichtbaus maßgeblich beeinflussen. Dabei werden Multimaterialkonzepte von zentraler Bedeutung sein.

Erster Vorbote einer neuen Designstilistik mit deutlicherer Ausrichtung auf Dynamik und Sportlichkeit war das 2003 vorgestellte Concept Car Audi Nuvolari. Die Studie verkörperte eine temperamentvoll-elegante Plastik mit italienischem Touch und stellte stolz ein neues Gesicht zur Schau, das in den kommenden Jahren zum Wiedererkennungsmerkmal der gesamten Audi Produktpalette werden sollte. Der Audi Single Frame – inspiriert von den Auto Union Rennsportboliden der 1930er-Jahre – vereinte in einer neuen Interpretation geschickt traditionelle Designwerte und progressive Formauffassungen. Danach erhielt bei künftigen Produkten das bereits ausgeprägte Aero-Design eine veränderte Anmutung zu noch stärker dynamisierter Sinnlichkeit, ohne die Audi typische Gesamtästhetik aufs Spiel zu setzen. Der seitdem merklich emotional betonte Auftritt entwickelte sich aus einer Synthese der

A, B, C, D

A Verchromte Stoßstange am Audi 72 ab 1965.
B Stoßstange mit Kunststoff-Seitenteilen und -stoßleiste am Audi 100 ab 1976.
C Teilintegrierter Kunststoffstoßfänger mit separater Frontschürze am Audi 100 ab 1982.
D Vollständig in die Karosserieform integrierter Stoßkörper am Audi A6 ab 2004.

A

Keil- und Stromlinienform. In Kombination mit der seitlich im Bereich der Schweller schwungvoll betonten »Dynamic Line«, einer filigran, aber bewusst angedeuteten Tornadolinie, fein gezeichneter Fugenführung und der markanten Frontgestaltung bestimmte das Designkonzept »Dynamic Sculpture« alle Baureihen. Als neues zusätzliches Identifikationsmerkmal forcierte Audi die LED-Lichttechnologie als Tagfahrlicht und vollwertige Leuchteneinheiten. Neben der enormen Energieeinsparung ergab sich daraus ein weiteres Gestaltungselement zur baureihenspezifischen Unterscheidung. Die schmalen LED-Tagfahrlichtbänder entwickelten sich bei der für jede Audi Baureihe konsequenten Anwendung der »Single Frame«-Kühlermaske zum feingliedrigen Zweitsymbol.

Für die Zukunft erfährt das Konzept Dynamic Sculpture eine noch konsequentere Weiterentwicklung. Eine feste Größe des Karosseriedesigns, des genetischen Codes der Audi Design-DNA, bildet das proportionale Verhältnis von einem Drittel Greenhouse (Fensterfläche/Dachaufbau) zu zwei Dritteln Body (Karosseriekörper). Weitere Merkmale in der Fahrzeugplastik sind die breite Schulter unterhalb der Fensterbrüstung und die deutlich betonte Tornadolinie, die besonders ab dem Audi A5 Coupé eine markantere Ausformung erhielt. Wolfgang Egger, Leiter Design Audi Konzern, sieht künftige Modelle noch mehr durch eine ästhetische Athletik und die Tornadolinie als wesentliches Gestaltungselement geprägt. Dabei soll eine akzentuierte Geometrie mit sparsam gesetzten Linien überwiegen. Der 2010 mehrfach preisgekrönte Audi A7 Sportback und der im Juli 2012 ausgezeichnete Audi A6 – er erhielt das Qualitätssiegel »red dot award« – legten davon bereits eindrucksvoll Zeugnis ab. Die Ganzheitlichkeit des Zusammenspiels von Design und Technik innen wie außen war bei diesen Modellen in ihrer hohen Konsistenz ausschlaggebend.

Der rasante Innovationsprozess im Automobilbau und die breite Auffächerung des Produktprogramms war und ist die große Herausforderung für die Audi Designer. Neue Ideen und Interpretationen der Design-DNA der Marke zur zielgruppenkonformen Ansprache sind einmal mehr gefragt. Bei einer derartigen Komplexität kann Designarbeit nur im Team geleistet werden – im Jahre 2010 mit rund 160 Mitarbeitern. Kreativ gearbeitet wird in Designzentren an drei Standorten: in Ingolstadt im Werksgelände, eng verzahnt mit den Ingenieuren der technischer Entwicklung, in München-Schwabing, mitten im Umfeld des urbanen Stadtlebens, und im Volkswagen Konzernstudio in Santa Monica, Kalifornien. Zusätzlich trägt Audi Design die Verantwortung für die Gestaltung der Konzernmarken Lamborghini und Seat.

Die zukünftige Fahrzeugentwicklung der Marke Audi ist in drei Schwerpunktthemen festgeschrieben: Audi ultra, Audi connect und Audi e-tron.

A Audi Design ist seit Ende 2001 für die zielgerichtete Weiterentwicklung der Designlinien von Audi, Lamborghini und Seat verantwortlich.
B Die Studie Audi Nuvolari visualisierte 2003 das neue Identitätsmerkmal für künftige Serienmodelle: den Audi Single Frame.
C Rein elektrisch angetrieben und mit dynamischem LED-Lichtband gewährt die Studie A2 concept einen Ausblick in die Zukunft des Premium-Kleinwagens.

Die Kernkompetenz im automobilen Leichtbau soll als hochintegriertes Gesamtkonzept aus unterschiedlichen Werkstoffen, darauf abgestimmten Konstruktionsprinzipien und effizienten Produktionsprozessen weiterentwickelt werden. Dafür steht Audi ultra.
Audi connect verkörpert eine Form vernetzter Mobilität; dabei steht der Fahrer in ständiger Verbindung mit dem Informationssystem des Fahrzeugs sowie mit dem Internet und der Infrastruktur. Stefan Sielaff, bis Ende 2011 Leiter des Designs der Marke Audi, erklärte anhand des Audi A2 Concept die Vision des pilotierten, vernetzten Fahrens: »Wir stellen uns vor, dass Autos dank intelligenter Car-to-Car-Communication künftig in der Lage sein werden, autonom zu fahren. Der Fahrer nennt einen Zielort, das Auto bringt ihn dorthin und sucht anschließend alleine einen Parkplatz.«
Die Perspektiventwicklung der elektrischen Mobilität sieht Audi nicht nur auf den Antrieb reduziert, sondern in einer ganzheitlichen Herangehensweise: Audi e-tron steht für elektrifizierte Antriebslösungen in Kombination mit Leichtbautechnologien und vernetzten Assistenzsystemen.
Die Begriffe »Audi« und »Design« sind in den vergangenen Jahren zu einer untrennbaren Einheit verschmolzen. Ohne die Verdienste der Konstrukteure und Techniker wäre die international anerkannte hohe Produktqualität so nicht erreicht worden. Die Erfolgsgeschichte von Audi beruht auf der gleichrangigen Signifikanz von technischer Spitzenleistung und intelligent-dynamischer Formgestaltung. Und dass die Gefühle vieler Menschen mit der Symbiose aus Design und Technik außerordentlich angesprochen werden, zeigt der Erfolg der Marke mit den Vier Ringen.
Auch in Zukunft wird Audi seinen stilistischen Anspruch in den Automobilmarkt einbringen. Mit der weltweit anerkannten Designkompetenz bleibt der Ausblick auf neue Visionen und Projektideen spannend.

Im dritten Bildteil wird die anfänglich vorsichtige und später mutig werdende Entwicklung in Automobilprodukten der Marke mit dem neuen »alten« Namen Audi deutlich. Die Fahrzeugauswahl stellt eine bemerkenswerte Zeitgeschichte deutscher Automobiltechnik und Automobilgestaltung dar. Dabei fanden Prototypen, die eine außergewöhnliche Evolution auslösten, Berücksichtigung – genauso wie Großserienwagen oder erfolgreiche Motorsportfahrzeuge. Sie setzten nach 1965 und auf dem späteren Weg zum Premiumhersteller Zeichen. An der Aufwärtsentwicklung der Marke Audi hatte die Formgestaltung mit einer homogenen Designaussage in ihrer Ganzheitlichkeit einen immer stärker werdenden Anteil. Nach und nach entstand eine unverwechselbare Produktidentität, die von einer ursprünglich konservativen zu einer zunehmend fortschrittlich-emotionalen Ausstrahlung wechselte und schließlich zum Vorbild für die Fusion von Technik und Design wurde.

Die Heckflosse gibt es auch beim NSU Spider, der im
September 1963 erstmals der Öffentlichkeit vorgestellt
eine neue Ära im Automobilbau einläutete.

Nur drehend statt stampfend
NSU Wankel Spider

Ende 1959 stellte NSU der Öffentlichkeit als laufendes Entwicklungsprojekt einen Kreiskolbenmotor vor. Mit dem völlig neuartigen Antriebsprinzip – als NSU Wankelmotor beworben – verknüpfte die Marke große Erwartungen. Der NSU Pressedienst informierte die Fachwelt aber auch darüber, dass bis zur Serienreife noch intensive Ingenieursarbeit von mindestens zwei Jahren Dauer notwendig sei. Tatsächlich sollten noch knapp vier Jahre vergehen, bis im Herbst 1963 auf der IAA ein Cabriolet mit Kreiskolbenmotor, der NSU Wankel Spider, präsentiert wurde.

Der kleine, abgedeckt und unsichtbar tief im Heck sitzende Motor war eine Sensation. Die Kreiskolbenmaschine samt Nebenaggregaten sowie Getriebe benötigte dermaßen wenig Einbauraum, dass über dem Motor ein zweiter Gepäckraum geschaffen werden konnte. Trotz der geringen Baugröße erzielte der Motor vom Typ KKM 502 bei einem Kammervolumen von rund 500 cm^3 eine Leistung von 50 PS. Der Vorteil gegenüber Hubkolbenmotoren klang überzeugend: Durch ausschließlich rotierende Elemente im Motor mussten keine sich hin- und herbewegenden Massen wie bei einem konventionellen Kurbeltrieb ausgeglichen werden. Der Kreiskolbenmotor erwies sich als ausgesprochen vibrationsarm und konnte in hohen Drehzahlbereichen arbeiten. Seine einfache Bauart mit nur zwei beweglichen Teilen sowie die obsolete Ventilsteuerungsteuerung machten ihn zum Leichtgewicht.

NSU wollte den Wankelmotor in einem besonderen Fahrzeug vorstellen. Aus diesem Grund entschied sich die Unternehmensführung für die Verwandlung des eleganten Sport-Prinz Coupés in ein luftig-sportliches Cabriolet. Das von der Carozzeria Bertone geschneiderte Blechkleid des Sport-Prinz sorgte mit deutlich italienischen Zügen Ende der 1950er-Jahre für Begeisterung. Trotz des kurzen Radstandes und der kleinwagentypischen Gesamtlänge hatten die fließenden Linien, die sportlich-leichte Eleganz sowie das flache Frontdesign ohne typischen Kühlergrill eine wohlproportionierte, feminine Ausstrahlung.

Im Oktober 1960 stellte Bertone im Zusammenhang mit der Einführung der weiterentwickelten Technik des Prinz III bereits eine Studie zu einer Cabrioletversion des Sport-Prinz vor. Diese wurde von NSU abgelehnt. Ihr Design hinterließ jedoch in den Entwicklungsabteilungen des Werkes einen bleibenden Eindruck. So lehnte sich das vom hauseigenen Stilbüro geschaffene Zweisitzer-Cabriolet zur Weltpremiere des ersten Automobils mit Wankelmotor drei Jahre später stark am italienischen Vorbild an. Gegenüber dem Sport-Prinz bekam der ambitionierte NSU Wankel Spider mit über 150 km/h Höchstgeschwindigkeit ein verändertes Fahrwerk mit Scheibenbremsen vorn und einer verbesserten Radaufhängung hinten spendiert. Im Gegensatz zu den luftgekühlten NSU Heckmotorwagen benötigte der ebenfalls im Heck platzierte Kreiskolbenmotor eine Wasserkühlung.

A

Der notwendige Kühler wurde im Bug der Karosserie untergebracht. Dafür waren größere Kühlluftöffnungen erforderlich, die sehr stimmig in die Frontgestaltung eingebunden wurden. Zwei chromumrahmte Einlassöffnungen, die in der Mitte V-förmig flügelartig auseinanderlaufend die Spitze des NSU Wappens betonten, waren neben den angedeuteten Heckflossen die markantesten Designmerkmale. Die lange, über die Rückwand hinausstehende, leicht abfallende Heckklappe verlängerte optisch die Seitenlinie. Das leichte Stoffdach verschwand zurückgeklappt vollständig im Verdeckkasten unter einem glattflächigen Karosseriezwischenstück, das den Anschluss zur Heckklappe herstellte. Der Innenraum präsentierte sich mit Drehzahlmesser im Cockpit sowie zweifarbigen Sitzbezügen und Türverkleidungen in einem sportlich-frischen Look.

Der NSU Wankel Spider erweiterte als eine Art Versuchswagen in Kundenhand die Erfahrungswerte der Techniker enorm. Besonders die stark wechselnden Belastungen des Motors im Alltagsverkehr brachten technische Unzulänglichkeiten zu Tage, deren Aufdeckung letztendlich für die technische Weiterentwicklung nützlich war. Im Schadensfall zeigte sich das Werk gegenüber den Käufern sehr kulant. Schließlich hatte NSU noch Größeres vor.

B

A Entlüftungsschlitze unterhalb der Stoßstange dienen zur Wärmeabfuhr der Abgasanlage und des tief im Heck sitzenden Motors.
B Der Markenname NSU erhielt eine Erweiterung um den Begriff »Wankel«.
C Der Einscheiben-Kreiskolbenmotor hatte sehr platzsparende Dimensionen.
D Zum Symbol des Wankel Spider wurde der Kolben beziehungsweise Läufer in Form eines Bogendreiecks.
E Frischluftvergnügen in sportlichem Flair mit italienischer Note.

A, B

A NSU Spider mit Schleudersitz, der es der jungen Dame gestattete, sich lästig werdender Herren per Knopfdruck zu entledigen. Ein Aprilscherz des NSU Pressedienstes.
B Junge Leute, sportlich und technisch aufgeschlossenen, waren die besonders anvisierte Kundschaft für den NSU Spider.
C Durch die Frontöffnungen strömte Frischluft durch den dahinter befindlichen Kühler, von dem aus der Wasserkreislauf zum Motor im Heck führte.

Ausführung:	Cabriolet zweisitzig, Werkskarosserie, Neckarsulm
Antrieb:	Einscheiben-Kreiskolbenmotor, Viertakt
Leistung:	39 kW/50 PS bei 5000 min^{-1}
Hubraum:	497 cm³
Radstand:	2016 mm
Gesamtlänge:	3580 mm
Höchstgeschwindigkeit:	150 km/h
Kraftstoffverbrauch:	ca. 8 l/100 km
Gesamtproduktion:	2375 Stück
Bauzeit:	1964 – 1967
Modellbaujahr:	1967

A Werbemotiv von 1964: Mit diesem Wagen konnte der Herr die Angebetete schon beeindrucken.
B Flott unterwegs: 150 km/h erreichte der leichte Wankel Spider mühelos.
C Ausführung mit Hardtop.
D Die vier Arbeitstakte des Kreiskolbenmotors: Ansaugen, Verdichten, Verbrennen und Ausschieben.
E Im Röntgenbild war der technische Aufbau des Wagens gut zu erkennen, deutlich der tief sitzende Motor sowie die Stauräume vorn und hinten.

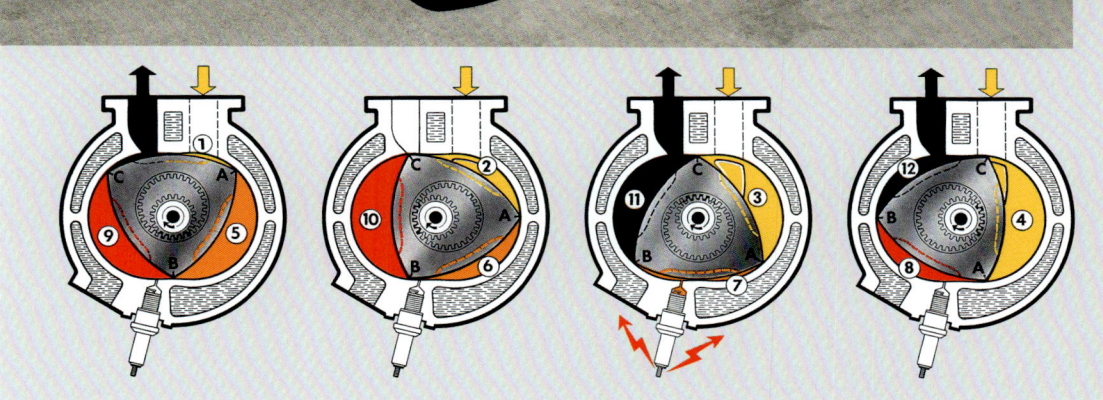

296 Neuer Name, neue Front – Ausgangspunkt einer erfolgreichen Karriere.

1965
1966

Endlich vier Takte
Audi 72 Limousine
Audi 80 Variant

Anfang der 1960er-Jahre ließen sich die Auto Union Zweitaktwagen immer schlechter verkaufen. Einen besonders schweren Stand hatte ab März 1964 der völlig neu gestaltete DKW F 102. Im Gegensatz zu seinen Vorgängern, deren Gene noch den DKW Automobilen der 1930er-Jahre entstammten, hatte er eine selbsttragende Karosserie in fortschrittlich straff gehaltenem, modernem Design. Die weiterhin verbaute Zweitakt-Antriebstechnik kritisierte die Fachpresse als Anachronismus zur modernen Gestalt, und das, obwohl der eigens für den F 102 konstruierte 1200-cm³-Dreizylindermotor mit 60 PS der bisher leistungsstärkste DKW Motor war. Die Käufer blieben aus; der F 102 sollte der letzte Zweitakt-Pkw der Auto Union werden.

Daimler-Benz – noch Eigentümer der Auto Union – berief den Ingenieur Dr. Ludwig Kraus 1963 als neuen technischen Direktor nach Ingolstadt. Er erhielt aus Stuttgart den Auftrag, den DKW F 102 mit einem ursprünglich für Militärfahrzeuge vorgesehen Viertaktmotor auszurüsten. Bei dem wegen seiner hohen Verdichtung auch als Mitteldruckmotor bezeichneten Aggregat waren allerdings noch rund zwei Jahre intensiver Entwicklungstätigkeit bis zur Serienreife notwendig. Während dieser Zeit hatte Daimler-Benz mit dem schrittweisen Verkauf der Auto Union Geschäftsanteile an Volkswagen begonnen. Im Herbst 1965 präsentierte die Auto Union auf der Internationalen Automobilausstellung in Frankfurt ihr erstes Viertaktmodell.

Der Wagen trug äußerlich lediglich die Vier Ringe – keinen Schriftzug, der auf Auto Union oder gar DKW hinwies. Stattdessen hatte er einen altbekannten Namen erhalten, der an die vor dem Zweiten Weltkrieg etablierte Viertakttradition der Vier Ringe in der Mittelklasse anknüpfte: »Audi«. Die Wiederbelebung der Marke führte dazu, das im März 1966 der letzte DKW Personenwagen die Ingolstädter Produktionshallen verließ.

Die Seitenansicht des Audi entsprach vom Heck bis zur Stirnwand der des DKW F 102. Einzig die Frontpartie wies ihn als neues Modell aus. Der Auto Union Exterieurdesigner Joseph »Jupp« Dienst hatte die schnörkellose, geradlinige Limousinenkarosserie mutig mit modisch flacher Front und quer liegenden Rechteckscheinwerfern versehen – im Gegensatz zu anderen Automobilherstellern, welche damals die Rundscheinwerfer als einzig denkbare Form erachteten. Eine breite Chromeinfassung rings um den schwarzen Kühlergitterhintergrund verlieh den mittig angeordneten, glänzenden Vier Ringen und den Scheinwerfern einen klaren, dynamisch-eleganten Rahmen. Das Markenzeichen wurde von einer Chromspange gehalten und untermauerte zusätzlich die konsequent horizontal geprägte Front. Eine dezente Pfeilung verschaffte dem Vorbau zusätzlich Dynamik.

Die neue Frontgestaltung wirkte nicht wie ein Facelifting. Sie fügte sich so harmonisch ein, dass sie wie selbstverständlich mit dem gesamten Karosseriedesign verschmolz.

A Gefällig chromumrandetes Gesicht mit quer liegenden Scheinwerfern.
B Zwei grundsätzliche Karosserievarianten überzeugten die Käufer.
C Nüchtern und zweckmäßig: Das Armaturenbrett in lackiertem Stahlblech mit Instrumenteneinheit aus oberflächenpoliertem Metallguss.
D Der belastete Produktname DKW wurde abgelegt, dafür die Vorkriegsmarke »Audi« wiederbelebt.

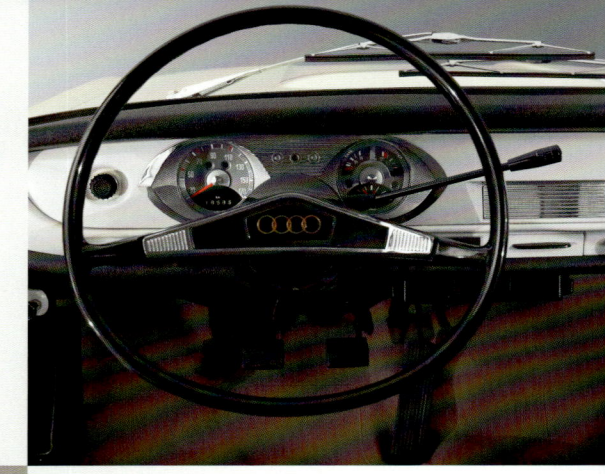

Das neue, markante Gesicht besaß den Wiedererkennungswert, der die Audi Modelle der nächsten Jahre prägen sollte.
Das Heck entsprach weitestgehend dem des F 102. Eine an der Seitenwand über der Karosseriefalte verlaufende Chromzierleiste schuf die Verbindung zu den quer liegenden Rückleuchten, die leicht verlängert um die Ecken der Hinterkotflügel herumgezogen wurden.
Zunächst firmierte das neue Modell als Auto Union Typ »Audi«. Die Modellpalette wurde zügig um zunächst drei Motorvarianten mit 80, 90 und 60 PS erweitert. Der zwei- und viertürigen Limousine folgte 1966 ein dreitüriger Kombi mit großer Heckklappe. Der Audi »Variant« – die Modellbezeichnung war eine Reminiszenz an Volkswagen – gab eine Hecköffnung über fast die gesamte Fahrzeugbreite frei und wies eine niedrige Ladekante kurz oberhalb der Stoßstange auf. Durch Umklappen der Rücksitzbank ergab sich eine ebene Ladefläche von 1,9 m².

299

A Die Stufenheck-Limousine gab es in zwei- und viertüriger Ausführung mit rund 600 Litern, den Kombi »Variant« als Dreitürer mit bis zu 1500 Litern Kofferraumvolumen.
B Der »Variant« bot Flexibilität für Familie und Gewerbe.

Mit der ersten Audi Baureihe, die in der internen Nomenklatur die Typenbezeichnung »F 103« trug, gelang der Marke mit den Vier Ringen der Weg aus der Krise und der Erhalt einer eigenständigen Fahrzeugproduktion. Die Audi Modelle kamen als solides und fahrsicheres Mittelklasseangebot gut an. Bald wurden die geräumigen vier- bis fünfsitzigen Wagen leistungs- und ausstattungsseitig sowohl nach oben als auch nach unten abgerundet. Damit trafen sie genau die Erwartungen der Kunden. Die aus der Not entstandene Baureihe wurde über einen Zeitraum von sieben Jahren bis 1972 produziert.

Ausführung:	Limousine und Kombi vier- bis fünfsitzig, Werkskarosserien, Ingolstadt
Antrieb:	Vierzylinder-Viertakt-Reihenmotor, längs eingebaut
Leistung:	53 kW/72 PS bei 5000 min^{-1}
Hubraum:	1696 cm³
Radstand:	2490 mm
Gesamtlänge:	4380 mm
Höchstgeschwindigkeit:	148 km/h
Kraftstoffverbrauch:	ca. 10,5 l/100 km
Gesamtproduktion:	416 852 Stück, davon 81 724 Limousinen und 6135 Variant
Bauzeit:	1965 – 1968 (Limousine), 1966 – 1969 (Variant)
Modellbaujahr:	1965 (Limousine), 1967 (Variant)

Kraftzwerg
NSU TT Tourenwagen »Jägermeister«

Typisch für die ab 1957 gebauten NSU Kleinwagen war die Kombination von luftgekühltem Heckmotor mit Heckantrieb. Neben den erfolgreichen Zweizylindermodellen sollte ab 1964 der Prinz 1000, eine verlängerte Version des beliebten Prinz 4 mit neuem Vierzylindermotor, den Anschluss an die untere Mittelklasse herstellen. Der Karosserieentwurf war unter der Federführung von Claus Luthe entstanden. Dabei lehnte sich Luthe auf der Suche nach einem markanten Design sehr stark am amerikanischen Chevrolet Corvair von 1959 an. Das besondere Merkmal der Corvair-Linie, umgangssprachlich auch als »Badewannenstil« bezeichnet, war die nach außen gewölbte Gürtellinie unterhalb der Schulter, welche die Karosserie vollständig umlief. Sie wurde – zusätzlich durch eine aufgesetzte Chromleiste betont – zum NSU Erkennungsmerkmal. Die kubische, schlichte Gesamtform mit steiler Front- und Heckpartie entsprach genau dem Zeitgeschmack und den Vorstellungen von einem günstigen Familienwagen. Seine kleine Grundfläche bot Platz für eine vierköpfige Familie mitsamt Gepäck. Damit war der Prinz 1000 eine echte Alternative zum stark dominierenden VW Käfer, wirkte allerdings deutlich moderner und sportlicher.

NSU hielt mit einem luftgekühlten Vierzylinder-Reihenmotor am Heckmotorprinzip fest. Das quer eingebaute, kurzhubige Antriebsaggregat mit obenliegender Nockenwelle leistete 43 PS bei einem Hubraum von 996 cm^3. Kompakt und mit seitlich angeblocktem Getriebe, verschaffte es dem leichten Wagen im Zusammenwirken mit moderner Einzelradaufhängung und günstiger Gewichtsverteilung eine extrem gute Handlichkeit – insgesamt beste Voraussetzungen für Sporteinsätze.

A Der Innenraum wurde bis auf das Notwendigste »entkernt«, um das Gesamtgewicht auf unter 700 kg zu reduzieren.
B Doppelscheinwerfer im Oval und die Initialen »TT« markierten die Sportlichkeit.

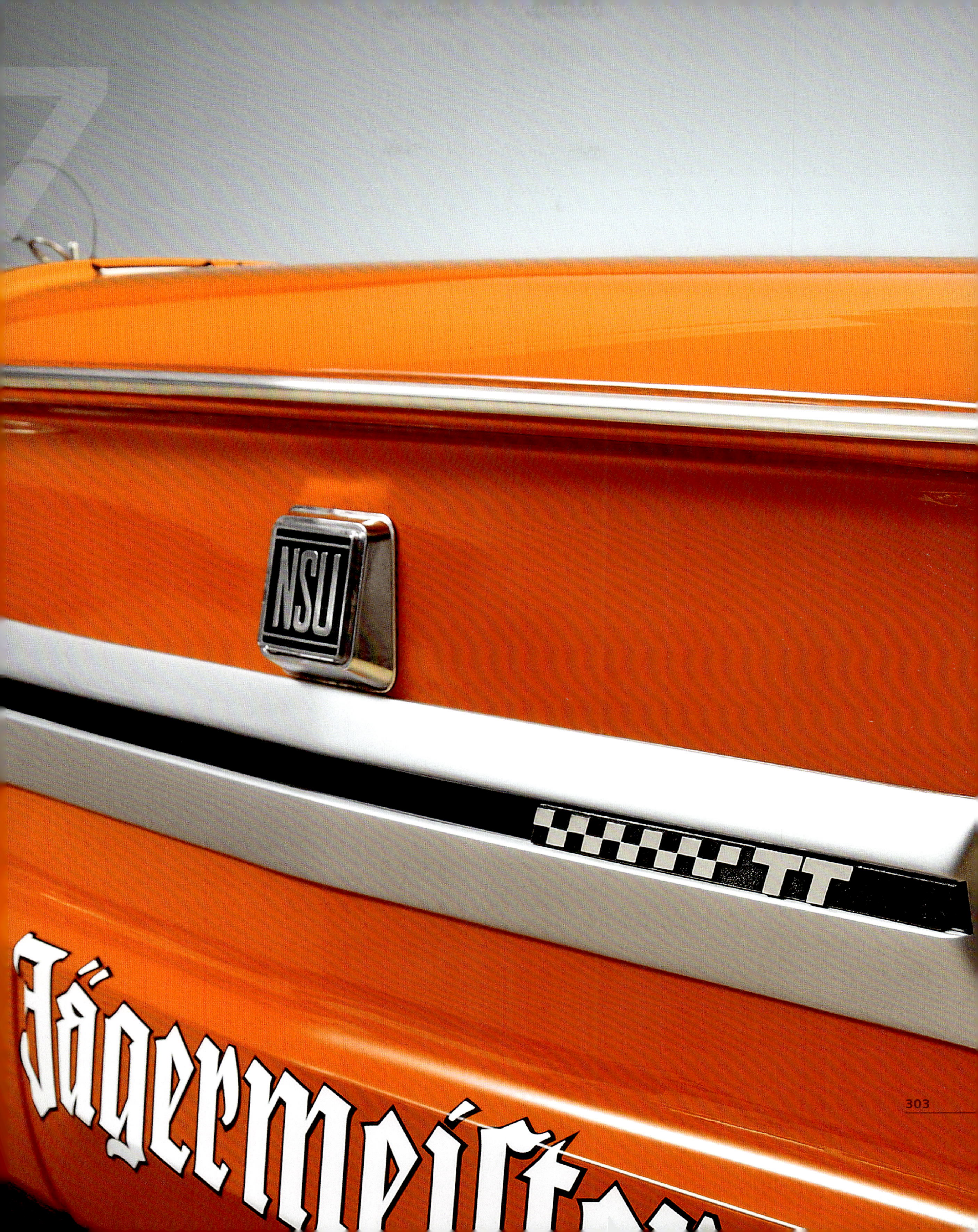
NSU
TT

A Im Kleinwagen-Motorsport einer der wohl
bekanntesten Anblicke – die wendigen NSU TT und TTS fuhren der Konkurrenz oft vorweg.
B Dieser Türgriff wurde bereits 1961 mit dem Prinz 4 eingeführt.
C Unmissverständlich: Breitreifen, ausgestellte Radhäuser und tiefe Straßenlage demonstrieren Kraft.

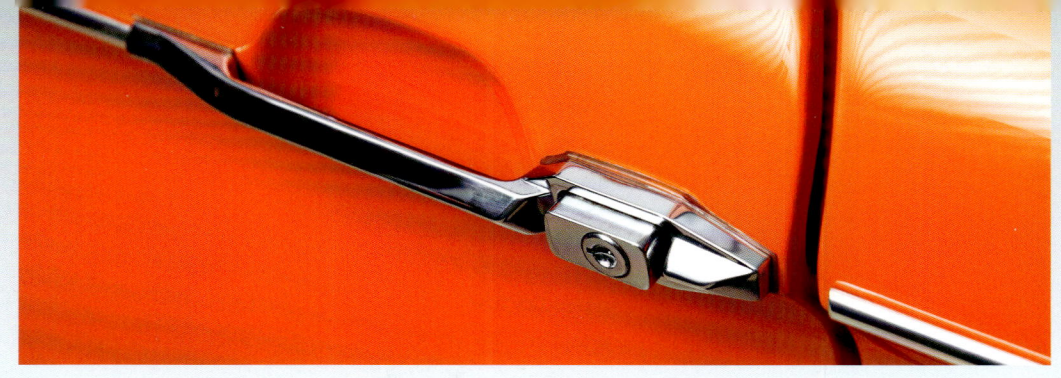

Im Herbst 1965 erschien der Prinz 1000 als Sportlimousine – einer Mischung aus Familientauglichkeit und Sportlichkeit – mit den Initialen TT am Heck. TT stand für »Tourist Trophy« und nahm Bezug auf die NSU Motorradrennsport-Erfolge auf der Isle of Man. Markantes Erkennungsmerkmal des NSU TT waren Doppelscheinwerfer in ovaler Einfassung am Fahrzeugbug. Der Motor wurde in Hubraum und Bohrung vergrößert. Aus 1085 cm³ schöpfte er 55 PS.

Mit dem TT war ein attraktives und kostengünstiges Sportauto im Kleinwagensegment geschaffen worden. Wettkampferfolge von Privatfahrern ließen auch nicht lange auf sich warten. Einer der bekanntesten Fahrer war Siegfried Spiess, der es in späteren Jahren als NSU und Audi Tuner zu hohem Ansehen bringen sollte. Überall auf den Rundkursrennstrecken, bei Bergrennen und bei Rallyes tauchten die kompakten NSU Renner auf. Um in der attraktiven Ein-Liter-Klasse Privatfahrern ein Basisfahrzeug anbieten zu können, erschien nach gleichem Rezept 1967 der NSU TTS.

Ab Juni 1967 gab es den TT mit dem hubraumstärkeren Motor des NSU Typ 110. Aus 1200 cm³ erzielte er 65 PS, das Drehmoment war auf 9,0 mkg angestiegen. Dagegen konnte mithilfe optimierter Leichtbauweise das Gesamtgewicht der selbsttragenden Ganzstahlkarosserie auf 685 kg gesenkt werden. Das Leistungsgewicht sank auf 10,5 kg/PS, womit der TT eine ideale Grundlage für den Motorsport bot. Unter Fachleuten galt sein Fahrwerk als mustergültig. Es demonstrierte hervorragende Fahreigenschaften, besonders auf kurvenreichen Strecken.

A

B

Ausführung:	Limousine einsitzig, modifizierte Werkskarosserie, Neckarsulm
Antrieb:	Vierzylinder-Viertakt-Reihenmotor, quer eingebaut
Leistung:	88 kW/120 PS bei 7800 min^{-1}
Hubraum:	1300 cm^3
Radstand:	2250 mm
Gesamtlänge:	3793 mm
Höchstgeschwindigkeit:	190 km/h
Kraftstoffverbrauch:	ca. 14 l/100 km
Gesamtproduktion:	50 078 Stück (Typ 67 F)
Bauzeit:	1967 – 1972 (Typ 67 F)
Modellbaujahr:	Renneinsatz 1974

C

D

Aus dem deutschen Renngeschehen waren die frisierten NSU Wagen bis weit in die 1970er-Jahre hinein nicht mehr wegzudenken. Hochgerüstet mit größeren Zylindern, schärferer Nockenwelle, zwei Weber-Doppelvergasern oder einer Kugelfischer-Einspritzanlage, Doppelzündung, vergrößerten Einlass- und Auslasskanälen und noch massereduzierterer Karosserie ließen sich mit den TT und TTS Leistungsgewichte um 6,5 kg/PS erreichen. Eine privat organisierte, sehr aktive Motorsportszene ließ beide Baureihen zu regelrechten Stars in den unteren Hubraumklassen werden. Podiumsplätze errangen die potenten Hecktriebler quasi im Dauerabonnement. 1967 holte sich Günther Irmscher, später als Opel Tuner berühmt geworden, mit einem NSU TT den Gesamtsieg der Tour d'Europe. 1968 wurde Bill Allen amerikanischer Meister der Region Süd-Pazifik. Eines der heute noch bekanntesten Rennfahrzeuge war der von Siegfried Spiess aufgebaute und von Willi Bergmeister gefahrene, orange »Jägermeister«-TT. Als die Produktion der NSU Vierzylinder bereits eingestellt war, errang Bergmeister mit dem TT 1974 den Titel des Deutschen Bergmeisters.

A In vorderer Startposition: Mehrere NSU TT auf dem Hockenheimring 1970.
B Links neben dem quer eingebauten Vierzylindermotor ist der Kunststoffkanal für die Luftkühlung zu sehen. Zusätzlich ist hier eine Ölkühlung integriert worden.
C Die günstige Achslastverteilung und die hervorragende Straßenlage prädestinierten die NSU Sportlimousine sowohl für kurvenreiche Gebirgspisten als auch Asphaltstrecken. Oben ein TTS im Einsatz bei der Internationalen Semperit-Rallye 1967.
D Durch zwei Weber-Doppelvergaser wurde das stark modifizierte Triebwerk beatmet.
E Willi Bergmeister im Renneinsatz mit dem orangen NSU TT in »Jägermeister«-Optik.

Modernes Design 1967: Das klar strukturierte, für damalige Verhältnisse hohe Heck war ein Resultat der Untersuchungen im Windkanal.

1967

Zukunft war Gegenwart
NSU Ro 80 Limousine

Mit dem Wankel Spider hatte NSU 1963 eine wahre Innovation hervorgebracht und versucht, das Fachpublikum von der Alltagstauglichkeit des neuen Motorkonzeptes zu überzeugen. Obwohl dies nur teilweise gelang, fühlte man sich bei NSU durch die positiven Erfahrungen mit dem Spider bestätigt und trieb konsequent die Weiterentwicklung der Kreiskolbenmotoren voran.

Auf der IAA 1967 war eine futuristisch anmutende Limousine Star der gesamten Ausstellung: Der NSU Ro 80 feierte seine Premiere. Die Besucher standen vor einem eleganten viertürigen Wagen, dessen extravagantes Design ihn wie ein Automobil aus der Zukunft aussehen ließ. Mit leicht gewölbter Glattflächigkeit, keilförmig ansteigender Seitenlinie und großzügiger Verglasung des filigranen Dachaufbaus hatte er eine ultramoderne Ausstrahlung.

Doch die radikale Neuartigkeit des Wagens befand sich unter der eleganten Außenhaut: Zwei rotierende Kreiskolben sorgten für angemessenen, geräuscharmen und vibrationsfreien Vortrieb. Das 115 PS starke Antriebsaggregat baute einschließlich des Getriebes so kompakt, dass es eine sehr flache Motorhaube und eine niedrige Fahrzeugfront ermöglichte – ein Vorteil zur Verringerung des Luftwiderstandes durch eine kleinere Anströmfläche.

Die gesamte Karosserieform wurde in mehreren Entwicklungsphasen an Modellen in den Maßstäben 1:5 und 1:1 systematisch im Windkanal der Technischen Hochschule Stuttgart aerodynamisch optimiert. So erreichte die Serienausführung einen sensationellen Luftwiderstandsbeiwert von c_w = 0,355. Der damalige Durchschnitt für eine vier- bis fünfsitzige Limousine lag bei einem c_w-Wert um 0,45. Der zeitlos elegante Karosserieentwurf entstand im siebenköpfigen NSU Stilbüro unter der Leitung von Claus Luthe. Aus mehreren anfänglich verfolgten Varianten kristallisierte sich ein Gesamtentwurf heraus, der in Feinarbeit 1964 zur Endreife geführt wurde.

Der Ro 80 brachte dem kleinen Automobilhersteller NSU die bewundernde Anerkennung der gesamten Fachwelt und 1968 die Auszeichnung als »Auto des Jahres 1967« ein.

Entwicklungsziel beim Ro 80 war, eine funktionelle Form zu finden, die aus einem günstigen Luftwiderstandsbeiwert hervorgeht und keiner Modeströmung folgt. Der zeitlose Charakter lässt ihn auch 45 Jahre nach seinem Erscheinen nicht altmodisch wirken.

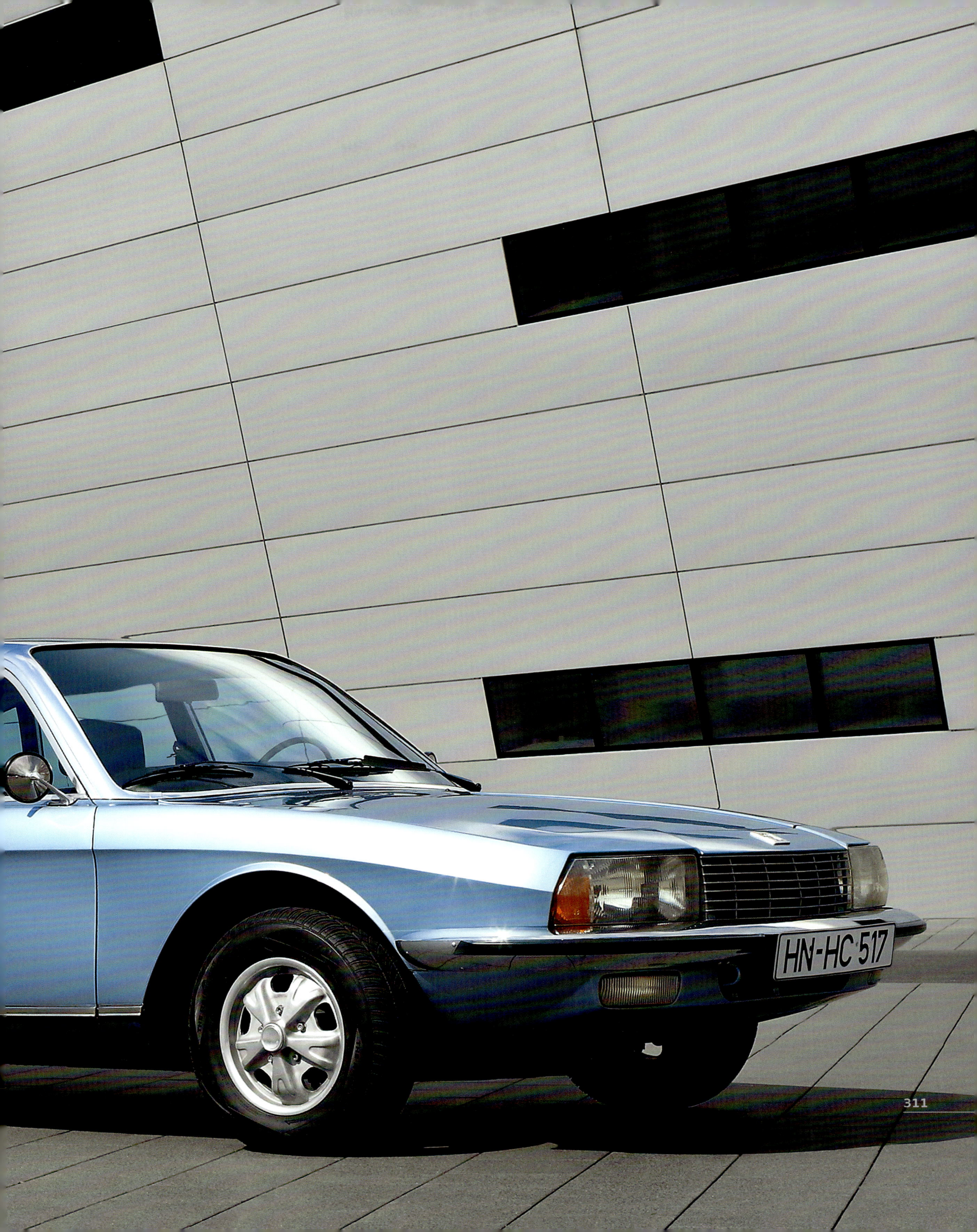
HN-HC 517

A Im großen Windkanal der Technischen Hochschule Stuttgart wurden am Serienmodell im Mai 1967 frühere Messergebnisse überprüft.
B Am 9. Februar 1968 erhielt erstmals ein deutscher Wagen – der NSU Ro 80 – im weltweiten Wettbewerb die Auszeichnung »Auto des Jahres 1967«.
C Die grünen Bogensegmente wiesen den Fahrer auf den optimalen Drehzahlbereich hin.
D Filigrane Säulen und großzügige Verglasung ermöglichen eine gute Rundumsicht.
E Der NSU erfüllte Ansprüche der oberen Mittelklasse, erreichte aber zu wenige Kaufwillige.

Bei der technischen Auslegung verabschiedete sich NSU erstmals vom Heckmotorkonzept. Mit vorn eingebautem Motor und Frontantrieb, kombiniert mit einem ausgeklügelten Fahrwerk, gehörte der Ro 80 zu den Familienwagen mit besten Fahreigenschaften. Seine selbsttragende Karosseriestruktur wurde nach damals noch nicht üblichen Konstruktionsprinzipen des Leichtbaus konzipiert. Den Unfallschutz der Insassen übernahm eine als stabiler Käfig ausgebildete Fahrgastzelle. Front- und Heckbereich konnten sich, im Falle eines Crashs die Aufprallenergie absorbierend, in mehreren Stufen verformen. Bei einem Seitenaufprall schützten Türschweller aus breit dimensionierten Profilstahl-Doppelkastenholmen. Das Fahrwerk kennzeichnete die Einzelradaufhängung: vorn an Dreieckslenkern und McPherson-Federbeinen, hinten an Schräglenkern verbunden mit einer gummigedämpften Achstraverse. Scheibenbremsen rundum und Servolenkung gehörten zur Grundausstattung.
Der Kreiskolbenmotor zeigte besonders auf Langstrecken eine angenehme Laufkultur. In puncto Geräusch- und Vibrationsverhalten setzte er neue Maßstäbe. Ihn zeichnete ein ausnehmend runder, turbinenartiger Lauf aus. Im Kurzstreckenbetrieb mit ständig wechselnden Geschwindigkeiten und vielen Leerlaufphasen konnte das Wankelaggregat anfangs nicht überzeugen. Hier war die Serienreife von Zündkerzen und Dichtleisten noch nicht erreicht. Zahlreiche Reklamationen nagten am Image des Fahrzeugs. Dieser angeschlagene Ruf blieb auch der Zielgruppe der breiten Mittelschicht nicht verborgen. Nach den ersten guten Verkaufsjahren offenbarte sich der Ro 80 als Wagen für eine zu kleine Zielgruppe technikbegeisterter, intellektueller Besserverdiener. Sein Design war der Zeit zu weit voraus, die Technik zu unkonventionell.
Durch intensive Modellpflege erreichte der Ro 80 einen hohen Reifegrad und blieb bis 1977 im Programm. Die Verkaufzahlen blieben allerdings weiter hinter den Erwartungen zurück. Der Neckarsulmer Pioniergeist ging mit diesem Auto dennoch in die Automobilgeschichte ein und fand, was das Design angeht, bei späteren Audi Entwicklungen eine Fortsetzung.

313

A

A Der Innenraum bot bis zu fünf Personen Platz. Die Polsterung mit Kunstleder war eine Sonderausstattung.
B Kaufentscheidungen fällten zu dieser Zeit überwiegend Männer. Darauf reagierte NSU mit entsprechender Werbung.
C Die Röntgengrafik stellte den technischen Aufbau dar. Gut zu erkennen sind das aufwändige Fahrwerk mit Frontantrieb und der flach bauende Motor.

Ausführung:	Limousine fünfsitzig, Werkskarosserie, Neckarsulm
Antrieb:	Zweischeiben-Kreiskolbenmotor, Viertakt
Leistung:	85 kW/115 PS bei 5500 min^{-1}
Hubraum:	2 x 497,5 cm^3
Radstand:	2860 mm
Gesamtlänge:	4780 mm
Höchstgeschwindigkeit:	180 km/h
Kraftstoffverbrauch:	ca. 11 l/100 km
Gesamtproduktion:	37 406 Stück
Bauzeit:	1967 – 1977
Modellbaujahr:	1976 (beide Modelle)

316 A

Italienisches Flair
Audi 100 Coupé S

A Betonte Sportlichkeit im Detail: Der polierte Tankverschlussdeckel hinten.
B Gegenüber der Limousine Audi 100 prägten runde Doppelscheinwerfer die Front des Coupés.

Die 1968 vorgestellte, repräsentative Limousine Audi 100 entwickelte sich innerhalb kürzester Zeit zum Erfolgsmodell der oberen Mittelklasse. Zunächst wurde der Wagen als Viertürer angeboten, 1969 folgte eine zweitürige Limousine. Der formal reduzierte Stil, zurückhaltend-sportliche Leichtigkeit und die gehobene technische Ausstattung entsprachen den Ansprüchen einer breiten Käuferschicht. Der Vertreter der Trapez-Ära übertraf bei den Bestellungen schon im ersten Produktionsjahr alle Erwartungen.

Dr. Ludwig Kraus, sportwagenbegeisterter Technikchef in Ingolstadt, hatte bereits bei der Entwicklung des Audi 100 die stilistische Orientierung nach europäischer Linie vorgegeben. Danach übertrug er dem Designerteam um Rupert Neuner die Kreation eines progressiven, imagefördernden Sportcoupés auf der technischen Grundlage der zweitürigen Audi 100 Limousine.

Der junge Designer Hartmut Warkuß entwarf ein für Deutschland neuartiges Fastback-Coupé, das jedoch die Familienzugehörigkeit in der Front erkennen ließ, deren Identität seit dem Audi 72 gepflegt wurde. Die progressive Form zeigte den italienischen Chic eines Maserati Ghibli oder Fiat Dino. Die gegenüber der Limousine um 30 mm niedrigere Dachlinie glitt in einer sehr eleganten Kurve in das gestreckte Fließheck mit deutlicher Abrisskante über. Die vom Vorderwagen vorgegebene Schulterlinie, die bis zum Ansatz der A-Säule der der Limousine entsprach, wurde fast waagerecht bis zur B-Säule weitergeführt, um sich danach in einem betonten Hüftschwung über dem Hinterrad mit anschließendem leichten Abwärtsbogen an der Abrisskante mit der Dachsilhouette zu treffen. Die seitliche Karosseriekante unterhalb der Fensterlinie führte in einem leichten Spannungsbogen fast horizontal auf die in Trapezform negativ geneigte Front- und Heckpartie hin. Sie verlieh dem Wagen die unbeschwerte Dynamik, welche die moderne Leichtbaukarosserie nach außen hin vermittelte.

A Prestigeträchtig an der Heckklappe platzierter Chrom-Schriftzug.
B Vorn geräumig: Die Audi Limousinen-Armaturentafel wurde durch eine Mittelkonsole und einen großen Drehzahlmesser ergänzt.
C Dieses Coupé hatte italienischer Rasse.
D Operation gelungen – geschickte Umgestaltung der Limousinen-Basis zur feinen Coupélinie.

Das elegante Heck erinnerte an deutlich potentere Gran-Turismo-Wagen. Das markante zweite Seitenfenster beschrieb selbstbewusst einen Bogen nach oben bis zur Dachlinie. Ein klar gerasterter Lüftungsschlitzeinsatz nahm die Fensterschräge parallel auf und setzte die Gliederung der Seitenfläche harmonisch keilförmig fort. Fensterschräge, Lüftungseinsatz und Heckabschluss korrespondierten im gleichen Neigungswinkel miteinander.
Gegenüber der Limousine war der Radstand um 115 mm verkürzt worden; die Gesamtlänge schrumpfte um 220 mm und ermöglichte so das Ausspielen der sportlich-kompakteren Proportionen des Coupés. Ein leichter Zuwachs in der Breite von 20 mm kam der Betonung der horizontal ausgerichteten Bug- und Heckpartie sowie der flachen Optik des Dachaufbaus entgegen. Die Coupéform ab der A-Säule wurde so gut in den Gesamtaufbau integriert, dass die Basis-Limousine Audi 100 kaum mehr erkennbar war.

Den Innenraum hatten die Ingolstädter Designer sportlich angereichert. Die verwendete Armaturentafel der Limousine erhielt einen großen Drehzahlmesser und wurde von einer Mittelkonsole gestützt, die den Schalthebel einfasste. Die Vordersitze waren zur besseren Seitenführung aufgepolstert worden.

Der Vierzylindermotor leistete 115 PS und sorgte bei dem 1110 kg leichten Coupé für ausgeprägtes Temperament. Das leistungsgesteigerte Triebwerk des ersten Modelljahres war durch Aufbohren und klassische Tuningmaßnahmen aus dem 100 PS starken Limousinen-Motor des Audi 100 S entstanden. Vergrößerte Bremsen und eine komplett neu abgestimmtes Fahrwerk erlaubten sportliche Gangart bei einem Höchstmaß an Fahrsicherheit.

Die angepeilte Zielgruppe konnte das Audi 100 Coupé S nicht erreichen. Individualisten aus dem gehobenen Kundensegment fühlten sich, wenn überhaupt, zu Coupés anderer Hersteller hingezogen. Gegenüber derber gestalteten Mitbewerbern blieb der Audi eine Randerscheinung.

A Schöner Rücken – gut proportioniertes Fastback mit dynamischem
»Hüftschwung« und markant-feingliedrigem Entlüftungsgitter.
B Beide Modelle mit guter Figur.
C Für gute Fahrsicherheit sorgte die Torsions-Kurbel-Hinterachse
mit Panhard-Stab.

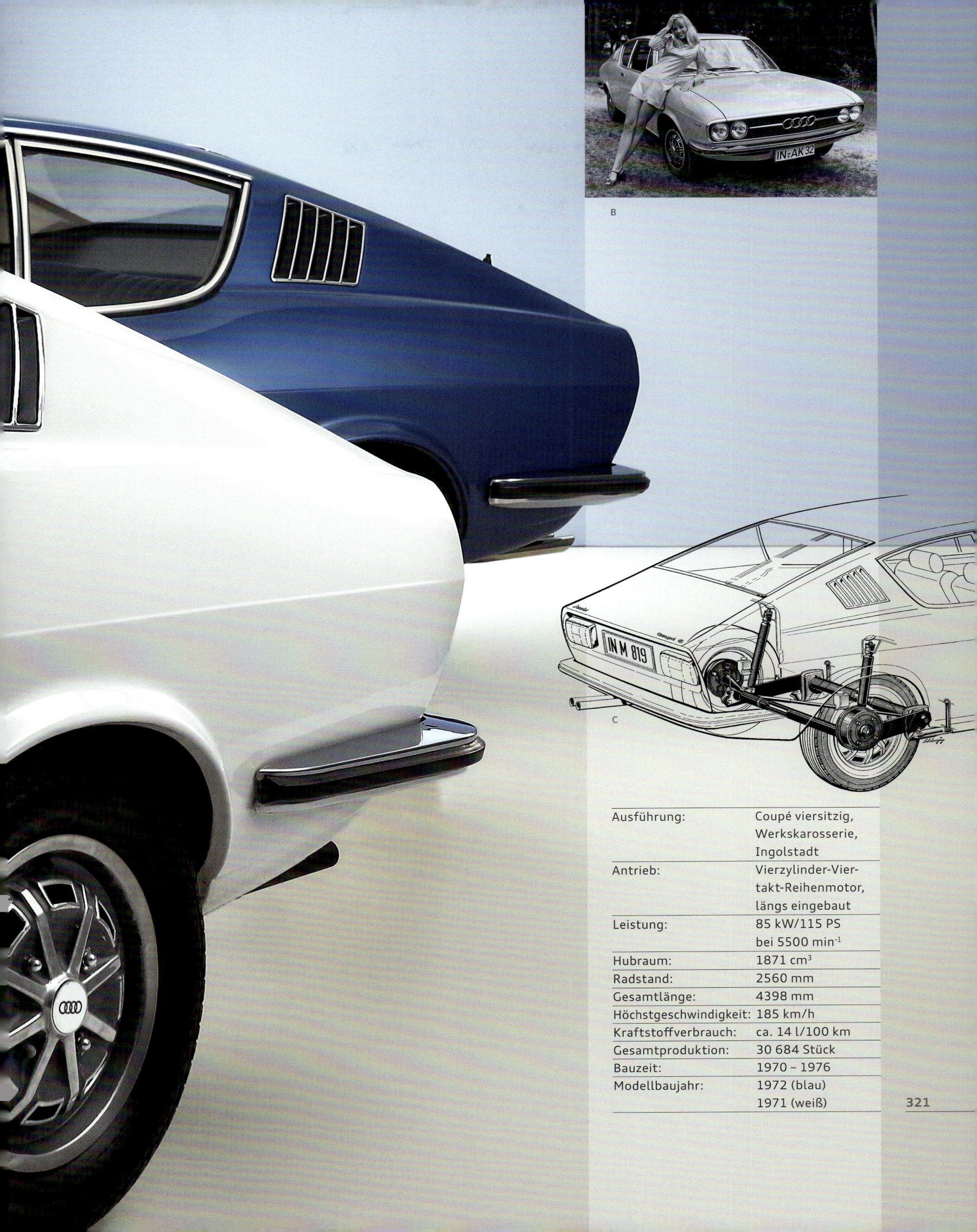

B

C

Ausführung:	Coupé viersitzig, Werkskarosserie, Ingolstadt
Antrieb:	Vierzylinder-Vier-takt-Reihenmotor, längs eingebaut
Leistung:	85 kW/115 PS bei 5500 min^{-1}
Hubraum:	1871 cm^3
Radstand:	2560 mm
Gesamtlänge:	4398 mm
Höchstgeschwindigkeit:	185 km/h
Kraftstoffverbrauch:	ca. 14 l/100 km
Gesamtproduktion:	30 684 Stück
Bauzeit:	1970 – 1976
Modellbaujahr:	1972 (blau) 1971 (weiß)

Kennzeichen des Audi Sportcoupés zehn Jahre nach dem 100 Coupé S: auch Doppelscheinwerfer, aber im Rechteckformat.

Traktion auf allen Vieren
Audi quattro

Audi hatte sich in den 1970er-Jahren mit den ersten Modellreihen des Audi 100 und Audi 80 zu einer Marke mit seriösem Understatement entwickelt. Den konsequenten Richtungswechsel zu einer neuen Identität vollzog Audi mit der zweiten Generation beider Baureihen. Der Audi 100 von 1976 und der 1978 vorgestellte Audi 80 zeigten sich geradlinig straff, mit fast stumpf aufeinandertreffenden Flächen in prismenartiger Geometrie. Die charakterisierenden Gestaltungselemente der Front und des Hecks waren flächenbündig integriert. Nur die voluminöser geformten Stoßkörper ragten heraus. Die funktionale, kantige Gestaltung wurde zur klaren Grundlinie der gesamten Audi Palette. Beide Limousinen sprachen konservativ orientierte Käuferschichten an. Einen neuen sportlichen Imageträger gab es seit dem Ende des Audi 100 Coupé S noch nicht. Das sollte sich 1980 nachhaltig ändern. Auf dem Genfer Automobilsalon im März präsentierte Audi ein weißes Sportcoupé, das eine absolute Weltneuheit darstellte – den ersten Großserien-Hochleistungssportwagen mit permanentem Allradantrieb. Bisher gab es diese Antriebstechnik nur bei Geländewagen und bei in sehr geringen Stückzahlen gebauten Nischenmodellen. Exzellente Fahreigenschaften sowie die beachtliche Leistung des 200 PS starken Fünfzylinder-Turbomotors mit Ladeluftkühlung beeindruckten die gesamte Fachwelt. Der Modellname stand als Synonym für die Antriebstechnik: quattro – italienisch für »vier«. Mit dem quattro leitete Audi international einen bis heute anhaltenden Allradboom ein.

A

Das Karosseriedesign des Audi quattro verriet sofort seine Herkunft, entsprach doch die Gestaltungsauffassung der des Audi 80. Die glatte, kantige Anmutung wurde durch ein scharf gezeichnetes Fließheck mit erhöhter Abschlusskante fortgeführt. Lange Linien und ein geneigtes Heck verliehen dem Coupé eine vorwärts treibende Erscheinung. Zwei den Stil des quattro besonders prägende Designelemente waren die Kotflügelverbreiterungen vorn und hinten, die sich an der Schulterunterkante fast völlig gerade aus den Kotflügeln nach außen wölbten, sowie der am Heck aufgesetzte schwarze Spoiler. Unterstützt durch die neuartigen einvolumigen Stoßfänger, die eine ausgeprägte Spoilerlippe aufwiesen, sowie die leicht ausgestellten Schweller hatte der Audi quattro ein sehr eigenständiges Auftreten. Er zeigte sich als kraftvolle Sportmaschine im sogenannten Quader-Design, welches polarisierend und dennoch anziehend wirkte. Die rational-kantige Gestaltung, eigentlich ein Widerspruch zum emotionalen Thema Sportwagen, unterstrich durch ihre Reduktion auf nur wenige Winkel die Vorwärtsdynamik. Das Designteam unter der Leitung von Hartmut Warkuß hatte mit dem quattro eine fast asketisch reduzierte Ästhetik kreiert, die sich mathematisch am rechten Winkel zu orientieren schien. Konsequent wurde diese Haltung bis in das Interieur übertragen. Die funktionale Gestaltung fand 1983 mit der Digitalisierung der Anzeigeinstrumente im Cockpit und der Ausstattung mit einem Bordcomputer ihren Höhepunkt.

B, C

D, E

A Prismatisch und scharfkantig geschnitten – Innovationsträger im Quaderdesign.
B Demonstration der Steigfähigkeit des Audi quattro bei winterlichen Verhältnissen.
C Wie 1914 der Audi Alpensieger, bezwang der Prototyp des quattro 1978 die Turracher Höhe, den steilsten Alpenpass Europas – mit Sommerreifen und ohne Schneeketten!
D Gute Traktion auf verschiedensten Untergründen.
E Die sich aus der Karosseriekante herauswölbende Verbreiterung der Kotflügel fand später Nachahmer bei anderen Marken.

Der Audi quattro war 1980 der erste Seriensportwagen mit permanentem Allradantrieb.

quattro

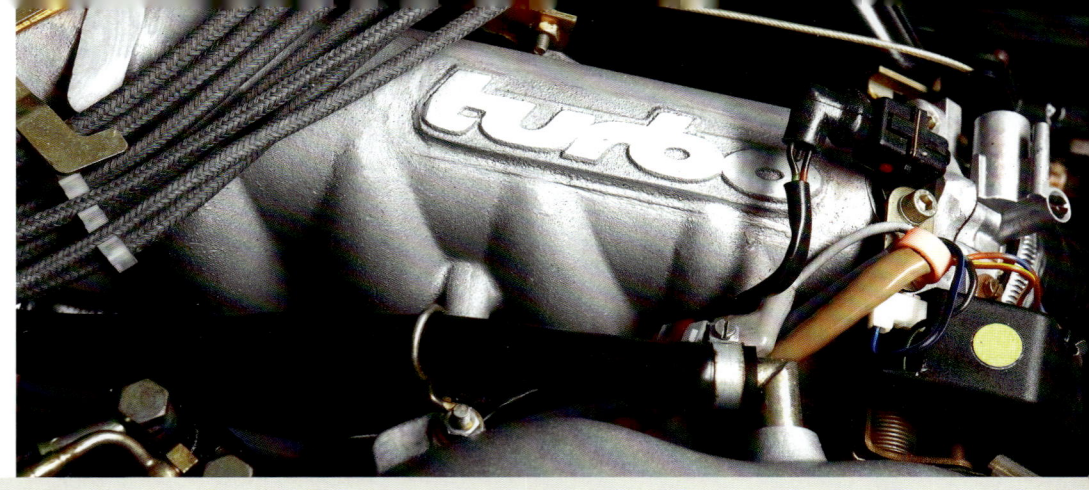

A

A Der Fünfzylindermotor erhielt durch einen Turbolader eine verdichtetes Kraftstoff-Luftgemisch.
B Das quaderförmige Gestaltungsprinzip wurde konsequent im Interieur weitergeführt. Sportsitze mit dem Dekor »Negro«.
C Darstellung der Ladeluftkühlung und des Abgasturboladers.
D Anzeigeneinheit mit Tachometer, Drehzahlmesser, Temperatur- und Kraftstoffanzeige sowie kleiner Uhr.
E Schnittdarstellung zur Visualisierung der quattro Antriebstechnik.
F Das kantige Sportcoupé mit den typischen »quattro Backen«.

B

Ausführung:	Sportcoupé viersitzig, Werkskarosserie, Ingolstadt
Antrieb:	Fünfzylinder-Viertakt-Reihenmotor, Abgasturbolader, längs eingebaut
Leistung:	147 kW/200 PS bei 5500 min^{-1}
Hubraum:	2144 cm^3
Radstand:	2524 mm
Gesamtlänge:	4404 mm
Höchstgeschwindigkeit:	220 km/h
Kraftstoffverbrauch:	ca. 15 l/100 km
Gesamtproduktion:	11 452 Stück
Bauzeit:	1980 – 1991
Modellbaujahr:	1982

Die Marke Audi schuf mit diesem Modell einen Meilenstein, der den gesamten Automobilbau beeinflusste. Technisch innovativ und mutig im Auftritt, gelang mit ihm ein Quantensprung in der Unternehmensentwicklung.

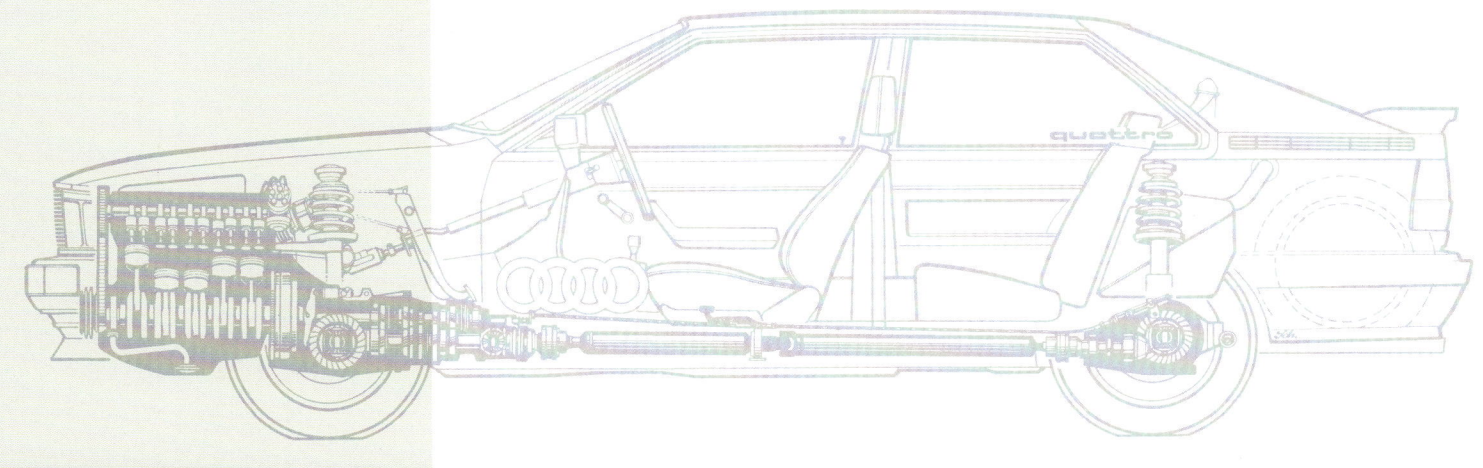

C, D

E
F

Auf den Schotterpisten der Welt
Audi Rallye quattro A2

Die Premiere des Audi quattro im Jahre 1980 hinterließ in der Fachwelt großen Eindruck. Das Leistungspotenzial dieses Modells mit sportlichen Siegen zu untermauern, war das ehrgeizige Ziel der noch jungen Ingolstädter Werkssportabteilung, die sich seit 1978 mit dem Audi 80 in der deutschen Rallyemeisterschaft engagierte. In Ingolstadt war man überzeugt, dass der Hochleistungswagen mit dem revolutionären Antriebskonzept das Potenzial hatte, an der Spitze mitfahren zu können.

Noch 1980 erfolgte ein erster Test: Der Finne Hannu Mikkola ging bei der Algarve-Rallye in Portugal, einem Rallye-Europameisterschaft-Lauf, mit einem Audi quattro als Vorausauto an den Start. Am Ende waren die anderen Teilnehmer froh, dass der quattro außer Konkurrenz mitfuhr, denn er preschte 26 Minuten vor dem offiziellen Sieger durch das Ziel. Ein vielversprechendes Debüt!

Im Jahre 1981 trat Audi in der Rallye-Weltmeisterschaft an. Die erste Saison wurde ein hartes Jahr der Prüfung – sowohl der noch unerprobten Technik als auch der eigenen Fähigkeiten. Der WM-Titel war auf Anhieb nicht zu erringen, aber dafür setzten Siege bei der Skandinavien-Rallye, der Rallye San Remo und der britischen RAC-Rallye deutliche Zeichen. Zur Sensation geriet der Gesamtsieg der Rallye San Remo durch die begnadete französische Fahrerin Michèle Mouton und ihre italienische Copilotin Fabrizia Pons. Das hatte die von Männern dominierte, raue Rallyesportgemeinde nicht für möglich gehalten. Als erstes Damenteam gewann das Team Mouton/Pons einen Weltmeisterschaftslauf und schrieb so Geschichte – auf Audi quattro.

Der Audi quattro begann ab 1980, die Rallyewelt radikal zu verändern.

331

A Der Rallye quattro A 2 war mit einem größeren Heckspoiler ausgestattet, der zwei zusätzliche Ölkühler beherbergte.
B Äußerlich kaum anders als die Serienwagen, wurde im Inneren die Technik den harten Anforderungen entsprechend angepasst.
C Der Arbeitsplatz der Rallyefahrer sah eher nach mechanischer Maschinensteuerung anstatt nach Hightech aus.

Die Rallye-quattro der ersten Generation unterschieden sich äußerlich nur wenig von den Serienwagen. Am ehesten fiel der vergrößerte Heckspoiler auf. Das Karosseriegewicht wurde durch den Einsatz dünnerer Bleche und von Aluminium für Kotflügel sowie Motorhaube reduziert. Ein Käfig aus Aluminiumrohren schützte die Insassen und verstärkte die Karosserie. Fahrwerk und Antriebstechnik wurden den brutalen Anforderungen angepasst. Modifikationen des Motors, u. a. durch Vergrößerungen von Turbolader und Ladeluftkühler, steigerten die Leistung der ersten Einsatzfahrzeuge auf 300 bis 340 PS.

Der Siegeszug der kantigen Sportcoupés im schräg gestreiften, dreifarbigen Lack der Audi Sportabteilung war in den nächsten Jahren trotz der schnell nachziehenden Konkurrenz nicht mehr aufzuhalten. 1982 ging der Titel des Markenweltmeisters an Audi. In der Fahrerwertung wurde Michèle Mouton Vizeweltmeisterin.

B

Für die Saison 1983 lag der Entwicklungsfokus auf weiterer Reduzierung des Wagengewichts. Durch die bis dahin erzielten Fortschritte im Leichtbau konnten die Boliden in die niedrigere Gewichtsklasse mit 960 kg Mindestgewicht wechseln. Dort musste eine Hubraumbegrenzung eingehalten werden, wofür ein neuer Motor mit verschiedenen Zylinderbohrungen und verschiedenen Kurbelwellen entwickelt wurde. Der in der Gruppe B homologierte Audi quattro A2 hatte u. a. Kotflügelverbreiterungen aus Kevlar und einen Motor mit Aluminium-Zylinderblock, der gegenüber dem Graugussblock 23 kg Gewicht einsparte. Mit dem hier abgebildeten Fahrzeug wurde Hannu Mikkola im Jahre 1983 erster Fahrerweltmeister auf Audi.

Im gemeinsam mit dem Audi Sport quattro Rallye abgebildeten Wagen mit der Startnummer 1 fuhr Stig Blomqvist bei der Rallye Monte Carlo, bei der Audi einen grandiosen Dreifachsieg feiern konnte, im Januar 1984 als Zweiter über die Ziellinie. Im Februar holte das Team Blomqvist/Cederberg auf demselben Wagen den Gesamtsieg der Schweden-Rallye. Die Saison 1984 brachte schließlich den Höhepunkt: Audi errang die Rallye-Markenweltmeisterschaft und der schwedische Spitzenfahrer Stig Blomqvist wurde auf Audi quattro Fahrerweltmeister.

C

A, B, C

A Team Hannu Mikkola/Arne Hertz bei der Rallye Sanremo 1981.
B In Staub gehüllt: Team Franz Wittmann/Kurt Nestinger bei der Rallye Akropolis 1981.
C Bei der Rallye Monte Carlo im Januar 1984 siegte das Team Röhrl/Geistdörfer.
D Stig Blomqvist und Björn Cederberg am Start der Rallye Argentina 1984.

Ausführung:	Sportcoupé zweisitzig, modifizierte Werkskarosserie
Antrieb:	Fünfzylinder-Viertakt-Reihenmotor, Abgasturbolader, längs eingebaut
Leistung:	265 kW/360 PS bei 7000 min^{-1}
Hubraum:	2110 cm^3
Radstand:	2524 mm
Gesamtlänge:	4404 mm
Höchstgeschwindigkeit:	180 bis 225 km/h (je nach Übersetzung)
Kraftstoffverbrauch:	ca. 47 l/100 km
Gesamtproduktion:	61 Stück
Bauzeit:	1983 – 1984
Modellbaujahr:	1984

F.I.A.
RGENTINA – CORDOBA 1984
LARGADA
Marlboro
RALLY ARGENTINA - CORDOBA
Marlboro
HB AUDI TEAM
BOSCH
BOSCH
BOSCH

Extremer Charakter
Audi Sport quattro Rallye

A Der Heckspoiler am Sport quattro war noch massiver geworden.
B Luftöffnung am Hinterradkotflügel zur Kühlung der Bremsen.
C Deutlich zu erkennen sind die starken Verbreiterungen der Kotflügel und der stoßgeschützte Rückspiegel.

Bereits beim ersten offiziell gewerteten Einsatz des Audi quattro in der internationalen Rallyeszene forderte die Marke mit den Vier Ringen die Konkurrenz heraus und läutete damit eine Phase der technischen Hochrüstung in dieser Rennsport-Sparte ein. Bei der Jänner-Rallye 1981 in Österreich siegte das Team Wittmann/Nestinger mit sagenhaften 20 Minuten und 50 Sekunden Vorsprung vor den Zweitplazierten. Zwischen der Heckantriebstechnik der Herausforderer und dem Allradkonzept von Audi lagen Welten. Die Ingolstädter hatten die Gemengelage in der Rallyeszene ordentlich durchgeschüttelt. Logischerweise dauerte es nicht lange, bis die Mitbewerber reagierten und ebenfalls mit allradgetriebenen Fahrzeugen sowie noch kompromissloseren Spezialentwicklungen an den Start gingen. Ein neues, ab 1982 gültiges Reglement der FISA (Fédération Internationale du Sport Automobile), das auch kleineren Herstellern mit geringen Stückzahlen die Teilnahme an WM-Läufen ermöglichen sollte, eröffnete den finanzstarken Marken das Tor zur High-Tech-Schlacht. Die Gruppe B der speziell vorbereiteten Sportwagen erforderte zur Homologation mindestens 200 innerhalb von zwölf Monaten gefertigte Fahrzeuge. Zehn Prozent dieser Stückzahl durften zu Rallyewagen weiterentwickelt werden. Das nutzten potente Markenhersteller zur Entwicklung von reinrassigen Rennsportgeräten, die mit Serienmodellen nur noch wenige Gemeinsamkeiten besaßen. Neben Allradantrieb und Turboaufladung wiesen sie oft sogar Mittelmotoranordnung auf.

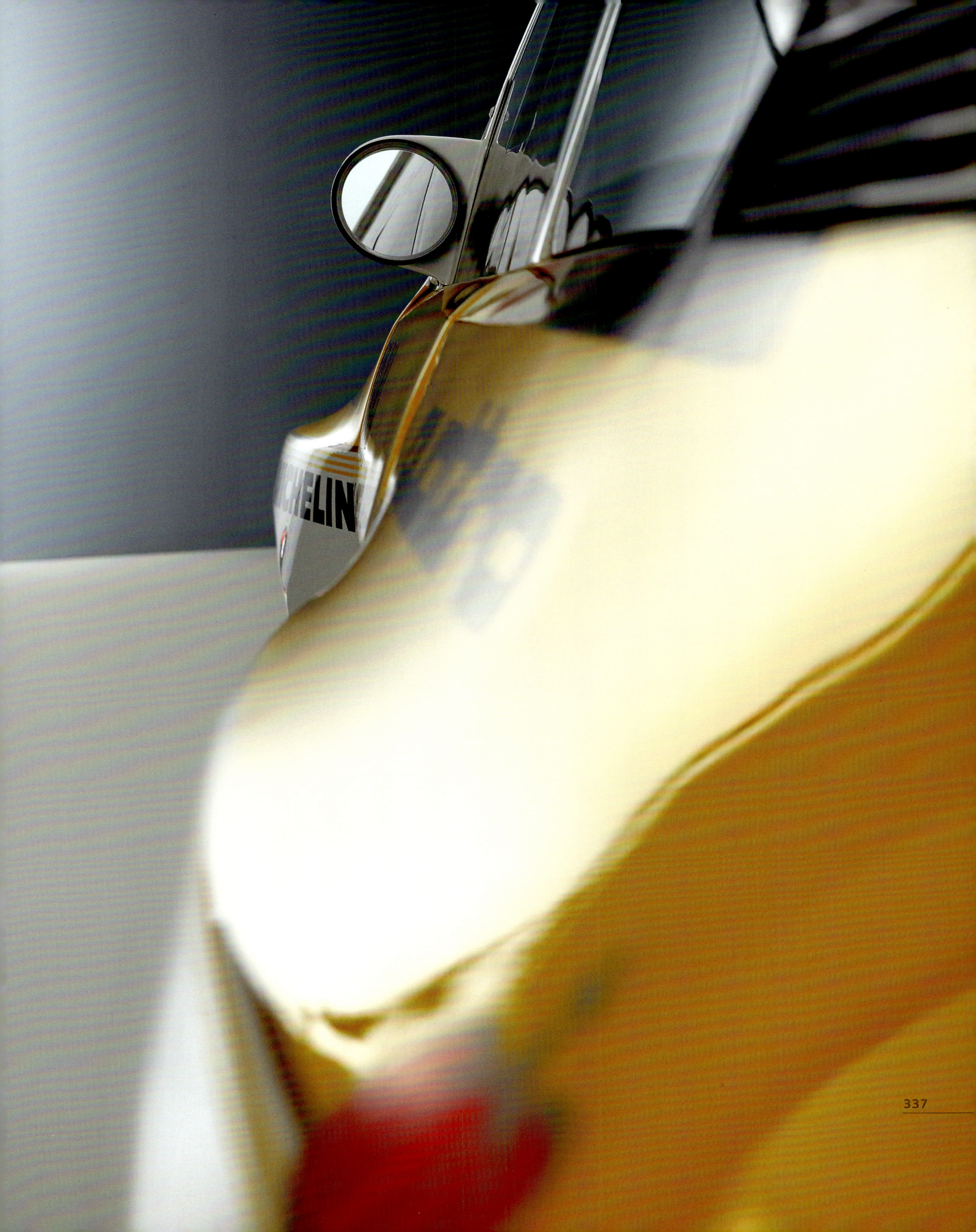

A

Den bisher errungenen Vorsprung wollte sich Audi von der Konkurrenz nicht nehmen lassen, und so stand auf der IAA 1983 ein aggressiv aussehendes, gedrungenes rotes Sportcoupé, das die kantige Designphilosophie des Ur-quattro noch schärfer zur Schau stellte – der Audi Sport quattro. Auf den ersten Blick war die Ausstrahlung eines Extremsportlers spürbar. Äußerlich und innerlich hatten die Konstrukteure das Konzept einzig und allein auf den Einsatz als Sportwagen der Superlative ausgelegt. Um der Homologation zu entsprechen, wurden insgesamt 220 Sport quattro als 306 PS starke Straßenversion hergestellt. Für Rallyeeinsätze sind 22 Fahrzeuge aufgebaut worden.

Das Fahrzeugkonzept orientierte sich am serienmäßigen Antriebsstrang, daher blieb es bei der Frontmotoranordnung. Der Radstand wurde gegenüber dem Ur-quattro um 320 mm verkürzt, die Gesamtlänge schrumpfte um rund 240 mm. Beide Maßnahmen sollten das Handling des »Kurzen«, wie er im Volksmund genannt wurde, verbessern. Der lange Radstand des Ur-quattro und die daraus resultierenden Verspannungen im Antriebsstrang hatten sich als Achillesferse des Allradlers herausgestellt. Häufig mussten die Fahrer in Spitzkehren sogar zurücksetzen, um das Auto »um die Ecke« zu bekommen.

Die Karosseriekonstruktion des Sport quattro entsprach dem Maximum des zu jener Zeit im Leichtbau Machbaren. Der Materialmix aus

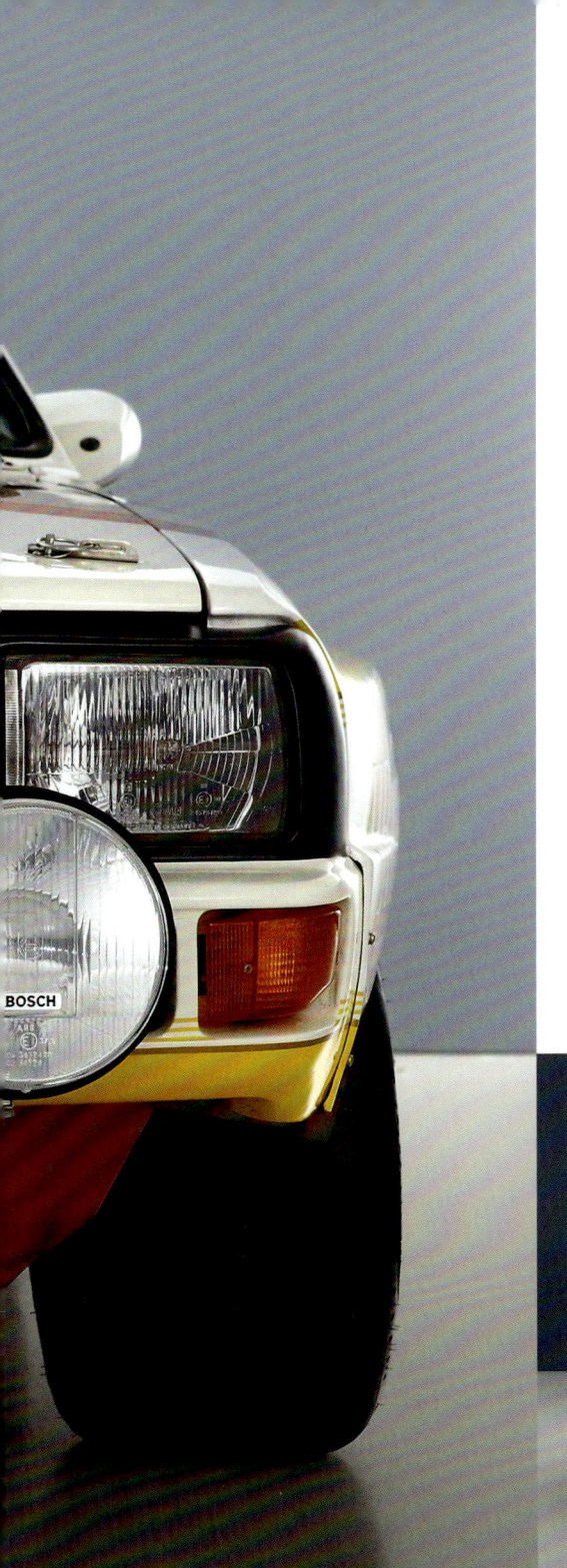

A Selbstbewusster Auftritt des »Kurzen« mit massivem Unterfahrschutz.
B Ein Kraftpaket mit kurzem Radstand und über 400 PS.
C Erinnerungen an eine ereignisreiche Rallyezeit: Autogramme von Walter Röhrl, Hannu Mikkola, Michèle Mouton und Stig Blomqvist auf dem Dach.

Kevlar, Aluminium und Stahl senkte die Masse des Wettkampffahrzeugs auf lediglich 1050 kg. Der neu entwickelte Aluminium-Turbomotor leistete über 400 PS und konnte in seiner letzten Evolutionsstufe auf knapp 600 PS gesteigert werden. Die unbändige Vortriebskraft wurde von vier Scheibenbremsen im Zaum gehalten, deren Bremssättel durch eine Wasser-Sprühkühlung temperiert werden konnten.
Erstmals kam ein Sport quattro in der Gruppe B Anfang Mai 1984 bei der Korsika-Rallye zum Einsatz. Pilotiert wurde er von Walter Röhrl und dessen Beifahrer Christian Geistdörfer. Anfangs zeigte der »Kurze« noch einige Kinderkrankheiten, die erst gegen Ende der Rallyesaison 1984 beseitigt waren. In dieser Hinsicht hatte die ausgereifte Technik der dritten Generation des »langen« quattro A 2 ihre Vorteile.

Das Rallyeteam Röhrl/Geistdörfer wurde auf dem hier gezeigten Wagen bei der Rallye Monte Carlo im Januar 1985 Zweiter. Einen Monat später kam er bei der Schweden-Rallye zum Einsatz. Danach diente er als Versuchsträger und Testwagen.

B, C

A Sein Debüt hatte der Sport quattro Rallye mit Walter Röhrl und Christian Geistdörfer zur Tour de Corse im Mai 1984.
B Team Röhrl/Geistdörfer bei der Rallye Akropolis 1985.
C In Aktion bei der Rallye Sanremo 1984: Team Röhrl/Geistdörfer.
D Blomqvist/Cederberg zur Rallye Akropolis 1985.

A

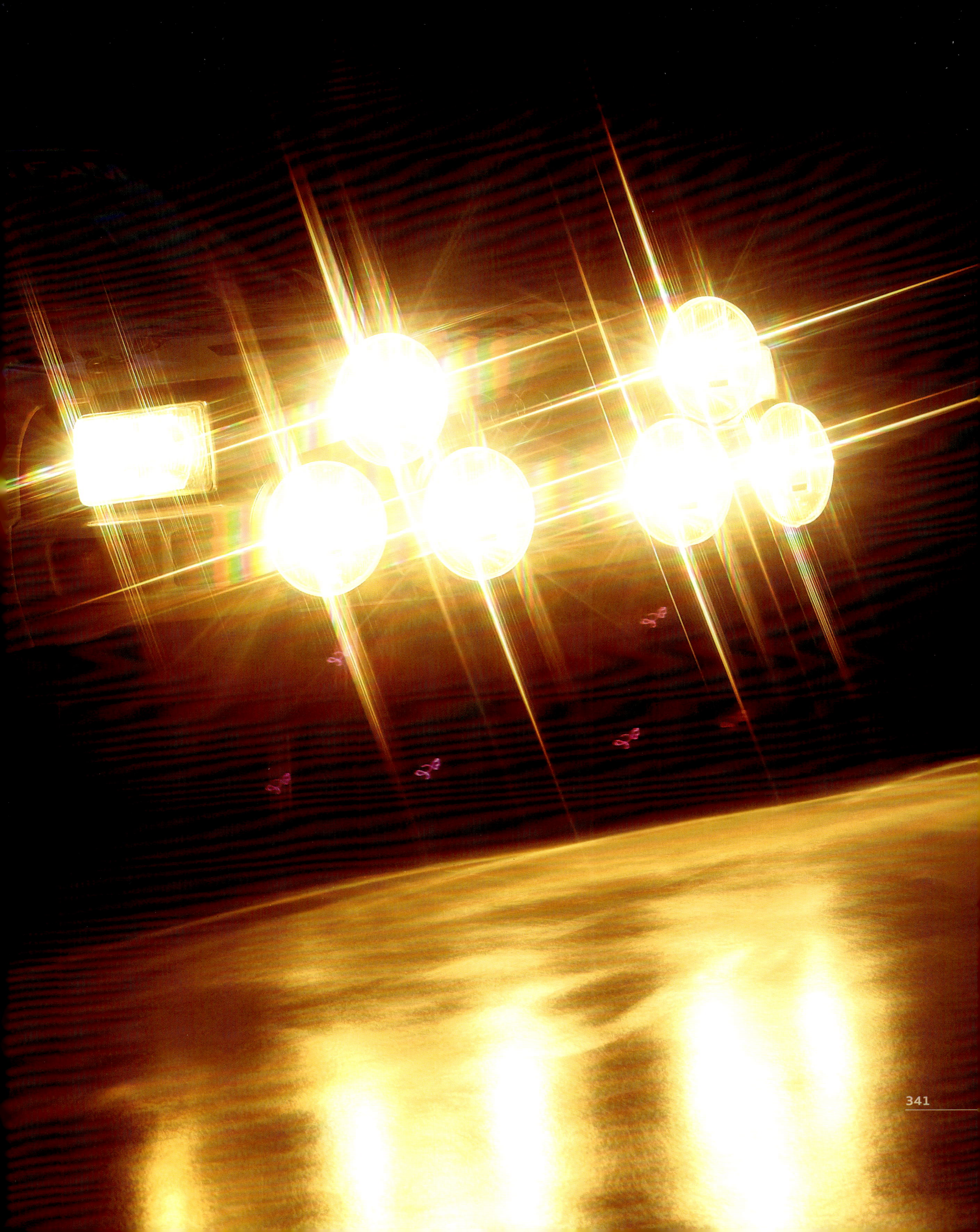

Ausführung:	Sportcoupé zweisitzig, modifizierte Werkskarosserie
Antrieb:	Fünfzylinder-Viertakt-Reihenmotor aus Leichtmetall, Abgasturbolader, längs eingebaut
Leistung:	309 kW/420 PS bei 7500 min^{-1}
Hubraum:	2142 cm³
Radstand:	2224 mm
Gesamtlänge:	4160 mm
Höchstgeschwindigkeit:	über 200 km/h (je nach Übersetzung)
Kraftstoffverbrauch:	ca. 50 – 70 l/100 km
Gesamtproduktion:	20 Stück
Bauzeit:	1984 – 1985
Modellbaujahr:	1984

Geballte Rallye-Allradkraft nebeneinander: Sport quattro Rallye und quattro Rallye A2.

344

Schritt nach oben
Audi V8 Limousine

Der Audi 100 der dritten Generation läutete ab 1982 den Wandel zu einer neuen Designqualität ein. Er markierte das Ende des kantigen Quader-Looks und stand für die neue Bedeutung des harmonischen Zusammenspiels von Design und Aerodynamik. Der Wagen war durch mehr als 1000 Stunden Windkanaluntersuchungen vervollkommnet worden. Am Ende eroberte sich die Mittelklasse-Limousine mit einem Luftwiderstandsbeiwert von $c_w = 0{,}30$ den Titel des damals aerodynamisch günstigsten Serienfahrzeugs. Das vorsichtig emotional, dennoch zweckmäßig geprägte Design trug wesentlich zu einem neuen Image bei, welches Audi als Hersteller innovativer, hochwertiger Automobile charakterisierte.

Langzeitqualität durch den Einsatz vollverzinkter Karosserien und das höher positionierte Schwestermodell Audi 200, das auf derselben Karosserie aufbaute, zeigte die Richtung der Marke an: Mit hochwertiger Technik, Wertbeständigkeit und ästhetischer Prägnanz wollte man den Sprung in die Oberklasse schaffen. Im September 1988 schließlich unternahm die AUDI AG mit der Präsentation des Audi V8 den entscheidenden Schritt in das Premiumsegment.

Ausgestattet mit einem neu entwickelten Achtzylinder-V-Motor, der mit 3,6 Litern Hubraum 250 PS und ab Herbst 1991 mit 4,2 Litern Hubraum 280 PS leistete, hatte die Limousine eine Vielzahl moderner technischer Lösungen an Bord. Der Motor mit einem im 90-Grad-Winkel ausgelegten Kurbelgehäuse bestand vollständig aus Leichtmetall. Er zeichnete sich durch Vierventiltechnik mit jeweils zwei Nockenwellen pro Zylinderbank sowie besonders ruhigen Lauf aus. Ein Novum in der Oberklasse war der permanente Allradantrieb des Audi V8.

A Detailgestaltung für das Luxussegment:
Stoßfänger vorn mit aufgesetztem, strukturiertem Rammschutz.
B Deutlich ausgeformter Radausschnitt an der Basiskarosserie des Audi 100.

346

Audi V8

D

Die Kraftübertragung übernahm eine elektronisch gesteuerte Vierstufen-Getriebeautomatik; ab 1991 war für sportlich orientierte Fahrer zusätzlich ein Sechsgang-Schaltgetriebe erhältlich.

Grundlage für das Exterieur des Audi V8 bildete die Limousinen-Karosserie des Audi 100. Das formale Konzept von Peter Schreyer wies – bei entsprechenden Verfeinerungen – in den Bereichen der Fahrgastzelle und des Hecks bereits die ausreichende Größe und das passende Flair auf. Um die prestigeträchtige Motorisierung sowohl konstruktiv als auch gestalterisch zu definieren, streckten die Designer den Vorbau.

A Flach und breit in der Wirkung mit horizontal durchgängigem Rückleuchtenband.
B Erstmals ein V8-Leichtmetall-Triebwerk mit Vierventiltechnik von Audi.
C Der Audi V8 trug als erstes Modell den Plaketten-Kühlergrill.
D Audi Oval, eingelassen in der seitlich montierten Rammschutzleiste.
E Lange Motorhaube und betonte Horizontale streckten die Seitenansicht.

E

Ausführung:	Limousine vier- bis fünfsitzig, Werkskarosserie, Neckarsulm
Antrieb:	Achtzylinder-Viertakt-V-Motor, vier Ventile pro Zylinder, längs eingebaut
Leistung:	184 kW/250 PS bei 5800 min^{-1}
Hubraum:	3562 cm^3
Radstand:	2702 mm
Gesamtlänge:	4874 mm
Höchstgeschwindigkeit:	234 km/h
Kraftstoffverbrauch:	ca. 15 l/100 km
Gesamtproduktion:	21 565 Stück
Bauzeit:	1988 – 1994
Modellbaujahr:	1988

Dabei wurde die Motorhaube im mittleren Segment über die Scheinwerferfront hinausgezogen und in einen plakettenartig umrahmten Kühlergrill umgelenkt. Damit entstand ein Designmerkmal mit Wiedererkennungswert, das bei nachfolgenden Modellen der Baureihen 80 und 100 Einzug fand. Die gegenüber dem Audi 100/200 stärkere Neigung der gesamten Front nach hinten harmonisierte den beträchtlichen Längenzuwachs. Ausgeprägte Lippen um die Radausschnitte gaben dem Karosseriekörper einen kraftvollen Ausdruck, ebenso wie die voluminösen Stoßfänger. Der farblich kontrastierende, horizontal umlaufende Rammschutz mit aufgesetzter, feiner Chromleiste betonte die Längenwirkung zusätzlich. Auch optisch lag der V8 damit satt auf der Fahrbahn. Den Heckabschluss dominierte ein horizontal durchgängiges, breites Rückleuchtenband.

Für die Designer waren die Gestaltungsfreiheiten zu einem Oberklassewagen durch die vorgegebene Verwendung einer bestehenden Grundkarosserie relativ stark eingeschränkt. Zielgerichtete Veränderungen in relevanten Zonen und geschickt gestaltete Details machten den Audi V8 dennoch zu einer imposanten Erscheinung.

C

A Bis auf die Farbgestaltung im Audi Sport Design war der V8 DTM äußerlich kaum verändert.
B Der V8 DTM-Dienstwagen von Hans-Joachim Stuck 1990.
C Das prägnante Heck mit den großen Vier Ringen hatten die Konkurrenten in der Saison 1990 besonders häufig vor sich.

Rennlimousine
Audi V8 DTM

Dass sich mit dem quattro Antrieb nicht nur abseits des Asphalts überragende Fahrleistungen erzielen ließen, bewiesen die Wettkampferfolge von Audi Ende der 1980er-Jahre in amerikanischen Rundstrecken-Rennserien. Auf reglementgerecht modifizierten Audi 200 quattro starteten Hurley Haywood, Walter Röhrl und Hans-Joachim Stuck erstmals jenseits des Atlantiks 1988 in der TransAm-Serie. Dabei fuhr Haywood den Sieg in der Fahrermeisterschaft ein.

1989 stellte sich das Audi Sportteam einer neuen Herausforderung: der Rennserie für Produktionsrennwagen IMSA GTO. Dafür wurde in der Hülle des Audi 90 quattro ein reinrassiger Rennwagen entwickelt. Die hochgezüchteten Fünfzylinder-Vierventil-Turbomotoren leisteten bis zu 720 PS! Sieben Siege, davon fünf Doppelsiege, reichten am Ende bei 13 Einsätzen in 15 Rennen für den Titel des Vizemeisters.

Das Jahr 1990 stand im Zeichen einer anderen motorsportlichen Herausforderung. Die Entscheidung war gefallen, in die Deutsche Tourenwagenmeisterschaft (DTM) einzusteigen.

Die DTM war zu dieser Zeit eine der härtesten Rennserien der Welt, an der sich nahezu alle internationalen Spitzenmarken beteiligten. Audi setzte zur Bewährungsprobe auf das Potenzial des 3,6-Liter-V8-Aggregates mit vier Ventilen pro Zylinder in Kombination mit permanentem Allrad-Antrieb. Die in der IMSA GTO eingesetzten Audi 90 quattro mit ihren bewährten Fünfzylinder-Reihenmotoren durften wegen der inzwischen in der DTM verbotenen Turboaufladung nicht mehr an den Start gehen.

Bei Audi entschloss man sich daher, mit einem außergewöhnlichen Basisfahrzeug anzutreten, das von der Fachwelt anfänglich noch belächelt wurde. Die knapp fünf Meter lange Oberklasse-Limousine Audi V8, die im zivilen Auftritt ihre Sportlichkeit hinter konservativem Understatement verbarg, hätte niemand auf der Rennpiste erwartet. Konkurrenten und Presse betitelten sie spöttisch auch als »Chauffeur-Limousine«. Homologiert in der Gruppe A, blieb das äußere Erscheinungsbild bis auf wenige Modifikationen unverändert. Dem Leichtbauprinzip im Rahmen des Reglements folgend, konnte der Wagen mit einem Gesamtgewicht von nur 1220 kg (Serie 1710 kg) starten. Ein tiefgreifend modifizierter Motor ermöglichte in Kombination mit dem Audi Sechsgang-Sportgetriebe Höchstgeschwindigkeiten im Bereich von 300 km/h.

Schon bei den ersten Rennen in der DTM zeigte der vorerst einzige Audi V8, was in ihm steckte. Die Sportabteilung setzte auf Hans-Joachim Stuck als Fahrer, der gleich im April 1990 beim Lauf im belgischen Zolder und anschließend auf dem Hockenheimring auf Podiumsplätze fuhr. Während der Saison gelang es, ab dem achten Lauf zusätzlich Walter Röhrl zu verpflichten. Die Serie bestand aus insgesamt elf Rennen mit je zwei Läufen. Nach mitreißenden Wettkämpfen, vor allem mit den Favoriten BMW und Mercedes, blieb der Gesamtsieg bis zum letzten Rennen offen. Auf dem Hockenheimring, wo am 14. Oktober 1990 die Entscheidung fallen musste, stellte Audi den beiden Vollblutrennfahrern den sehr talentierten Nachwuchsfahrer Frank Jelinski zur Seite.

A

Am Ende passierte das, wovon selbst bei Audi kaum jemand zu träumen gewagt hätte: Die Plätze eins, zwei und drei gingen an die Marke mit den Vier Ringen. Den Titel des Deutschen Tourenwagen-Meisters 1990 eroberte Hans-Joachim Stuck.
Zur DTM-Saison 1991 ging Audi von Beginn an mit vier Audi V8 quattro Evolution an den Start. Die Rennfahrer Hans-Joachim Stuck, Frank Biela, Frank Jelinski, Hubert Haupt und beim letzten Lauf Walter Röhrl lieferten einen starken Auftritt mit acht Siegen in 20 Läufen. Frank Biela holte bei beiden Läufen im letzten Rennen den ersten Platz und sicherte sich den Meistertitel. Audi war die erste Titelverteidigung seit 1984, dem Gründungsjahr der DTM, in der Meisterschaft gelungen.

Ausführung:	Limousine einsitzig, Spezialkarosserie, Ingolstadt
Antrieb:	Achtzylinder-Viertakt-V-Motor, vier Ventile pro Zylinder, längs eingebaut
Leistung:	340 kW/462 PS bei 9300 min^{-1}
Hubraum:	3562 cm^3
Radstand:	2703 mm
Gesamtlänge:	4874 mm
Höchstgeschwindigkeit:	über 300 km/h (je nach Übersetzung)
Kraftstoffverbrauch:	ca. 40 – 50 l/100 km
Gesamtproduktion:	nicht bekannt
Bauzeit:	1990 – 1993
Modellbaujahr:	1990

A Original von Audi mit Startnummer 44 und 1:18-Modell von Minichamps mit Startnummer 45 (Walter Röhrl).
B Außergewöhnlich – erfolgreiches DTM-Debüt mit einer allradgetriebenen Luxuslimousine.
C Das modifizierte V8-Triebwerk konnte von anfänglich 420 PS auf zuletzt 462 PS gesteigert werden.
D Endspurt zum Dreifachsieg in Hockenheim 1990.
E Nr. 44 vor über 20 Jahren in Aktion.

1991
Imageträger für den Leichtbau
Audi quattro Spyder Sportwagenstudie

Im Herbst 1991 konnten Besucher am Audi Stand auf der IAA in die Zukunft blicken. Dort stand eine leuchtend orange lackierte, fahrfähige und zweisitzige Sportwagenstudie, unter deren Lack sich die eigentliche Sensation verbarg: eine vollständig aus Aluminium hergestellte Karosserie.

Das technische Konzept war beeindruckend: Mittelmotoranordnung mit quer eingebautem, drehmomentstarkem Sechszylinder-V-Motor, permanenter Allradantrieb und ein mit hochfest legierten Außenhautbauteilen beplankter Aluminium-Rohrrahmen. Wieder einmal zeigte Audi mit einer vielversprechenden neuen Technologie, wohin der Weg führen würde. Aluminium im Fahrzeugbau ermöglichte eine deutliche Gewichtsersparnis von bis zu 40 Prozent ohne Beeinträchtigung der Fahrzeugsicherheit. Die durch Verwendung des Leichtmetalls mögliche Gewichtsoptimierung schonte ökologische Ressourcen durch geringeren Kraftstoffverbrauch und reduzierte Emissionen.

Vorgestellt wurde ein alltagstauglicher Sportwagen, der die Kombination aus rational bestimmten Werten wie Verantwortungsbewusstsein gegenüber der Umwelt mit emotionalen Faktoren verkörperte. Das Design des nur 1,17 Meter hohen quattro Spyder, verantwortet von Erwin Himmel und Peter Schreyer, wurde bestimmt durch eine sportlich-sympathische Statur aus sanften Rundungen und wenigen Geraden. Die vom Bug ausgehend bogenförmig weich ansteigende Keilform prägte den Karosseriegrundkörper. Die darüber fast mittig positionierte Fahrgastzelle zeichnete einen kuppelartigen Säulenbogen bis weit in das Heck nach, womit sie der Studie eine ausgeprägte Coupélinie gab.

Auffällig sportlich und frisch – die etwas andere Studie Audi quattro Spyder.

353

Das durch die C-Säule in der Seitenansicht angedeutete Fließheck war nicht – wie oft üblich – durch eine große, der Dachform folgenden Heckscheibe ausgebildet, sondern der Bereich der nach außen hin dünn ausgelegten B-Säule stellte den senkrechten Anknüpfungspunkt der Heckscheibe dar. Die aufrecht stehende Rückfensterfläche, direkt hinter den Sitzen angeordnet, ließ sich vollständig versenken. Eine weitere Besonderheit war das solarpanelbestückte Glasdach, das mit wenigen Handgriffen herausgenommen werden konnte. Die freie Fläche über dem Motorraum besaß eine sickenartig geprägte Kunststoffabdeckung und diente als Aufnahmefläche für das Glasdach, das dadurch keine zusätzliche Kofferraumfläche in Anspruch nahm. Mit der Möglichkeit, unter freiem Himmel fahren zu können, verband die Sportwagenstudie so Coupé- und Spydercharakter. Die Stoßfänger sind vollständig und oberflächenbündig in die Plastik des Karosseriekörpers eingebunden worden. In der Front bildete der formal inzwischen bei Audi typisch gewordene, separiert querliegende Kühlergrill mit den mittig aufgesetzten Vier Ringen gemeinsam mit den daneben angeordneten

A Auf den ersten Blick eher ein Sportcoupé als ein Spyder.
B Das Glasdach konnte herausgenommen und die Heckscheibe versenkt werden.

A

Leuchtenbändern der Zusatzleuchten das eindeutig identifizierbare Familiengesicht. Der kurze Überhang des Hecks zeigte im Zusammenspiel mit der ansteigenden Schulter einen kraftvollen Fahrzeugabschluss. Das Heckvolumen wurde durch das liegende Leuchtenband und den Stoßfänger-Ausschnitt zur Aufnahme der Abgasendrohre sowie des Kennzeichens charaktervoll gegliedert. Große Radien und weiche Kanten sorgten für ein harmonisches Gesamtbild.

Die Ingolstädter hatten neben dem technisch hochentwickelten Ansatz vor allem mit dem Design des Audi quattro Spyder wieder einen Meilenstein gesetzt. In Fachkreisen und beim Publikum sorgte die Studie für Begeisterung und löste in der Folgezeit eine Flut von Blindbestellungen aus. Zum Aufstieg des Markenimages als Hersteller mit höchster Designqualität und fortschrittlicher Technik leistete der quattro Spyder einen wesentlichen Beitrag.

A   Ein zweiter Prototyp in metallicgrüner Lackierung fungierte 1992 in Arizona als Fotomodell.
B   Saubere Detaillösungen – außenhautbündiger Türöffner und sportlich betonter Tankverschluss.
C   Spoilerartig über das querliegende Rückleuchtenband verlängertes Heck.
D   Auf der Fronthaube mittig über den Vier Ringen saß das Audi Oval.
E   Das die Karosserie vollständig aus Aluminium bestand, war hinter der orangen Lackierung kaum zu erahnen.

Ausführung:	Sportwagen zweisitzig, Prototyp-Karosserie, Schmidt, Cadolzburg
Antrieb:	Sechszylinder-Viertakt-V-Motor, längs eingebaut
Leistung:	128 kW/174 PS bei 5500 min^{-1}
Hubraum:	2771 cm^3
Radstand:	2540 mm
Gesamtlänge:	4215 mm
Höchstgeschwindigkeit:	250 km/h
Kraftstoffverbrauch:	ca. 8 l/100 km
Modellbaujahr:	1991

B   C

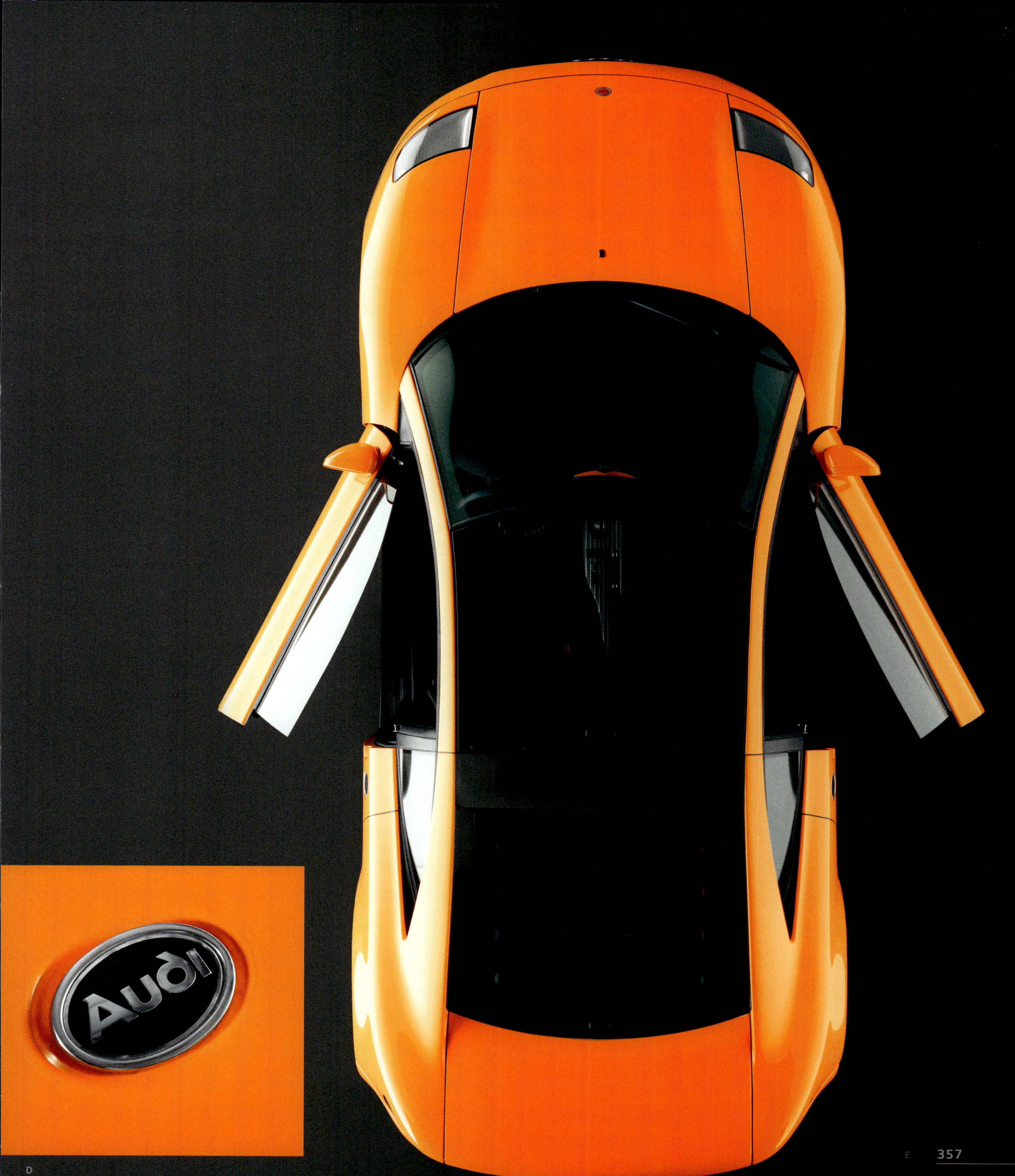

D

E

358   Dynamik pur – der an der A-Säule fast im Dachbereich platzierte Rückspiegel des Supersportlers.

1991
Glanzstück in Design und Technik
Audi Avus quattro

Wie intensiv das Thema Leichtbau und Aluminium im Karosseriebau verfolgt wurde, machte Audi auf der Tokyo Motor Show im Oktober 1991 erneut deutlich. Nur einen Monat nach der Präsentation des begeistert aufgenommenen Audi quattro Spyder folgte die nächste visionäre Sportwagenstudie: extremer und radikaler, als man es der Marke zugetraut hätte. Unlackiert und auf Hochglanz poliert, erzeugte die Wagenskulptur des Audi Avus quattro mit ihrer chromartig blitzenden Aluminiumaußenhaut eine Analogie zu einem Düsenjet. Der sehr flache Karosseriekörper zeigte eine gerade Schulterlinie, die tiefer lag als die Oberkante der großen 20-Zoll-Räder. Daraus ergaben sich wulstartig herausgehobene Radhäuser, die das Gesamtdesign dominierten. Die Plastik der Kotflügelformen zitierte die Formensprache des legendären Auto Union Stromlinien-Rennwagens, der beim Avus-Rennen 1937 Rennsportgeschichte schrieb und zum Leitbild des Stromliniendesigns wurde. Die Zitate des berühmten silbernen Rennwagens mit Aluminiumkarosserie wählten Chefdesigner Hartmut Warkuß und das Team um Martin Smith ganz bewusst als Hommage an die reiche Tradition der Vier Ringe.

Die Designstudie der Superlative sollte durch die extrem strömungsgünstige Form eine effektivere Leistungsausbeute und eine höhere Endgeschwindigkeit erzielen. Die Symbiose aus Design und Technik auf höchstem Niveau führte zu einer neuen Qualität im Audi Produktdesign.
Im Gegensatz zur traditionellen Form eines Sportcoupés mit langer Motorhaube und Fließheck war die Fahrgastzelle sehr weit nach vorn geschoben worden; die aufsteigende Front lief bereits über der Vorderachse fast in einer Linie durchgehend in die Frontscheibe über. Die linsenartig weit gespannte Kuppel der Fahrgastzelle bildete einschließlich des Daches eine flächenbündige Glashaut. Im Dachbereich wurde zur Kühlung des Motors ein Y-förmiger Lufteinlass aus Aluminium eingefügt. Zum Einstieg gaben die an der A-Säule sowie dem vorderen Radlauf befestigten und parallel zum Wagen hochklappbaren Schwenkflügeltüren eine breite Öffnung frei. Lang und flach auslaufend endete das Heck in einem leichten, spoilerartigen Überhang. Das Heckteil zitierte den länglichen Kühllufteinlass der Front, um 180 Grad gedreht, in geschlossener Form.

Der Motor konnte weit vor der Hinterachse, beinahe mittig im Fahrzeug, angeordnet werden. Auch dieses Konstruktionsprinzip ließ sich auf die Auto Union Rennwagen zurückführen. Die Mittelmotor-Bauweise garantierte optimale Gewichtsverteilung und günstige Fahreigenschaften.

Der projektierte Zwölfzylinder-W-Motor saß längs eingebaut im Chassis. Drei Zylinderblöcke mit jeweils vier Zylindern waren fächerförmig im Winkel von 120 Grad angeordnet – ein Konstruktionsprinzip, das in der 125-jährigen Automobilgeschichte nur selten angewendet worden ist. Fünf Ventile pro Zylinder, gesteuert von nicht weniger als sechs kettengetriebenen oben liegenden Nockenwellen, sorgten für schnelle Ladungswechsel. Das mächtige Triebwerk sollte seine Leistung von über 500 PS über einen aufwändigen elektronisch und mechanisch geregelten permanenten Allradantrieb auf die Straße bringen und den nur 1250 kg schweren Supersportwagen in weniger als drei Sekunden auf 100 km/h beschleunigen.

A Im Gegensatz zum quattro Spyder präsentierte der Avus quattro seine Körperkurven in hochglänzendem Aluminium.
B Beim Blick durch die Glaskuppel entsteht die Analogie zu einer futuristischen Flugzeugkanzel.
C Inspiriert von den Stromlinienrennwagen der Auto Union wurden als Stilmittel ausgeformte Radhäuser eingesetzt.
D Athletisch und vorwärts drängend demonstrierte die Studie die Kompetenz von Audi in Design und Technik.

Ausführung:	Sportwagen zweisitzig, Karosserie Lorenz & Rankl, Wolfratshausen
Antrieb:	Zwölfzylinder-Viertakt-W-Motor, fünf Ventile pro Zylinder, längs eingebaut
Leistung:	374 kW/509 PS bei 5800 min^{-1}
Hubraum:	5998 cm^3
Radstand:	2800 mm
Gesamtlänge:	4424 mm
Höchstgeschwindigkeit:	ca. 340 km/h
Gesamtproduktion:	1 Stück
Modellbaujahr:	1991

A Zum visionären Konzept gehörten auch seitlich aufschwenkbare Flügeltüren.
B Rauleder, Glattleder, wenig Aluminium und Holz prägen das sportlich-exklusive Interieur.

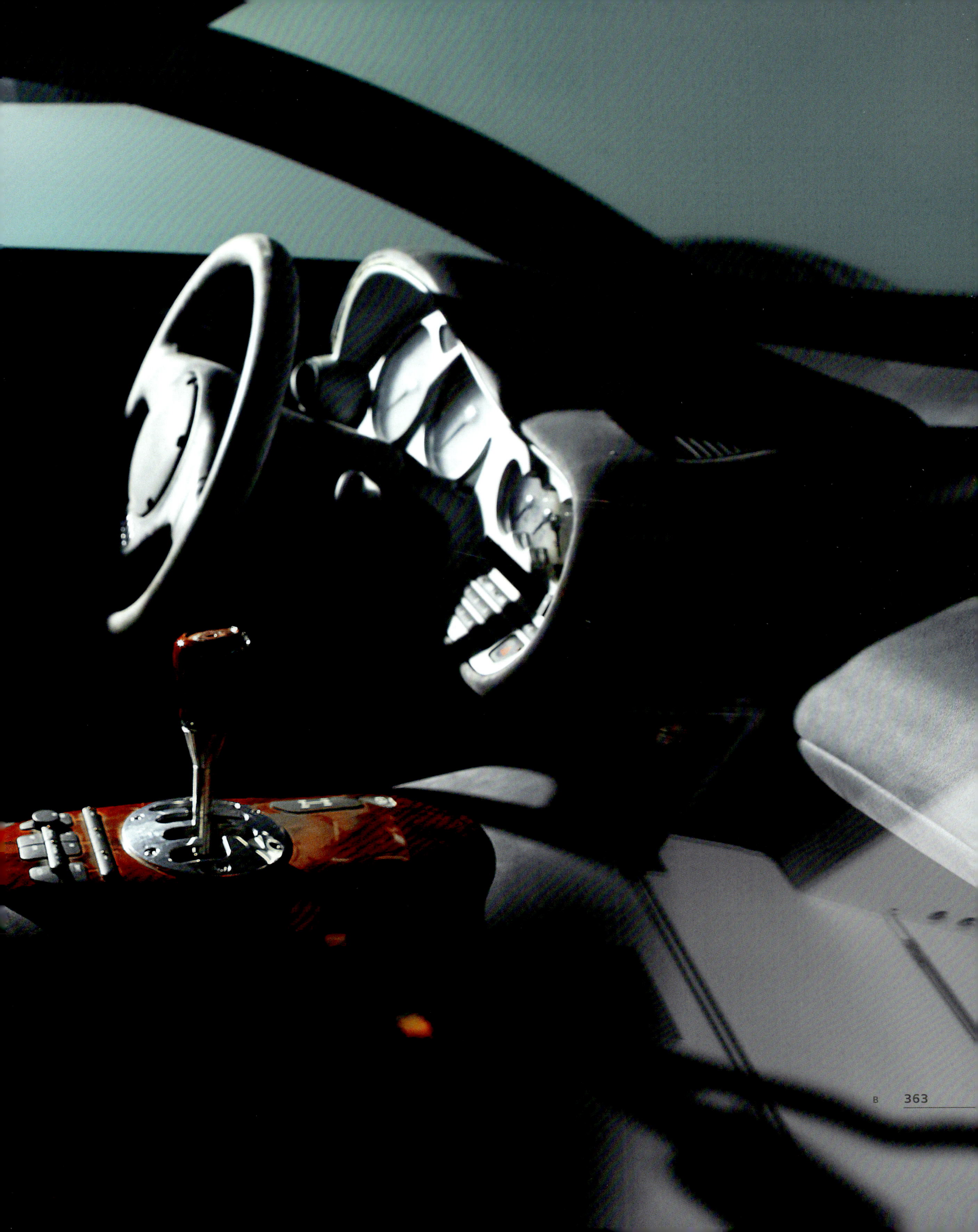

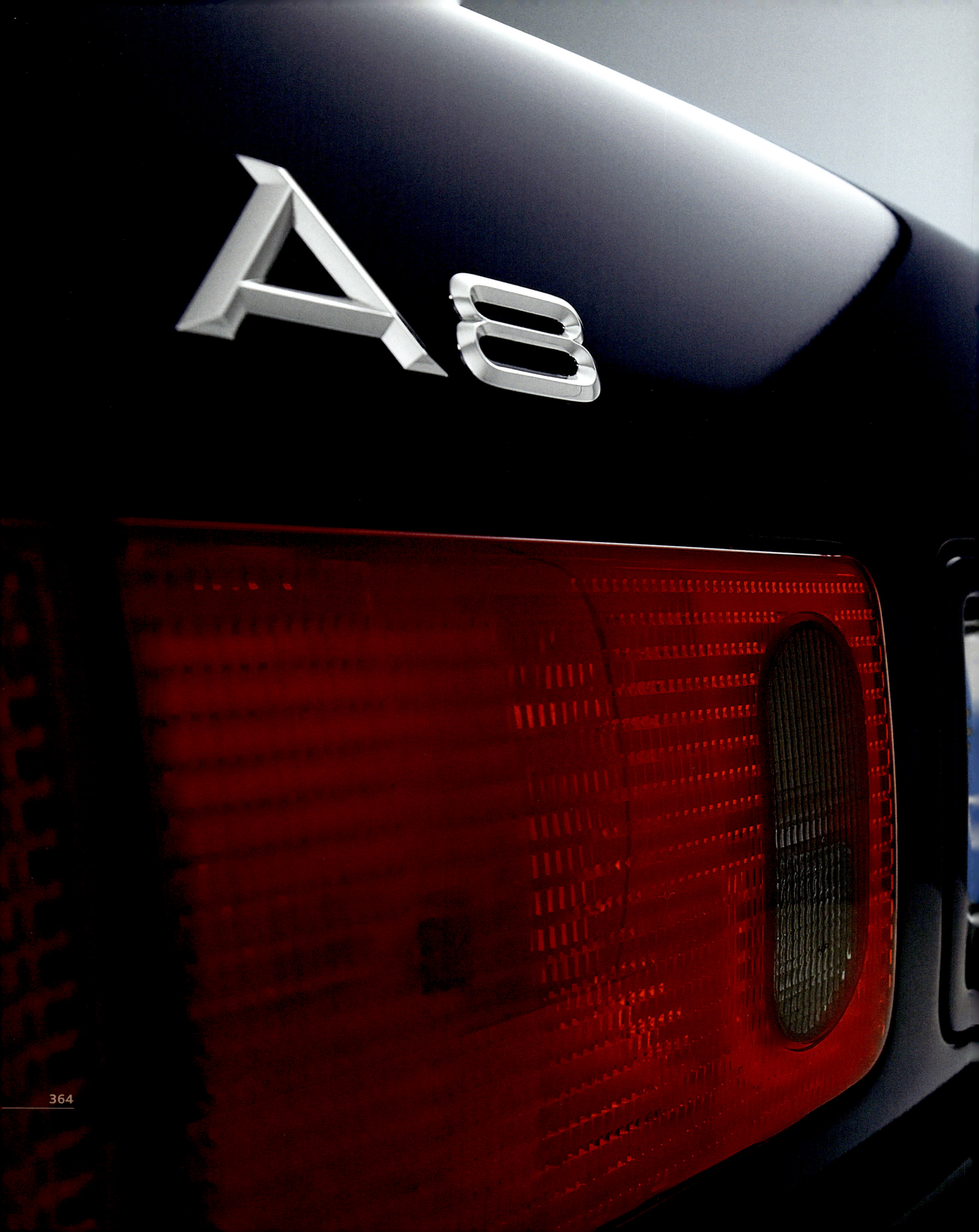
A8

Premiere in der Luxusklasse
Audi A8 Limousine

»Weniger Gewicht, weniger Emissionen, weniger schlechtes Gewissen« und »Alter Luxus ist zu schwer geworden« – mit diesen Slogans argumentierte Audi in der Werbung für das revolutionär neue Oberklassemodell A8, das ab Mai 1994 zum Verkauf stand. Die Wettbewerber wurden vom Nachfolger des Audi V8 gehörig in Unruhe versetzt, standen doch zu dieser Zeit die etablierten Marken im Oberklassesegment stark unter Druck. Die wirtschaftlich angespannte Lage und gestiegenes Bewusstsein für den Kraftstoffverbrauch führten dazu, dass sich deutlich weniger Kunden als in den Jahren zuvor Luxuslimousinen leisten wollten.

Ein halbes Jahr vor der Präsentation des A8 hatte Audi im September 1993 wieder einmal mit einem polierten, chromartig glänzenden Concept Car von sich Reden gemacht. Auf der IAA in Frankfurt stand eine seriennahe Luxuslimousine mit einer komplett aus Aluminium gefertigten Karosserie. Die Studie trug den Namen »Audi ASF« – Aluminium Space Frame. Die Karosserie bestand einschließlich der Bodengruppe vollständig aus Aluminium. Eine Rahmenkonstruktion aus Aluminium-Strangprofilen fungierte zusammen mit Aluminium-Gusselementen als tragendes Gerippe. Gegenüber konventionell aufgebauten Karosserien brachte dies bis zu 40 Prozent Gewichtsersparnis.

Als Antriebsaggregat der Studie diente ein Achtzylinder-TDI-V-Motor – ein weiterer Ausblick in die Zukunft. Nur einen Monat später stand der nächste Audi ASF mit einem W 12-Motor auf der Tokio Motor Show. Beide Studien wiesen klar auf die Ziele der Marke in der automobilen Oberklasse hin.

Nur fünf Monate später, im März 1994, lief das erste Serienmodell des Audi A8 vom Band. Das Design des Audi ASF hatte sich nur marginal verändert. Entgegen aller Unkenrufe der Konkurrenten blieb der A8 bis 2002 im Programm und wurde in seiner ersten Auflage über 100 000-mal verkauft.

Die Ausstrahlung der Vollaluminium-Luxuslimousine lässt sich am Besten mit charismatischer Eleganz und zurückhaltender Dynamik charakterisieren. Ohne formale Experimente schufen die Designer in den Proportionen ein neues Gesamtbild, das auch für die zukünftige Audi Designsprache von Bedeutung sein sollte. Das Zusammenspiel von sanften Bögen, langen Geraden und kompakt gehaltenen Volumina offerierte eine ausgewogene Balance, die eine neue Qualität im Premiumsegment einläutete. Seine klar formulierte Plastik führte durch die penibel ausgeführte Oberflächengüte, geringe Spaltmaße, die fast flächenbündige Verglasung sowie bündige Türgriffe zu einer sehr hochwertigen Erscheinung. Eine für diese Klasse relativ flach geneigte Heckscheibe verlieh dem Wagen eine fließende, fast coupéhafte Linie. Die in der Seitenansicht leicht ansteigende Fensterlinie mit darunter durchlaufender Schulterkante verlieh dem Wagen insbesondere im Zusammenhang mit der gerundeten, flachen Front seinen dynamischen Ausdruck. Der harmonisch proportionierte Reisewagen wirkte trotz seiner Länge von mehr als fünf Metern kleiner als sein Vorgänger, obwohl er tatsächlich bei den Nutzmaßen zulegte.

Das Interieur überzeugte bis ins Detail mit der inzwischen typisch gewordenen Audi Qualität.

Beginn des Aluminiumzeitalters in Serie: die Luxuslimousine Audi A8.

A, B

Feinste Materialen wie Connolly-Leder und Wurzelholzfurniere fügten sich zu einer luxuriösen Welt mit ausgesprochen angenehmer Atmosphäre zusammen. Der revolutionäre Karosseriewerkstoff, Aluminium, wurde weder äußerlich noch im Innenraum gezeigt. Lediglich ein wenig matt gefinishtes Leichtmetall auf der Schaltkonsole und eine nur bei geöffneten Türen sichtbare runde Plakette im unteren Bereich der B-Säule gaben einen dezenten Hinweis auf die ASF-Bauweise. Das Konzept der modern-zeitlosen Formensprache, der Unaufdringlichkeit und der dezenten Dynamik gepaart mit leistungsstarker Technik fand Anklang. Anfänglich ausschließlich mit Benzinmotoren gestartet, ging Audi den mit dem Concept Car angedeuteten Weg der Gewichts- und Verbrauchsreduzierung konsequent weiter. Die Serieneinführung des Sechszylinder-TDI-V-Motors im Mai 1997 machte die Dieseltechnologie in der Oberklasse salonfähig. Im Jahre 2000 krönte der erste Achtzylinder-TDI-V-Motor die Dieselbaureihe im Audi A8. Ein W 12-Motor mit 420 PS Leistung stellte ab 2001 die Königsklasse der benzinangetriebenen A8-Modelle dar.

Mit der ersten Modellgeneration des Audi A8 hatte sich die Marke mit den Vier Ringen als feste Größe im Luxussegment etabliert.

A Ab März 1994 war der Aluminium-Audi erhältlich.
B Exterieur und Interieur zeichneten sich durch klassische Eleganz mit dezent-sportlicher Note aus.
C Die neuen Modellreihenbezeichnungen wurden mit dem A8 erstmals eingeführt.
D Mit dem Audi A8 erzielte das Dieseltriebwerk im Luxussegment eine steigende Akzeptanz.

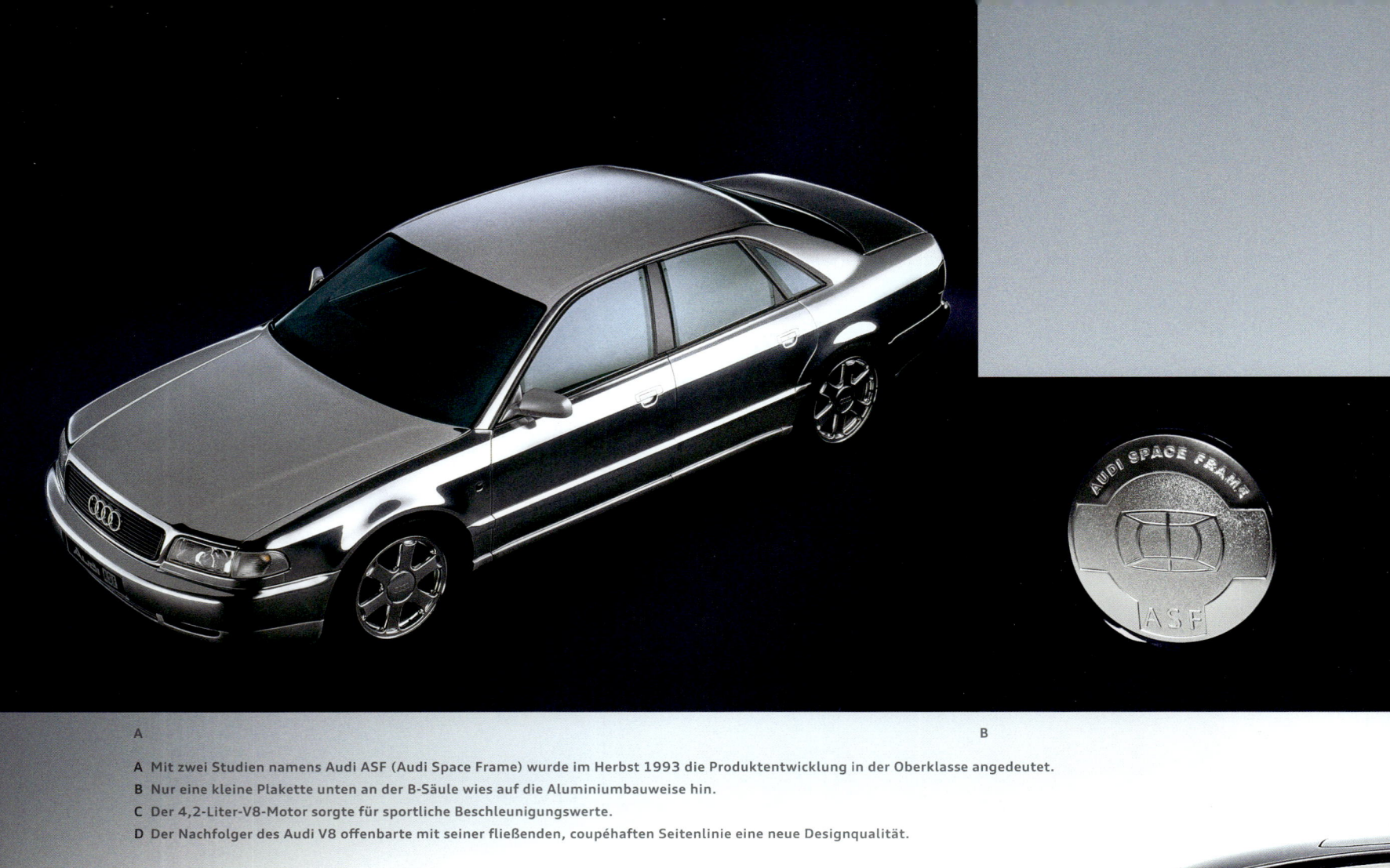

A
B

A Mit zwei Studien namens Audi ASF (Audi Space Frame) wurde im Herbst 1993 die Produktentwicklung in der Oberklasse angedeutet.
B Nur eine kleine Plakette unten an der B-Säule wies auf die Aluminiumbauweise hin.
C Der 4,2-Liter-V8-Motor sorgte für sportliche Beschleunigungswerte.
D Der Nachfolger des Audi V8 offenbarte mit seiner fließenden, coupéhaften Seitenlinie eine neue Designqualität.

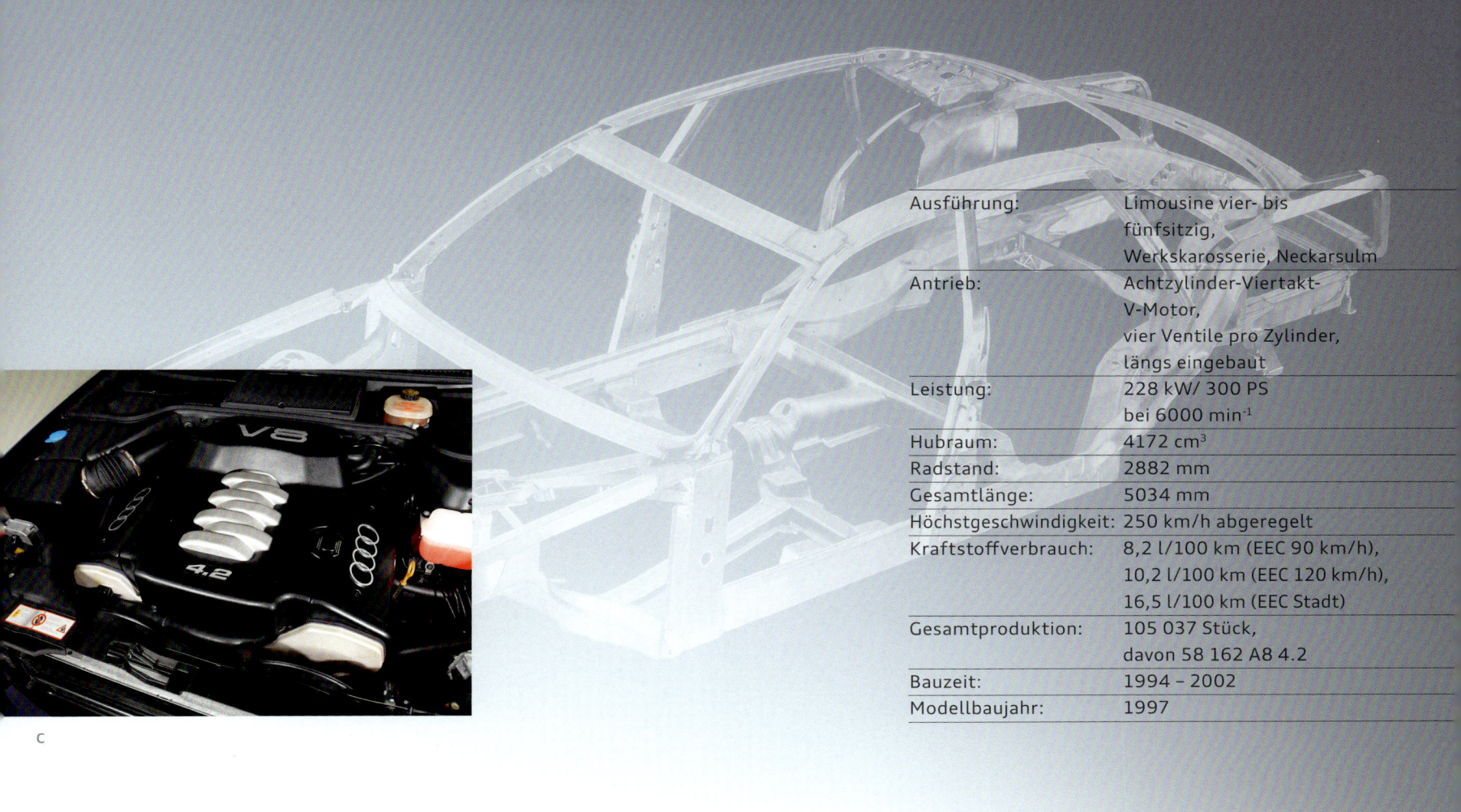

Ausführung:	Limousine vier- bis fünfsitzig, Werkskarosserie, Neckarsulm
Antrieb:	Achtzylinder-Viertakt-V-Motor, vier Ventile pro Zylinder, längs eingebaut
Leistung:	228 kW/ 300 PS bei 6000 min^{-1}
Hubraum:	4172 cm^3
Radstand:	2882 mm
Gesamtlänge:	5034 mm
Höchstgeschwindigkeit:	250 km/h abgeregelt
Kraftstoffverbrauch:	8,2 l/100 km (EEC 90 km/h), 10,2 l/100 km (EEC 120 km/h), 16,5 l/100 km (EEC Stadt)
Gesamtproduktion:	105 037 Stück, davon 58 162 A8 4.2
Bauzeit:	1994 – 2002
Modellbaujahr:	1997

Die aerodynamisch geprägten Sportspiegel wiesen auf den etwas anderen Charakter des Avant hin.

Wolf im Schafspelz
Audi RS2 Avant

Die große Akzeptanz der sportlich orientierten Kombiausführungen der heutigen A4- und A6-Baureihen lässt sich an ihren stetig steigenden Absatzzahlen nachvollziehen. Der Lifestyle-Charakter der als »Avant« bezeichneten Modelle – insbesondere die stärkere Neigung der Heckscheibe gegenüber von maximalem Nutzraum bestimmten Designlösungen der Mitbewerber – veränderte den Stellenwert dieser Fahrzeugkategorie grundlegend. Das konservative Leitbild kehrte sich in ein progressives um. Kombiwagen wurden salonfähig und den Stufenhecklimousinen gegenüber gleichwertig.

Mit einem Audi Avant konnte sich der Fahrer sowohl im Geschäftsleben als auch bei der Familie sehen lassen.
Der 1992 erschienene Audi 80 Avant verbarg seine praktischen Eigenschaften hinter einem elegant-dynamischen Kleid. Um diese Ausstrahlung deutlich zu steigern und ein neues Ausrufezeichen zu setzen, entstand in einem Kooperationsprojekt zwischen Audi und Porsche auf der Basis des Audi S2 Avant (Audi 80 Typ B4) der Audi RS2. Der Reiz bestand darin, dass der modifizierte Serienkombi mit Fahrleistungen und Fahrverhalten eines potenten Sportwagens brillieren konnte.
Mit diesem Hochleistungskombi hob Audi gemeinsam mit Porsche eine neue Fahrzeugkategorie aus der Taufe – die der Sportkombis. Zugleich war der in limitierter Serie gebaute Audi RS2 der Ahnherr sämtlicher späterer Audi RS-Modelle, die sich bis heute durch hochwertige Ausstattung, stilsicheres Understatement, hohe Alltagstauglichkeit und überragende Fahrleistungen auszeichnen.
Die Kombination der Spitzentechnik beider Automobilhersteller führte zu einem herausragenden Fahrzeug, das erstmals 1993 auf der

A

B

IAA vorgestellt wurde. Der 2,2-Liter-Fünfzylinder-Vierventil-Turbomotor stammte ebenso wie das Sportfahrwerk von Audi. Porsche rüstete das Triebwerk mit geändertem Turbolader, vergrößertem Ladeluftkühler sowie geänderter Motorelektronik auf und übernahm die Abstimmung des Gesamtfahrzeugs. Die so erzielten 315 PS beschleunigten den RS2 Avant in rasanten 5,1 Sekunden auf Tempo 100.
Kleine Modifikationen im Exterieurdesign erfolgten hauptsächlich in Form neu gestalteter, einvolumiger Stoßfänger, des mit Streckmetall hinterlegten Kühlergrills und tropfenförmiger Rückspiegel. Auch die Leichtmetall-Cup-Räder und die Hochleistungsbremsanlage steuerte das Zuffenhausener Sportwagen-Unternehmen bei. Die im damals typischen Porsche Design dreiteilig rundlich ausgeformten Ansaugöffnungen und Zusatzleuchtenbänder im Frontstoßfänger sowie die Sportspiegel prägten das Überholprestige des Wagens. Ein breites Rückleuchtenband am unteren Teil der Heckklappe hob den RS2 von den Avant-Serienmodellen ab.
Im Interieur verknüpften die Designer Sportlichkeit und Alltagstauglichkeit in einer extravaganten, zweifarbigen Gestaltung. Zwei wählbare Farbkombinationen – RS-Blau/Schwarz und Silbergrau/Schwarz – in Seidennappa-Leder und Alcantara waren auf elf angebotene Außenlacke abgestimmt. Im Cockpit und in der Mittelkonsole unterstützten weiß unterlegte Rundinstrumente den Sport-Charakter.

Der RS2 war seit Produktionsbeginn im Jahre 1994 für lange Zeit der stärkste und schnellste Audi Serienwagen. Erst 1999 trumpfte der RS4 mit besserer Performance auf.

Ausführung:	Avant vier- bis fünfsitzig, Werkskarosserie, Ingolstadt
Antrieb:	Fünfzylinder-Viertakt-Reihenmotor, Abgasturbolader, vier Ventile pro Zylinder, längs eingebaut
Leistung:	232 kW/315 PS bei 6500 min^{-1}
Hubraum:	2226 cm^3
Radstand:	2597 mm
Gesamtlänge:	4510 mm
Höchstgeschwindigkeit:	262 km/h
Kraftstoffverbrauch:	ca. 10,5 l/100 km
Gesamtproduktion:	2908 Stück
Bauzeit:	1994 – 1995
Modellbaujahr:	1995

C

A Das zweifarbige Interieur unterstrich den Sportwagen-Charakter.
B Weiße Anzeigeinstrumente als sportliches Extra nur für den RS2 Avant.
C Der von Audi stammende Motor wurde von Porsche mit geänderten Nebenaggregaten modifiziert, sodass er eine Leistung von 315 PS erzielte.
D »Schöne Kombis heißen Avant« – mit diesem Slogan wirbt Audi seit dem ersten Audi 80 Avant. Mit dem RS2 ebnete Audi den Weg zum Hochleistungs-Sportkombi.
E Gegenüber dem normalen Audi 80 Avant präsentierte sich der RS2 mit durchgängigem Rückleuchtenband.

Designkult
Audi TT Coupé und Roadster

Eine Welle der Begeisterung löste die Sportwagen-Studie »Audi Coupé quattro TT« nach ihrer Präsentation auf der IAA in Frankfurt im September 1995 aus. Die puristische Coupéform mit relativ stark gewölbten Karosserieflächen, die plastische Ähnlichkeit des Front- und Heckvolumens sowie das kuppelartig aufgesetzte Dach zeigten ein neuartiges, von Konventionen losgelöstes Bild. Die Proportionen mit sehr kurzen Überhängen zitierten historische Sportwagen, das Design dagegen verströmte durch Reduktion auf stumpf zusammengefügte Bogenformen mit klaren Schnittkanten eine ultramoderne Ausstrahlung. Der Mut, vorn wie hinten keine Stoßkörper auszuformen und den Karosseriekörper bis zur Bodengruppe unversperrt den Blicken freizugeben, vermittelte sportives Feeling. Der TT stand ganz in der Tradition der Auto Union Rennwagen mit ihren schnörkellosen Aluminiumkarosserien. Dabei gelang es dem Designteam um Peter Schreyer, kein Extremsportgerät, sondern ein emotionales, auf das Wesentliche konzentriertes Sportcoupé für den alltäglichen Gebrauch zu kreieren.

Wie bereits zuvor bei anderen Modellpräsentationen folgte wenige Wochen später auf einer weiteren Messe, der Tokyo Motor Show, mit der Vorstellung des Roadsters Audi TTS die nächste Überraschung. Dies war ein Roadster, der das ohnehin sehr hochwertige Interieurdesign mit einer rotbraunen Lederausstattung in der Verarbeitungsoptik eines Baseballhandschuhs zum fulminanten Highlight werden ließ. Die ausgesprochen positive Resonanz der Fachwelt und die emotionale Begeisterung der Besucher zogen den Entschluss zur Serienfertigung beider Varianten nach sich.

Die Entwicklung der TT-Showcars begann im September 1994 mit Entwürfen im kalifornischen Design-Zentrum in Simi Valley und wurde in amerikanisch-deutscher Kooperation weitergeführt. Nach der Präsentation der beiden Studien brachte Audi in nur drei Jahren Entwicklungszeit das Coupé zur Serienreife; im Herbst 1998 lief die Herstellung an. Bemerkenswerterweise wurde das Design gegenüber der Studie nur geringfügig verändert.

A   B   C

A Die Geometrie des Kreisbogens bestimmte die Form des TT.
B Selbst die Schwellerverbreiterung folgte dem streng geometrischen Prinzip.
C Der Tankverschluss als Designmerkmal, das in ähnlicher Weise am Audi quattro Spyder zu entdecken war.
D Die beiden Buchstaben TT zitieren die eigene Historie, wie z. B. den NSU TT und die Motorraderfolge bei der Tourist Trophy.

A Die beiden Varianten des TT: das Coupé ab 1998 und der Roadster ab 1999.
B Auf der Tokio Motor Show im November 1995 präsentierte Audi das Showcar TTS.
C Kompakt, rundlich-straff und kraftvoll – funktioneller Purismus.
D Im September 1995 begeisterte auf der IAA die seriennahe Studie »Coupé quattro TT« durch ihre extravagante Optik das Publikum.

c

Die Formgebung des Audi TT wurde durch die einfache geometrische Grundform des Kreises oder von Kreisausschnitten bestimmt. In der Außenhautgestaltung trafen Kreisbogensegmente und dezent gekrümmte Flächen zusammen. Aus einem weich wirkenden unteren Karosseriekörper mit einer seitlich straff geformten Schulterlinie erhob sich der Dachbogen. Die in der Seitenansicht deutlich kreisförmig konturierten Radausschnitte fanden in ihrem Radius fast eine Wiederholung in der Front- und Hecksilhouette. Kurze Überhänge und groß wirkende Räder gaben dem Wagen seine kraftvoll-sportliche Statur. Eine völlig neue Anmutung stellte das rundliche Heck mit scharf gezeichneter Liniengrafik sowie bogenförmigen Rückleuchten dar. Bei der Innenraumgestaltung kam dem Kreis ebenso konsequent eine übergeordnete Gestaltungsfunktion zu. Funktionsbauelemente aus Aluminium vermittelten dabei sportlichen Charakter. Das Gesamtdesign war in Plastik und Grafik so klar ausgearbeitet, dass in Veröffentlichungen Vergleiche mit der Philosophie des Bauhauses angestellt wurden. Fachleute sahen im Audi TT der ersten Generation einen Meilenstein des Automobildesigns.

Technische Grundlage beider TT-Varianten bildete die Quermotor-Plattform des Audi A3. Im Laufe der Produktionszeit konnte zwischen sechs verschiedenen 1,8-Liter-Vierzylinder-Motoren mit Turboaufladung (150, 163, 180, 190, 225 und 240 PS) und einem Sechszylinder-Triebwerk mit 250 PS gewählt werden. Sämtliche Motorvarianten waren mit permanentem Allradantrieb erhältlich, ausgenommen lediglich die beiden »leistungsschwächsten« Vierzylinder. Das Spitzenmodell 3.2 quattro gab es ab 2003 erstmals mit einem DSG-Getriebe (Doppelkupplungsgetriebe).

Die Modellbezeichnung »TT« zitiert die erfolgreiche Motorsporttradition aus der Firmengeschichte. DKW und NSU konnten auf mehrere Siege bei der Tourist Trophy, dem bis heute schwierigsten Motorradrennen der Welt auf der Isle of Man, zurückblicken. In den 1970er-Jahren führten die Sportlimousinen NSU TT und TTS die Sporttradition der Marke weiter und schrieben bis zum Ende ihrer Homologation ein Kapitel Rennsportgeschichte.

A

A Reduziert und konsequent dem Kreisbogen folgend
gezeichnetes Interieur.
B Stärkster Serien-TT der ersten Generation:
Roadster mit 3,2-Liter-Sechszylindermotor und
Direktschaltgetriebe(DSG).
C Auch Frauen sprach die Formgebung an.

379

A, C Das Leuchtendesign machte den TT unverwechselbar.
B Mehrfach wiederkehrender Aluminiumring im Innenraum.
D Die angedeuteten Schraubenmulden unterstrichen den Sport-Charakter.
E Klar gestaltete Anzeigeinstrumente – präzise Aussage. Nichts lenkte vom Wesentlichen ab.

Ausführung:	Sportcoupé zweisitzig mit Notsitzen, Werkskarosserie, Ingolstadt
Antrieb:	Vierzylinder-Viertakt-Reihenmotor, Abgasturbolader, quer eingebaut
Leistung:	132 kW/180 PS bei 5500 min^{-1}
Hubraum:	1781 cm^3
Radstand:	2429 mm
Gesamtlänge:	4041 mm
Höchstgeschwindigkeit:	226 km/h
Kraftstoffverbrauch:	ca. 8 l/100 km
Gesamtproduktion:	269 498 Stück, davon 178 765 Coupés und 90 733 Roadster
Bauzeit:	1998 – 2006
Modellbaujahr:	2004

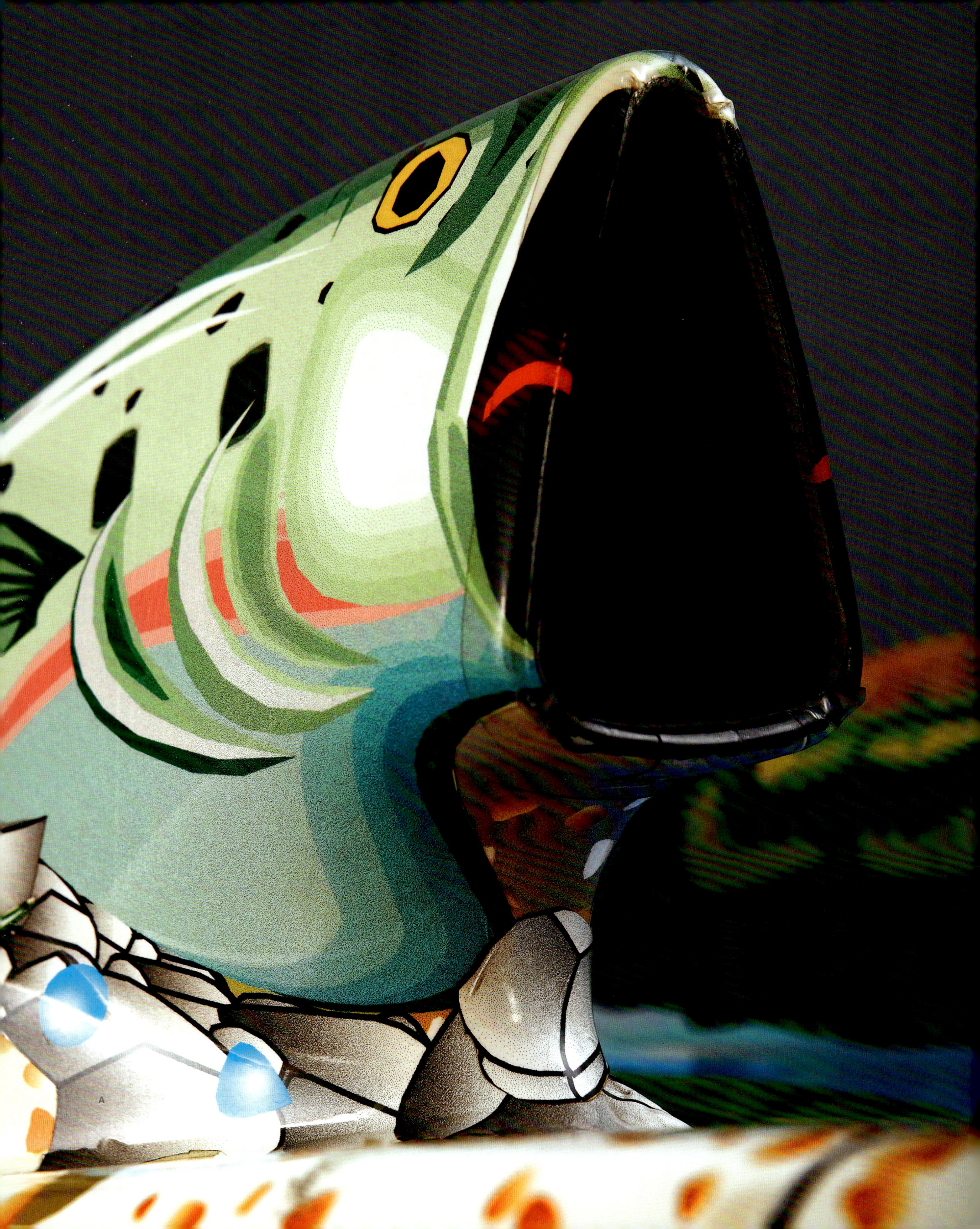

Champion mit Ganzkörpertattoo
Audi R8 Le Mans »Krokodil«

Seit 1999 stellt sich Audi alljährlich der Herausforderung des berühmten 24-Stunden-Rennens von Le Mans. Die im Tagesintervall auf dem 13,88 km langen »Circuit des 24 Heures« zu fahrende Gesamtdistanz beansprucht Mensch und Technik so stark wie etwa 15 Formel-1-Rennen. Der Langstreckenklassiker, der seit 1923 – mit einer Unterbrechung zwischen 1940 und 1948 – jedes Jahr ausgetragen wird, zählt bis heute zu den härtesten Wettbewerben der Welt.

Audi startete erstmals 1999 mit einem dafür neu entwickelten Rennsportwagen. Der Audi R8 war mit einem V8-Biturboaggregat in Mittelmotoranordnung ausgerüstet. Seine Monocoque-Karosserie bestand aus Kohlefaser. Schon im ersten Einsatzjahr belegte der Neuling die Plätze drei und vier im Gesamtklassement.

Für die Saison 2000 wurde der R8 intensiv weiterentwickelt; Ziel war, die Leistungsfähigkeit an der absoluten Weltspitze unter Beweis zu stellen. Die Karosserie bekam eine niedrigere Silhouette und brachte weniger Gewicht auf die Waage. Fahr- und Triebwerk wurden für die enormen Beanspruchungen bei hohen Durchschnittsgeschwindigkeiten optimiert. Schon die Generalprobe beim ersten Saisonrennen der American Le Mans-Serie (ALMS), den »12 Stunden von Sebring«, bestand Audi mit Bravour: Plätze eins und zwei. In Le Mans wurde im Juni 2000 beim Dauertest in Renngeschwindigkeit dann sogar ein Dreifacherfolg eingefahren.

Das Abschlussrennen der American Le Mans-Serie fand am 31. Dezember in Australien statt. Beim »Race of a Thousand Years« in Adelaide startete Audi mit einem absoluten Blickfang. Inspiriert von der australische Filmkomödie »Crocodile Dundee – Ein Krokodil zum Küssen« verwandelte Audi Designer Frank Lamberty die Außenhaut des R8 in ein Kunstwerk. Mitten auf der Karosserie posierte ein Krokodil, dargestellt in seinem Lebensumfeld.

A Ein Fisch entspringt seinem Lebenselixier.
B Das Krokodil im seinem Lebensraum – Dekor auf dem Kohlefaser-Monocoque des R8 Le Mans.

B

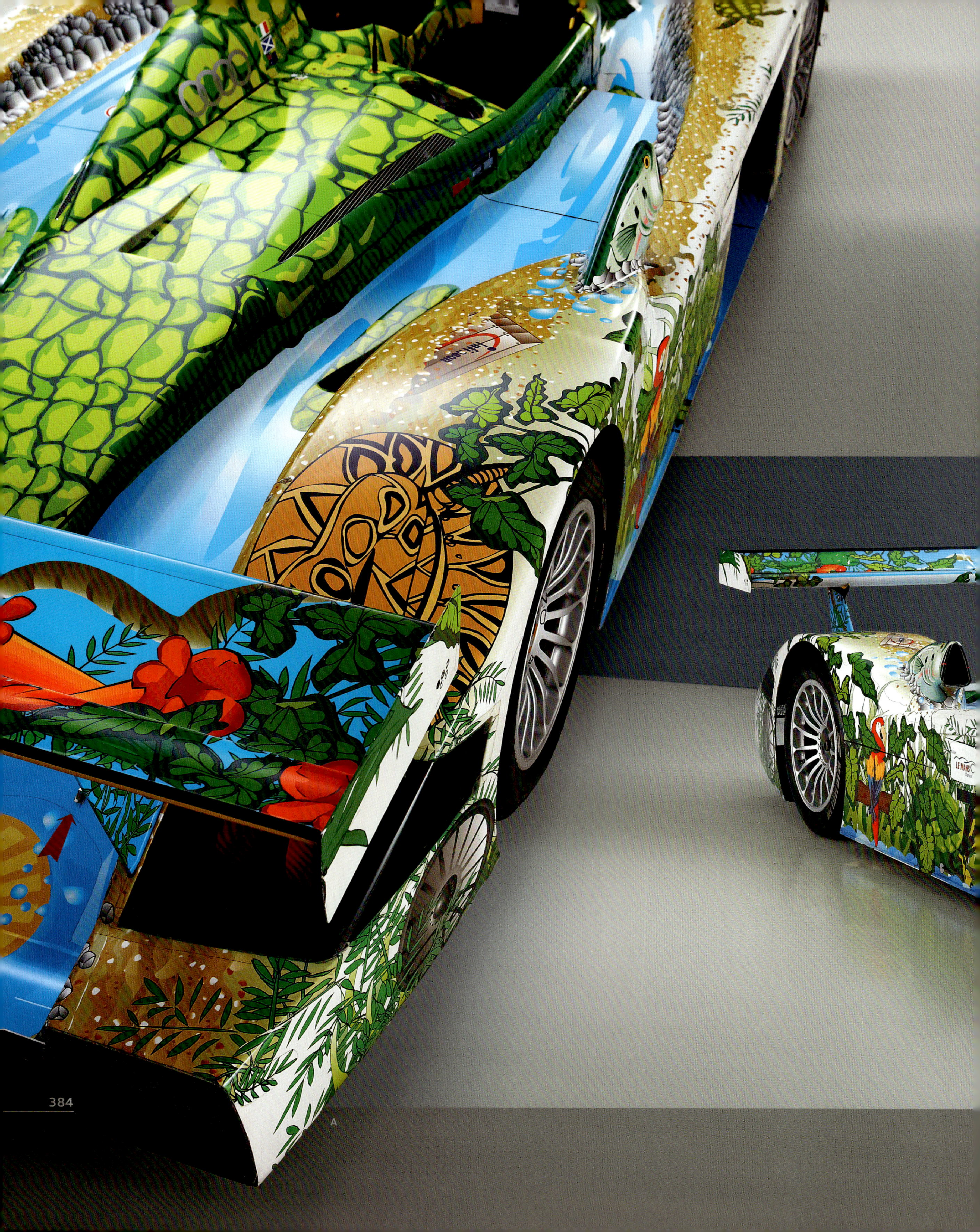

A

A Detailreiche Oberflächengestaltung für die ALMS 2000 im Land von »Crocodile Dundee«.
B Unter der originellen Grafikhaut verbarg sich der erfolgreiche Le Mans-Rennwagen R8.
C Mit diesen Hosenträgergurten gesichert, fuhren Allan McNish und Rinaldo Capello als Sieger durch das Ziel.

Das Ganze war mit witzigen Ideen garniert – so wurden beispielsweise die Lufteinlässe der beiden Turbolader als weit aufgerissene Fischmäuler maskiert. Mit diesem Rennsportwagen trat Audi selbstbewusst in Erscheinung und richtete einen Gruß an die australischen Gastgeber. Bereits nach dem zehnten von insgesamt zwölf Saisonrennen der ALMS hatte Audi den Markensieg eingefahren. Das Abschlussrennen führte traditionell durch das Stadtgebiet von Adelaide. Ähnlich wie in Monte Carlo werden die Wettkämpfe auf ganz normalen Straßenabschnitten der Innenstadt ausgetragen und erfordern viel fahrerisches Können. Auf diesem schwierigen Kurs überquerte das Team Allan McNish und Rinaldo Capello nach einem spektakulären Rennen als Erstes die Ziellinie. McNish sicherte sich damit den Meistertitel.

A Die Karosserie endete ca. 30 mm über der Fahrbahn. Für den Radwechsel konnten integrierte Luftdruckwagenheber den Wagen schnell anheben.
B Das »Krokodil« im Angriff auf dem Rundkurs von Adelaide am 31. Dezember 2000.

Antrieb:	Achtzylinder-Viertakt-V-Motor, zwei Abgasturbolader, längs eingebaut
Leistung:	448 kW/ 610 PS bei 8300 min^{-1}
Hubraum:	3600 cm^3
Radstand:	2687,5 mm
Gesamtlänge:	4650 mm
Höchstgeschwindigkeit:	ca. 330 km/h
Kraftstoffverbrauch:	ca. 45 – 60 l/100 km
Gesamtproduktion:	6 Stück
Modellbaujahr:	2000

B

20

Light Weight Design
Audi A2 Kompaktlimousine

Seit 1994 widmete sich die Audi Designabteilung unter der internen Projektbezeichnung »W10« der Entwicklung eines visionären Kleinwagenkonzepts. Oberste Priorität hatte konsequenter Leichtbau; dafür sah das Lastenheft die bereits beim A8 im Luxussegment in Serie angewandte Aluminium-Space-Frame-Technologie vor. Aus anfänglichen Entwürfen reifte die Aufgabe, zwei Showcars fertigzustellen. Die Projektleitung dafür wurde 1996 Stefan Sielaff, dem neuen Chef des Audi Designstudios München, übertragen, der auch für das Interieur verantwortlich war. Die Außengestaltung lief unter der Federführung des Belgiers Luc Donckerwolke, der später zu Lamborghini wechseln sollte und gegenwärtig Chefdesigner bei Seat ist.

Im Herbst 1997 präsentierte Audi auf der IAA in Frankfurt das Ergebnis: eine futuristische, dennoch harmonische Symbiose aus Material und Form. Das Showcar Al$_2$ trug den Beinamen »Light Green« und ließ die konsequente Umsetzung der Leichtbauvorgaben deutlich erkennen. Mit seiner Gestalt schien der ungewöhnliche fünftürige Kleinwagen eher ein Multi Purpose Vehicle zu sein.

Einen Monat später, auf der Tokyo Motor Show, folgte der zweite Streich. Audi Chefdesigner Peter Schreyer stellte den »Light Blue« vor – einen dreitürigen Kompaktwagen mit großem Rolldach. Das Freizeitmobil basierte auf der gleichen Technik wie der »Light Green«; Reduktion auf Essenzielles prägte seine Formensprache. Eine hinten weit heruntergezogene Dachlinie, das daraus resultierende niedrige Steilheck und die sehr weit vorn direkt über dem Vorderrad ansetzende Frontscheibe charakterisierten das Gesamtbild des mit 1500 mm überdurchschnittlich hoch gewachsenen Fahrzeugs. Aluminium, transluzenter Kunststoff und extremer Leichtbau zeichnete die Studien außen wie auch im innovativen Interieur aus. Beide Show Cars wurden enthusiastisch aufgenommen und sorgten für reichlich Gesprächsstoff. Zu diesem Zeitpunkt war die Entscheidung für eine Serienfertigung des fünftürigen Kleinwagens schon gefallen, was die große Nähe der Konzeptstudien zum späteren Serienmodell erklärt. Lange Zeit stand für den Premium-Kompaktwagen der Name »ALlegro« im Raum. Im September 1999 wurde das neue Modell unter der Bezeichnung Audi A2 vorgestellt und ging im Juni 2000 in Produktion.

Leichtbau und Aerodynamik bilden bei bei Audi eine untrennbare Einheit. Dies ließ sich am A2 besonders an der abfallenden Dachlinie mit der in das Dach einlaufenden Heckscheibe sowie dem auf ihr aufgesetzten Spoiler ablesen. So war der c_w-Wert 0,28 für eine Baulänge von knapp unter 4000 mm bei relativ großer Fahrzeughöhe sensationell. Diese resultierte aus den hohen und steilen Sitzpositionen, um ergonomisch gute Platzverhältnisse für vier Personen zu gewährleisten.

Das Konzept des Audi A2 fand viel fachliche Anerkennung und erhielt einige Auszeichnungen.

A Designmerkmal am Heck: Der Spoiler verbesserte die Strömungsverhältnisse an der kompakten Karosserie und hielt die Scheibe sauber.
B Der Fugen- und Linienführung galt besondere Aufmerksamkeit.

A

Unter anderem krönte die »Auto Zeitung« den Audi A2 1.4 TDI im Mai 2001 zum »City-Auto des Jahres«. Die führenden britischen Fachzeitschriften verliehen dem Audi A2 1.2 TDI wegen seines vorbildlich niedrigen Kraftstoffverbrauchs den »Enviromental Award 2001«. Für das Design des A2 wählte das Magazin »Autocar« schon im Jahre 2000 die Audi Designer Luc Donckerwolke und Derek Jenkins für den »Designer of the Year Award« aus.

Ab März 2003 bot Audi das Sondermodell »colour.storm« an. Die Außenlackierungen Imolagelb, Misanorot Perleffekt, Sprintblau Perleffekt und Papayaorange konnten mit einem darauf abgestimmten, zweifarbigen Innenraumdesign bestellt werden.

Die Abbildungen zeigen ein Modell dieser Sonderserie mit dem 1,4-Liter-Benzinmotor. Der Wagen befindet sich in Privatbesitz.

B, C, D

E

A Das Design des A2 war – wie das des TT – puristisch. Aluminium als Karosseriematerial ließ scharfe Kanten und enge Radien nicht zu, deshalb reagierten die Designer formal mit andersartiger Präzision darauf.
B Glatte Flächen treffen auf funktionelle Details.
C Bis zu fünf Personen und etwa 390 Liter Gepäck fanden im Innenraum Platz.
D Das Sondermodell »colour.storm« bot Zweifarbigkeit im Innenraum.
E Der A2 war ein radikal neues, kleines Premiumauto mit Aluminiumkarosserie.

391

Ausführung:	Limousine viersitzig, Werkskarosserie, Neckarsulm
Antrieb:	Vierzylinder-Viertakt-Reihenmotor, quer eingebaut
Leistung:	55 kW/75 PS bei 5000 min^{-1}
Hubraum:	1390 cm³
Radstand:	2405 mm
Gesamtlänge:	3826 mm
Höchstgeschwindigkeit:	173 km/h
Kraftstoffverbrauch:	ca. 6 l/100 km
Gesamtproduktion:	176 293 Stück
Bauzeit:	2000 – 2005
Modellbaujahr:	2004

A Der Serienwagen trifft auf die 1997 vorgestellte Studie Al₂ »Light Blue« mit komplett zu öffnendem Rollverdeck.
B Audi A2H2 als Versuchsträger mit Wasserstoffantrieb über eine Polymerelektrolyt-Brennstoffzelle von 2004.

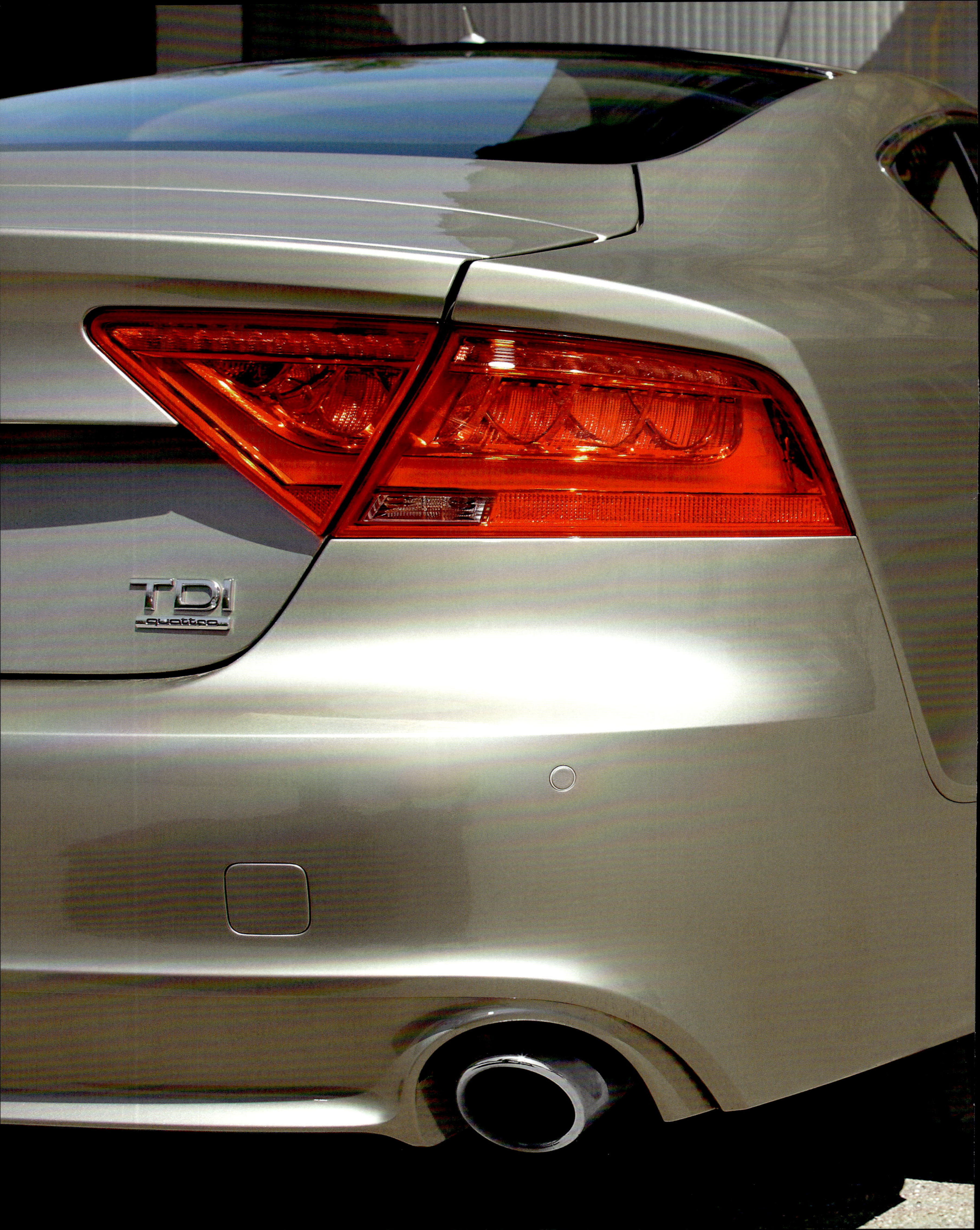
TDI
quattro

Die eigene Geschichte wirft ihre Schatten voraus – inspiriert vom Audi 100 Coupé S entstand der ausdrucksstarke Heckabschluss des A7.

Eine Klasse für sich
Audi A7 Sportback 3.0 TDI quattro

Der im Oktober 2010 auf dem Pariser Autosalon erstmals vorgestellte A7 Sportback avancierte dank beeindruckenden Designs und moderner Technik schnell zum »Everybody's Darling«. Er erhielt eine Vielzahl an internationalen Auszeichnungen: Den »Design-Gipfel 2011« der Zeitschrift »Auto Bild« erklomm er mit großem Vorsprung vor den Mitbewerbern als Sieger, in Australien wurde ihm der Titel »Bestes Internationales Automobildesign 2011« verliehen, das amerikanische Fachmagazin »Automobile« kürte das fünftürige Luxuscoupé zum »Automobile of the Year 2012« – die Liste ließe sich noch weiter fortsetzen. Die Mischung aus Coupé, Limousine und Avant fand weit über die Fachkreise hinaus viel Anerkennung und bewegte sich auf den Spuren des Concept Cars, das im Januar 2009 in Detroit für große Aufmerksamkeit gesorgt hatte. Als in der Premiumklasse angesiedeltes, luxuriöses Crossover-Automobil stellte der A7 eine sportlich-elegante Alternative im Gegensatz zum stattlich-majestätischen A8 dar.

Der Entwurf der Audi Designer war frei von Vorgaben der Marketingstrategie entstanden. Ohne die Zwänge eines Lastenheftes und ohne konkreten Entwicklungsauftrag arbeitete ein kleines Designteam unter der Leitung von Stefan Sielaff das Konzept aus. Die Anregung dazu kam von Walter de'Silva, der für das gesamte Produktdesign des Volkswagen Konzerns die Verantwortung trägt. Die ungewöhnliche Verfahrensweise war erfolgreich. Mehr im Bauch als im Kopf geboren und mit der selbst auferlegten Anforderung der Familientauglichkeit entstand ein edles fünftüriges Coupé mit den praktischen Eigenschaften eines Kombis.

A, B

A Elegantes, familienfreundliches Coupé mit Eigenschaften eines Kombis.
B Der Audi A7 wirkt vor diesem Hintergrund wie aus einer anderen Welt.

A Die hintere Fensterlinie und das Heckdesign des A7 lassen die Interpretation formaler Grundzüge des mehr als 40 Jahre älteren Audi 100 Coupé S erkennen.
B Das Maß allen Designs – das Verhältnis von unterem Karosseriekörper zu darüber liegender Fahrgastzelle – von einem Drittel zu zwei Dritteln gilt als Audi Grundsatz.
C Großzügig-eleganter Innenraum in maritimem Ambiente durch Dekoreinlagen »Eiche Beaufort«. Der sogenannte »Wraparound-Bogen« umfließt die Fahrgäste in der Horizontalen vollständig.

Die emotionsgeladene Gesamtkomposition wurde durch die konzerneigene Geschichte inspiriert. Das Audi 100 Coupé S von 1969 mit dynamischer Seitenlinie und markantem Heck begeisterte schon zu seiner Zeit und hatte eine gewisse Vorbildwirkung. Übersetzt in die Neuzeit, erhielt der A7 das seitliche Dreiecksfenster des Coupé S mit dem typischen Kantenschwung nach oben. Gleichzeitig wurde die Formsprache des steil und scharf abgeschnittenen Hecks mit klar definierter Abrisskante aufgegriffen. Die geschickte Führung der seitlichen Karosserielinie mit einer am Heck nach hinten geneigten Verbindungsfuge zur oberen Heckkante dynamisierte es zusätzlich. Das von den Gestaltern als »Coda Tronco« bezeichnete Heck wurde von modernem Bootsdesign beeinflusst. Im Audi Portfolio hat es ein formales Alleinstellungsmerkmal.

Die Proportionen zwischen Greenhouse – die Glasflächen einschließlich des Dachaufbaus – und Body sind nach dem Verhältnis ein Drittel zu zwei Dritteln ausgearbeitet worden. Diese Aufteilung gilt zur Wiedererkennung als festes Maß im Audi Design. Um die sportliche Eleganz eines »Gran Turismo« italienischer Schule zu erzielen, wurde die Schulter mit der tiefer liegenden Dynamiklinie über die gesamte Fahrzeuglänge in einem leichten Spannungsbogen ausgebildet. Im Gegensatz zur Keilform der anderen Audi Modelle fällt die Linie nach hinten dezent ab. Damit konnte das Heck eine niedrig liegende Abrisskante sowie ein insgesamt weniger massives Volumen erhalten. Der ab 120 km/h automatisch ausfahrbare Heckspoiler sorgt für eine dennoch günstige Aerodynamik.

Das Leichtbauprinzip wurde im Gesamtprojekt konsequent verfolgt. So spiegelten sich auch im Innenraum Anleihen maritimer Leichtkonstruktion wider.

Zum gegenwärtigen Zeitpunkt haben Kunden die Wahl zwischen zwei Sechszylinder-Benzinmotoren (204 und 300 PS) sowie drei Sechszylinder-Dieselmotoren (204, 245 und 313 PS); alle Aggregate mit Direkteinspritzung. Das Spitzenmodell ist der seit Frühjahr 2012 erhältliche Audi S7 Sportback mit einem 420 PS starken V8-Biturbo-Aggregat.

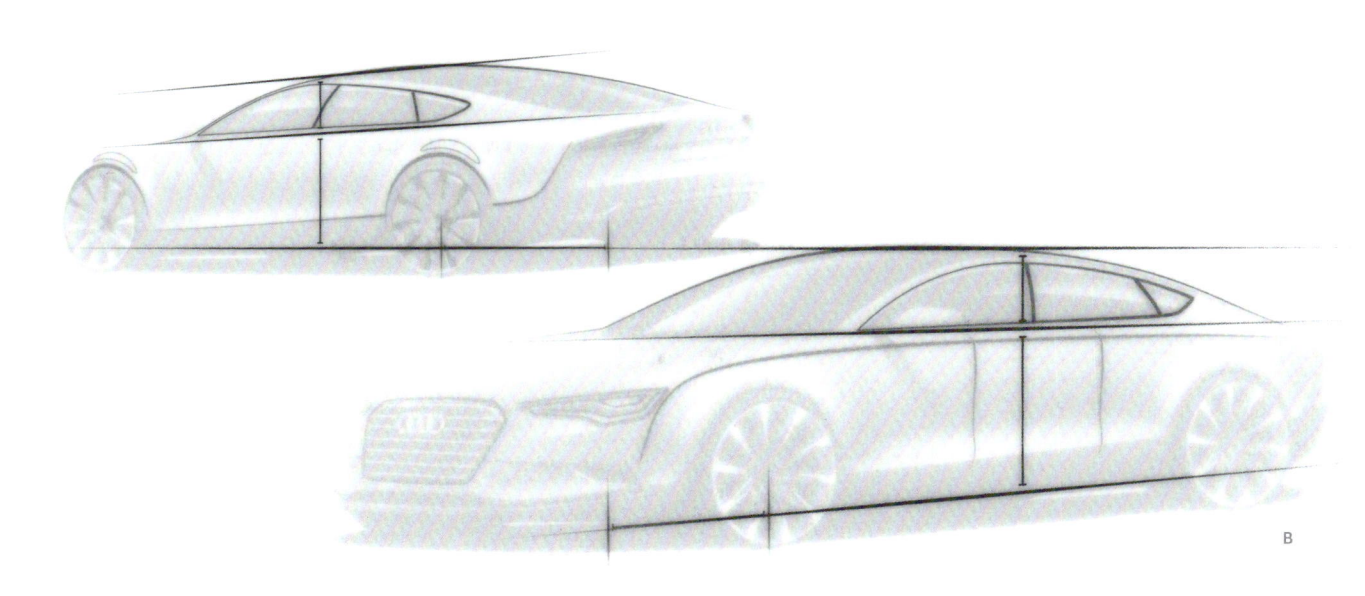

B

C

400 A

A In diesem Gebäude begann nach 1949 die Motorradproduktion mit der DKW RT 125 W in Ingolstadt.
B Der A7 im Jahre 2011 vor dem gleichen Gebäude. Zum Zeitpunkt der Drucklegung gab es keine Perspektive für das ehemalige Körnermagazin an der Esplanade.

Zwei Identifikationsmerkmale prägen das Audi Gesicht:
Der Single Frame und die baureihenspezifisch gestalteten
LED-Lichtbänder des Tagfahrlichts. Als Lichtquelle
für das Hauptlicht werden bereits LED-Lösungen für
die Baureihen A8, A7 und A6 angeboten.

Ausführung:	Sportback viersitzig, Werkskarosserie, Neckarsulm
Antrieb:	Sechszylinder-Viertakt-TDI-V-Motor
Leistung:	180 kW/245 PS bei 4000 – 4500 min^{-1}
Hubraum:	2967 cm³
Radstand:	2914 mm
Gesamtlänge:	4969 mm
Höchstgeschwindigkeit:	250 km/h abgeregelt
Kraftstoffverbrauch:	kombiniert ca. 6 l/100 km
Gesamtproduktion:	61 591 Stück (bis Mai 2012)
Bauzeit:	ab 2010
Modellbaujahr:	2011

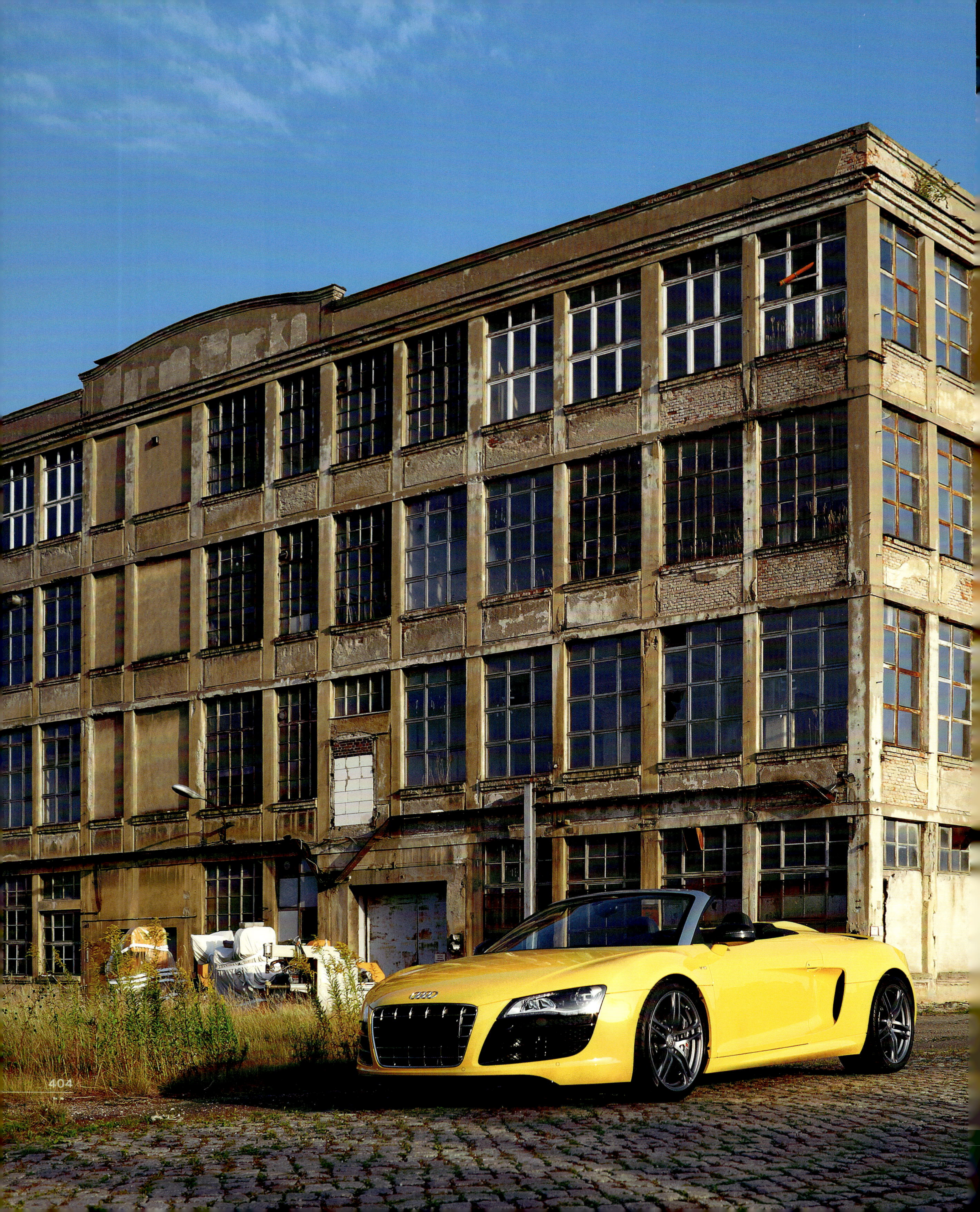

Zwei besondere Extreme – der Audi R8 Spyder, Baujahr 2011, am Ort seiner Ursprungsgeschichte. Auf diesem Werksgelände begann August Horch 1904 die Automobilfertigung in Zwickau. Der im Hintergrund zu sehende, sogenannte »Horch-Hochbau« wurde 1915 zur Steigerung der Produktion in Betrieb genommen und blieb bis zum Ende der Trabant-Fertigung ein zentrales Objekt. Er galt gemeinhin als erster Stahlbetonskelettbau Europas. Bei genauem Hinsehen ist auf der Attika der Schriftzug »Horch Werke« noch zu erkennen. Linker Hand befand sich die Rennabteilung, in der die Auto Union Silberpfeile entstanden.
Ungefähr 500 m Luftlinie von hier entfernt stand das zweite Automobilwerk; in diesem wurde der Markenname »Audi« geboren.

Quellenverzeichnis / Register

Literatur

> 100 Jahre Horch Automobile, Jürgen Pönisch, Hrg. August Horch Museum Zwickau, 2000
> Ahnen unserer Autos, Paul Kränz/Peter Kirchberg, Transpress, 3. Aufl., 1980
> Audi Automobile 1909 – 1940, Das Unternehmen – Die Marke – Die Autos, Peter Kirchberg/Ralf Hornung, Delius Klasing, 2009
> Audi Design, Automobildesign von 1965 bis zur Gegenwart, Othmar Wickenheiser, Nicolai Berlin, 2005
> Audi quattro: Die Rallyegeschichte, John Davenport/Reinhard Klein/Walter Röhrl, Verlag Reinhard Klein, 2009
> Audi Typenkunde, Audi 60 bis A5, Ralf Friese, Delius Klasing, 2008
> Audi Typenkunde, Audi 100 bis R8, Ralf Friese, Delius Klasing, 2009
> August Horch – Pionier der Kraftfahrt, Jürgen Pönisch, Hrg. August Horch Museum Zwickau, 2001
> Automobil-Design, Geschichte und Zukunft, Christoph Reifenrath, Econ-Verlag, 1993
> Bildatlas Auto Union – Eine technikhistorische Fotodokumentation, Peter Kirchberg, Motorbuch Verlag, 1995
> Car Design Europe, Paolo Tumminelli, teNeues Verlag 2011
> Chromjuwelen, Die schönsten Autos 1946 – 1960, Michael Fuhrmann, Delius Klasing, 2011
> Das eilige Jahrhundert, Einblicke in die automobile Gesellschaft, Klaus Kuhm, Junius Verlag, 1998
> Der Verkehr, Jahrbuch des Deutschen Werkbundes, Verlag Eugen Diederichs Jena, 1914
> Die Deutsche Automobil Industrie, H. C. Graf von Seherr-Thoss, Deutsche Verlag-Anstalt, 1974
> Die Geschichte des 3 = 6 Monza, Klaus Jansen-Diekmann, SJ Verlag K. Jansen, 1994
> Die Liebe zum Automobil, Wolfgang Sachs, Rowohlt Taschenbuch, 1998

> DKW Typenkunde, Nachkriegsfahrzeuge und ausländische Lizenzmodelle, Ralf Friese, Delius Klasing 2011
> Geschichte des Automobils, Richard v. Frankenberg/Marco Matteucci, sigloch edition, 1973
> Geschichte des Automobils, Kurt Möser, Campus, 2002
> Grand-Prix-Report: Auto Union 1934 bis 1939, Peter Kirchberg, Transpress, 1984
> Horch, Prestige und Perfektion, Peter Kirchberg, Schraderverlag, 2002
> Horch, Typen – Technik – Modelle, Peter Kirchberg/Jürgen Pönisch, Delius Klasing, 2006
> Hundert Jahre Automobil, Wolfgang Roediger, Urania-Verlag, 3. Aufl., 1990
> Lexikon der Kunst, 2. Aufl., Seemann Verlag, 2004
> Made in Germany, Legendäre deutsche Automobile, Peter Ruch, White Star Verlag, 2009
> Neander, Thomas Trapp, Heel, 2002
> NSU-Automobile: Typen – Technik – Modelle, Klaus Arth, Delius Klasing, 2011
> Technik der Eleganz, Ralf J. F. Kieselbach, nicolai, 1999
> The drive to design, Ralf J. F. Kieselbach, avedition, 1998
> Triumphe des Automobil-Design, Larry Edsall, White Star Verlag, 2008
> Vier Ringe – Die Audi Geschichte, Edition Audi Tradition, Delius Klasing, 2009
> Vom Dampfkraftwagen zur Meisterklasse, Die Geschichte der DKW-Automobile bis 1945, Thomas Erdmann, autovision, 2003
> Von Hornig bis zur IFA, Christian Suhr, Schwarz Druck GmbH, 2006
> Wanderer Automobile, Gerd G. Westermann/Thomas Erdmann, Delius Klasing, 2008
> Wie uns das Auto bewegt. Zum kulturellen Bedeutungswandel des Automobils, Sascha Fillies, Magisterarbeit, Universität Bremen, 2009

Zeitschriften/Beiträge/Artikel

> Beitrag zur Ausstellung »Stromlinien«, Prototyp, Sammlung Mobiler Kultur, Hamburg
> AUVC-Magazin 92/1998, S. 5, J. Lindner/T. Erdmann
> Auto, Motor und Sport, 5.3.1956, Test DKW 3 = 6, S. 11, Dipl.-Ing. W. Buck
> Motor, Gustav Braunbeck, Motor-Verlag AG, Berlin, Nr. 8/1926, S. 21 ff
> Motor, Gustav Braunbeck, Motor-Verlag AG, Berlin, Nr. 4/1925
> Sport im Bild, Nr. 22/1929 und Nr. 6/1930

Bildarchive und Bildquellen

> Archiv August Horch Museum, Zwickau
> Archiv Auto Union, Ingolstadt
> Archiv des Autors
> Archiv Peter Kirchberg, Ingolstadt
> Archiv Jürgen Pönisch, Zwickau
> Archiv Wolff & Tritschler, Offenburg (Abb. S. 130 C, 140 B, 151 C)
> Bildarchiv Preussischer Kulturbesitz, Berlin (Abb. S. 131 D, 201 D, 272/273 A)
> Deutsche Fahrzeug-Technik, Traugott Golde AG, Nr. 5/1911
> Deutsche Fahrzeug-Technik, Traugott Golde AG, Nr. 2/1923
> Fotografie Stefan Warter, Berlin (Abb. S. 34, 35)
> Motor, Gustav Braunbeck Nr. 8, 1926, S. 22, 29
> ullstein bild, Berlin (Abb. S. 199 C, 200 A, 273 C)
> Verkehrsmuseum Dresden (Abb. S. 11 C, D)

Web

www.audi.de/de/brand/de/erlebniswelt/design_technologie.html
www.audi.de/de/brand/de/vorsprung_durch_technik.html
www.automobil-industrie.vogel.de/neuemodelle/articles/291945/
www.auto-motor-und-sport.de/news/audi-designchef-wolfgang-egger-audi-ist-keine-van-marke-3865341.html
www.auto-motor-und-sport.de/news/audi-der-designchef-im-gespraech-952853.html
www.auto-motor-und-sport.de/news/audi_design-hier-entstehen-die-modelle-von-morgen-3028257.html
www.focus.de/auto/news/audi-design-egger-skizziert-gegenwart-und-zukunft_aid_566540.html
www.handelsblatt.com/unternehmen/management/koepfe/walter-de-silva-aus-liebe-zum-automobi./2757534.html
www.legendendertechnik.de
www.meinklassiker.com/de/magazin/menschen/zum_150_geburtstag_von_johann_baptist_winklhofer/7/1/2150
www.spiegel.de/auto/aktuell/0.1518.278424.00.html
www.volkswagenag.com/content/vwcorp/info_center/de/news/2010/05/Italdesign.html

Personenregister

A
Ahrens, Günther (S. 258, 259)
Ahrens, Hermann (S. 17, 74, 98, 103)
Allen, Bill (S. 307)
Arlt, Oskar (S. 90)

B
Baur, Karl (S. 121)
Beeskow, Johannes (S. 178)
Bergmeister, Willi (S. 307)
Biela, Frank (S. 350)
Blériot, Louis (S. 12)
Blomqvist, Stig (S. 333, 334, 339, 340)
Böhm, Ernst (S. 136)
Böhm, Fritz (S. 103)

C
Capello, Rinaldo (S. 385)
Cederberg, Björn (S. 333, 334, 340)

D
Daimler, Paul (S. 42, 71, 77, 85)
Delius, Ernst von (S. 212)
Dienst, Josef (S. 264, 297)
Donckerwolke, Luc (S. 389, 391)

E
Earl, Harley (S. 17)
Eberhorst, Robert Eberan von (S. 223, 226)
Egger, Wolfgang (S. 286)

F
Fagioli, Luigi (S. 220)
Fiedler, Fritz (S. 85, 87, 97, 101, 194)
Flick, Friedrich (S. 110)
Ford, Henry (S. 14)

G
Geddes, Norman Bel (S. 105)
Geistdörfer, Christian (S. 334, 339, 340)
Gilbert, Jean (S. 39)
Gläser, Heinrich (S. 104)
Gropius, Walter (S. 12)

H
Hadank, Oscar Hermann Werner (S. 17, 71, 74)
Hasse, Rudolf (S. 214, 226)
Haupt, Hubert (S. 350)
Haustein, Walter (S. 90)
Haywood, Hurley (S. 349)
Hertz, Arne (S. 334)
Himmel, Erwin (S. 352)
Horch, August (S. 11, 19, 29, 30, 32, 47, 405)
Horn, Erich (S. 47, 59)
Hornig, Gustav (S. 32)

I
Irmscher, Günther (S. 307)
Islinger, Ernst (S. 55)

J
Jaray, Paul (S. 104, 197)
Jelinski, Frank (S. 349, 350)
Jenkins, Derek (S. 391)

K
Koenig-Fachsenfeld, Reinhard von (S. 104)
Klöble, Georg (S. 53, 55)
Kraus, Ludwig (S. 280 ,297, 317)
Kuhler, Otto (S. 12)

L
Lamberty, Frank (S. 383)
Lange, Hermann (S. 11, 29, 32, 47)
Leiningen, Hermann (S. 209)
Locke, Albert (S. 74, 103, 115)
Loewy, Raymond (S. 105)
Luthe, Claus (S. 282, 302, 310)

M
Macher, Gerhard (S. 78)
Malzoni, Genaro »Rino«(S. 260)
Mantzel, Albrecht Wolf (S. 258)
McNish, Allan (S. 385)
Meier, Georg (S. 226, 228)
Meyer, Walter (S. 228)
Mickwausch, Günther (S. 103, 106, 137)
Mikkola, Hannu (S. 330, 333, 334, 339)
Momberger, August (S. 209)
Mouton, Michéle (S. 330, 332, 339)
Müller, Hermann Paul (S. 212, 214, 226, 228)
Müller, Josef (S. 55)

N
Nestinger, Kurt (S. 334, 336)
Neumann-Neander, Ernst (S. 12)
Neuss, Josef (S. 106, 174, 178)
Nordhoff, Heinrich (S. 280)
Nuvolari, Tazio (S. 226, 228, 285, 287)

O
Opel, Adam (S. 102)

P
Pons, Fabrizia (S. 330)
Porsche, Ferdinand (S. 113, 115, 204, 207, 213, 223)
Pullman, George Mortimer (S. 119)

R
Rasmussen, Jörgen Skafte (S. 17, 78, 90, 92, 148, 182)
Röhrl, Walter (S. 334, 339, 340, 349, 350, 351)
Rosemeyer, Bernd (S. 212, 214, 219, 220)
Rumpler, Edmund (S. 17, 197)

S
Schenk, Robert (S. 259)
Scholl, Jakob (S. 55)
Schreyer, Peter (S. 347, 352, 374, 389)
Schuh, Heinrich (S. 59)
Schwenk, Kurt (S. 232)
Sebastian, Wilhelm (S. 209)
Sielaff, Stefan (S. 387, 389, 395)
Silva, Walter de' (S. 395)
Sloan, Alfred P. (S. 14)
Smith, Martin (S. 359)
Spiess, Siegfried (S. 305, 307)
Stöß, Rudolf (S. 24)
Straus, Moritz (S. 16, 40, 71, 74, 85)
Stuck, Hans (S. 207, 209, 212, 214, 226, 228)
Stuck Hans-Joachim (S. 348, 349, 350)

T
Thiele, Otto (S. 39)

V
Varzi, Achille (S. 212)

W
Warkuß, Hartmut (S. 317, 324, 359)
Wenk, Fritz (S. 259, 261)
Werner, William (S. 262)
Winkelhofer, Johann B. (S. 36)
Wittmann, Franz (S. 334, 336)
Wright, Wilbur (S. 12)

Z
Zoller, Arnold (S. 40, 42, 44)

Ortsregister

Adelaide, Australien (S. 383, 385, 386)
Belgrad, Jugoslavien (S. 226)
Berlin (S. 12, 38, 40, 42, 45, 47, 53, 55, 67, 71, 74, 78, 82, 92, 94, 102, 106, 126, 133, 144, 151, 154, 159, 161, 167, 174, 177, 178, 181, 198, 207, 218, 220, 273)
Chemnitz (S. 36, 39, 67, 103, 108, 167, 197, 204, 223)
Darmstadt (S. 219, 220)
Donington, Großbritannien (S. 228)
Dresden (S. 10, 104, 121, 156, 159, 174, 184, 185, 186, 190, 191, 194, 200)
Düsseldorf (S. 109, 110, 244, 247, 256)
Frankfurt/Main (S. 24, 110, 141, 219, 220, 251, 259, 262, 275, 297, 365, 374, 389)
Gera (S. 10, 32)
Halle/Saale (S. 12, 74)
Heilbronn (S. 235)
Ingolstadt (S. 108, 109, 110, 144, 232, 233, 235, 242, 264, 274, 280, 286, 297, 301, 317, 321, 329, 330, 350, 372, 381, 401)
Klagenfurt, Österreich (S. 24)
Le Mans, Frankreich (S. 383, 385)
Meerane (S. 32, 128, 129, 144)
Monte Carlo, Monaco (S. 78, 333, 334, 339, 385)
Monza, Italien (S. 209, 228, 259, 260, 261, 262)
München (S. 24, 286, 389)
Osnabrück (S. 252, 256)
Salzburg, Österreich (S. 24)
Santa Monica, USA (S. 286)
Sao Paulo, Brasilien (S. 260)
Siegmar-Schönau (S. 182)
Simi Valley, USA (S. 374)
Stettin, Polen (S. 85)
Stockholm, Schweden (S. 27)
Stuttgart (S. 68, 110, 117, 121, 144, 166, 167, 258, 259, 260, 264, 266, 278, 297, 310, 312)
Wien, Österreich (S. 24)
Wolfsburg (S. 110, 280)
Zittau (S. 35, 51)
Zolder, Belgien (S. 349)
Zschopau, (S. 15, 17, 78, 103, 107, 108, 109, 148)
Zwickau (S. 10, 19, 29, 32, 71, 76, 87, 88, 90, 100, 103, 108, 109, 122, 138, 142, 147, 153, 173, 174, 207, 219, 232, 242, 405)

Danksagung

Mein besonderer Dank gilt der Audi Tradition, ohne deren Unterstützung und Vertrauen das Projekt nicht hätte realisiert werden können. Besonders den Mentoren dieser Arbeit, Prof. Dr. Peter Kirchberg, Thomas Erdmann und Ralf Friese, habe ich zu danken. Sie waren stets bereit, mich über die mehr als zwei Jahre andauernde Entstehungsphase mit wertvollen und fundierten Informationen zu unterstützen.
Weiterhin danke ich der Audi Tradition an den Standorten Ingolstadt und Neckarsulm sowie dem August Horch Museum in Zwickau für die Möglichkeit der Realisierung unserer zeitintensiven, aufwendigen Fotoproduktionen in ihren Depots und ebenso für die Nutzung ihrer Archive.
Außerdem bedanke ich mich bei den Enthusiasten Otto Litz und Matthias Hühn für ihre begeisterte Unterstützung. Nicht vergessen möchte ich mit meinem Dank die Mitarbeiter meiner Firma ö_konzept, die mit geduldigem Respekt das Projekt begleitet haben, insbesondere die intensive Mitwirkung von Sven Rahnefeld an der Gestaltung dieses Buchs.

Zwickau, Juli 2012
Matthias Kaluza

Herausgeber
Auto Union GmbH
85045 Ingolstadt

Im Auftrag der
AUDI AG
Audi Tradition
85045 Ingolstadt
www.audi.de

Inhaltliche Betreuung
Prof. Dr. Peter Kirchberg
Thomas Erdmann
Ralf Friese

Fotografie
Digimax, Thomas und Maryla Schlegel
Matthias Kaluza

Gestaltung
ö_konzept Zwickau
Matthias Kaluza
Sven Rahnefeld

Druck
Kunst- und Werbedruck, Bad Oeynhausen

Delius Klasing Verlag
Siekerwall 21, 33602 Bielefeld
Tel. 0521 / 559-0 Fax 0521 / 559-115
info@delius-klasing.de
www.delius-klasing.de

1. Auflage
ISBN 978-3-7688-3512-1

© AUDI AG
Stand: Juli 2012

**Bibliografische Information
der Deutschen Nationalbibliothek**
Die Deutsche Nationalbibliothek verzeichnet diese Publikation in der Deutschen Nationalbibliografie; detaillierte bibliografische Daten sind im Internet über http://dnb.d-nb.de abrufbar.

Alle Rechte vorbehalten! Ohne ausdrückliche Genehmigung darf das Werk weder komplett noch teilweise reproduziert, übertragen oder kopiert werden, wie zum Beispiel manuell oder mithilfe elektronischer und mechanischer Systeme inklusive Fotokopieren, Bandaufzeichnung und Datenspeicherung.

Moderner Lastenesel Die neue Me
Extravaganz Sputnik auf Rädern Be
gnügen Nur drehend statt stampfe
kunft war Gegenwart Italienisches
n Schotterpisten der Welt Extrem
imousine Imageträger für den Lei
nik Premiere in der Luxusklasse
ion mit Ganzkörpertatt
derner Lastenesel Die n
ravaganz Sputnik auf Rä
gen Nur drehend statt s
ft war Gegenwart Italie
chotterpisten der W
usine Imageträ
k Premiere in d
mit Gan
er Laste
aganz S
Nu
war
tterpisten der Welt E